COMMENT

J'AI TRAVERSÉ L'AFRIQUE

3206-81. — CORBEIL, TYP. ET STÉR. CRÉTÉ.

COMMENT

J'AI TRAVERSÉ L'AFRIQUE

DEPUIS L'ATLANTIQUE JUSQU'A L'OCÉAN INDIEN

A TRAVERS DES RÉGIONS INCONNUES

PAR

LE MAJOR SERPA PINTO

OUVRAGE

TRADUIT D'APRÈS L'ÉDITION ANGLAISE COLLATIONNÉE SUR LE TEXTE PORTUGAIS

AVEC L'AUTORISATION DE L'AUTEUR

PAR J. BELIN DE LAUNAY

Contenant 15 cartes et fac-simile et 84 gravures

PREMIÈRE PARTIE

LA CARABINE DU ROI

DEUXIÈME PARTIE

LA FAMILLE COILLARD

TOME SECOND

PARIS

LIBRAIRIE HACHETTE ET Cie

79, BOULEVARD SAINT-GERMAIN, 79

1881

COMMENT

J'AI TRAVERSÉ L'AFRIQUE

PREMIÈRE PARTIE

LA CARABINE RAYÉE DU ROI.

(SUITE)

CHAPITRE IX

DANS LE BAROZÉ.

Le haut Zambési. — Le roi Lobossi. — Royaume du Barozé, Loui ou Oungingé. — Les conseillers du roi. — Grande audience. — Audiences particulières. — Tout semble couleur de rose. — Leçon de géographie faite à Gambêla. — Les choses changent d'aspect. — Intrigues. — Quimboundos et quimbarès. — Les Bihénos veulent partir. — Ambassade à Benguêla. — Tentative d'assassinat. — La jeune négresse Mariana. — Le 6 septembre. — Incendie du camp et combat. — Retraite dans les montagnes.

Je me sentais fort mal et j'avais une fièvre brûlante quand je me levai le 25 août. C'était presque sous le 15° degré de latitude méridionale ; je me trouvais sur le haut Zambési, dans la cité de Lialoui, capitale que venait de fonder le roi Lobossi pour le royaume du Barozé, Loui ou Oungingé, trois noms qu'on peut donner au vaste empire situé en Afrique au sud du tropique du Capricorne.

Les récits de David Livingstone nous ont fait savoir qu'un guerrier, Basouto d'origine et nommé Chibitano[1], vint du sud, à la tête d'une armée puissante, traversa le Zambési vers l'endroit où il reçoit la Couando et, envahissant les pays situés dans la haute vallée du fleuve, conquit et soumit à ses lois l'ensemble des tribus qui habitaient ces vastes régions.

Chibitano a été le capitaine le plus remarquable qui ait jamais vécu dans le centre de l'Afrique. Parti des bords du fleuve Gariep ou Orange, avec un noyau d'armée formé de Basoutos et de Betjouanas, il y ajouta par degrés les jeunes gens des peuples qu'il soumettait. A mesure qu'il s'avançait vers le nord, il organisait ses nouvelles phalanges et il finit par les rendre terribles et aussi propres à conquérir le Zambési supérieur qu'à défendre les pays conquis par lui.

Il donna le nom de Cololos à ces troupes qu'il avait formées d'éléments divers, de peuples différant par la race et par l'origine. De là vint cette désignation de Macololos, dont la réputation s'est étendue dans toute l'Afrique.

Les nombreuses populations que Chibitano rencontra dans les contrées du haut Zambési étaient gouvernées par des chefs indépendants, qui, séparés de toutes les façons, ne pouvaient opposer à ses armes aucune résistance sérieuse.

Il se trouva, de plus, que ce Basouto était non seulement un guerrier redoutable, mais encore un législateur plein de sagesse et un prudent administrateur; en sorte qu'il réussit à unir les tribus conquises au point qu'elles en vinssent à se considérer comme ayant un intérêt commun et fraternel.

Elles pouvaient être groupées en trois grandes divisions, appartenant à trois races principales.

Dans le sud, au-dessous de la région des cataractes, habitaient les Macalacas; au centre, les Canginjès ou Barozés, et au nord les Louinas. Ceux-ci l'emportaient sur les autres par la vigueur et par l'intelligence et conséquemment étaient

1. Appelé Sebitouané par Livingstone, qui raconte son histoire au chapitre IV de ses *Explorations dans l'Afrique australe*. — J. B.

appelés à prendre, dans la suite des temps, la place qu'avaient occupée les Macololos sous les fondateurs de l'empire.

En effet, pendant le règne de Chicrêto, fils et successeur de Chibitano, le gouvernement était demeuré centralisé dans le pays du Barozé ou Ounginjé ; en sorte que, tandis que toutes les tribus occidentales donnent à l'empire le nom de Loui ou Ounginjé, celles du sud l'appellent le Barozé.

J'aurai occasion, dans la suite de ce chapitre, de parler un peu de l'histoire de ce peuple entre mon passage sur ses terres et la dernière visite qu'y avait faite Livingstone ; pour l'instant, je vais continuer le récit de mes aventures sous le règne de Lobossi et sous son conseiller intime Gambêla.

L'organisation politique du royaume du Loui diffère en beaucoup de points de celle des autres peuples que j'avais visités en Afrique. Elle compte deux ministères bien distincts : celui de la guerre et celui des affaires extérieures. Le dernier est subdivisé en deux sections dont chacune a son ministre propre : l'un s'occupe de ce qui se passe à l'ouest et l'autre des choses du sud ; conséquemment le premier a affaire aux Portugais du Benguêla et le second aux Anglais du Cap.

Quand j'arrivai dans le pays, le roi avait quatre conseillers, dont deux n'étaient pas en fonction. Le ministère des affaires extérieures de l'ouest était confié à un certain Matagja, et Gambêla, le président du conseil royal, avait la double charge de la guerre et des affaires du sud. J'eus soin de me mettre au courant de ces détails afin de pouvoir mieux diriger ma conduite dans les négociations sérieuses que j'allais ouvrir.

Au lever du soleil, je reçus l'avis que le roi Lobossi était prêt à me recevoir.

Ayant immédiatement mis quelque ordre dans mes affaires, je revêtis le seul habillement complet qui fût en ma possession et je me transportai à la Grand'Place où l'audience devait avoir lieu.

Le roi était assis sur un siège à dossier élevé, au milieu de la place, ayant par derrière un nègre qui lui tenait sur la tête un parasol.

C'était un jeune homme d'une vingtaine d'années, haut de taille et fort à proportion.

Il portait un vêtement de casimir noir sur une chemise de couleur et, en guise de cravate, une collection nombreuse d'amulettes qui descendaient sur sa poitrine.

Gambêla.

Ses pantalons étaient en casimir de couleur et laissaient voir des bas de fil d'Écosse, parfaitement blancs, avec une paire d'escarpins vernis.

Une grande couverture aux vives couleurs lui tenait lieu de paletot ; un chapeau mou gris, qu'ornaient deux grandes et belles plumes d'autruche, complétait le costume de ce potentat.

Il tenait à la main un instrument formé d'un manche de bois sculpté où était insérée une touffe de crins de cheval, dont il se servait pour chasser les mouches et il l'agitait de tous côtés d'un air très grave en demeurant assis.

A sa droite, sur un siège plus bas, je voyais Gambêla ; en face, les trois conseillers. Accroupis à terre et formant un demi-cercle, étaient un millier d'individus dont le rang se distinguait par la distance qui les séparait du souverain.

Le roi Lobossi se leva quand j'arrivai ; après lui, se levèrent les conseillers et toute l'assistance. Je serrai la main au roi et à Gambêla, je m'inclinai devant Matagja et les deux

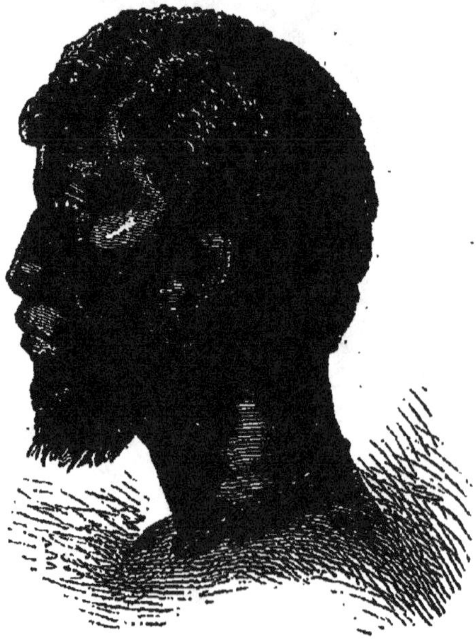

Matagja.

autres conseillers ; puis je m'assis près de Lobossi et de Gambêla.

On échangea des compliments et des félicitations polies, comme on aurait pu s'y attendre plutôt dans une cour européenne que chez un peuple barbare ; ensuite j'expliquai au roi que je n'étais pas un négociant : je venais le visiter par ordre du roi de Portugal, et ce que j'avais à lui dire ne pouvait pas être exposé devant une si nombreuse assemblée.

Il répondit qu'il le savait. Il comprenait qu'il en fût ainsi.

La réception qu'il m'avait fait faire la veille au soir et celle qu'il me faisait en personne à présent étaient des preuves qu'il ne me confondait en aucune façon avec un commerçant. J'étais son hôte, et nous ne manquerions pas de temps pour parler d'affaires, puisqu'il espérait avoir le bonheur de me retenir un peu à sa cour. Il me permit de me retirer après m'avoir ainsi aimablement exprimé son opinion et je rentrai chez moi, en proie à une forte fièvre.

Dans la cour de ma demeure, je trouvai trente bœufs dont le roi me faisait cadeau.

L'esclave favori de Lobossi me donna à entendre que la politesse demandait que je fisse sacrifier de suite les animaux, offrir au roi la meilleure des jambes de bœuf et distribuer de la viande à ses courtisans.

Je donnai à Aogousto mes ordres en conséquence. Tout le troupeau fut égorgé et la viande partagée entre mes porteurs et les courtisans. J'eus bien soin d'envoyer au roi et aux quatre conseillers les meilleurs morceaux, sans oublier de donner à Gambêla le premier choix, en ne manquant pas de le lui faire savoir.

Les peaux, dont on fait grand cas ici, furent adressées à Matagja et à Gambêla.

A une heure, le roi me reçut en audience particulière, dans une case ayant toujours la forme d'un demi-cylindre, mais construite sur une grande échelle : elle n'avait pas moins de vingt mètres en long sur huit en large.

Cette fois, Lobossi avait pour siège une natte ; ses quatre conseillers en occupaient une autre en face de lui, avec plusieurs personnages, au nombre desquels je remarquai un vieillard encore vert, dont la figure sympathique et pleine d'expression me frappa vivement. C'était Machaouana, l'ancien compagnon de Livingstone dans son voyage du Zambési à Loanda, et dont le célèbre explorateur fait dans ses récits le plus grand éloge.

Au milieu de la chambre, était un pot énorme de *quim-*

Le roi Lobossi.

bombo. Le roi en but le premier et tous l'imitèrent, en avalant de copieuses rasades; personne ne m'en offrit, parce qu'on savait que je ne buvais que de l'eau.

La conversation roula sur divers sujets indifférents, d'où je conclus que le moment de traiter mes affaires n'était pas encore venu. Par exemple, on parla des langages, et Lobossi me pria de lui dire quelque chose en portugais afin d'entendre quels sons cette langue produisait. Je lui récitai les « Flores d'Alma », passage du poème « Don Jayme ». Les nègres eurent l'air de prendre bien du plaisir à écouter notre langue, dont Thomas Ribeiro, ce grand et charmant poète, sait dans ses vers faire valoir l'harmonie si admirablement.

Comme je me retirais, le roi me dit tout bas, de façon à ne pas être entendu, qu'il voudrait bien me revoir après la nuit close.

A peine étais-je rentré que Machaouana vint me trouver. Nous eûmes ensemble une longue conférence au sujet de Livingstone et nous nous séparâmes sur des protestations d'amitié.

Je me rendis à 9 heures chez le roi. Il était dans une cour intérieure de sa résidence, assis sur une natte, près d'un *braseïro* de terre, qui pouvait bien avoir deux mètres de diamètre et où flambait un grand feu. Devant lui étaient rangés en demi-cercle une vingtaine d'hommes, armés de boucliers et d'assagaies, et qui, pendant toute l'entrevue, se tinrent silencieux et immobiles comme des statues.

Peu après, je vis entrer Gambêla et la conférence commença.

D'abord, j'annonçai que j'avais été forcé d'abandonner en route les riches présents destinés au roi; cependant j'étais, après tout, parvenu à sauver quelques bagatelles et principalement un uniforme et un chapeau, que je lui présentais.

L'uniforme était une de ces livrées richement atournées que tout Lisbonne se rappelle avoir vues sur le dos des laquais assis dans les antichambres du marquis de Pénafiel et qu'on a vendues lorsqu'il a plu à ce riche gentilhomme d'échanger sa luxueuse résidence contre la vie plus accidentée de la capitale française.

Lobossi fut enchanté de son uniforme et de son chapeau décoré; il m'en remercia chaleureusement; puis, après quelques phrases échangées sur des matières peu intéressantes, nous en vînmes à nos affaires.

Dans le pays des Barozés, on parle trois langues, le ganguéla, le louina et le sésouto. Cette dernière est un dialecte apporté par les Macololos, qui ont assez modifié les coutumes des tribus conquises pour y introduire leur propre langage, resté l'idiome officiel et celui de la cour.

C'est lui que parlaient Lobossi et Gambêla; j'avais pour me servir d'interprètes Caïoumbouca et Vérissimo. Je renouvelai au monarque la déclaration que j'étais venu en qualité d'envoyé du roi de Portugal (le *Mouéné Pouto*, comme tous les peuples de l'Afrique méridionale désignent Sa Très-Fidèle Majesté; ce titre est formé de deux mots, *Mouéné* signifiant roi, et *Pouto* nom qu'on donne au Portugal en Afrique). L'objet principal de mon voyage, ajoutai-je, était de faciliter le commerce entre les deux États. Comme le Loui, situé au centre du continent, était déjà en relations avec Benguêla, je désirais lui ouvrir, d'autre part, le chemin du Zoumbo où le roi aurait un marché bien plus rapproché, qui pourrait plus aisément fournir, à lui ainsi qu'à ses sujets, tous les produits européens répondant le mieux à leurs besoins.

Le roi repartit en se plaignant avec vivacité de la rareté de ces produits pendant les dernières années, vu que les marchands de Benguêla ne venaient plus, et, parmi les articles qui lui manquaient, il signala surtout la poudre.

A cela je répliquai que les marchands arriveraient aussitôt qu'ils verraient une chance de faire de bonnes affaires; et je pouvais affirmer que le Mouéné Pouto ne demandait pas mieux que de protéger le commerce entre les deux États,

Troisième entrevue avec le roi Lobossi.

pourvu que le roi s'engageât à prohiber dans le sien l'achat et la vente des esclaves.

Je ne lui cachai point qu'en ce moment j'étais à bout de ressources et, en même temps que je lui montrais combien serait désirable et avantageuse l'ouverture de la route du Zoumbo, je m'engageais, pour le cas où il voudrait m'y aider, à lui envoyer de Tété, dans le plus court délai possible, toute la poudre et les autres articles qui lui étaient nécessaires.

Les nègres ne manquent ni d'intelligence ni de fine diplomatie. Gambèla en était bien doué ; il essaya plus d'une fois de me mettre en défaut, mais parut y renoncer en voyant que je ne voulais pas m'écarter des faits ni de la logique.

On décida, après mainte discussion, que le roi Lobossi enverrait une ambassade à Benguêla ; je lui donnerais pour guide un homme en qui il pourrait avoir toute confiance et qui emporterait des lettres de moi pour le gouverneur et pour Silva Porto ; d'autre part, il me procurerait les gens dont j'aurais besoin pour aller au Zoumbo[1].

Je ne les quittai qu'à une heure du matin, et j'avouerai franchement que, bien que je ne croie guère à la bonne foi des nègres, je me retirais assez satisfait.

Toute cette journée, j'avais été fort occupé ; lorsque j'eus pris à peine une heure de repos, je fus saisi d'un violent accès de fièvre.

J'étais fort souffrant quand je me levai le lendemain : cependant j'envoyai des quimboundos et des quimbarès pour qu'ils préparassent un campement dans un endroit où le roi avait autorisé qu'on le fît, à un demi-kilomètre au sud de Lialoui.

1. Dès 1855, à l'époque où régnait Sékélétou, que M. Serpa Pinto appelle Chi-

Vers 10 heures, j'allai me présenter chez Lobossi. Je le trouvai dans une grande maison circulaire, entouré de personnes et ayant devant lui six énormes bassins remplis de capata.

Ceux qui m'étaient le plus attachés, Aogousto, Vérissimo et Caïoumbouca, ainsi que les serviteurs du roi, se furent bientôt mis dans un état d'ivresse complète, et, comme je ne pouvais pas les en empêcher, je rentrai tranquillement chez moi et vins me coucher avec un redoublement de fièvre.

Bientôt ma tente fut envahie par des visites et je dus me borner à écouter parler les uns et les autres, car les nègres n'ont absolument aucun ménagement pour un malade; aussi mon état s'aggrava beaucoup.

Lobossi me fit mener six bœufs, mais ce furent ses gens qui s'en approprièrent presque toute la viande, parce que la plus grande partie des miens étaient absents, employés à construire mon camp ; pour Aogousto, Vérissimo et Camoutombo, ils étaient trop ivres pour s'occuper de n'importe quoi.

Le lendemain matin, de bonne heure, le roi vint me voir. Je me trouvais un peu mieux, cependant je continuais à avoir la fièvre qui résistait à tous mes médicaments.

Il était dix heures quand Lobossi me fit prier de comparaître devant le Grand Conseil qu'il avait convoqué expressément pour examiner mes projets.

Gambêla, qui présidait l'assemblée, s'efforça encore de me faire tromper, mais il n'y réussit pas mieux qu'auparavant. Pourtant, il me fallut donner à Gambêla et aux membres du bureau une leçon de géographie.

Je dessinai sur le terrain le cours du Zambési et, vers l'Est, le cours parallèle de la Loengoué qui vient s'y jeter, au-dessous des rapides de Cariba, sous le nom de Cafoucoué.

J'affirmai que la Loengoué n'avait pas de cataractes, et que, de Cariba au Zoumbo, le Zambési était parfaitement navigable.

J'insistai ensuite sur le fait suivant : je leur démontrai qu'une traversée par terre de quinze journées, qui pouvait même se réduire à dix (ainsi que le prouvait une expédition de Louinas, partie de Nariéré et arrivée à Caïnco en huit jours), que cette courte marche suffirait pour les mettre en communication rapide avec les établissements portugais de l'est de l'Afrique, par des voies fluviales tout à fait navigables.

L'assistance fut très étonnée de mon érudition et Gambêla, qui connaissait mieux que la plupart des ministres de l'Europe la géographie de l'Afrique et qui savait que je disais la vérité, nessaya pas de me réfuter.

Après une discussion aussi longue qu'animée, l'assemblée décida qu'on enverrait une députation à Benguêla et qu'on me fournirait un nombre d'hommes suffisant pour traverser le Choucouloumbé jusqu'à Caïnco, en laissant sur la route trois ou quatre postes assez forts pour assurer le retour de ceux qui m'auraient accompagné jusqu'au Zoumbo. On se sépara au milieu de démonstrations enthousiastes; de plus, on choisit immédiatement et sur place les chefs qui devaient se rendre à Benguêla et ceux qui devaient m'escorter.

Je rentrai avec un tel accès de fièvre que j'en perdis connaissance jusqu'à six heures de la soirée suivante, où je revins un peu à moi.

A la nuit, on m'annonça la visite de Mounoutoumouéno, fils du roi Chipopa, le premier monarque de la dynastie louina.

Je le fis introduire et je vis un jeune homme de 16 à 17 ans

avait-il appartenu ? Comment était-il arrivé au centre de l'Afrique ?

Peut-être était-ce une veuve infortunée qui avait troqué les vêtements naguère portés par un époux bien-aimé pour se procurer quelque aliment de nature à apaiser sa faim ?

Je demandai à Mounoutoumouéno comment il était entré en possession de cet uniforme ; il me répondit qu'un négociant du Bihé lui en avait fait cadeau quelque temps auparavant.

Je lui demandai encore s'il n'avait rien trouvé dans les poches. « Il n'y avait pas de poches, répliqua-t-il. — Pas de poches !... m'écriai-je. Quoi ! pas de poches dans un vêtement d'officier ? C'est impossible ! »

Je le priai de me permettre de l'examiner ; il y consentit et déboutonna l'habit. C'était vrai ; il n'y avait pas de poches sur la poitrine.

Je fis tourner mon homme ; en examinant les pans, j'y trouvai, à son grand étonnement, ce que je cherchais, et, fouillant dans l'une des poches, j'en retirai un tout petit bout de papier.

Allais-je apprendre quel avait été le possesseur de ce vêtement ? Que renfermait ce pli tenu par mes doigts et que j'hésitais à déplier ?

Je l'ouvris enfin, assez ému, et j'eus bientôt fait de parcourir les quelques mots que j'y voyais écrits au crayon.

Un éclat de rire m'échappa en les lisant.

Le papier contenait ce qui suit :

« Si je ne vous suis pas indifférent, ayez la bonté de me faire savoir comment nous pouvons correspondre. »

Au dessous, il y avait un nom et une adresse.

Maintenant, je savais à qui l'uniforme avait appartenu.

tout haut la personne qui avait signé le billet tombé d'une façon si étrange entre mes mains. J'ai été sans doute indiscret; mais, je ne pense pas avoir, en aucune façon, offensé cet homme distingué, ce brave officier.

Visite de Mounoutoumouéno.

Un uniforme, que le mérite et l'application à l'étude ont permis d'échanger contre un autre plus important, aura été mis au rebut, donné à un domestique et, par suite de

Il faut plaindre ceux qui, à dix-huit ans, n'ont jamais eu l'occasion d'en écrire et plus encore ceux qui, à trente ans, ne le doivent plus.

« Sans doute, cher ami, pensais-je, quelque papa sévère ou quelque maman aux yeux de lynx, gens toujours gênants dans ces sortes de rencontres, t'a empêché, à la sortie du théâtre ou du bal, de remettre ton petit billet à la Dulcinée qui avait occupé tes pensées ce soir-là, ou la timidité, apanage de tes dix-huit printemps, t'a forcé à le fourrer dans ta poche. J'imagine, mon ami, que tu as dû bien rire en apprenant que ton billet oublié, après avoir franchi les mers et les déserts inhospitaliers, est porté, trésor inconnu, sur la personne d'un nègre du Haut Zambési ! Pourtant serait-ce te consoler un peu que de te dire : ce nègre du moins était le fils d'un roi ! »

Eh bien ! l'état de mon esprit à cette époque est clairement indiqué par l'impression que me laissa la vue de ce billet trouvé dans la poche d'un uniforme d'enseigne de cavalerie : bien que j'eusse deviné qu'il ne pouvait avoir été qu'un billet doux, il fit naître en moi de tristes pensées.

Au Portugal, comme partout vraisemblablement, un enseigne de cavalerie jette toujours cette éblouissante lumière à laquelle les papillons insensés viennent brûler leurs ailes d'or.

C'est en rêvant à cette idée que je me mis au lit, en soupirant de tristesse parce que je me trouvais déjà major.

Le lendemain, ma fièvre avait augmenté si fort que je ne pouvais plus me tenir sur les jambes. Lobossi vint me faire une visite en m'amenant son docteur intime.

C'était un vieillard de petite taille, de corpulence maigre, la chevelure et la barbe blanches.

Il tira d'abord de son sein un cordon auquel étaient enfi-

ques-uns tombèrent ayant la partie intérieure en l'air; les autres en sens inverse. Il examina avec soin les positions qu'ils occupaient et en vint à conclure que j'étais possédé par les âmes de mes parents défunts; je devais en conséquence lui remettre quelque chose afin qu'il pût les exorciser. J'eus le courage de supporter avec patience toutes ses simagrées et de feindre une aveugle confiance dans ses paroles; puis, je pris congé de lui en lui faisant cadeau d'une petite quantité de poudre.

Un peu plus tard, Gambêla m'envoya dix charges de maïs et de massambala.

La construction de mon campement venait d'être achevée; je me hâtai de m'y installer.

Le 29 août, la fièvre avait quelque peu cédé aux doses de quinine que j'avais prises et les forces me revenaient par degrés. Malheureusement ma situation morale rétrogradait du même pas. La dépression de mes esprits devenait parfois absolument inexplicable : la faiblesse s'emparait de moi; l'énergie me faisait défaut et le mal du pays m'écrasait.

Le roi lui-même fit montre d'une véritable inquiétude à mon égard, mais chacun de ses messages au sujet de ma santé était accompagné d'une demande qui dépassait la précédente en exigences ou en impertinence.

Ainsi il m'envoyait ses musiciens jouer et chanter pour me distraire, et me demandait ensuite deux cartouches par homme.

Durant l'après-midi, j'entendis dans la ville un grand bruit de tambours et le roi me demanda de faire tirer quelques volées de coups de fusil sur la Grand'Place; j'y répondis en envoyant une dizaine de mes hommes chargés de contenter son envie.

C'était, à ce que j'appris plus tard, une convocation de

L'empire, si puissamment soutenu par la main de fer, la sagesse, la prudence et l'habileté politique de Chibitano, avait commencé à décliner très visiblement sous le règne de son fils Chicrêto. David Livingstone, dans sa profonde gratitude pour les bienfaits de ce roi, qui lui procura les moyens d'aller à Loanda et à Moçambique, paraît s'être un peu trop laissé entraîner à faire son éloge. Effectivement, en racontant le voyage qu'il entreprit dans la suite vers ces régions en compagnie de son frère Charles et du Dr Kirk, il n'a pas caché combien il avait été frappé du désordre et de la décadence qu'il remarquait dans l'empire des Macololos.

Des indigènes venus du sud avec Chibitano, c'est-à-dire des Macololos, il ne trouve plus qu'un petit nombre. Le reste a été décimé par les fièvres propres à ce pays et qui n'épargnent même pas les naturels. L'ivrognerie et le trop libre usage du chanvre ou *bangué*, joints à l'indiscipline des chefs, ont dépouillé peu à peu les envahisseurs de l'autorité qu'ils avaient usurpée. Chicrêto en mourant laissa pour successeur son neveu Omborolo, qui devait régner pendant la minorité de Pépé, jeune frère de Chicrêto et fils du grand Chibitano.

Les Louinas ourdirent une conspiration et Pépé fut un jour assassiné. Omborolo partagea bientôt son sort et les Louinas, ayant organisé une espèce de Saint-Barthélemy[1], mirent à mort ce qui restait de la redoutable armée des conquérants; il n'en échappa qu'une poignée qui, sous les ordres de Siroqué, frère de la mère de Chicrêto, s'enfuit vers l'ouest et traversa le Zambési à Nariéré.

Après ce perfide massacre, les Louinas proclamèrent roi leur chef Chipopa, homme habile, qui s'efforça d'arrêter le démembrement et réussit à remettre l'empire dans les

Chipopa régna un assez grand nombre d'années, puis les ambitions reprirent leur œuvre et, en 1876, un certain Gambèla le fit assassiner et proclama roi à sa place son neveu Manouanino, jeune homme de dix-sept ans.

Le premier acte de pouvoir ordonné par Manouanino fut la décapitation de Gambêla, l'homme qui l'avait porté au trône. Bien plus, il priva de leurs emplois tous les parents et amis de son père qui avaient aidé à sa grandeur et il ne réunit autour de lui que les parents de sa mère. Les premiers conspirèrent donc à leur tour et se révoltèrent en mars 1878 avec l'intention de le tuer; mais, ayant appris, par quelques-uns de ceux qui lui étaient demeurés fidèles, le danger dont il était menacé, Manouanino réussit à se sauver et à fuir vers la Couando, où il attaqua et pilla le village de Moutambanja.

Proclamé roi, Lobossi envoya contre lui une armée, qui chassa Manouanino de sa nouvelle résidence. Ce chef, repassant le Zambési à Quisséqué, s'enfonça dans le pays du Chocouloumbé, qu'il traversa pour se joindre à une bande d'hommes blancs, chasseurs d'éléphants, campés sur les bords de la Cafoucoué. Lobossi, bien certain qu'il ne serait en sûreté qu'après la mort de Manouanino, envoya une autre armée contre lui. Or c'étaient les nouvelles de cette expédition qu'on venait de recevoir ce jour-là même.

A ce qu'il paraît, lorsqu'ils approchèrent de l'endroit où le dernier souverain avait trouvé un refuge auprès de ses nouveaux amis les blancs, qu'ils appelaient Mouzoungos [1], les chefs de l'expédition avaient demandé qu'on leur livrât Manouanino pour le mettre à mort. On leur répondit par un refus très net. Alors ils attaquèrent la bande, mais avec si peu de succès qu'ils furent mis en pleine déroute et qu'un petit nombre d'entre eux seulement avait pu s'échapper pour venir à L[illegible]

convocation à la guerre et de l'invitation que m'avait adressée Lobossi à faire tirer des volées de coups de fusil sur la Grand'Place de la cité.

Puisque j'ai parlé de l'histoire du Loui, je peux aussi bien raconter ici un de ses épisodes les plus intéressants, qui se rapporte à un personnage vraiment digne de sympathie.

Parmi les Macololos qui, lors de la Saint-Barthélemy africaine, avaient réussi à se sauver avec une bande de proscrits et à passer le Zambési, se trouvait, comme je l'ai déjà dit, un chef du nom de Siroqué.

Intrépide, étranger à la crainte, il avait marché vers l'ouest, et, arrivé à la Coubango, y avait établi sa résidence momentanée, vivant de sa chasse aux éléphants.

Ensuite il avait remonté le long de la rivière jusqu'au Bihé, y était resté un temps considérable, allant quelquefois visiter Benguêla en compagnie des caravanes de commerce. Mais, après une dispute où des coups s'étaient échangés et où il avait battu ses adversaires, il pensa prudent de revenir dans l'intérieur et planta sa tente sur la Couando, au-dessous de la Couchibi, et là il recommença son existence de chasseur.

Pourtant, comme son intelligence égalait sa bravoure et comme sa famille avait jadis régné, il ne pouvait pas être sans ambition. Restaurer la dynastie des Macololos était le rêve qui le hantait sans relâche, et il s'était graduellement rapproché du Loui en longeant la Couando.

Un pombeïro du Bihé, qui se disait son ami et lui avait procuré de la poudre, le dénonça à Manouanino dont le règne commençait. Ce roi, l'ayant de la façon la plus lâchement perfide mis en son pouvoir, le fit assassiner près du village de Moutambanja.

le jeune Lobossi, auquel tout souriait dans la vie, était devenue tout à coup triste et chargée des nuages de la tempête.

Les mauvaises nouvelles se succédèrent et le bruit se répandit que Lo Bengoula, le puissant roi du Matébéli, avait l'intention d'attaquer sans retard l'empire de Loui.

La cité se mit sens dessus dessous; chacun avait son expédient à proposer, ses sottises à exposer. Seuls, deux hommes, Machaouana, général en chef, et Gambêla, ministre de la guerre, paraissaient, au milieu de la confusion générale, avoir conservé tout leur sang-froid [1].

Ces deux chefs remirent des ordres rapides et très clairs à des émissaires fidèles qui partirent sur l'heure pour les porter aux villages éloignés.

Tout cela n'était pas fait pour me rassurer. Qu'allais-je devenir au milieu des événements qui agitaient le pays?

On disait et l'on répétait sans cesse que les *Mouzoungos* avaient détruit les sicaires envoyés par Lobossi contre Manouanino; mais, si l'on découvrait que moi-même j'étais un mouzoungo, ma vie ne tiendrait plus qu'à un fil. Heureusement, les Louinas n'en savaient rien; ils pensaient que les Portugais de l'est ne sont pas de la même race que ceux de l'ouest.

Dans ce pays de Loui, les Portugais des colonies occidentales sont appelés les *Chioudérès*, c'est un nom qui leur a été donné par les Bihénos; ceux des colonies orientales sont les *Mouzoungos*, et les Anglais du Sud sont les *Macouas*. Quant aux nègres qui arrivent des colonies portugaises, on les

1. Des nouvelles du Loui, qui me sont parvenues en Europe, reçues en partie du Bihé, en partie dues au Dr Bradshaw, m'ont appris que les Louinas, après le séjour que j'avais fait chez eux, ont eu à repousser une véritable attaque de la part de certaines tribus du nord-est, que le Dr Bradshaw désigne sous le nom de Ma-Koupi-Koupi; après cela, Lobossi avait fait exécuter Gambêla, Machaouana

nomme des *Mambarès*, mot évidemment corrompu pour *quimbarès*, désignation commune à tous les nègres demi-civilisés de Benguêla. C'est là l'origine de l'erreur où est tombé Livingstone, quand il a dit qu'un district, situé à l'ouest de la chaîne des monts Tala Mougongo, était habité par la tribu des *Mambarès*.

Les *quimbarès* sont des nègres de toutes races, esclaves ou libres, mais à moitié civilisés. Ils proviennent des *senzalas*, espèces d'ergastules à Benguêla, ou des bandes d'esclaves que certains blancs peuvent entretenir sur le littoral.

Au Benguêla, on nomme *quimboundos* les naturels sauvages de l'intérieur et surtout ceux du Bihé.

Le 30 août, de bon matin, Lobossi me fit prévenir que son intention était de continuer les hostilités et m'exposa les raisons qui le portaient à prendre cette décision.

C'était Gambêla lui-même qui avait été chargé de cette commission. Il ajouta que le Choucouloumbé devant être le théâtre de la guerre future, mon voyage à travers cette région devenait impossible, et que, conséquemment, toutes nos conventions précédentes étaient annulées.

Certes! les événements rendaient ma position de plus en plus critique.

Dans l'après-midi, après un nouvel et violent accès de fièvre, j'appris que les pombeïros du Bihé désiraient me parler.

Je me levai malgré mes souffrances et m'avançai pour connaître ce qu'ils avaient à me communiquer.

Quand ils eurent longtemps battu les buissons, ils en vinrent au fait. Ils allaient me quitter parce qu'ils voyaient que les choses, au Loui, prenaient une trop vilaine tournure, et qu'ils ne désiraient plus que de retourner au pays.

m'assurèrent de leur fidélité et déclarèrent qu'ils partageraient mon sort. Il en fut de même de tous les quimbarès.

Ce départ inattendu des Bihénos me rendit, comme par enchantement, le sang-froid que j'avais perdu depuis quelques jours. A mesure que les obstacles s'accumulaient autour de moi, je sentais que je devais les combattre ; aussi, je secouai d'un coup la torpeur morale qui, peu à peu, s'était emparée de moi.

Je congédiai immédiatement les Bihénos, leur ordonnant de quitter le camp sur l'heure, et leur imposant pour chef le vieil Antonio, que j'avais recommandé à Lobossi pour le mettre à la tête de la députation dont l'envoi à Benguèla avait été décidé.

Cela fait, je passai mes hommes en revue ; il m'en restait cinquante-huit.

Le lendemain, je reçus une visite de Lobossi ; il venait me demander avec instance des choses que je ne possédais pas, et paraissait prêt à employer la force afin que je les trouvasse pour les lui donner. D'instant en instant, il augmenta ses importunités. On aurait dit un enfant gâté, mais des plus impertinents. Pour le supporter, il fallait être doué d'une patience illimitée.

Au soir, il me fit prier de passer chez lui. J'y allai. Alors, il me répéta que mon voyage par le Choucouloumbé n'était plus possible, mais en ajoutant qu'il me fournirait des guides et quelques hommes pour descendre vers le sud et même jusqu'au Zoumbo.

De plus, il prétendit que la rumeur concernant les Matébélis n'avait aucun fondement ; la paix était assurée de ce côté, et il aurait bientôt fait d'en finir avec Manouanino. Ensuite, il se plaignit amèrement du peu de cadeaux que je

gens et me trouvant protégé, je n'avais plus aucun besoin d'une nombreuse escorte armée qui m'appartiendrait.

Je lui offris les armes des Bihénos qui m'avaient déserté, car j'avais eu grand soin de les leur reprendre, et, de plus, sept barils de poudre ; mais je me refusai formellement à lui donner un seul des fusils appartenant aux hommes qui m'étaient restés fidèles ou à ceux qui étaient attachés à mon service personnel.

Enfin, je me retirai, fort peu satisfait de cette entrevue.

Le 1er septembre, je me trouvai très souffrant à mon réveil; cependant, je fis mes observations comme chaque matin, mais je rentrai pour me remettre au lit. Tout à coup, Vérissimo se présente fort ému dans ma hutte et me dit que Lobossi, après avoir appelé mes hommes auprès de lui, leur a fait savoir que je n'étais venu dans ce pays que pour me joindre aux Mouzoungos de la Cafoucoué et m'allier à Manouanino pour le combattre. Ma volonté obstinée d'aller au Choucouloumbé lui avait prouvé que telles étaient mes intentions. Cette nuit même, on l'avait informé des projets que j'avais formés. En conséquence, il allait m'ordonner de sortir de son territoire par la route du Bihé, la seule qu'il me laisserait ouverte.

Il avait chargé Vérissimo de me faire connaître sa volonté. Un tel message ne me surprenait pas beaucoup, et, depuis la veille, je m'y attendais.

J'envoyai prier Gambêla de se rendre auprès de moi; il s'en garda bien : de toute la journée, je ne pus pas le rencontrer.

Cependant, j'avais eu soin d'envoyer ma réponse à Lobossi : je lui représentais l'imprudence de sa conduite envers moi, qui pouvais lui nuire considérablement en détournant les

traient en marche qu'après que je serais sorti du Loui, en route pour Benguêla.

Je dis au messager que j'engageais le roi Lobossi à dormir avant de prendre un parti, la nuit étant une bonne conseillère ; j'attendrais jusqu'au lendemain sa décision dernière.

Le 2 septembre de grand matin, je reçus la visite de Gambêla. Il venait, de la part du roi, m'intimer l'ordre de sortir immédiatement de son territoire et de ne prendre aucune autre route que celle du Bihé. Toutes les autres, au nord, à l'est, au sud, m'étaient également défendues.

Contre tous les usages de l'Afrique, Gambêla avait conservé ses armes à la main tant qu'il était resté dans ma hutte ; je l'imitai en badinant toujours avec un superbe revolver d'Adams Colt.

« Ami Gambêla, répliquai-je après avoir eu l'air de méditer ma réponse, vas informer Lobossi, et tenez-vous-le pour dit, que je ne veux pas faire un pas d'ici dans la direction de Benguêla. Si nombreuse que puisse être son armée, je saurai, en cas d'attaque, me défendre contre elle. Le Mouéné Pouto (le roi de Portugal) ne manquera pas de tirer raison de ma mort, si je succombe dans cette lutte. Lobossi n'est pas dans les meilleurs termes avec les Matébélis ; il est menacé par la guerre civile que soulève Manouanino ; il sera perdu s'il se met encore sur les bras le Mouéné Pouto. C'est bien entendu ; je ne bougerai d'ici que par la route que je me suis tracée. »

Gambêla s'en alla plein d'une colère furieuse.

Le soir, très tard, Machaouana se glissa secrètement chez moi. Il m'apprit que Gambêla avait conseillé au roi de se débarrasser de moi, mais que Lobossi avait refusé de prendre une pareille mesure. L'avis avait été formulé dans un conseil auquel Machaouana avait assisté, et je devais [illegible] entre lui et Gambêla une querelle remontant assez loin. Le vieux guerrier, attaché jadis à la personne de Chibitano, puis à celle du roi Chipopa, avait désiré vivement voir élever au trône du Loui le fils de ce dernier, son pupille, son protégé, le jeune Mounoutoumouéno, mon enseigne de cavalerie légère.

La découverte de cette haine et de cette affection dans le cœur du vieillard contribua à me rassurer sur mon propre sort. Machaouana pouvait beaucoup ; il avait une influence considérable sur la plus grande partie des tribus du Loui ; c'est ce qui expliquait pourquoi les assagaies, qui dans les révolutions de ce pays épargnent si peu de monde, ne l'avaient pas atteint. Je lui exprimai la reconnaissance que ses confidences m'inspiraient, et, comme il partait, j'obtins de lui la promesse de m'avertir à temps si Lobossi en venait à décider ma mort.

Après ces communications, je me couchai et me mis à retourner dans mon imagination certain projet auquel j'avais pensé depuis quelque temps, mais dont je m'étais bien gardé d'informer Machaouana, afin de ne pas susciter en lui des visées ambitieuses, s'il n'en projetait aucune à cette époque.

Dans le cas où Lobossi aurait résolu de me faire périr, j'avais décidé que je m'environnerais de cinq des hommes sur lesquels je pouvais le plus compter, par exemple, Aogousto, Camoutombo et d'autres. Ils m'entoureraient comme des chiens de garde. Je me rendrais avec eux à l'audience royale, où personne n'est armé ; à un signal, ils sauteraient sur Lobossi, Gambêla, Matagja et les deux autres conseillers privés ; pendant ce temps, Machaouana, général en chef, qui avait dix mille hommes sous ses ordres, et moi, nous crierions à tue-tête : « Vive Mounoutoumouéno, roi du Loui ;

Je tombai endormi en rêvant à ce beau projet, et je ne me réveillai que le lendemain matin, lorsque Catraïo entra pour m'apprendre que Lobossi venait d'arriver avec l'intention de me parler.

Je me levai sur l'heure et allai recevoir le roi. L'objet de sa visite était de m'avertir qu'il avait modifié ses desseins. Toutes les routes m'étaient ouvertes : il me fournirait des guides jusqu'au Quisséqué ; mais, par suite des événements récents, je n'aurais pas d'escorte et il rejetait toute responsabilité concernant les désastres dont je pourrais être la victime en partant avec une bande de cinquante-huit hommes au plus.

Je le remerciai du parti auquel il s'était décidé ; quant à la précaution dont il se couvrait, je répondis que mon habitude était de me protéger moi-même et de ne rejeter sur personne la responsabilité de ce qui pouvait m'arriver.

Avant de s'en aller, il m'accabla encore de demandes, auxquelles il m'était impossible de faire droit, car je n'avais rien de ce qu'il souhaitait. Par exemple, une sollicitation qu'il répétait chaque jour était de lui procurer une demi-douzaine de chevaux. Or il m'avait vu arriver à pied, savait parfaitement que je n'avais aucun cheval, et son insistance à cet égard devenait une véritable impertinence.

Plus tard j'appris que la décision dernière de Lobossi lui avait été suggérée par Machaouana, qui ne s'était pas lassé de lui faire observer l'inconvenance de ses propositions antérieures, tendant à me faire sortir de ses États malgré moi.

Dans la matinée du 4 septembre, ma fièvre s'étant apaisée un peu, je me rendis à l'audience du roi, qui se conduisit envers moi d'une façon très amicale. Sa coutume était de sortir de ses quartiers au lever du soleil et de se transporter, au son des marimbas et des tambours, sur le ...

saient sa cour; à sa droite, se tenaient, lorsqu'ils étaient présents, Gambêla et les autres conseillers.

En face du souverain, à la distance d'une vingtaine de pas, étaient rangés sur une ligne ses musiciens, de chaque côté desquels s'étendaient les files nombreuses du peuple.

Beaucoup des causes trop peu considérables pour être portées devant le conseil privé se décidaient dans cette audience, qui était à tout prendre judiciaire. Le jour dont il s'agit, parmi d'autres, se trouvait un cas de vol. Le plaignant appela l'accusé qui vint s'accroupir en face et il exposa le sujet de sa plainte. L'accusé niait qu'il fût coupable, un homme sortit des rangs du peuple pour prendre sa défense. Tout parent ou ami peut se charger de cette fonction.

C'était Gambêla qui remplissait le rôle de procureur général; il fit à l'accusé agenouillé devant lui une série de questions auxquelles l'autre répondit.

La discussion commença. Divers témoins se présentèrent tour à tour pour l'accusation ou pour la défense. Le crime paraissant prouvé, le plaignant demanda qu'on lui livrât la femme du voleur; on la lui accorda et ainsi il fut indemnisé de la perte des quelques fils de verroteries qu'on lui avait dérobés, par la possession de la femme de son adversaire.

Quand ce procès eut été terminé, un autre homme vint accuser sa femme de lui manquer d'obéissance. Sa plainte fut suivie de plusieurs semblables, si bien que je comptai plus d'une vingtaine des sujets de Lobossi qui avaient à se plaindre de leurs tendres moitiés, d'où je conclus que les femmes de Lialoui étaient en état de révolte ouverte contre leurs maris. On discuta quelque temps, puis il fut décidé que toute femme qui manquerait envers son seigneur

ordres pour la faire publier dans les différents villages.

Une particularité vraiment curieuse de ces audiences, c'était la façon dont s'y prenaient le roi et Gambêla pour conférer sans être entendus devant l'assemblée entière. Le ministre faisait un signe ; immédiatement les huit *batouqués* produisaient un vacarme si infernal qu'il était absolument impossible d'entendre un mot de ce que se disaient le ministre et son roi.

Après la fin de l'audience publique, le roi a l'habitude de se retirer dans un lieu où il puisse à son aise boire en liberté.

On y porte de nombreuses cruches de capata et le souverain avec ses courtisans s'abandonne au culte de Bacchus. Cette récréation terminée, le roi va se coucher. Dans l'après-midi, il recommence ses libations, puis donne une seconde audience, qui le conduit jusqu'à la tombée du jour ; ensuite il mange, puis passe dans son sérail, d'où il ne sort guère avant une heure du matin. Les roulements de tambours accompagnent sa sortie du sérail et son entrée dans sa hutte où il va dormir.

Quand les batouqués se taisent, c'est que le roi s'est retiré chez lui. Alors sa garde, composée d'une quarantaine d'hommes, entonne un chant qui, malgré sa monotonie, est loin d'être désagréable ; toute la nuit, ils chantent à mi-voix un chœur doux et harmonieux. Cette musique qui, sans doute, a pour objet de caresser les oreilles du roi et de l'endormir agréablement, a encore l'avantage de prouver la vigilance de la garde qui veille à sa sûreté. Les détails qui précèdent suffisent à donner une idée de la vie monotone que mène le despote du Barozé ; une vie qui ne consiste qu'en débauches grossières et en ivrognerie brutale.

Loanda, avait-il dit, et y ayant, ainsi que tous les Louinas qui l'accompagnaient alors, reçu des blancs un traitement dont il n'avait eu qu'à se louer, il ne consentirait jamais qu'on maltraitât un blanc de la même race.

Il alla même jusqu'à menacer les autorités constituées. Grave affaire! car, au Loui, quand les ministres tombent, c'est pour mourir. Les nouveaux conseillers prennent cette légère précaution parce qu'elle a l'effet de déraciner l'opposition au moyen de plusieurs coups d'assagaies.

En Europe, il n'est pas rare que des adversaires politiques noircissent la réputation de leurs prédécesseurs pour les discréditer aux yeux du peuple et diminuer leur influence morale. Au Loui, le système qu'on suit dans des circonstances semblables paraît plus franc, plus digne et infiniment plus certain. Je ne crois pas que ce soit une raison suffisante pour qu'on l'adopte chez nous.

Le conseil, en présence de l'attitude et des représentations de Machaouana, n'osa point passer outre. La sentence de mort ne fut pas portée contre moi. Mais l'événement montra qu'au moins un des membres du conseil avait pris une résolution opposée, pour son propre compte. Cette nuit, comme j'étais sorti de mon camp pour relever les altitudes de la lune, une assagaie, lancée par une main invisible, passa si près que la hampe me frôla le bras gauche. Je jetai un rapide coup d'œil du côté d'où le dard était parti et j'aperçus dans l'obscurité, à vingt pas de distance, un nègre qui se préparait à m'envoyer un second trait. Prendre mon revolver et tirer sur le misérable, ce fut un acte plus instinctif que réfléchi. A la vue du jet de feu, le drôle fit volte-face et s'enfuit vers la ville. Je le poursuivis. En me sentant sur ses talons, il se jeta par terre. Je rappelai toute ma prudence et

contact de ma main. Un liquide chaud coulait entre mes doigts. L'individu était blessé. Je le fis lever. Tremblant de peur, il laissait échapper des paroles dont je ne comprenais pas le sens. Je le forçai, le pistolet au poing, à marcher devant moi dans la direction de mon camp.

On y avait bien entendu le bruit de mon pistolet, mais sans y faire attention, car il arrivait fréquemment qu'on tirât un ou plusieurs coups de feu dans la soirée. J'appelai deux hommes de confiance, leur remis mon prisonnier et m'occupai d'examiner sa blessure. La balle avait pénétré près du col de l'humérus droit, non loin de la clavicule et, comme elle n'était pas sortie, je présumai qu'elle s'était fixée dans l'omoplate. Je conclus, de ce que les passages respiratoires ne montraient pas de sang, que les poumons étaient intacts, et la petite quantité qui s'échappait de la blessure me prouvait qu'aucune des artères principales n'avait été coupée. En conséquence, et pour l'instant au moins, ce n'était pas mortel.

Quand j'eus bandé la blessure, j'envoyai chercher Caïoumbouca et lui dis de m'accompagner chez le roi, tandis que mes jeunes nègres nous suivraient avec le prisonnier.

Lobossi était rentré du quartier des femmes et causait avec Gambêla avant de se retirer pour dormir. Je lui présentai le blessé en le priant de me dire qui il était et ce qu'il était. Le roi parut vraiment effrayé de me voir encore couvert du sang de l'assassin ; mais un regard furtivement échangé entre ce dernier et Gambêla me fit connaître quel était le véritable auteur du meurtre prémédité. Lobossi fit de suite enlever le misérable en disant qu'il voyait là un grand présage et qu'il ne dormirait guère cette nuit en pensant au spectacle que je lui avais présenté.

Je racontai les circonstances de l'attentat et entendis les

Ce nègre, ajoutait-on, était étranger à Lialoui; les gardes du corps du roi m'affirmèrent tous ne l'avoir jamais vu. Quant à Lobossi, il me pria de ne pas ébruiter l'événement, assurant que rien de semblable ne se renouvellerait tant que je resterais dans ses États.

Je revins à mon camp, plus persuadé qu'auparavant que je ne devais donner aucune créance aux protestations amicales de Gambêla.

Au milieu de la nuit, j'entendis que quelqu'un cherchait à se glisser dans ma hutte. Je fus debout en un moment, tout prêt à faire une surprise à celui qui semblait vouloir me surprendre.

Quelle qu'elle fût d'ailleurs, cette personne ne pouvait pas être étrangère, car ma fidèle Traviata, au lieu d'aboyer, agitait sa queue en tournant son nez du côté où l'on s'avançait.

Je ne restai en suspens qu'un instant : la lueur de mon feu me fit reconnaître la jeune négresse Mariana; se tenant moitié en dehors et moitié en dedans, elle me faisait signe d'être calme.

Elle entra, vint bien près de moi et me dit tout bas : « Méfie-toi. Caïoumbouca te trahit. Après être rentré avec toi de chez le roi, il est retourné à la cité parler à Gambêla. En revenant ici, il a tout doucement réuni les hommes de Silva Porto qu'il a emmenés dans sa hutte. Je faisais bonne garde et j'écoutais. Je les ai entendus parler de te mettre à mort. Vérissimo en était. Ils ont dit que, comme tu ne sais pas la langue du Loui, ils auraient soin, quand tu leur dirais une chose à transmettre au roi, de lui parler différemment, et de te traduire ses réponses de la même façon, jusqu'à exalter la colère du roi qui alors ordonnerait qu'on te tuât. Fais bien attention : ils sont tous mauvais. très mauvais ! »

La nouvelle que m'apportait Mariana me portait un rude coup. Quoi! les hommes en qui je me confiais le plus étaient les premiers à me trahir! Une foule de pensées plus tristes les unes que les autres s'empara de moi. Elles n'abattirent pas mon courage, mais elles chassèrent le sommeil de mes yeux. L'avis de Mariana me donnait pourtant un immense avantage sur mes ennemis, puisqu'ils ignoraient que je fusse au fait de leur perfidie, et le lendemain en me levant de ma couche troublée je me répétais le vieux proverbe : « Un bien averti vaut quatre hommes. »

Gambêla fut chez moi de bonne heure. Il eut beau me faire mille protestations d'amitié, je sentais le péril qui planait autour de moi, l'épée de Damoclès qui restait suspendue sur ma tête.

Quand la journée fut plus avancée, je remis à Gambêla les lettres destinées au gouverneur de Benguêla et je vis s'éloigner dans la direction du littoral la députation du roi du Loui, commandée par trois chefs louinas et guidée par le vieil Antonio de Poungo Andongo. En même temps partaient les Bihénos qui, ainsi que je l'ai raconté, avaient renoncé à mon service.

J'étais heureux d'avoir au moins obtenu ce résultat. Si mes travaux étaient perdus, si je ne faisais rien de plus, mon voyage aurait du moins eu le résultat important d'avoir mis un peuple si puissant en relation directe avec la civilisation européenne de la côte [1].

La révélation que Mariana m'avait faite cette nuit me pré-

1. Cette expédition louina, provoquée par moi, parvint heureusement à Benguêla et y fut très bien accueillie par le gouverneur, Pereira de Mello, par le corps des négociants de la ville et surtout par Silva Porto, qui ne ménagea rien pour décider les commerçants à organiser des voyages d'affaires. A Benguêla,

occupait gravement; je ne pensais plus qu'à trouver le moyen de parer le coup dont me menaçait la trahison de ceux en qui j'avais placé toute ma confiance.

Enfin j'arrêtai un plan que je me décidai à mettre à exécution le jour même.

Mais le récit des événements graves et nombreux, qui me touchaient personnellement et se présentaient dans une succession si rapide depuis mon arrivée au Loui, ne doit pas me faire négliger de parler des Louinas ainsi que de leurs habitudes et coutumes distinctives.

Au lieu de rencontrer ici la race forte et vigoureuse qu'avait créée Chibitano et qui existait dans l'empire des Macololos, j'avais trouvé une population abâtardie, mélange de Calabarès, de Louinas, de Ganguélas et de Macalacas. Chaque peuple lui avait infusé son sang, mais tout produit, pris à part, portait des marques évidentes de dégénérescence. L'usage déréglé du *bangué* ou *cangogna* (*cannabis indica*), l'ivrognerie et la syphilis ont réduit cette population au degré le plus abject de l'abrutissement moral et de l'affaiblissement physique.

Le premier de ces ennemis mortels de la race nègre a été importé ici, du sud et de l'est, par le Zambési; les deux autres par les Bihénos, qui en ont introduit un quatrième, peut-être aussi terrible, la traite des esclaves.

Il y faut joindre la polygamie. Bien peu de contrées en Afrique l'ont pratiquée au même degré que les Louinas. Gambêla, quand je me trouvais au Barozé, avait plus de soixante-dix femmes.

Le Loui ou Barozé propre, c'est-à-dire le pays situé au nord de la première région des cataractes, comprend l'énorme plaine. Le Barozé occupe aussi la vallée immense de la Gnengo, qu'arrose la rivière Ninda. Ce district est séparé du lit du Zambési par un plissement de terrain qui peut avoir une vingtaine de mètres d'élévation, courant parallèlement au fleuve et où une quantité de villages se sont installés au-dessus du niveau des inondations les plus fortes.

Durant la saison pluvieuse, la plaine du Zambési est inondée. En mesurant, sur l'écorce de plusieurs arbres où elle s'était conservée, la trace des plus hautes eaux, je trouvai que celles-ci s'étaient élevées à trois mètres environ.

Sous le 15° parallèle, la plaine a une largeur de plus de 55 kil. ; d'où il suit que, lorsqu'elle est remplie, si l'on attribue au courant un minimum de 20 mètres à la minute, on trouve que l'écoulement des eaux est, à l'heure, de 240,000,000 mètres cubes. Voilà qui peut donner une idée de ce que sont les pluies qui tombent dans l'Afrique tropicale, surtout si l'on pense qu'il suffit ordinairement de huit journées à l'inondation pour parvenir à son maximum.

Les Louinas, dont le plus grand nombre réside dans la plaine, se réfugient dans la région des collines durant les inondations.

Quand les eaux se sont retirées, ils reviennent occuper leurs anciennes habitations et couvrir le pays de leurs troupeaux immenses. Cependant, à dire vrai, ceux-ci n'y trouvent, en aucune saison, un pâturage bien succulent, puisqu'il est généralement composé de joncs et de roseaux, dont l'espèce la plus abondante est le roseau des sables (*calamagrostis arenaria*).

On cultive plus sur la rive droite du Zambési que sur la gauche, et toujours à l'endroit où le sol commence à s'élever.

eux-mêmes ont beaucoup à souffrir des maladies endémiques.

Les amas d'eau sont remplis de poissons et de batraciens. C'est pourtant dans ces eaux stagnantes que les naturels puisent leur provision d'eau à boire; mais ils ne la boivent qu'après l'avoir convertie en capata.

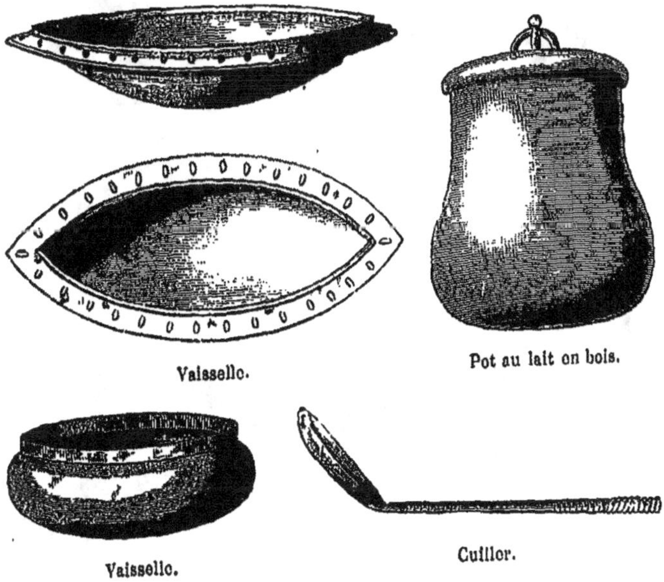

Vaisselle. — Pot au lait en bois. — Vaisselle. — Cuiller.

Ustensiles en bois des Louinas.

Les Louinas aiment peu cultiver la terre, mais ils sont de grands éleveurs de bétail. Ce sont surtout les troupeaux qui constituent leurs richesses, et c'est le lait qui leur fournit

pour faire la capata, en la mêlant avec la farine de mas-

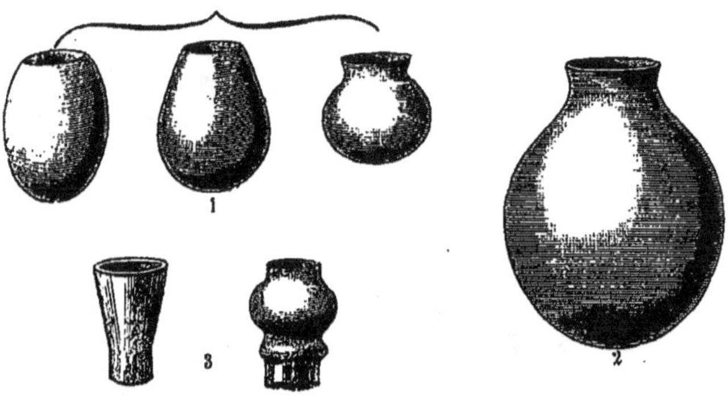

1, marmites ; 2, jarre à céréales ; 3, fourneaux de pipes.

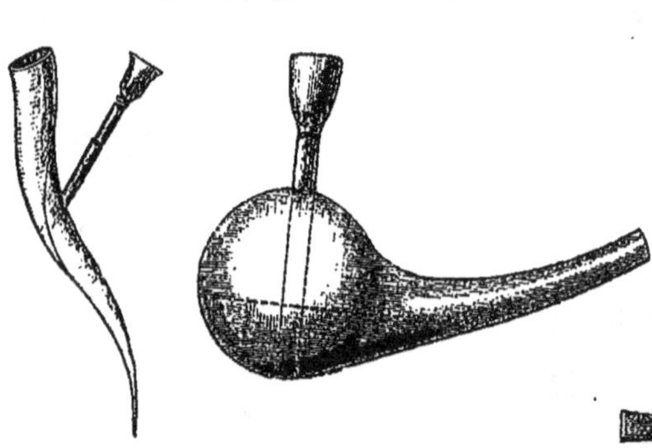

Pipes à fumer le bangué.

Hachette à tailler le bois.

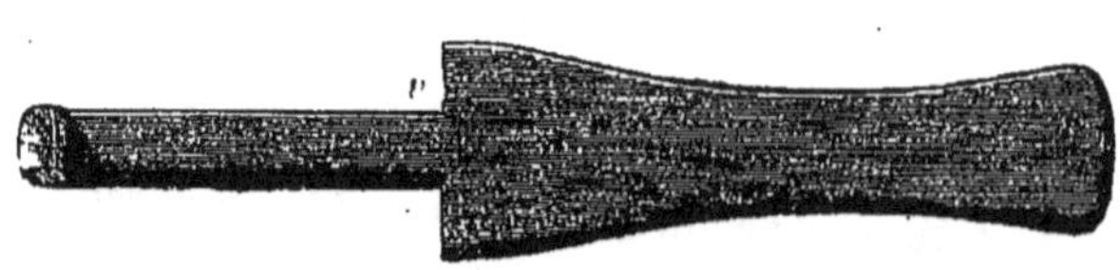

Espèce de spatule en fer pour se moucher.

leurs armes et leurs outils. Ils n'ont pas de couteaux. La façon dont ils sculptent le bois semble vraiment merveilleuse, surtout si l'on considère que leurs articles sont taillés sans le secours d'un couteau, avec les instruments les moins propres à la sculpture. Dans le Loui, le gros travail se fait avec la hachette et le fin avec l'assagaie. C'est le fer de la première qui sert à tout fabriquer : les bancs sur lesquels ils s'asseoient, les écuelles qu'ils emploient pour manger, les vaisseaux qui contiennent leur lait et toute la boissellerie.

L'ustensile qu'ils travaillent avec le plus de soin, c'est la cuiller. Cela s'explique aisément : le Louina vivant de laitage peut se passer du couteau, mais non de la cuiller.

La poterie au Barozé est bornée à la fabrication de marmites pour la cuisine, de pots pour la capata, de grandes jarres pour la conservation des céréales, et de moules à faire des pipes pour fumer le bangué.

Le Louina ne fume que cette drogue. Il cultive bien et beaucoup le tabac, mais seulement pour le priser : hommes et femmes l'emploient beaucoup à cet usage.

La population est plus vêtue que les autres que j'avais rencontrées jusque-là. Il est rare de voir un adulte de l'un ou de l'autre sexe nu au-dessus de la ceinture. Les hommes portent, comme je l'ai dit, des peaux passées dans un ceinturon et pendant jusqu'aux genoux, par devant et par derrière. Un manteau à capuchon, rappelant la mode du temps de Henri III de Portugal, couvre leurs épaules et tombe jusqu'au milieu de la jambe. Un large ceinturon de cuir, indépendamment de celui qui supporte les peaux de la ceinture, complète la toilette avec une foule de bracelets et d'amulettes.

Les femmes ont un jupon de peaux, descendant par devant

vent des étoffes européennes au lieu de peaux et des couvertures de coton en guise de surtout; même des hommes et des femmes remplacent le vêtement national par des habillements d'Europe; mais je n'ai pas à m'occuper de ces exceptions, qui ne sont que des innovations résultant du commerce. Il est utile cependant de les signaler comme indices du penchant naturel qu'a ce peuple à se vêtir.

Avant l'invasion des Macololos, je crois que les Louinas s'habillaient fort peu. Les Choucouloumbés, qui leur sont limitrophes à l'est, vont tout à fait nus, les hommes comme les femmes. A l'ouest, les Ambouélas, à l'arrivée des premiers négociants portugais[1], l'étaient également; et même aujourd'hui, ils ne sont guère couverts.

Le costume des Louinas, tel que je viens de le décrire, est celui que portaient jadis les Macololos. On peut donc en conclure que ce sont ces derniers qui le leur ont donné.

Le monde commercial doit prendre note de ce penchant à être vêtu, car il peut en tirer parti, non seulement pour les affaires, mais aussi dans l'intérêt de la civilisation.

Les femmes des classes supérieures, et les riches en général, se graissent le corps avec du suif de bœuf mêlé à de la poudre de talc; ainsi ointes, elles ont une peau lustrée de rouge, mais une odeur vraiment dégoûtante.

J'ai rencontré chez les Louinas une grande quantité de fusils à percussion, fabriqués en Angleterre et apportés par les commerçants du Sud; il y a aussi des mousquets à pierre, de fabrique belge et vendus par les Portugais de Benguêla. Dans le Loui, on recherche les armes à percussion, préférence contraire à celle que j'ai connue chez toutes les tribus depuis la côte occidentale jusqu'au Zambési. On y voit même quelques carabines rayées. Les Louinas n'emploient

calebasses. Quant aux vraies armes du pays, ce sont des assagaies, des massues et des hachettes; on ne s'y sert ni d'arc ni de flèche.

Pour arme défensive, ils ont de grands boucliers de forme

Armes des Louinas.

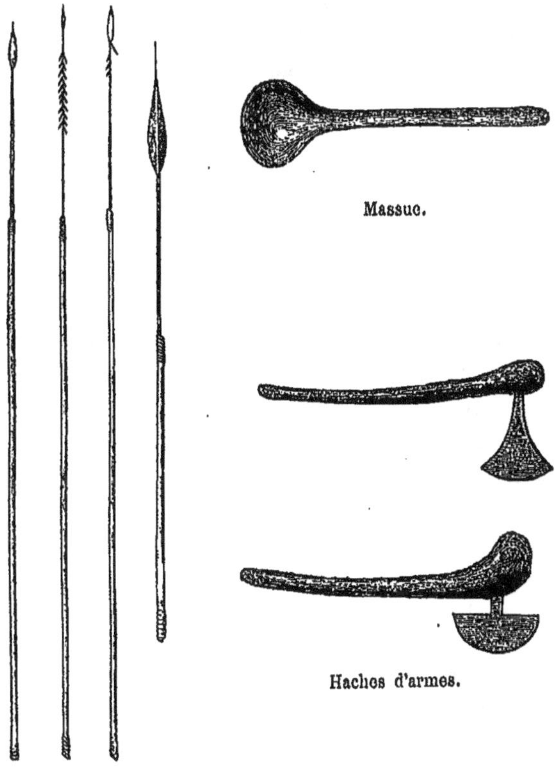

Massue.

Haches d'armes.

Assagaies.

tous les sens. Quand elles ont pénétré dans le corps, il n'y a guère de moyens de les en faire sortir sans mettre en danger la vie du blessé..

En fait de rassade ou verroterie, les Louinas préfèrent les perles que le commerce de Benguêla appelle *leite* ou lait, *azul céleste* ou bleu de ciel, et Maria II; ils estiment aussi beaucoup les belles *cassoungos*, bleues, rouges et blanches.

On accepte ici toutes les marchandises, et l'on en sait distinguer les qualités. Le fil de laiton, de trois à quatre millimètres de diamètre, a de la valeur. Les vêtements confectionnés, les couvertures, les armes à percussion, la poudre, les saumons de plomb et les articles de chasse, sont cotés très haut.

Dans toute l'étendue du territoire, le commerce se fait exclusivement pour le compte du roi, qui s'en réserve le monopole. C'est à lui qu'appartient tout l'ivoire qu'on peut se procurer à l'intérieur de ses frontières, ainsi que tout le bétail; il le prend à ses sujets quand il en a besoin. Les marchandises, les armes et tout ce que lui donne le troc, il s'en sert pour faire des cadeaux à ses chasseurs, aux chefs de villages et aux courtisans.

Les femmes jouissent d'assez de considération sur ses domaines; les plus nobles d'entre elles ne font littéralement rien et passent leur vie, assises sur des nattes, à boire de la capata et à priser du tabac.

Elles ont un grand nombre d'esclaves, ordinairement des Macalacas, qui s'occupent à les servir.

Les grands troupeaux de bêtes à cornes, chez les Louinas, sont d'une race magnifique; leur volaille même et leurs chiens sont d'espèces supérieures à celles que j'avais aperçues auparavant.

direction de l'ouest, c'est-à-dire sur la route de Benguèla.

Tel est en bref le résumé de ce que 'ai vu ou appris dans ce pays intéressant. La première visite qu'on y eût faite, celle du Portugais Silva Porto, était antérieure à l'invasion de Chibitano. David Livingstone y est venu le second pendant la domination des Macololos. J'y suis arrivé le troisième, durant la dynastie louina, en 1878 et dans des circonstances tout à fait différentes.

Je reprends le récit de mes pénibles aventures au 5 septembre, le lendemain de la révélation que m'avait faite Mariana. J'avais résolu de me faire dire par un des conjurés le récit de la conspiration et j'avais compté à cet effet sur Vérissimo Gonçalvès.

L'ayant mandé chez moi, je lui montrai, avant de lui dire un mot, une prétendue lettre, censée envoyée à Benguèla. J'y informais le gouverneur que, ne manquant pas de motifs de méfiance à l'égard de Vérissimo, je devais requérir les autorités de s'assurer de sa femme, de son fils et de sa mère, et de les retenir comme ôtages, afin que, s'il m'arrivait de tomber victime d'un complot, on les envoyât de suite en Portugal, où, d'après ce que j'assurais à Vérissimo, mes parents ne manqueraient pas à les faire brûler tout vifs.

Cette lettre, d'ailleurs, ajoutai-je, n'avait été écrite que par mesure de précaution, attendu que j'étais parfaitement certain de son dévouement à mon égard; mais cette affection même devait l'obliger à se mettre sur ses gardes, parce que j'avais tout lieu de tenir Caïoumbouca pour suspect; or, si un malheur m'arrivait, je serais réduit à l'impossibilité de préserver des traitements terribles qui les menaçaient les êtres qui lui étaient les plus chers. Je soupçonnais particu-

et de me rendre en portugais (langue que n'entendait point Caïoumbouca) tout ce que ce dernier communiquerait au roi.

Vérissimo fut très alarmé; il lâcha étourdiment que je ne me trompais guère et finit par me révéler le plan de la conspiration. Je l'engageai à ne rien dire à Caïoumbouca de notre entretien et à m'informer de toutes les trames qu'il ourdirait.

Dans la même soirée, Lobossi me fit savoir que l'escorte était préparée pour m'accompagner jusqu'à la côte de Moçambique, et qu'ainsi rien ne m'empêchait plus de m'en aller aussitôt que je voudrais.

Il y avait quelque amélioration dans l'état de ma santé, et de fait je ne m'étais jamais mieux porté que ce jour-là, depuis mon arrivée dans les pays louinas.

L'étendue qu'occupait mon campement était trop vaste, et d'autant plus que les quimbarès s'étaient installés à la place des quimboundos dans les huttes laissées vides par ceux-ci. Au centre, se développait un grand cercle dont le diamètre était au moins d'une centaine de mètres. D'un côté, à l'intérieur de la rangée des huttes, s'élevait la mienne, entourée d'une enceinte de roseaux, où personne, excepté mes serviteurs immédiats, ne pouvait être admis.

Nous étions arrivés au 6 septembre. Toute la journée, le thermomètre avait marqué 33° centigrades et la chaleur solaire réfléchie par le sable du sol avait été accablante.

La nuit descendait sereine et fraîche. Assis à la porte de ma baraque, je rêvassais à ma patrie, à mes parents, à mes amis, puis, à l'avenir que pouvait avoir mon expédition, menacée d'une façon si grave dans le pays où je me trouvais. Bien que les pensées tristes succédassent dans ma tête aux pensées souriantes, je dois dire qu'en somme je ne perdais

Mes quimbarès, retirés dans leurs huttes, causaient autour de leurs feux ; seul, dans le campement, j'étais resté en plein air.

Tout à coup mon attention fut éveillée par une foule de lueurs brillantes qui traversaient l'espace.

Je ne pouvais pas m'expliquer d'abord ce que cela signifiait; mais j'en conçus quelque inquiétude et m'élançai hors de la clôture de roseaux qui entourait ma baraque.

Dès que j'en fus sorti, je compris tout immédiatement et, malgré moi, je poussai un cri d'horreur suprême.

Des centaines d'individus entouraient le campement et jetaient des brandons enflammés sur les huttes que recouvrait seulement un chaume d'herbes sèches.

En une minute, et sous l'impulsion d'un fort vent de l'est, les flammes s'allumèrent de tous côtés. Les quimbarès effrayés s'élançaient de leurs huttes en feu et couraient çà et là comme des fous.

Aogousto et les hommes de Benguêla eurent bientôt fait de se rallier autour de moi. Le péril était terrible; mais, dans de telles circonstances, j'ai toujours retrouvé ma présence d'esprit. J'étais calme, j'avais tout mon sang-froid et je ne pensais qu'à une chose : résister et sortir vainqueur de cette épreuve.

J'appelai à moi mes hommes qu'affolait la vue de la ceinture de feu dont ils étaient entourés, et je réussis à les rassembler dans l'espace vide qui occupait le centre de mon camp.

Avec l'aide d'Aogousto et des nègres de Benguêla, nous eûmes le bonheur de retirer de ma hutte, qui avait aussi pris feu, et de mettre en lieu sûr les caisses qui contenaient mes

vas sortir, par où et comme tu pourras, et tu courras à Lialoui dire à Lobossi que son peuple est en train de m'attaquer. Informes aussi Machaouana du danger que je cours. »

Vérissimo s'élança du côté des huttes enflammées et je le suivis des yeux jusqu'à ce qu'il eût disparu à travers le feu. A ce moment, la nuée des assagaies qui tombait à l'entour devenait plus épaisse; plusieurs de mes hommes étaient déjà sérieusement blessés, particulièrement Jamba, un nègre de Silva Porto, dont le sourcil droit était percé d'un trait. Mes quimbarès répondaient par des coups de carabine à ces volées de traits, mais ils n'arrêtaient pas les indigènes qui, toujours avançant, venaient de pénétrer dans le campement; les huttes, tombées en cendres, n'offraient plus d'obstacles à leur approche. Je me tenais au centre, sans arme, tenant le drapeau portugais, tandis que mes vaillants quimbarès combattaient avec bravoure. Tous étaient-ils là? Non. Un homme manquait à l'appel, un homme qui, avant tout autre, devait être à mes côtés, mais que personne n'avait vu: Caïoumbouca, le chef après moi de l'expédition, ne se montrait nulle part.

A mesure que les feux s'abaissaient, ils rendaient plus distincte l'imminence du danger. Nos ennemis étaient cent contre un.

On aurait cru contempler un coin des régions infernales, à voir ces nègres robustes s'élancer à la lueur des flammes. Poussant des cris qui n'avaient rien d'humain, ils s'avançaient sans cesse, abrités par leurs grands boucliers, brandissant dans l'air et lançant leurs assagaies meurtrières. La lutte était terrible; mais le feu soutenu des carabines chargées par la culasse tenait encore à distance la horde des sauvages.

carabines à baguette ; mais celles-ci ne suffiraient pas pour nous sauver, car dès que notre feu se ralentirait, en l'absence des armes à charge rapide, nous serions écrasés par le nombre des ennemis.

Aogousto combattait comme un lion furieux. Enfin, il m'aborda en me montrant d'un air désespéré sa carabine qui venait d'éclater. J'ordonnai à mon négrillon Pépéca de lui remettre ma carabine à éléphant avec sa caisse de cartouches. Ainsi armé, Aogousto s'élança de nouveau au premier rang et tira sur le groupe le plus épais des ennemis. Cette décharge changea le ton des cris diaboliques de nos assaillants; poussant des hurlements d'effroi, ils prirent la fuite précipitamment.

Le lendemain seulement et par Lobossi lui-même, j'appris la cause de ce revirement subit dans l'aspect de la lutte. Il était dû aux effets inattendus de l'arme d'Aogousto.

Les cartouches qu'on lui avait remises étaient mêlées de balles chargées de nitro-glycérine.

L'explosion de ces épouvantables balles, qui décapitaient ou déchiraient en morceaux tous ceux qu'elles atteignaient, avait produit la terreur panique des sauvages, qui, dans leur ignorance, s'étaient figuré y voir un sortilège irrésistible.

La Providence m'avait envoyé ce secours.

Je reconnus de suite que nous étions sauvés. Une demi-heure plus tard, Vérissimo arrivait avec une troupe considérable, que commandait Machaouana, envoyé à mon aide par le roi lui-même. Lobossi me faisait assurer qu'il était étranger à toute cette affaire ; mais qu'il supposait que son peuple, s'imaginant que je comptais l'attaquer avec la connivence des Mouzoungos de l'Est, alliés de Manouanino, avait cru devoir prendre les devants et s'était jeté sur

doute que, si l'attaque n'avait pas été ordonnée par le roi, Gambêla n'en fût le promoteur.

A la vue des désastreuses suites de la lutte, Vérissimo me demanda ce qu'il avait maintenant à faire ; je lui répondis par les propres paroles d'un des plus grands Portugais des temps anciens : « Ensevelir les morts et prendre soin des vivants. »

L'incendie nous avait causé une lourde perte de marchandises ; mais celle d'existences précieuses, sacrifiées en repoussant une attaque si imprévue, était bien plus déplorable. Le drapeau portugais était criblé de trous faits par les assagaies, il était teint du sang de plus d'un brave ; mais toutes ces marques ne servaient qu'à en faire mieux ressortir la pureté immaculée : une fois de plus, loin de la patrie, dans des terres inconnues, il avait su se faire respecter comme il l'a toujours fait et comme il le fera toujours.

Je me débarrassai de mes armes de guerre pour prendre les instruments du chirurgien, et je passai le reste de la nuit à panser les blessures et à relever les courages, après avoir établi une garde vigilante, nonobstant les récentes protestations que m'avait adressées Lobossi.

Au point du jour, j'étais chez le roi. Je me plaignis amèrement des événements de la nuit. Devant tout son peuple assemblé, je rejetai sur lui la responsabilité de ce qui était arrivé, et lui dis bien haut que ceux qui avaient à pleurer la perte de leurs proches devaient s'en prendre à lui et à lui seul.

J'ajoutai que, sans perdre de temps, j'allais me remettre en route et, d'abord, j'irais dresser mon camp dans les montagnes, où il me serait plus facile de me défendre, s'il le fallait encore une fois

sorcellerie seule avait pu produire les épouvantables effets de ces balles explosibles, dont Aogousto s'était servi par hasard.

Malgré le vif désir que j'avais de quitter la plaine et de gagner les montagnes, je ne pus pas me mettre en route ce matin, avant neuf heures, vu l'état de mes blessés. Le 7 et le 8, il nous fallut endurer la faim, car personne ne voulait

Nous réussîmes à abattre quelques canards.

nous vendre de vivres, et le roi affirmait qu'il n'en avait pas à nous donner. Par bonheur, les lagunes étaient fort poissonneuses et nous réussîmes à abattre quelques canards sauvages,

tous, les bien portants comme les blessés, mais nous étions au dernier degré de la faiblesse.

Le système que venaient d'adopter le roi et son peuple, de nous faire mourir de faim, était fort inquiétant, puisqu'en le suivant on nous isolait dans une région qui n'a pas de gibier et où notre seule ressource était le poisson dont les étangs fourmillaient.

CHAPITRE X

LA CARABINE DU ROI.

Encore une trahison. — Tout semble perdu. — La carabine du Roi. — Misère. — Nouvelles scènes avec Lobossi. — Départ. — Navigation sur le Zambési. — Gibier. — Mouangana. — Itoufa. — Canots. — Sioma. — Cataracte de Gogna. — Beautés du paysage. — Basalte. — Région des cataractes supérieures. — Câlé. — Bomboué. — Confluent de la rivière Jôco. — Cataracte de Namboué. — Les rapides. — Passage vertigineux. — Catima Moriro. — Quisséqué. — Eliazar. — Carimouqué. — Rivière Machila. — Abondance de gibier. — Duel dramatique. — Embarira.

Nous avions fait vingt-huit kilomètres avant de nous arrêter; notre camp fut dressé dans la forêt qui couvre les flancs des montagnes de Catongo. Je relevai la position de ce village, situé à près de deux kilomètres au S.-E. du campement que j'avais choisi.

Tout près de nous était un hameau où j'envoyai chercher des vivres. Un petit nombre de femmes vinrent nous apporter des denrées insuffisantes, en échange desquelles elles acceptaient les enveloppes métalliques des cartouches qu'on avait tirées dans les carabines de Winchester.

Lorsque le camp fut achevé, nous allâmes aux étangs voisins pêcher du poisson; nous en prîmes une faible quantité qui fut bouillie dans l'eau et mangée sans sel.

Nous étions jusqu'alors restés sans nouvelles de Caïoumbouca, et j'étais convaincu qu'il nous avait désertés en suivant

tion du nègre Antonio. Il y avait été obligé pour faire savoir aux gens de son établissement dans le Bihé qu'il en serait fort longtemps absent, s'étant décidé à me suivre jusqu'à la côte orientale.

J'avoue que je ne savais d'abord pas comment en agir avec cet individu; mais un moment de réflexion me conduisit à accepter ses excuses au sujet de son absence durant la nuit précédente et à lui cacher qu'il avait perdu ma confiance, sa trahison m'étant connue. Il me demanda la permission de retourner ce soir même à Lialoui; le lendemain, disait-il, il amènerait avec lui les gens qu'enverrait Lobossi pour m'assister dans la continuation de mon voyage jusqu'à Quissé-qué, aussitôt que la situation de mes blessés le plus gravement atteints ne s'y opposerait plus.

Je le chargeai de prier le Roi d'ordonner qu'on portât des vivres à mon camp, s'il ne voulait pas nous voir périr de faim dans ses États.

Caïoumbouca s'éloigna sans avoir eu de conversation avec un seul de mes hommes.

Le 10, je fis pêcher du poisson dans les étangs pour apaiser notre faim. Je passai toute la journée à travailler. Du côté occidental, mon horizon était sans bornes, comme en pleine mer, et la voûte azurée couvrait la terre ainsi qu'un dôme énorme; l'occasion me semblait donc bonne pour déterminer la variation de l'aiguille aimantée par l'amplitude, méthode plus simple que la détermination par les azimuts dont j'avais dû me servir jusqu'ici.

En conséquence, je préparai mon aiguille et mis en place tout ce qu'il me fallait pour mon observation, longtemps avant le moment propice, attendu que le soleil était encore d'environ dix degrés au-dessus de l'horizon, lorsqu'un phé-

laire et disparaître lentement; on eût dit qu'il s'enfonçait dans l'océan et cela, qu'on se le rappelle bien, à dix degrés au-dessus de l'horizon et dans un ciel clair à la vue. Ce ne fut qu'après qu'il eut disparu complètement que je pus apercevoir, non sans difficulté, à travers les rayons de lumière qui se projetaient comme les branches d'un éventail sur le ciel, une bande de vapeurs si semblables par la couleur à l'atmosphère bleue que l'œil le plus perçant les aurait confondues, puisqu'il était impossible de voir rien qui interrompît la limpidité du firmament jusqu'à l'horizon. Dans d'autres occasions j'ai bien constaté ce phénomène, mais jamais à une élévation pareille ni avec une telle perfection d'aspect.

Ainsi que je m'y attendais, le jour se passa sans qu'on entendît parler de Caïoumbouca ni des gens que Lobossi devait m'envoyer.

J'avais l'intention d'observer, durant la nuit du 10 au 11, une réapparition du premier satellite de Jupiter, qui se manifesterait vers minuit. Comme je désirais ne point la manquer, parce qu'elle me servirait à constater une grande différence de longitude dans la position du Zambési, je recommandai à Aogousto de m'appeler aussitôt qu'il verrait la lune à une hauteur que je lui indiquai, ce qui devait avoir lieu à onze heures. Puis, harassé de fatigue, j'allai m'étendre sur mon lit où je m'endormis profondément, comptant, d'après les injonctions qu'il avait reçues de moi, qu'Aogousto ferait bonne garde. Au milieu de la nuit, j'entendis son appel; je me réveillai tranquillement, persuadé que l'heure fixée était venue; mais, à peine eus-je répondu à mon fidèle serviteur, qu'il me dit d'une voix brisée par l'émotion : « Senhor, nous sommes trahis ; nos gens se sont enfuis en

nègres : tous se tenaient debout, silencieux, stupéfaits et se regardant l'un l'autre.

Un éclat de rire amer m'échappa.

Ce dont j'étais le plus étonné dans ces circonstances, c'était qu'Aogousto, Vérissimo et Camoutombo ne m'eussent pas abandonné aussi.

En effet, vivre au sein d'un telle misère, être entouré d'un si grand nombre de périls, cela rendait ma position assez critique pour que je ne pusse pas m'expliquer comment un seul de mes gens pouvait avoir l'idée de partager ma fortune, quand des hommes plus robustes, des esprits plus énergiques avaient cru devoir se séparer de moi.

Je m'assis au milieu de mes huit fidèles et me mis à les questionner sur ce qui s'était passé ; mais je leur demandais en vain des détails, personne ne m'en pouvait donner. Les hommes s'étaient enfuis sans qu'aucun de ceux qu'ils désertaient en eût eu le pressentiment. Les chiens les connaissaient tous trop pour avoir aboyé quand ils étaient sortis. Pépéca s'en alla faire une tournée dans les huttes, et les trouva toutes vides.

Quelques charges mêmes, qu'on déposait habituellement à l'entrée de ma baraque et qui se composaient de poudre et de cartouches, avaient disparu avec les autres.

Voilà sans doute le tort le plus grave qu'ils pussent me causer. Ils ne m'avaient laissé que ce que renfermait mon étroite demeure : c'est-à-dire mes papiers, mes instruments et mes armes. Mais ces armes, à quoi pouvaient-elles être bonnes à présent qu'on m'avait volé les cartouches sans lesquelles j'étais dans l'impossibilité de m'en servir?

Je me hâtai de faire l'inventaire des misérables restes qui m'étaient laissés : je n'avais plus que 30 charges à balles

Il fallait courber la tête sous ce terrible coup qu'on venait de me porter; pour la première fois, j'eus un horrible serrement de cœur; pour la première fois depuis que j'étais entré en Afrique, je me sentis perdu. Au centre du continent, au milieu de la région forestière, sans ressources autres qu'une trentaine de balles, quand je ne pouvais plus espérer pour nourriture que du gibier; sans autre soutien que trois hommes, trois jeunes gars et deux femmes; comment se tirer de là?

Aogousto se désolait de s'être laissé aller au sommeil après que je lui avais dit de faire bonne garde. Dans sa fureur, si je l'y avais encouragé, il se serait précipité à la poursuite des déserteurs pour essayer de les tuer tous. J'eus bien du mal à contenir la colère féroce de mon fidèle nègre. Sachant à peine ce que je leur disais et certainement sans avoir aucune foi dans les paroles que je leur adressais, je leur donnai l'ordre d'aller tous au lit, d'y reposer sans crainte, car je saurais bien remédier à tout ce mal. Quant à moi, je veillerais sur eux.

Lorsqu'ils furent partis, me laissant livré à moi-même, je m'assis près de mon feu sans force ni physique ni morale. Mon corps, déjà si ébranlé par la continuité de la fièvre, s'abattait avec ma pensée. Je me tenais, les bras appuyés sur les genoux, la tête enfoncée dans les mains, contemplant le feu qui flambait. Pas une pensée, pas une idée ne surgissait dans mon cerveau. En fait, je n'étais pas loin d'être fou. Cependant l'instinct, né de l'habitude, me fit percevoir que j'étais sans armes. Je me rappelai à moi-même assez pour éveiller Pépéca et lui dire de m'apporter mon fusil. Il vint, me donna l'arme demandée, je me la mis sur les genoux sans

dénûment; bien des fois, je n'avais dû compter que sur le résultat de ma chasse pour alimenter ma caravane. Mais alors je savais que j'avais les moyens de traquer et de jeter à bas le gibier; c'est là ce qui relevait mes esprits, me donnait la force d'avancer et entretenait mes espérances. Maintenant, soudain, tout s'était abîmé. Ce que je savais, c'est que je ne pouvais plus me servir de mes fusils. Avec ma caisse de munitions, on m'avait dérobé mon trésor, mes seules ressources!

Ce doit être dans une situation d'esprit pareille que les hommes recourent au suicide.

Ainsi, le cœur et la tête déchirés l'un comme l'autre des plus amères sensations, le menton touchant à la poitrine, je rêvais. Enfin mes yeux à moitié fermés entrevirent l'éclat du canon de la carabine étendue sur mes genoux. En le regardant, peut-être une demi-minute, j'eus une idée qui me passa par la tête. Je sautai debout, fis un bond vers ma couche et rejetai les peaux qui la formaient. Sous elles, et pour hausser la petite valise qui me servait d'oreiller, se trouvait un étui de cuir, de forme rectangulaire, basse et longue.

Mes mains fiévreuses ouvrirent cet étui oublié et palpèrent en tremblant les objets qu'il contenait. Les idées maintenant se pressaient dans ma tête par succession rapide. Déposant l'étui de côté, j'ouvris ma grande caisse d'instruments, où le coffret qui renfermait mon sextant de Casella était maintenu en place entre deux boîtes de fer-blanc. J'eus bientôt fait de reconnaître au toucher ce qui s'y trouvait. Alors, en toute hâte, je courus hors de ma hutte et du campement jusqu'au bois où, dans la journée, j'avais étendu mon trémail pour le sécher, après la pêche. Quelle joie! L'éper-

atteint mon foyer, je déposai mon fardeau à terre, tout près de moi.

Qui m'aurait vu agir en si violent contraste avec la torpeur où j'étais peu de minutes auparavant, m'eût pris pour un fou. Je n'étais pas loin de l'être; mais, à présent, c'était de joie.

L'avare qui, de ses yeux avides, contemple son trésor doit avoir sur sa figure une expression pareille à celle que j'avais sans doute en regardant la carabine contenue dans son étui. Pour moi, c'était une résurrection, c'était le salut et la victoire. Pour ma patrie, c'était l'heureux accomplissement d'une expédition scientifique, la réalisation d'un vote formulé en son nom par son parlement; c'était le succès, d'autant plus méritoire qu'il aurait été obtenu malgré de plus grands obstacles.

L'arme que je caressais avec tendresse, comme si elle eût été mon enfant bien-aimé, cette arme qui me donnait le pouvoir de remplir ma destinée et de conduire à bonne fin l'expédition entreprise par le Portugal à travers le continent africain, c'était la CARABINE DU ROI.

Dans le même étui, était serré tout l'attirail nécessaire à la fonte des balles et au chargement des cartouches, quand on en avait les enveloppes métalliques, dont chacune, par un certain système de construction, pouvait servir mainte et mainte fois. Enfin, quand le roi de Portugal m'avait fait ce don inestimable, on avait ajouté, dans le précieux étui, une boîte de 500 capsules à poudre fulminante.

Les pensées qui m'avaient si tumultueusement traversé la cervelle m'avaient rappelé que, depuis mon départ de Benguêla, je m'étais servi, à défaut de quelque chose de mieux, pour presser de façon à ce qu'il ne bougeât pas dans la

Ainsi, je retrouvais à ma disposition quelques centaines de coups de fusil. Avec cet approvisionnement, je pouvais désormais être assuré de ne pas mourir de faim partout où je rencontrerais du gibier.

L'épervier.

Je me réveillai et me levai, sans avoir, il est vrai, arrêté aucun plan de conduite, mais plein de calme et de confiance.

Le chef du hameau voisin ayant été mandé près de moi, je le décidai à dépêcher à Lialoui deux messagers pour rapporter au roi ce qui s'était passé et l'informer, en même temps, que j'allais rapprocher mon camp du village. Ensuite, Vérissimo, Aogousto, Camoutombo et moi, nous nous mîmes à l'ouvrage pour élever quatre huttes entourées d'une forte palissade, et nous y transportâmes tout ce que nos pillards nous avaient laissé.

Ce jour-là je travaillai la hache au poing comme le plus rude bûcheron, taillant mon bois avec lequel je me fis moi-même une baraque.

Il était midi quand je quittai la besogne ; alors, m'étendant sur ma couche de peaux de léopards, j'y goûtai un profond sommeil jusqu'au coucher du soleil.

Pendant ce temps, mon Aogousto avait pêché un peu de poisson et avait attrapé un canard sauvage au piège. Cette nourriture, mangée sans assaisonnement, était fort insipide, mais elle suffisait du moins à l'apaisement de notre faim. Ensuite, je me recouchai, dormant peu, à vrai dire, et réfléchissant beaucoup. Je finis par me convaincre qu'en somme il était moins difficile de nourrir neuf personnes que d'alimenter une grande caravane, et qu'ainsi ce problème, le plus urgent après tout, était, sinon résolu déjà, au moins considérablement simplifié.

J'étais, d'ailleurs, parfaitement décidé à continuer mon voyage. Je ne savais pas comment; je n'avais, à cet égard, combiné aucun plan exactement ; mais je sentais qu'il se

aucun plan de conduite, ils se mettaient à rire en disant : « Bah ! le maître sait bien ! »

Je passai ma journée à faire des cartouches pour la *carabine du roi*. J'avais deux kilos environ de la poudre la plus belle ; or, il ne m'en fallait, pour charger une cartouche, que 8 grammes et demi ; ainsi, je pus préparer 235 coups, qui, joints aux cartouches que j'avais déjà et sans compter les 30 charges à balles d'acier pour la carabine Lesage, dépassaient un total de 300 cartouches.

Quant au plomb, j'en possédais bien plus que je n'en avais besoin, car le poids des 235 balles était inférieur à neuf kilogrammes, chacune pesant 35 grammes, et les plombs de mon épervier devaient ensemble dépasser 30 kilos.

Enfin, j'avais 200 capsules de trop.

Les messagers dépêchés à Lobossi vinrent à rentrer alors, rapportant pour réponse que le roi prétendait me faire prendre mes quartiers à Lialoui, jusqu'à ce qu'il en fût arrivé à une décision à mon égard.

Je mis peu de temps à prendre mon parti : je resterais dans la forêt où j'étais campé. En conséquence, j'enverrais à Lialoui Vérissimo pour qu'il traitât avec le potentat, suivant mes instructions formelles. Il déjeunerait avant le jour afin d'être de retour avant la nuit.

Alors, tout accablé d'un violent accès de fièvre, je fus obligé de me coucher, me sentant fort mal.

Le lendemain, mon état avait empiré ; j'attendais impatiemment le retour de Vérissimo, qui n'eut lieu que dans la soirée.

Il rentrait en compagnie de plusieurs jeunes nègres du roi, qui m'apportaient des vivres, et, de la part de Machaouana, un cadeau de lait caillé. Lobossi me faisait savoir qu'il était mon

mais sans abandonner mon camp dans la forêt; j'ajoutais qu'il m'était impossible de prendre ma résidence chez lui, par suite de la fièvre dont je souffrais, et je renvoyai ces visiteurs en toute hâte à cause de l'impatience où j'étais de me trouver seul avec Vérissimo, pour apprendre ce qu'il avait vu et entendu à Lialoui.

Dès le commencement de son récit, j'eus un ample sujet de réflexions.

En arrivant chez Lobossi, Vérissimo avait trouvé le grand conseil assemblé et occupé d'une importante discussion. Des envoyés de Carimouqué, chef de Quisséqué, venaient de se présenter pour demander, de la part d'un missionnaire anglais arrivé à Patamatenga, la permission d'entrer dans le Loui. Matagja, le ministre des affaires extérieures du Sud, s'opposait, de toutes les forces de son éloquence, à l'entrée de ce missionnaire dans le Barozé; il s'en était suivi une délibération fort vive, que Vérissimo était resté à écouter. Le conseil l'avait terminée en décidant qu'on ne permettrait pas à l'Anglais de pénétrer dans les États du roi Lobossi.

Cet incident était raconté par Vérissimo sans qu'il y attachât la moindre importance. Ensuite, il se mit à me répéter tous les cancans qu'il avait recueillis au sujet des intrigues attribuées aux hommes de Silva Porto et de Caïoumbouca; mais, en ce moment, mes pensées étaient bien ailleurs : elles ne s'occupaient que de ce missionnaire anglais, du *Macoua*, comme on disait à Lialoui. Au moment où Vérissimo achevait son récit, dont la seconde partie m'avait complètement échappé, le problème était résolu : j'avais pris le parti d'aller trouver ce missionnaire.

Comment y pourrais-je arriver? Je l'ignorais; mais j'étais

de dix par jour, cela me prendrait environ soixante journées; et les 300 coups de feu dont je disposais me procureraient 5 coups par jour. Déjà je brûlais du désir de me trouver en route; mais, de son côté, la fièvre me dévorait et, comme préliminaire à mon départ, il me fallut aller au lit.

Je fus plus mal encore, le 14 et le 15; il m'aurait été impossible de sortir de ma hutte. Pendant la nuit du 15 au 16, je me sentis un peu mieux; je voulus en profiter pour aller, le 16, à Lialoui, causer avec le roi. Mon intention était de tout faire pour parvenir à rencontrer le missionnaire. C'était devenu une idée fixe qui m'obsédait sans relâche.

Je partis donc dans la matinée pour Lialoui, malgré la maladie et malgré ma faiblesse. Lobossi me fit un bon accueil et me donna l'assurance qu'il n'avait été, en aucune façon, de connivence avec Caïoumbouca et les nègres de Silva Porto, au sujet de la fuite de mes quimbarès. Il mentait incontestablement, puisque, sans son consentement, ces déserteurs n'auraient point franchi le Zâmbési.

Ensuite, je lui demandai son assistance pour que je pusse aller rejoindre un missionnaire qui, à ma connaissance, se trouvait à Patamatenga. Pour toute réponse, il me pria de lui dire comment je m'y prendrais pour aller là sans porteur. Cette question excita les applaudissements de l'auditoire, qui admirait l'adresse avec laquelle le roi éludait ma demande.

Il était vrai, répliquai-je, que je n'avais plus de porteurs; mais aussi, qu'il avait des bateaux sur le Liambaï; s'il m'en prêtait, je pourrais me passer des portefaix, d'autant plus aisément que je n'avais plus de charges à emmener.

Sans doute, répondit-il, le Liambaï coulait de ce côté; mais il faisait plusieurs cataractes, et comment réussirais-je à m'en

à flot en aval des chutes et continuer tranquillement le voyage sur l'eau.

Oui; mais, suivant lui, son peuple manquait de force et ne parviendrait pas à traîner les bateaux sur la rive. Le public applaudit encore, et le roi, certainement, s'amusait fort à déployer tout son esprit devant lui; mais, tout à coup, et sans attendre une nouvelle remarque de ma part, il me demanda pourquoi je ne venais pas vivre avec lui à Lialoui, comme il me l'avait ordonné.

Avec tout le calme possible, je lui répondis que je n'étais pas venu ni ne viendrais, pour plusieurs raisons, dont la principale était sa fourbe et sa coquinerie, puisque, depuis mon arrivée, il n'avait pas cessé d'essayer de me tromper, afin de me voler. Sur ces paroles, je me levai, en le traitant de voleur et d'assassin, et je me retirai brusquement.

Mon audace frappa l'assemblée d'une stupeur telle que personne n'osa s'opposer à mon départ.

Je m'en allai de suite chez Machaouana. Je le trouvai en train de causer avec Mounoutoumouéno, le fils du roi Chipopa, auquel je prédis qu'il règnerait un jour sur le Loui [1].

Au moment que je les quittais pour rentrer dans mon camp sur la montagne, un envoyé de Lobossi vint en son nom me prier de retourner le voir. Je le fis immédiatement.

Le roi m'assura que je n'avais aucun motif de ne pas me fier à lui, car il était mon meilleur ami; il allait me faire préparer des bateaux et le Liambaï me serait ouvert.

L'occasion me parut favorable pour lui adresser un petit sermon. Les conseils qu'il suivait étaient mauvais. Ce qui avait surtout contribué à la puissance et au renom des rois macololos, c'était la noble protection qu'ils avaient donnée à

nino ; en résumé, s'il ne se réformait point, ce ne serait pas la coterie dont il était entouré, mais son peuple, mais les gens honnêtes et sensés qui le renverseraient du trône, à cause de son incapacité et parce qu'il ne faisait que des sottises.

Là-dessus, Lobossi renouvela ses protestations d'amitié : j'aurais, disait-il, les bateaux que je demandais et ce ne serait pas de sa faute si je ne réussissais pas à rencontrer le missionnaire, car il désirait me voir changer d'opinion à son égard.

C'était en toute tranquillité d'esprit que je devais retourner à Catongo ; il m'y ferait savoir quand il aurait des bateaux prêts et des équipages réunis. Et, devant moi, il appela le chef de Liboouta et lui donna ses ordres en conséquence.

Je n'accordais pas la moindre foi à cette comédie et le lui fis connaître. Il me pria d'attendre les événements, au lieu de porter sur lui des jugements mal fondés.

Je le quittai pour retourner encore chez Machaouana, avec qui je m'entretins longuement de Caïoumbouca et de la désertion de mes quimbarès. Par lui, j'appris la vérité dans tous ses détails ; mais je restai dans l'incertitude sur l'auteur éloigné de ces trahisons.

Il faut se rappeler qu'à mon arrivée dans le Loui j'avais été parfaitement accueilli par les indigènes, et que le nom du Mouéné Pouto, dont je me couvrais, avait été salué avec respect. J'avais exposé mes projets, qu'on avait approuvés chaleureusement, parce qu'il agréait fort aux Louinas de se mettre en communication avec la côte orientale. Puis, peu de jours après, éclata, dans le Choucouloumbé, une insurrection à la tête de laquelle était le roi déposé, Manouanino. Caïoumbouca saisit cette occasion pour insinuer à Lobossi

prévenu par le roi lui-même qu'on voulait se débarrasser de moi, il ne pouvait pas empêcher qu'on ne tuât également tous ceux qui m'accompagnaient.

Quand les Bihénos qu'il avait soulevés m'avaient déclaré leur désir de m'abandonner, Caïoumbouca avait feint de l'indignation. Voilà comment il arriva que je fus dupé la première et la seule fois que je me fusse départi, en Afrique, du principe qu'on m'avait exposé, de me méfier de tout et de chacun. J'avais, il est vrai, pour excuse, dans ce cas, que Silva Porto, l'homme en lequel j'avais mis toute ma confiance, m'avait dit et écrit que je pouvais compter sur Caïoumbouca. En conséquence, je m'étais fié en lui.

Peut-être aurait-il été facile, parmi des gens instruits, de déjouer toutes ces intrigues; mais on comprendra sans peine que, chez des indigènes, la conspiration fût bien ourdie et la vérité mal aisée à découvrir.

Malgré tout, mon attitude réussissait à convaincre Lobossi que je ne lui étais pas hostile. Alors les nègres de Silva Porto vinrent trouver le roi et lui dire que leur maître leur avait envoyé l'ordre de m'abandonner et d'informer Lobossi que, s'il désirait voir les négociants du Bihé revenir chez lui, il n'avait qu'à me faire tuer; autrement, il devait renoncer à espérer que les bons rapports avec Benguêla pussent renaître.

C'est alors qu'eut lieu sur moi la tentative d'assassinat, à laquelle, suivant Machaouana, Lobossi et la majorité de son conseil s'opposèrent tant qu'ils le purent, mais que favorisa Gambêla.

Enfin, pour tenter encore davantage le roi, Caïoumbouca et les hommes de Silva Porto lui donnèrent l'assurance que mes caisses étaient bourrées des marchandises les plus pré-

Malgré toutes ces intrigues et les actes qu'elles engendraient, j'aurais encore continué mon voyage en compagnie des hommes du Benguêla sans l'attaque que j'eus à repousser dans la nuit du 6 septembre. Elle les découragea au point que, sur de nouvelles instances des nègres de Silva Porto, ils prirent tous la fuite.

Mais, pour qui travaillait Caïoumbouca? Je ne suis jamais parvenu à le savoir.

Je ne puis pas admettre qu'il ait agi pour son propre compte ; qu'y aurait-il gagné? Non. C'est du Bihé que sont parties les instructions ; et ce sont les nègres de Silva Porto qui les ont apportées. Caïoumbouca n'a été chef que pour mettre à exécution les ordres des nègres de Belmonté. Je sentais avec certitude que le promoteur du complot était éloigné, fort éloigné. Au fond, la cause originelle s'en trouvait dans ma mission elle-même et dans la guerre incessante que je faisais, pour le compte de ma patrie, le Portugal, au trafic des esclaves.

Plusieurs explorateurs de l'Afrique et nommément David Livingstone, ainsi que le commandeur Cameron, ont raconté les faits horribles et trop véritables de cet infâme trafic, tel que l'ont pratiqué des négociants portugais dans le centre du continent.

A plusieurs reprises, l'opinion publique a élevé, dans le Portugal, sa voix puissante contre ce qu'elle nommait les affirmations calomnieuses d'accusateurs étrangers ; elle a mis beaucoup de vivacité à nier les faits qu'ils alléguaient et qu'elle se refuse à croire parce que la bonté de ses penchants l'empêche de les accepter et de les comprendre.

Malheureusement, même en admettant qu'on ait pu leur donner parfois une teinte plus ou moins romanesque, ils ne

Ces négociants, qui pénètrent le plus profondément au cœur de l'Afrique, ne sont plus, en quoi que ce soit, des Portugais.

Ce sont des forçats, des coquins évadés des prisons du littoral, des gens auxquels la société avait enlevé tous leurs droits de citoyens, des misérables souillés d'une condamnation d'infamie, que les tribunaux ont marqués d'un sceau ineffacable d'ignominie ; des voleurs, des assassins, que leur patrie a rejetés de son sein avec horreur. Ils porteraient encore les fers du forçat s'ils avaient été retenus dans leur bagne ; en s'échappant du territoire où tout homme civilisé les signalait d'un doigt méprisant, ils ont fui jusque dans ces régions éloignées, parmi les sauvages, pour trouver un refuge auquel ils n'avaient droit nulle part et pour continuer leur vie criminelle.

De tels êtres ne peuvent pas déshonorer leur patrie parce qu'ils n'en ont plus.

Vouloir rendre le Portugal responsable des crimes de ces trafiquants africains serait aussi équitable que de rejeter la responsabilité, sur la France, des actes des communards ; sur l'Amérique, de l'assassinat de Lincoln ; ou, sur l'Italie, des brigandages fréquemment commis par les bandits des Abruzzes.

Il y a des êtres dépravés dans toutes les parties du monde ; mais on ne peut pas les considérer comme le déshonneur des peuples qui, dans leur indignation trop justifiée, les ont rejetés de leur sein.

Parmi les négociants européens établis au Bihé, je n'en ai connu que deux : ils sont d'un ordre bien supérieur à celui des gens dont je viens de parler. Silva Porto et Gui-

ils n'ont pas réussi à faire fortune et souvent ils ont été les dupes d'autrui.

Quant au nom de Silva Porto, que les indigènes respectent, sous la forme altérée de *Prôto*, dans la plus grande partie de l'Afrique centrale du Sud, je m'en suis servi souvent pour surmonter les obstacles qui m'entouraient.

A Cassangé comme à Tété, qui sont les deux entrées du centre de l'Afrique, il y a des Portugais, noblement dignes de leur patrie, qui ont rendu de vrais services à l'humanité en faisant avec l'intérieur un commerce légitime, car ce négoce est, sur la terre des nègres, le messager le plus sûr du progrès et de la civilisation.

N'allons donc pas confondre de tels hommes avec les autres; ni surtout prendre un texte dans les récits d'un explorateur exposant des faits qui ne prouvent rien, même quand ils sont trop fondés, pour accuser tout un noble pays. Le Portugal s'est, le premier, joint effectivement à l'Angleterre pour ruiner le trafic infâme ; mettant de côté ses intérêts égoïstes en Afrique, il a fait des lois pour abolir l'esclavage ; comptant parmi les plus libres du monde, il a étendu sur l'Afrique ses libertés et y a établi les lois qui gouvernent la métropole ; il a été dans ces régions jusqu'au point d'abolir la peine de mort et de leur donner un code que l'excès même de ses dispositions libérales rend peu praticable au milieu de ces populations qui sont encore à peu près barbares.

Après tout, le Portugal n'a aucun besoin d'être justifié. Les faits, ses lois, l'énergie qu'il apporte dans le grand œuvre de la civilisation de l'Afrique : tout se réunit pour le défendre. Mais puisque ce trafic en esclaves a été mainte fois l'occasion d'iniques accusations lancées contre mon pays, je devais, une fois pour toutes, essayer de replacer cette question pour ce

ni morale ni instruction, de vrais sauvages sous leurs habits européens.

J'affirmerai encore qu'il y a plus de difficultés à voyager dans les régions hantées par ces hommes que dans celles où on rencontre des cannibales, dont la vue n'a jamais porté sur un étranger. Ceux-ci pourront se comporter à son égard hostilement ou non ; mais leurs actes seront ouverts, auront lieu face à face ; avec les premiers, le voyageur sera en tous lieux exposé à la fourberie et à la trahison. Dans le premier cas, c'est comme si on explorait la jungle épineuse en courant le risque de rencontrer et d'avoir à combattre le lion ; dans le second, c'est comme si on se promenait dans une prairie verdoyante, avec le danger de rencontrer à chaque pas un reptile venimeux.

Il y a un autre obstacle que doit redouter un explorateur, c'est la façon dont peuvent l'accueillir les potentats de l'Afrique. Les exemples n'en manquent point. On se rappellera longtemps ce qui s'est passé chez le Mouatayanvo, ce qu'ont éprouvé Monteiro et Gamito chez le Mouata Casembé et ce qui m'est advenu à moi-même dans le Loui avec Lobossi [1].

Le marchand du Bihé, n'obéissant qu'à son désir extrême de se procurer de l'ivoire, donne tout ce qu'il possède au souverain ; on en a vu se dépouiller des vêtements qu'ils avaient

1 Les brigandages que font naître les rapaces convoitises des Arabes et des indigènes de cette Afrique sans foi ni loi sont trop connus pour qu'on mette en doute les dépositions faites ici par le major Serpa Pinto. On se rappelle le massacre et le pillage dont furent victimes, Mlle de Tinné et sa caravane le 1er août 1869 au campement d'Aberdjoudj, tels que les a reproduits le *Tour du Monde* (année 1870-71, p. 301 et s.). Le résumé du voyage récent d'O. Lenz, du Maroc au Sénégal, en donne de nouveaux exemples, parmi lesquels nous nous bornerons à citer celui de Sidi Hoseïn, un chef religieux résidant à Iligh. Après avoir obtenu de M. Lenz une déclaration, adressée au sultan du Maroc,

sur le dos et s'en retourner chez eux en se couvrant d'un pagne de peau, comme le dernier de ses porteurs.

Dans le Loui, à l'époque où les Bihénos s'y rendaient le plus pour commercer, il était assez ordinaire à ces marchands de remettre tout ce qu'ils avaient au roi et de ne recevoir en retour que ce que celui-ci trouvait bon de leur donner.

Les conséquences naturelles des procédés de ce genre sont que l'explorateur, en arrivant à l'endroit où ils ont eu lieu, est un homme perdu, s'il ne s'y soumet point.

Un autre motif qui doit faire, autant que possible, éviter les relations avec ces grands potentats est l'appréhension d'une attaque qui est toujours à craindre.

S'il n'avait affaire qu'aux petits chefs dont est parsemée la plus grande partie du centre de l'Afrique méridionale, l'explorateur aurait souvent la chance d'en sortir victorieux ; mais, dans une lutte avec les grands empires, il doit finir par être écrasé.

C'est à cela que je réfléchissais en retournant à mon camp dans les montagnes de Catongo, le 17 septembre, après avoir déjeuné de lait caillé et de patates chez Machaouana.

Il faisait déjà nuit quand j'arrivai à ma hutte, et ce fut avec un vif plaisir que j'y appris que mon Aogousto avait réussi à tuer une gazelle, et qu'il nous en préparait un excellent repas.

Nos pièges improvisés continuèrent à nous procurer des oies sauvages et des coqs de bruyère.

Les jours suivants, je m'occupai assidûment de travaux scientifiques ; par exemple, je réussis à prendre une longitude assez exactement à déterminer rigoureusement la

essayer de savoir si l'offre des canots avait été ou non une comédie.

Je reçus, ce même jour, la visite de quelques nègres que je reconnus, à première vue, pour être étrangers au pays. Ils venaient, me dirent-ils, de la Louêna, et comme je leur demandais où leur pays était situé, ils m'indiquèrent la direction N.-E. et, en faisant des nœuds à une fine courroie,

Retour à Catongo.

ils me donnèrent à entendre que la route pour en venir leur avait pris vingt-six journées. Leur chef les avait envoyés faire ses compliments au roi Lobossi, et, comme ils avaient

la langue des Machachas, que comprenaient mes visiteurs, mais qui, disaient-ils, différait beaucoup de la leur.

D'après eux, leur pays abondait en éléphants qu'ils chassaient sans autre arme que l'assagaie. Ces nègres avaient la taille élancée et peu élevée. Leurs traits étaient assez réguliers. J'en avais sous les yeux une vingtaine dont la tête portait généralement un ou plusieurs plumets composés de soies d'éléphant et dont chacun rappelait la mort d'un éléphant tué par celui qui en était orné. Ils avaient des pagnes en toile de *licondé* et pour vêtements des peaux comme les populations de la Couchibi.

Ils portaient aussi des bracelets, de fer ou de cuivre, dus à leur travail; mais je ne pus pas obtenir, sur eux-mêmes ni sur les pays qu'ils avaient traversés jusqu'à Catongo, de plus amples renseignements, par suite de la difficulté que j'éprouvais à causer avec eux.

Le 21, Vérissimo revint de Lialoui, apportant la nouvelle que les canots étaient prêts et que Lobossi m'invitait à me rendre à la ville le lendemain. Je fis partir un messager pour informer le roi que l'état de ma santé ne me permettait pas d'y aller avant le surlendemain. La vérité est que je désirais, avant tout, faire des observations et compléter, le 22, certaines études météorologiques que j'avais commencées. Le même envoyé était chargé de dire à Gambêla que je le priais de me préparer une chambre chez lui, parce que j'avais l'intention d'être son hôte. Il me plaisait de recevoir de mon ennemi l'hospitalité.

Le 23 septembre, je partis donc de Catongo. Il était deux heures et demie du soir quand j'arrivai à Lialoui. Gambêla m'y reçut en grande cérémonie et me fit entrer dans l'appartement qu'il avait préparé pour moi. J'en profitai, car la

conviction, me disait-il, que Caïoumbouca et les hommes de Silva Porto l'avaient trompé ; il ne doutait plus que je fusse un envoyé du gouvernement du Mouéné Pouto ; et il désirait réparer, autant que possible, les inquiëtudes et les anxiétés que j'avais souffertes dans ses États, bien qu'elles n'eussent été en rien de sa faute, ajouta-t-il.

Je pris occasion de ces dispositions excellentes pour renouveler, en vue de la continuation de mon voyage, la demande que j'avais présentée afin qu'il me procurât des porteurs et son assistance. Je pourrais ainsi me rendre dans le Choucouloumbé jusqu'à Caïnco, d'où je descendrais la Loengoué en bateau, j'irais ensuite au Zoumbo par le Zambési. — Cela ne se pouvait point, me répondit-il ; attendu que mon dessein avait soulevé la plus vive opposition parmi les anciens de son conseil. Au temps de Chicréto, le Mounari (Livingstone) avait fait ce voyage-là avec des hommes du Loui ; mais aucun de ceux qui l'avaient suivi dans l'E. n'avait reparu jamais dans le pays. Lorsque Lobossi avait traité ce sujet avec les anciens, ceux-ci l'avaient prié de me demander ce qu'étaient devenus leurs frères, Mbia, Caniata, Scouébou et tant d'autres qui étaient partis pour ne plus revenir. Lorsque Livingstone s'en était allé, avaient-ils ajouté, il avait promis de revenir rendre à leurs amis ceux qu'il emmenait ; mais, à présent encore, les femmes et les enfants attendaient vainement leurs époux et leurs pères (1).

Il m'assura qu'il me donnerait des hommes, s'il en avait le pouvoir ; mais l'opposition de son peuple à ce projet était telle

1. Scouébou, dans un accès de transport au cerveau, s'est jeté à la mer et s'est noyé en vue de l'île Maurice, au mois de juillet 1856. En 1860, Caniata, le seul vrai Cololo resté au service de Livingstone, avait succédé à Scouébou comme

qu'il ne se souciait pas d'agir à l'encontre. Quant aux trois bateaux, il les tenait à mes ordres pour la descente du Zambési; mais il ne pouvait rien faire de plus en ma faveur.

Le 24 septembre, Lobossi vint de bonne heure prendre congé de moi et me présenter ceux de ses esclaves qui devaient faire l'équipage des canots jusqu'à certains villages riverains du fleuve, et dont le chef me fournirait d'autres mariniers et de nouvelles embarcations. Il me remit une petite défense d'ivoire pour offrir à ce chef en récompense des soins qu'il se donnerait pour arranger ce qui concernait les bateaux et enfin il me fit cadeau d'un bœuf comme provision de voyage. Je le remerciai chaleureusement et nous nous séparâmes dans les meilleurs termes.

Je me mis en route dans la direction du S.-O. et, au bout d'une heure, j'arrivai au bras de la rivière qu'on appelle le Petit Liambaï. Peu après, trois légers canots quittaient le bord, portant, outre mes bagages, ma personne, Vérissimo, Camoutombo et Pépéca.

Aogousto, Moéro et Catraïo, avec les deux femmes, nous suivaient à pied, en compagnie du chasseur Jassé et du chef Moutiquélêra ; ces derniers, envoyés par Lobossi, étaient chargés de transmettre ses ordres aux chefs et de pourvoir à la liberté de la route sur mon passage.

Deux autres créatures, sur lesquelles jusqu'ici je n'ai donné que peu ou point de renseignements, complétaient notre petite bande : c'étaient deux êtres dont le dévouement ne m'a jamais fait défaut, dont la fidélité n'a jamais été l'objet d'un doute, qui se trouvaient toujours prêts à me suivre quand je partais, à s'arrêter quand je dressais mon camp, à me charger de caresses si j'étais triste et à me divertir si j'étais de bonne humeur. Je veux parler de Cora, ma chèvre

ment perché sur mon épaule, il faisait naturellement partie de mon équipage.

On nagea vers le S. pendant près de cinq cents mètres; après quoi, on quitta le Petit Liambaï pour s'engager au S.-O. dans un canal où le bras occidental de la rivière jette un petit courant, d'une lagune à l'autre, jusqu'au bras oriental.

Entre les lagunes et quelquefois sur des longueurs qui dépassent une centaine de mètres, la navigation devient difficile par la raison très simple qu'il n'y a plus d'eau. Dans ces endroits, on était obligé souvent de décharger les canots et de les traîner sur un boueux marécage. Même dans les étangs, il advint souvent que l'épaisseur des bancs de joncs et de roseaux faisait obstacle au passage.

Après une journée de travail terriblement dur, nous fîmes halte à six heures, sur le bord d'une lagune, dans une plaine récemment incendiée et où l'on ne trouvait rien pour construire l'abri le plus chétif.

Heureusement, j'avais eu la précaution d'emporter un peu de bois à brûler, ce qui nous mit en état de faire rôtir de la viande que je dévorai avec avidité, car je n'avais rien mangé de tout le jour. Ensuite, j'étendis mes peaux sur la terre humide et me couchai, ayant pour dais de lit la calotte des cieux.

Quant aux mariniers, ils passèrent la nuit accroupis autour du feu à faire rôtir et à manger de la viande; si bien qu'ils pratiquèrent un fameux trou dans le bœuf que Lobossi m'avait donné. Ils me fournissaient ainsi la preuve, si j'en avais eu besoin, que la capacité stomacale des sujets du roi du Loui est réellement insondable.

Après les misères de cette nuit, nous nous rembarquâmes au point du jour, le 25, et, ramant le long d'une lagune pen-

une couple de journées, quelle que fût la voracité des Louinas.

A cet endroit, le Liambaï avait une très grande profondeur sur une largeur d'environ 200 mètres. Le courant était peu sensible ; cela gênait notre navigation, car les mariniers serraient de près la rive, où le peu d'eau les empêchait de troubler ces monstres d'hippopotames dont ils avaient grand peur, attendu qu'ils s'élevaient toujours à la surface du milieu du fleuve pour respirer. Après tout, la circonspection de ces hommes n'était peut-être pas inutile, car nos vieilles embarcations étaient dans de si mauvaises conditions que nous devions nous arrêter à chaque instant pour vider l'eau qui y pénétrait.

Ainsi, il fallut aborder près de Nariéré pour calfater mon canot. Pendant que les noirs étaient en train de boucher les fentes avec des herbes et de l'argile, je m'occupai à mesurer la vitesse du courant : je lui trouvai 24 mètres à la minute. Je descendais généralement vers le S.-E. ; mais la rivière décrivait beaucoup de courbes fort longues, si bien qu'il nous arriva, pendant une vingtaine de minutes au moins, de naviguer positivement au N.-O. Je campai sur la rive gauche, à cinq heures du soir, dans les mêmes conditions que la nuit précédente, sans abri, sous le ciel étoilé.

Durant cette journée-là, nous avions plusieurs fois couru le plus grand risque de voir nos barques chavirées, car les hippopotames, quand nous essayions de les éviter d'un côté, se montraient de l'autre.

N'ayant pas de munitions à perdre, je me gardai bien de tirer sur eux. Il n'y a que les gens qui se sont trouvés à court de poudre au centre de l'Afrique pour connaître la valeur d'un coup de fusil.

sonne, parce qu'il prévoyait trop bien que je serais forcé d'en venir à cette extrémité.

Vérissimo, depuis notre départ de Quilenguès, avait échappé aux atteintes de la fièvre ; mais, aujourd'hui, il en a eu un accès violent, et, moi-même, j'en ai souffert un peu.

Le lendemain, au bout d'une heure de nage, nous nous arrêtâmes près du village de Nalolo que gouvernait une femme, sœur de Lobossi. Je lui fis savoir le mauvais état de ma santé, la fièvre dont souffrait mon interprète Vérissimo, et la priai d'agréer mes excuses si je ne lui faisais pas ma visite. Elle les accepta et m'envoya un petit cadeau de massambala. Tout malade que j'étais, j'allai chasser pour me procurer un supplément de viande fraîche et je réussis à abattre deux antilopes aux pieds noirs ou pallahs. Leurs peaux, comme toutes les autres que j'avais eues précédemment, furent séchées soigneusement et conservées.

J'ai pu obtenir une petite corbeille de haricots en échange d'un cuissot de pallah.

Vérissimo s'est trouvé beaucoup plus mal aujourd'hui et, ce soir, j'éprouvais une fièvre brûlante; malgré cela, je fus encore obligé de coucher en plein air sur la terre humide. Au réveil, j'étais trempé par la rosée et me sentais fort malade. Le lendemain matin, j'ai repris mon voyage et, après six heures de navigation continue, dirigée en somme au S.-S.-E., j'ai campé de nouveau sur la rive gauche.

Nonobstant une autre nuit très mauvaise, la fièvre fut coupée au moyen de fortes doses de quinine. Le 28, on rama une heure et demie avant d'atteindre le village de Moangana, dont le chef devait, suivant les ordres de Lobossi, me fournir

nuit, afin d'y obtenir pour moi un bateau et des provisions.

Il ventait de l'E. bon frais, et la rivière, dont la largeur en cet endroit avait 1800 mètres, soulevait de rudes vagues. En vérité, vu la petitesse et le mauvais état de nos canots, il n'était pas sans danger de continuer à naviguer : cependant nous persistâmes et, au bout d'une heure et demie, nous arrivions à Itoufa. C'est un grand village construit à la gauche du courant.

Plus d'une fois nous fûmes près de chavirer, et l'on peut aisément s'imaginer que la perspective de piquer une tête dans une rivière où fourmillent les crocodiles n'a rien de bien réjouissant.

Vérissimo allait mieux; quant à moi, malgré la fièvre qui ne me quittait guère, je recouvrais un peu de forces.

En arrivant au village, je vis bien qu'on m'y attendait. J'y avais été annoncé par mes gens qui, en compagnie du chasseur Jassé et du chef Moutiquétêra, m'y avaient précédé.

Le chef m'accueillit poliment, mit une maison à ma disposition et m'offrit, avec une corbeille de farine de maïs, une écuelle de lait caillé; pourtant il ajoutait que les informations de Lobossi étaient erronées, car il ne possédait aucun bateau.

J'avalai un peu de farine et de lait. Mes nègres eurent, en un clin d'œil, fait disparaître le reste du présent du chef; après quoi, ils m'affirmèrent qu'ils avaient encore aussi faim qu'auparavant. Je demandai au chef de me fournir un peu plus de nourriture; mais il répondit qu'il ne le pouvait pas sans la troquer contre des marchandises : cela m'était impossible puisque je n'avais rien à lui donner.

Je livrai donc à mes hommes les peaux des antilopes que j'avais tuées. En les troquant, ils purent se procurer de la

avec un tel élan que je pris la fuite et m'en allai coucher en plein air. Il était écrit certainement que, durant mon voyage sur le Zambési, je ne pourrais pas une nuit reposer sous un toit.

A l'aube du 29, le vieux Moangana m'amena le bateau qu'il m'avait promis, puis il se retira, après m'avoir renouvelé les assurances de sa bonne volonté et m'avoir fait remarquer qu'ayant exécuté les ordres de son roi Lobossi, il espérait m'avoir satisfait, parce qu'il désirait être l'ami des blancs.

Quant au chef d'Itoufa, il continuait de se refuser à me remettre une embarcation et se contentait de répéter qu'il n'en avait point et qu'il ne pouvait que regretter qu'on m'eût trompé ainsi que Lobossi.

Mais les Louinas ont, comme les Macalacas, l'habitude de cacher leurs canots dans des lagunes, dans des fourrés de roseaux et de joncs, ne communiquant avec le fleuve que par d'étroits canaux, encombrés de plantes et connus d'eux seuls. Ils peuvent donc les soustraire aisément à tous les yeux quand ils le veulent.

Le chasseur Jassé et le chef Moutiquétêra, qui étaient fort au fait de cette coutume des Louinas, se mirent à fouiller les canaux des lagunes avec assez de persévérance pour parvenir enfin à découvrir un bateau; sur quoi, le chef d'Itoufa se répandit en protestations de l'ignorance absolue où il était que ce bateau existât.

Les habitations du village, pareilles à toutes celles des Louinas, présentent trois formes différentes et ressemblent à celles que j'ai décrites dans les hameaux de Cagnêté et de la Tapa ; cependant celles qui ont la forme d'un cône tronqué sont de fort grandes dimensions. La demeure que m'a-

pieux verticaux et forts soutiennent les toits dont la carcasse est faite de longues perches de bois.

Cependant j'ai remarqué un autre type d'habitations, qui est particulier à Itoufa.

A une hutte ovale, en est adjointe une autre, mi-cylindrique, élevée dans le sens de l'axe et formant avec la première deux compartiments distincts; mais ces constructions

Maison d'Itoufa.

sont faites d'une façon très grossière, tandis que les bâtisses à cône tronqué, du genre vraiment propre aux Louinas, sont élevées avec beaucoup de soin.

Ici, pour la première fois depuis que j'avais quitté le Bihé,

Les vivres continuaient à être fort rares; mais avec ma carabine je réussissais à remplacer, grâce au troc, les marchandises par du gibier; ainsi nous avons toujours obtenu un peu de farine de massambala en échange de la viande ou des peaux d'antilopes.

Mes équipages étant prêts et mes deux bateaux parés, il s'éleva un nouvel obstacle à la continuation de mon voyage.

Les mariniers annoncèrent qu'ils ne partiraient pas avant que j'eusse déposé quelques mesures de massanga blanc sur les tombes des femmes des anciens chefs d'Itoufa. Si je n'accomplissais point cette formalité, nous nous exposions, di-

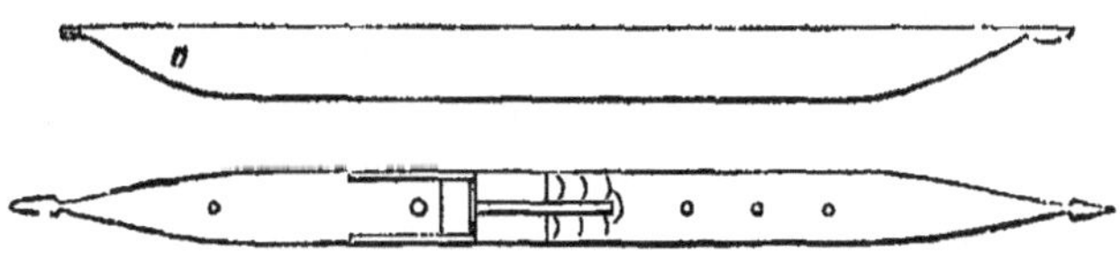

Ma nouvelle barque.

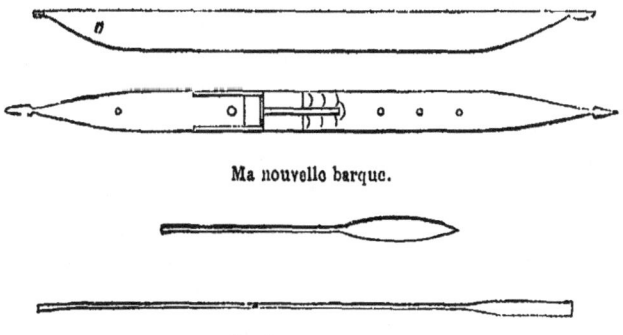

Pagaies ou rames.

saient-ils, à rencontrer en route des dangers toujours renaissants, car les âmes de ces grandes dames, que nous aurions irritées en ne les apaisant pas, nous poursuivraient sans relâche. N'ayant de massanga d'aucune sorte, ni noir ni blanc, je fis venir le chef et lui expliquai qu'il m'était impossible de satisfaire, par les moyens qu'on me suggérait, les âmes de ces honorables défuntes. Il entreprit donc de persuader à

tronc d'un *moucoussé* et mesurait 10 mètres de longueur, 44 centimètres par le travers et 40 en profondeur.

Sur le Zambési supérieur, on se sert, pour construire les canots, de deux arbres : le *couchibé* et le *moucoussé*, énormes légumineuses de la forêt qui pousse dans la région des cataractes. Le bois de ces arbres gigantesques a une dureté excessive et une gravité spécifique dépassant celle de l'eau.

Ma pirogue était montée par quatre hommes : un à la proue et trois à la poupe.

Je m'asseyais à un tiers à peu près de la distance de la proue, sur la petite valise qui contenait mes travaux, et, dans une ceinture de laine attachée autour de ma taille, je portais un duplicata de mon journal, de mes observations initiales, etc. Mes armes restaient toujours à portée de ma main, enfin les peaux de ma couche complétaient la cargaison.

L'autre canot portait Vérissimo, Camoutombo et Pépéca, avec les malles où étaient serrés les habits et les instruments ; de plus, le gibier si j'en avais tué.

Les bateliers pagayent toujours debout afin d'équilibrer le canot qui, sans cela, chavirerait. De fait, pagayer dans de pareilles embarcations, c'est se livrer à un exercice acrobatique. Une pirogue du haut Zambési ressemble à un immense patin, où le rameur doit, pour maintenir sa position, se livrer à tous les prodiges d'équilibre auxquels recourt le patineur sur la glace.

Telles étaient les conditions dans lesquelles, le 1er octobre, je quittai Itoufa, aventuré sur une rivière énorme, où des vagues soulevées par une forte brise de l'est menaçaient à chaque instant d'engloutir nos fragiles esquifs.

Après avoir descendu quatre heures, nous fîmes halte sur

cependant, dès cette première journée, ils se rendirent désagréables par leurs besoins et leurs exigences.

On ne voyait aucun gibier dans le bois; mais un vol d'oies sauvages étant descendu sur une lagune du voisinage, je revins au bateau prendre mon fusil de chasse, pour lequel il me restait 25 cartouches chargées de gros plomb et j'eus la chance, en six coups, d'abattre 17 oiseaux.

L'endroit de notre halte était situé à l'extrémité méridionale de la vaste plaine du Loui. Les deux chaînes de montagnes, qui, sous le 15e parallèle, sont éloignées de plus de 50 kilomètres l'une de l'autre, se rencontrent ici, n'étant plus séparées que par deux kilomètres, juste l'espace nécessaire au lit du Zambési. A la plaine nue et monotone, succède un terrain brisé que recouvre une végétation luxuriante; mais le sol lui-même présente un contraste plus grand encore. Les rives, composées jusqu'alors du sable le plus fin et le plus blanc, où les pieds d'un homme ne laissent pas d'empreinte plus forte que les pieds d'un enfant, et qui, sous leurs pas et à cause de l'extrême sécheresse, semble pousser des cris d'une douleur presque humaine, font place, presque sans transition, à un terrain volcanique. Ce sont de gros blocs de basalte qui forment les bords du fleuve.

J'eus un plaisir inexprimable à contempler ces masses noires, vomies au milieu de flots enflammés dans les premiers âges du monde. Depuis notre départ du Bihé, je n'avais rien aperçu de pareil à des roches et celles-ci me faisaient l'effet de vieilles connaissances que je revoyais.

Comme Camoutombo, notre cuisinier, essayait d'allumer son feu pour faire rôtir les oies, une étincelle s'envola dans l'herbe haute et sèche qui couvrait le sol. Le feu prit sous

Quatre heures après, nous commencions à rencontrer de grands filons de basalte, qui traversaient la rivière de l'E. à l'O. Quelques-uns des rochers montaient à fleur d'eau et gênaient la navigation. Si peu perceptible que fût le courant, il nous fallut ralentir notre marche, afin d'éviter quelque collision périlleuse entre les bateaux et ces murs naturels.

Dans cette région basaltique, le fleuve commence à être pointillé d'îlots couverts d'une magnifique végétation. Vers l'après-midi, on découvrit une harde d'ongiris (*strepsiceros kudu*) qui paissait sur la rive droite. Je fis approcher le canot un peu en amont de l'endroit où elle était et je réussis à tuer une de ces superbes antilopes.

Puis je continuai à marcher le long du fleuve pendant une heure, tandis que la barque descendait lentement.

Des vols de francolins, de cailles et de pintades (*numida meleagris*) partaient sous mes pas. Il y en avait plus que je n'en avais encore vu. Malheureusement, et à mon grand regret, je constatai que la tzé-tzé y était aussi abondante que les oiseaux. J'en fus excessivement tracassé dans la forêt, car ses vives piqûres, bien qu'elles n'aient pas de danger pour l'homme, sont vraiment douloureuses. Le nombre de ces mouches était si grand et leur poursuite si acharnée que, même après m'être rembarqué, j'eus encore longtemps à m'en défendre.

Au bout de six heures au moins de navigation, dans la direction S.-S.-E., je campai sur une île; elle avait une étendue considérable et un aspect charmant.

Vérissimo avait alors recouvré toute sa santé; mais je continuais, moi, à être en proie à une fièvre sourde et permanente, qui me minait et m'enlevait toutes mes forces.

s'abreuver à la rivière. Je m'étais donné pour règle de n'avoir aucune affaire avec les bêtes fauves tant que je pourrais l'éviter, cela est vrai; il est vrai également que chaque cartouche avait à mes yeux une valeur considérable, et cependant l'instinct du chasseur l'emporta en moi sur toutes les considérations de raison ou de prudence, et je fis aborder la pirogue à la rive où se tenaient les deux lions.

Ils m'aperçurent immédiatement et, s'éloignant du fleuve, s'en allèrent à pas lents jusqu'au sommet d'une colline qui pouvait bien avoir 200 mètres d'élévation. Je sautai à terre et me dirigeai vers eux.

Après m'avoir laissé approcher à une centaine de mètres, ils reprirent lentement leur marche en sens contraire du courant et s'arrêtèrent au bout d'une courte promenade. Cette fois j'étais à une cinquantaine de pas de distance; mais ils repartirent et je les perdis de vue dans un petit fourré d'arbrisseaux. Tous les deux étaient des mâles, mais leur taille n'était pas la même; l'un était à peu près le double de l'autre.

Je me glissai tout près du fourré dont mes yeux scrutèrent les profondeurs avec prudence et j'aperçus, à travers les arbustes, la tête d'un de ces animaux majestueux à vingt mètres de moi. Je levai ma carabine; mais, comme je mettais en joue, je me sentis tout à coup pris d'un tremblement qui secouait tous mes membres. Je m'étais soudain rappelé combien j'étais faible et miné par la fièvre. Au moment où mon doigt touchait la détente, ma main vacillait. La sensation qui me possédait était étrange, je ne l'avais jamais éprouvée; elle provenait vraisemblablement de la peur. Je rappelai à moi ma volonté, qui la subjugua. Peu à peu la carabine fut tenue fermement dans la direction que je lui

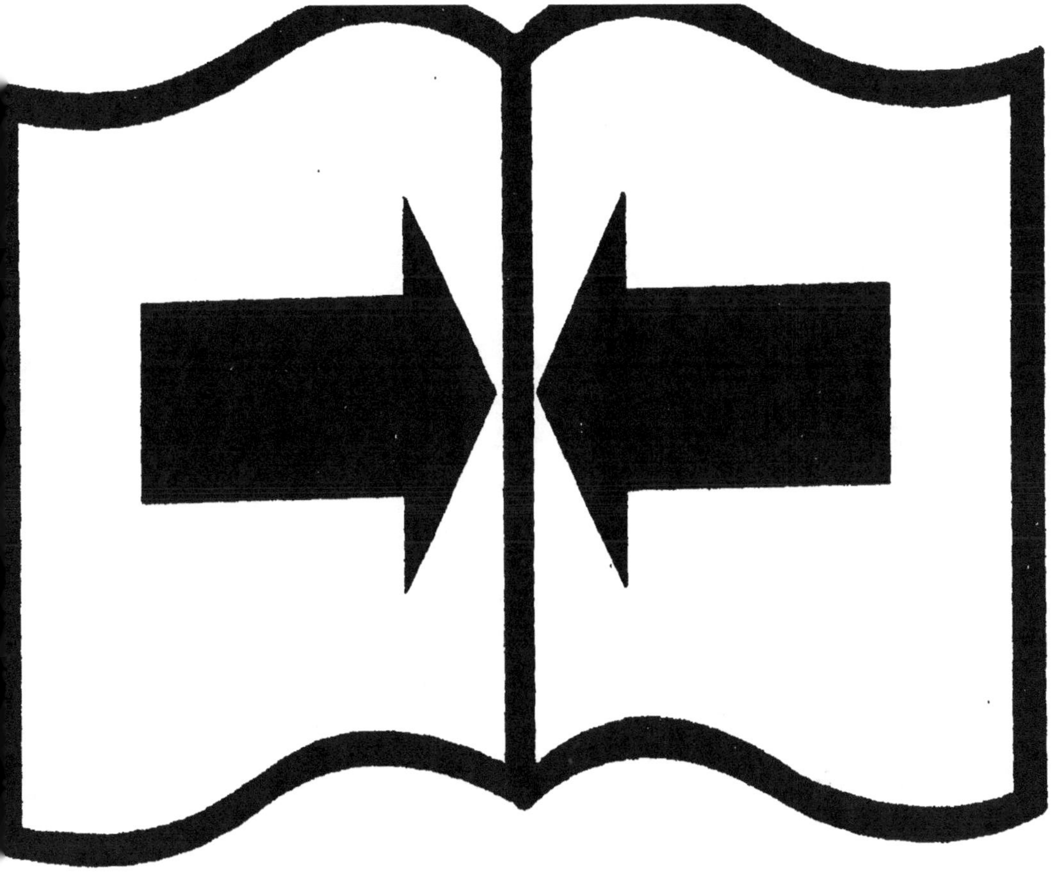

Reliure serrée

canon vide et, mes deux coups armés, je contournai le groupe d'arbrisseaux. Du côté du nord, je découvris les traces d'un lion distinctement marquées; mais d'un seul. L'autre était donc resté en arrière. Avec toutes les précautions nécessaires, je m'aventurai à pénétrer dans le fourré et j'y trouvai, étendu sur une touffe d'herbes, le cadavre du roi des forêts africaines. Ma balle pénétrant dans son crâne l'avait tué sur le coup. J'appelai mes gens à moi et, quelques minutes plus tard, le lion était dépouillé de sa peau et de ses griffes. Quant à la balle, cause de sa mort, on la retrouva dans la masse encéphalique [1].

Nous venions de repartir, quand nous commençâmes à entendre, peu distinctement et dans l'éloignement, un bruit qui rappelait celui d'une mer déferlant sur une côte rocheuse. Je pensai qu'il provenait d'une cataracte, idée que les bateliers me confirmèrent. Un peu plus bas, les filons de basalte se multiplièrent, formant des remparts naturels, dirigés toujours de l'est à l'ouest; mais, au contraire de ce que nous avions observé auparavant, le courant de l'eau devenait si rapide que les périls de notre navigation en étaient fort accrus.

Comme un troupeau de malancas se montrait sur la droite, je dus encore faire une halte; mais je ne pus, au prix d'une heure de perdue, en tuer qu'une, et nous nous remîmes en route.

Nous abordâmes assez tard dans l'après-midi, près des hameaux de la Sioma; on dressa le camp non loin de la berge et sous un figuier sycomore gigantesque.

Ce jour-là, nous avions pagayé durant cinq heures et demie, allant toujours au S.-S.-E.

La nuit, mon sommeil fut interrompu par le fracas de la cataracte de Gogna qui, en aval des rapides de la Sitoumba, interrompt la navigation du Zambési.

1. Cette balle et quelques-unes des griffes de l'énorme bête ont été acceptées par Sa Majesté le roi Don Luiz Ier. — *L'auteur.*

Le 4 au matin, de bonne heure, après avoir eu ma part d'un énorme plat d'arachides, que nous avait données le chef des hameaux, je pris un guide et allai voir la cataracte. Le bras du Liambaï, dont je longeais la rive gauche, coule d'abord au S.-E., tourne à l'O., et finit par courir droit de l'E. à l'O. C'est alors qu'il reçoit deux autres bras de la rivière qui forment trois îles couvertes d'une végétation splendide. A l'endroit où le fleuve tourne vers l'ouest, le sol présente, sur un développement de 120 mètres, une chute qui en a près de 3, et forme les rapides de la Sitoumba. Lorsque ses trois bras se sont réunis, le Zambési a une largeur qui ne dépasse point 600 mètres et envoie au S.-O. un petit canal peu profond et assez obstrué. Le reste des eaux en s'avançant rencontre une coulée transversale de basalte qui forme un brusque saut de 13 mètres; les eaux s'y précipitent avec un rugissement formidable.

La tranchée est N.-N.-O. et crée trois grandes chutes, une au centre et une de chaque côté. Entre et par-dessus les roches séparant les trois grandes masses d'eau, tombent des cascades innombrables qui produisent des effets merveilleux. Au nord, un troisième bras de la rivière continue sa course sur le même niveau supérieur que la cataracte et ensuite se décharge dans le lit principal par cinq cascades d'une exquise beauté, dont la dernière est à 400 mètres au-dessous de la grande chute. Ici le fleuve décrit une nouvelle courbe au S.-S.-E. et se rétrécit jusqu'à n'avoir que 45 mètres avec un courant de 150 à la minute.

Les différents points de vue dont on jouit depuis la rive sur l'ensemble des chutes offrent un spectacle surprenant. Jamais, dans aucun des pays que j'ai visités, je n'ai rien vu de plus complètement beau.

Gogna ne possède pas le caractère imposant des grandes cataractes, car tout ce qui l'environne forme un paysage doux, varié, charmant. La végétation de la forêt s'y mêle aux roches et aux jeux d'eau de telle façon qu'il en résulte un

La cataracte de Gogna.

ensemble harmonieux, comme si le pinceau d'un grand artiste avait achevé ce tableau parfait.

La chute de l'eau dans son vaste abîme ne cause pas non plus le bruit assourdissant qui est si généralement pénible ; il est sans doute amorti par la végétation abondante dont elle est entourée.

Il ne s'élève pas des profondeurs ces vapeurs qui se convertissent en brume et en pluie, de façon à en inonder les

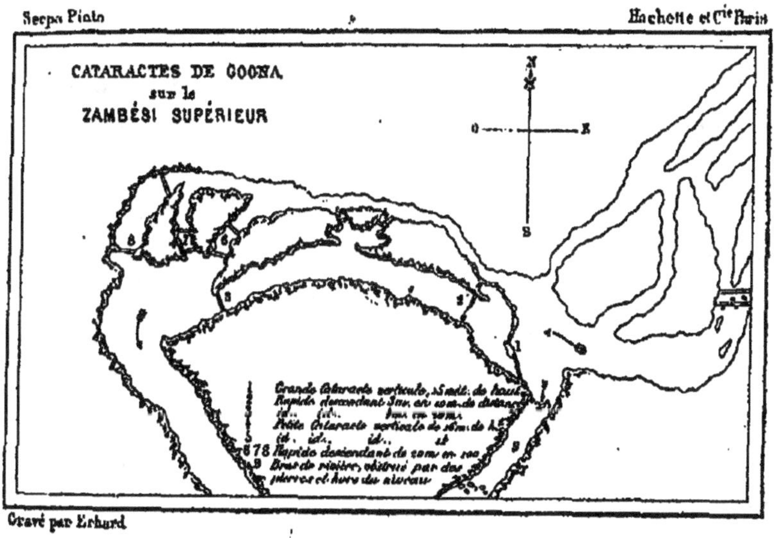

Cataracte de Gogna.

approches. L'accès en est libre de tous les côtés, comme si la nature s'était complue à permettre qu'une de ses œuvres les plus charmantes pût être aisément contemplée. Gogna ressemble à un écrin magnifique, visible à tous ceux qui l'approchent et exposant les merveilles de sa main-d'œuvre.

Je dressai d'abord le plan de la cataracte grandiose, puis je continuai jusqu'à la nuit à errer à l'entour; mes yeux ne pouvant se rassasier d'examiner ce tableau superbe où ils découvraient à chaque instant de nouvelles beautés.

Enfin je revins à mon camp, en réfléchissant avec tristesse

que, suivant toutes les probabilités, je ne reverrais jamais de ma vie le sublime spectacle auquel je tournais le dos.

Le 5, j'étudiai le sentier par lequel il faudrait porter les canots pour les remettre à l'eau, en aval de la cataracte, dans une place tranquille. Il était taillé à même la forêt sur une longueur d'au moins cinq kilomètres. Durant tout cet espace, le Zambési, encaissé entre des bords rocheux, qui ne sont éloignés l'un de l'autre que de 40 à 50 mètres, conserve une vitesse de 150 mètres par minute avec des vagues si bouillonnantes qu'aucune embarcation n'y résisterait.

L'espace resserré, en aval de la cataracte de Gogna, s'appelle Nangouari et se termine par une petite chute qui porte le même nom.

L'endroit où le fleuve redevient navigable est nommé le Mamoungo.

Le transport des canots par terre fut fait par les indigènes des hameaux de la Sioma ; ce sont des Calacas ou des esclaves, administrés par un chef louina et installés en cette place par le gouvernement du Loui, exprès pour un service qu'ils sont obligés de faire sans avoir droit d'exiger la moindre rétribution.

C'est un travail vraiment fort pénible que le leur, et j'éprouvai un vif chagrin à penser que je n'avais absolument rien à donner à ces pauvres gens qui exécutaient avec une patience exemplaire une tâche si fatigante.

A Mamoungo, le Zambési prend une largeur de 200 mètres; mais il reste enfermé dans ses murailles de rochers, où les divers niveaux atteints par les crues sont indiqués par des lignes horizontales qu'a déposées le limon entraîné par le fleuve. Je pus ainsi constater qu'aux plus hautes eaux il s'était élevé à une dizaine de mètres au-dessus du niveau actuel, qui pouvait bien être le plus bas de l'étiage.

Partout où la roche basaltique a permis l'accumulation d'un sol fertile, la végétation pousse abondamment. L'aspect du Zambési dans cet endroit rappelle beaucoup celui de

Portage des bateaux à Gogna.

certaines portions du tiers moyen du Douro, si ce n'est que les roches granitiques de ce dernier sont remplacées par le basalte.

Une navigation à peu près d'une heure et demie nous fit arriver au travers du confluent de la Loumbé que je remontai quelque temps. Cette rivière descend du nord; elle peut avoir à sa bouche 20 mètres de large et 1m,50 de fond. Environ à une centaine de mètres en amont, elle a un niveau plus élevé d'une trentaine de mètres que celui du Liambaï; de là, elle opère sa descente au moyen de cascades qu'on trouverait sans doute charmantes, si elles n'étaient pas trop voisines de la cataracte de Gogna.

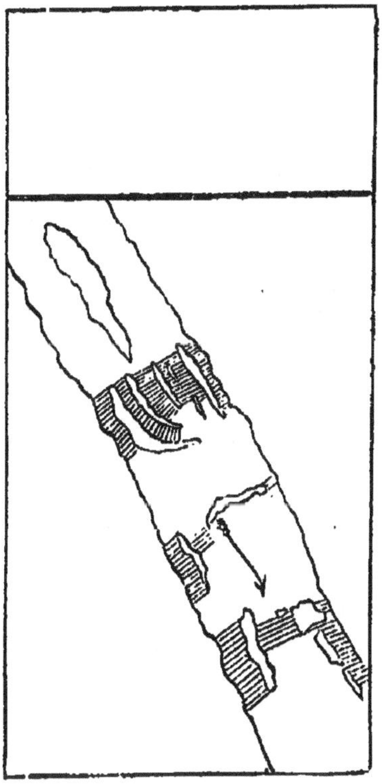

Cataracte de Câlé.

Après cette étude de la partie inférieure de la Loumbé, nous continuâmes notre route pendant une couple d'heures; puis nous campâmes. J'avais aperçu à terre quelques ongiris et je ne voulais pas laisser échapper l'occasion de renouveler notre garde-manger. Après en avoir abattu deux, il me sembla que j'en avais fait assez pour une journée et que je pouvais m'arrêter là.

Le 7, je repartis et j'arrivai au bout d'une heure à la cataracte de Câlé.

Le fleuve y tourne vers le S.-E. et prend un développement de plus de 900 mètres. Trois îles le divisent en quatre bras. Le second, du côté de l'ouest, contient le plus d'eau; mais est celui où la différence du niveau est surtout marquée.

Cette différence dans les autres bras compte à peine 3 mètres sur la longueur d'une centaine, tandis que, dans le premier, elle se produit sur une étendue qui n'en a pas plus de quarante. Toutes quatre ont d'ailleurs leur bouche obstruée par des rochers qui se croisent, contre et pardessus lesquels les eaux se brisent avec un rauque tumulte.

Quand toute la cargaison eut été mise à terre, nous hâlâmes les pirogues par un petit canal qui bordait la rive gauche et, après avoir dépassé les chutes, nous nous rembarquâmes et reprîmes notre route. Au bout d'une demi-heure, nous rencontrions des rapides où ne pouvaient s'engager que des canots d'un léger tirant et qui furent franchis par nos rameurs avec une admirable dextérité.

D'autres rapides étaient peu éloignés, on les passa avec un égal succès, et pendant le reste de la journée on navigua au milieu d'écueils continuellement fouettés par la violence du courant, mais sans rencontrer d'autres rapides, à proprement parler.

Au campement, le soir, je me trouvais sérieusement malade : ma fièvre s'était accrue et je me ressentais péniblement de l'absence d'une nourriture végétale. Dormir toujours en plein air, ne pouvoir jamais prendre ni soin de moi ni repos, puisqu'il me fallait nourrir mes gens du gibier que je tuais : voilà ce qui aggravait ma souffrance habituelle. Pendant cette nuit une tempête violente mêlée de tonnerre fondit sur nous et fit tomber les premières gouttes de la nouvelle saison pluvieuse.

Le 8, j'étais encore plus bas; ma faiblesse physique était grande, mais heureusement je conservais mon courage. Je me remis donc en route et, au bout d'une demi-heure à peu près, nous étions arrivés aux grands rapides de Bomboué.

Ici, on n'a qu'un rapide énorme au centre, où la différence

de niveau peut être de 2 mètres; vers l'est, sont trois canaux obstrués par des roches nombreuses; à l'ouest, un seul, plus large, mais où la chute est plus forte.

En amont de ces premières descentes, une île, couverte de végétaux, coupe le fleuve en deux bras égaux. Bomboué compte deux autres descentes; la seconde à 300 mètres au-dessous de la première, et la troisième à 200 plus bas que la seconde. Tous ces rapides sont pleins de roches qui se croisent et rendent le passage impraticable.

On vida les pirogues et on les hâla près du bord, opération fatigante et qui nous prit beaucoup de temps.

Puis on se rembarqua, on repartit et, bien malgré nous, nous fûmes emportés, mais sans accident, par-dessus un autre rapide. Enfin, après avoir encore pagayé quatre heures, nous fîmes halte près du confluent de la rivière Jôco. Toute la journée, nous avions passé au milieu d'îles de la plus grande beauté, formant les perspectives les plus pittoresques, surtout à des yeux comme les miens qui avaient été ennuyés par la monotonie du plateau africain.

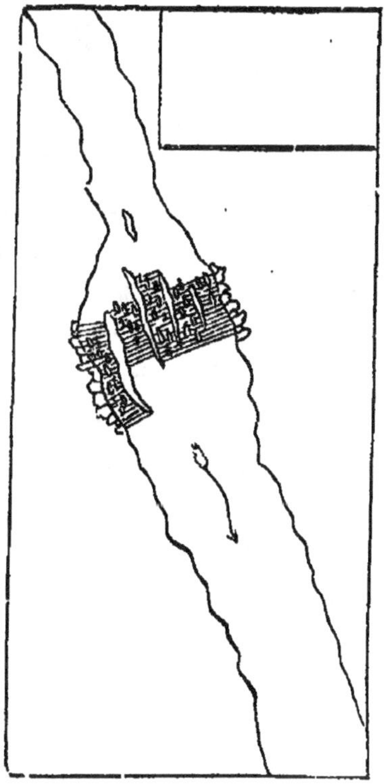

Rapides de Bomboué.

Dans l'après-midi je m'étais couché pour me reposer un peu, lorsque mes nègres me réveillèrent tout à coup en me disant qu'ils venaient de voir tout près plusieurs éléphants. Je saisis ma carabine et me mis à leur poursuite, malgré l'état de ma santé.

J'aperçus ces énormes animaux sur les bords de la Jôco; ils s'y vautraient dans un marais.

Je me mis sous leur vent et me glissai vers eux avec toute espèce de précautions. En approchant, j'en comptai sept.

La jungle dont l'épaisseur allait jusqu'aux bords du marais me permit d'arriver assez près d'eux sans être découvert.

Un moment, je contemplai ces géants de la faune africaine et j'avoue que j'hésitai un peu à leur nuire. La nécessité finit cependant par étouffer mes sentimentales incertitudes et je fis feu sur le plus voisin en le visant à l'os frontal. Quand il reçut le coup, le colosse chancela un instant sans bouger de place, puis il s'agenouilla lentement, conserva quelque temps cette position et enfin tomba sur le côté en faisant trembler par sa chute le sol d'alentour.

Les six autres s'enfuirent d'un trot rapide vers la Jôco, la passèrent à la nage et disparurent dans la forêt.

Je me rapprochai du quadrupède devenu inoffensif et, en le contemplant, je ne pus pas m'empêcher de me comparer à lui et de penser qu'à côté je n'étais en vérité qu'une mite. L'excitation de la chasse s'était dissipée et je me sentais à peine la force de me tenir debout; je ne pus même pas regagner mon camp sans y être aidé.

Le lendemain ce fut bien pis : mon foie s'enflammait. Je dus y appliquer des vésicatoires poudrés de quinine.

Dans un pareil état, je ne pouvais plus voyager et force m'était de m'arrêter jusqu'à ce que je me sentisse mieux.

Ce jour-là, mon Aogousto eut la plus extraordinaire aventure dont j'aie jamais entendu parler. Il avait tiré un buffle et l'avait blessé, mais pas assez pour l'empêcher de se mettre à le poursuivre. Se trouvant serré de trop près, le nègre prit sa hachette et, comme l'effrayant animal baissait la tête pour l'encorner, il le frappa d'un coup tel qu'on pouvait l'attendre d'un homme doué d'une force herculéenne.

L'homme et le buffle roulèrent ensemble par terre. Les

gens qui étaient le plus rapprochés d'Aogousto le regardaient comme mort quand, à leur extrême étonnement, la bête, se remettant sur ses jambes, prit la fuite dans une direction opposée et le nègre se releva. Hormis les meurtrissures qu'il s'était faites en tombant, il n'avait aucune blessure.

On l'entoura et un de mes négrillons, se baissant pour ramasser la hachette, trouvait, à la grande surprise des assistants, une des cornes de l'animal; elle avait été abattue net par la violence du coup de hache.

La forêt, dans cette région des cataractes, est peuplée de couchibis, de mapolés, d'opoumbouloumés et de lorchas, arbres fruitiers qu'on rencontre plus ou moins souvent sur le plateau; mais, en outre, on y trouve deux autres fruits particuliers à cet endroit, le mocha-mocha et le mouchenché. Ce dernier est très sucré, et j'en fis une boisson rafraîchissante fort agréable.

Les vésicatoires poudrés de quinine, aidés de trois grammes de ce médicament que je m'introduisis dans le système par des injections pratiquées à courts intervalles sous la peau, réussirent à calmer ma fièvre, si bien que, le 10, je me sentis fort soulagé et en état de me lever. La première nouvelle qu'on me donna fut celle de la disparition de mon Aogousto. On ne l'avait pas vu depuis la veille au soir et toutes les recherches faites dans les bois pour le retrouver étaient restées sans résultat.

J'en fus bien tourmenté. Je savais qu'Aogousto était brave, ou même téméraire jusqu'à la folie, et j'avais peur qu'il ne lui fût arrivé quelque malheur. Je fis partir des éclaireurs dans toutes les directions; je me mis même à la tête d'un groupe de chercheurs, malgré l'état de ma santé et la souffrance que me causaient mes vésicatoires. Nos recherches n'aboutirent qu'à nous procurer deux sebs-sebs (*rubalis lunatus*) que j'avais tués et des faisceaux de baguettes recueillies par les Louinas pour en faire des hampes d'assagaies. C'était du bois dont ils font leurs pagaies et qu'ils appellent minana.

En rentrant au camp, nous desséchâmes au feu une bonne quantité de viande d'antilope.

La région des cataractes est nommée pays de Moutéma. Le gibier forestier y abonde; depuis l'éléphant jusqu'à la caille, on y voit par milliers les animaux de toutes les familles, genres et espèces qui peuplent le plateau de l'Afrique. Au contraire, sur le Zambési, le gibier d'eau, si fréquent dans la contrée des plaines, est d'une rareté relative.

Le retour de mon Aogousto eut lieu dans l'après-midi et me causa une joie vive. Égaré dans la forêt, nous dit-il, il était tombé au milieu d'un hameau de Calacas, qui lui avaient tout volé, excepté son fusil.

A cette nouvelle, les Louinas déclarèrent qu'ils allaient le venger; malgré tous mes efforts pour les retenir, ils partirent et ne rentrèrent que dans la nuit après avoir saccagé le hameau. Ils en rapportaient les dépouilles, parmi lesquelles on retrouva le vêtement d'Aogousto.

D'ailleurs la coutume des Louinas, quand ils rencontrent, dans le pays des cataractes, des hameaux de Calacas, paraît être de les détruire et de les mettre à sac.

Je passai une nuit douloureuse, et mon état de santé s'empira; malgré mes souffrances, j'ordonnai, le lendemain matin, de faire les paquets et de décamper.

Il y avait une heure que nous avions laissé derrière nous le confluent de la Jôco, quand nous arrivâmes aux grands rapides de Lousso.

Là je me fis débarquer pour marcher à pied. Il me fallut trois heures pour faire trois kilomètres.

A Lousso, le Zambési est fort large et se partage en beaucoup de bras, formant des îles couvertes d'une très riche végétation.

Je n'ai rien vu de plus attrayant que les rapides de Lousso, si ce n'est la cataracte de Gogna.

Je me rembarquai juste après les avoir descendus. Au bout de deux heures de navigation, je me fis remettre à terre un peu au-dessus de la cataracte de Namboué.

La richesse de la végétation dans les îles offrait, ici comme auparavant, l'aspect le plus ravissant.

Mon projet était de dépasser cette cataracte avant la nuit, bien que la tâche de traîner nos canots par terre, avec le peu d'hommes dont je disposais, fût bien lourde. Nous y employâmes quatre heures, mais je m'étais tenu parole et je pus dormir en aval des chutes.

La cataracte de Namboué présente quatre degrés : le premier forme une chute d'environ 50 centimètres; le second, qui peut être à 150 mètres plus bas, tombe de 2 mètres perpendiculairement; le troisième, à une soixantaine de mètres au-dessous, fait une chute d'à peu près 1 mètre, et le quatrième, avec une hauteur pareille, est à une centaine de mètres du précédent. En somme, ces chutes ont une étendue de 310 mètres. Le Zambési y coule du N. au S., puis tourne presque aussitôt au S.-O., avant de reprendre son cours régulier au S.-S.-E.

Durant la nuit, je pensai mourir. Une fièvre intense dévorait mes forces, et je n'espérais plus guère voir se lever le 12 octobre, jour de fête pour moi parce qu'il est l'anniversaire de la naissance de ma femme. Je fis à plusieurs reprises des injections hypodermiques de sulfate de quinine à haute dose et je réussis à dominer la fièvre. Entre-temps, j'avais appelé à mes côtés Vérissimo et Aogousto et leur avais confié tous mes travaux, avec l'ordre de continuer, en cas de ma mort, le voyage commencé, jusqu'à ce qu'ils trouvassent le missionnaire entre les mains duquel ils remettraient mes livres et mes papiers. Je leur fis comprendre que le Mouéné Pouto, le roi blanc, les récompenserait avec magnificence s'ils sauvaient mes mémoires et réussissaient à les faire parvenir en toute sécurité au Portugal.

Toutefois, dans la matinée du 12, à six heures, je me trouvai assez soulagé pour entreprendre de continuer ma route.

Une demi-heure après, nous étions partis. A sept heures un quart, nous rencontrions des rapides faibles, mais suivis presque immédiatement de plus forts, qui même étaient dangereux. Nous venions de pénétrer dans le seul canal praticable et commencions à obéir à la force du courant, lorsqu'un hippopotame s'éleva pour souffler juste en avant de nous. Il nous mettait entre Charybde et Scylla, entre le monstre et l'abîme. Nous luttâmes bravement contre le courant et le coupâmes par une manœuvre habile ; quant à l'hippopotame menaçant, il fut évité en passant près d'une roche, presque sur la terre.

La seconde pirogue, en voulant échapper à l'animal, sortit comme une flèche du chenal et fut violemment précipitée vers des rochers qui couvraient l'entrée d'un petit détroit où le passage semblait impossible. Nous la crûmes perdue. Cependant, elle évita tous les obstacles et se sauva du péril après avoir seulement embarqué une grosse vague qui fut bien près de la couler à fond.

A huit heures moins dix, nouveaux rapides ; à huit heures, d'autres encore, d'une étendue plus considérable et présentant une haute chute. Nous eussions bien voulu aborder. A quelque distance en aval, s'élevait un effroyable mugissement qui rappelait le tonnerre se répercutant sur les anfractuosités des montagnes. Évidemment, il y avait là d'autres grands rapides, une autre cataracte peut-être, dont nous ne pourrions pas sortir vivants. Du reste, tous nos efforts eussent été inutiles. La rive la plus proche, celle de la gauche, était à plus de 600 mètres, et le courant impétueux, se brisant sur des rochers basaltiques qui renvoyaient écumeuses les vagues dont ils étaient frappés, en rendait l'approche tout à fait impraticable. Ce fut un de ces moments qu'on doit renoncer à décrire.

Entraînés par un courant vertigineux vers un obstacle inconnu, sentant toute l'imminence du danger que la rapide succession des chutes dans le lit du fleuve ne rendait que trop évidente, émergeant d'un gouffre pour être précipités au milieu des tourbillons formés par un autre, misérables pagayeurs, nous éprouvions chaque seconde une sensation nouvelle et souffrions cent fois les affres de la mort au souvenir des douceurs que la vie pouvait nous offrir encore.

Entre huit heures et neuf heures moins vingt, nous avions franchi six rapides dont le niveau avait peu de différence : mais alors, nous vîmes devant nous une chute qui avait un mètre de profondeur.

Pareil à un homme qui, fournissant une course, s'arrête tout court, instinctivement, à l'aspect d'un vide ouvert sous ses pas, notre canot, comme s'il eût été animé, s'arrêta ; c'était un mouvement irréfléchi de recul que les pagaies lui imprimaient. L'instant d'hésitation lui ôta sa direction et, au moment qu'elle était droit en travers du courant, notre longue pirogue sauta dans l'abîme, enveloppée par l'écume d'une vague énorme. Cela dura une seconde, qui fut la plus remplie de sensations que j'aie vécue. Nous ne dûmes notre salut qu'à la Providence. Si le bateau se fût élancé la proue en avant dans le gouffre, il eût été englouti et nous étions perdus. Nous avons été sauvés parce que nous ne le dirigions plus.

Immédiatement au-dessous de cette chute, se trouvaient d'autres rapides, mais moins violents. Après les avoir franchis, nous réussîmes, par des efforts désespérés, à atteindre un groupe de roches montrant leurs têtes au milieu du fleuve à un endroit où la fureur des flots se calmait un peu. Nous nous y accrochâmes, rejetâmes dehors l'eau qui avait embarqué, et remîmes un peu d'ordre dans notre cargaison, que les chocs reçus avaient mise pêle-mêle.

Vers neuf heures, nous repartions, pour rencontrer bientôt de nouvelles cascades. A neuf heures vingt-cinq, c'étaient les grands rapides de Magnicanga ; à neuf heures trente, d'autres, et ainsi de suite jusqu'à ceux de Loucanda, où nous en comptâmes encore six qui furent franchis quelques minutes après onze heures. Nous en rencontrâmes un de plus, peu important, et enfin, vers midi, nous étions à la cataracte de Catima-Moriro (*qui éteint le feu*).

Catima-Moriro est la dernière chute en descendant la haute région des cataractes du Zambési supérieur. De là jusqu'aux cascades qui précèdent les grandes cataractes de Mosi-oa-Tounia, le fleuve est parfaitement navigable.

L'esprit peut se fatiguer comme le corps. A la fin de cette périlleuse journée du 12 octobre, dont le souvenir me glace encore d'effroi, j'étais absolument épuisé. Les émotions par lesquelles j'avais passé durant ces terribles heures m'avaient guéri le corps ; elles me laissaient sans fièvre ; mais aussi, sans force. Ma faiblesse et les douleurs que me causaient mes vésicatoires encore ouverts étaient telles que je ne pus même pas essayer de chasser, bien que le gibier se montrât en grand nombre.

Le fleuve continuait à courir vers le sud-sud-est. A partir du Catima-Moriro, il reprend l'aspect qu'il avait chez les Barozés : il coule à travers des plaines énormes, sur un sol sableux et n'a plus même un rocher. Les rives sont formées de terrains stratifiés, surmontés d'une argile verdâtre.

Le vent soufflait encore avec force de l'est et soulevait à la surface du fleuve des vagues dont nous devions tenir compte. Néanmoins, je me rembarquai le 13 et ne m'arrêtai qu'au village de Catongo, où je campai, car je me sentais très souffrant, parce que la fièvre, après m'avoir quitté momentanément, m'avait repris.

A Catongo, je rejoignis mes gens, que j'avais laissés à la bouche de la Jôco ; ils étaient arrivés depuis la veille au soir.

Eux aussi avaient eu leurs aventures et la veille un grand danger les avait menacés. Attaqués par plusieurs lions, ils n'avaient dû la vie qu'à des arbres au sommet desquels ils s'étaient réfugiés et où ils étaient restés assiégés pendant longtemps. Ils avaient hissé ma pauvre petite chèvre Cora au moyen d'une pièce de toile attachée à ses cornes, et l'avaient liée à une branche auprès d'Aogousto. Ce brave homme, du haut de son perchoir, avait réussi à tuer un des lions, dont, à Catongo, il troqua la peau contre un gros lot de tabac.

Dans les rapides.

Le 14, je voyageai à l'est, direction que suivait le Zambési ; et, dans l'après-midi, j'arrivai près du village de Quisséqué.

La portion du fleuve que nous venions de descendre était toujours partagée par de grandes îles dont l'aspect différait bien de celui qu'ont les îles dans la contrée des cataractes. Ce n'étaient plus que des cannaies, des bouquets de roseaux, dont la vue nous eut bientôt fatigués.

Ce jour-là, nous eûmes la chance de rencontrer des êtres qui, sans être, à proprement parler, des pêcheurs, nous fournirent une grande quantité de poissons. C'étaient des *ouagnis*, comme les appellent les Louinas, c'est-à-dire des pygargues, aigles pêcheurs gigantesques, qui habitent les rives du fleuve. Quand on les poursuivait, ils lâchaient, pour la plupart, la proie qu'ils venaient de se donner la peine d'enlever.

Un de ces grands oiseaux tenait dans ses serres puissantes un poisson plus gros qu'un merlan ; il l'emporta en fuyant, sans prendre son essor en l'air, ainsi que le faisaient ses pareils. Presque tous, ils commençaient, pour mieux voler, par laisser choir leur proie.

Ces pygargues du Zambési, que je n'avais pas remarqués dans le voisinage des cataractes, ont la tête, la poitrine et la queue parfaitement blanches, avec les ailes et les flancs noirs comme de l'ébène.

Ils rappellent exactement l'espèce américaine qu'on nomme *pygargue à tête blanche ;* mais leur corps est moins gros que celui de l'oiseau qui sert d'emblême sur la bannière des États-Unis.

Dans la matinée du 15 octobre, j'arrivai en face du Quisséqué après avoir navigué vers l'est pendant une heure environ.

Ne me souciant guère, à cause de la méfiance que m'inspiraient les indigènes, de m'installer dans le village, j'allai asseoir mon camp au milieu des roseaux d'une île voisine.

Ensuite, je fis prévenir le chef de mon arrivée, puis je me couchai, brûlant de la fièvre qui m'avait repris avec violence.

A peine étais-je sur ma couche, que je reçus la visite d'un Européen dont le teint *café au lait* montrait qu'il était né près des rives de l'Orange.

Il m'avertit, en se servant de la langue sésouto et par l'intermédiaire de Vérissimo, qu'il était le serviteur du missionnaire à la recherche duquel j'étais parti, et qu'il attendait ici la réponse du roi Lobossi à la requête présentée par son maître. Ce ne fut pas sans un vif étonnement que j'appris que ce missionnaire était un Français. Le serviteur s'appelait Éliazar. Comme il me trouva fort malade, il me donna des soins auxquels un nègre n'aurait jamais pensé.

Il témoigna du plus grand plaisir lorsque je lui eus dit que je m'étais mis en route pour trouver son maître et il m'assura que ce missionnaire devait être compté parmi les meilleurs des hommes.

Je ne puis pas expliquer pourquoi je sentis une énorme joie en apprenant que l'homme que je cherchais était un Français; mais le fait est réel.

Pendant ma conversation avec Éliazar, le chef du village arriva. Il s'appelait Carimouqué, mais on le nommait au moins aussi souvent Moranziani, qui est le nom de guerre porté par les chefs du Quisséqué.

Je lui fis savoir que je désirais partir le lendemain, attendu que j'étais sérieusement malade et fort désireux de rejoindre le missionnaire qui me procurerait les remèdes nécessaires à ma guérison. J'ajoutai que j'étais sans provisions et sans moyen d'en acheter; sur quoi, il me promit de m'envoyer le jour même à manger pour moi et mes gens.

Dans l'après-midi, les canotiers commencèrent à être bruyants, et déclarèrent qu'ils ne partiraient pas du Quisséqué avant d'avoir été payés. Je les fis réunir autour de moi et leur rappelai que je n'avais absolument rien à leur donner, l'ivoire que je possédais ne pouvant être converti en marchandises qu'après que je serais arrivé chez le missionnaire ; en conséquence, s'ils voulaient être payés, le meilleur moyen était de continuer leur route.

Ils eurent l'air de se laisser convaincre par mes arguments. La nuit que je passai dans la cannaie de l'île fut horrible. Continuellement, j'y fus troublé par les cobras lancés à la poursuite des rats et par les rats cherchant à éviter cette poursuite. Quels agréables compagnons de nuit ! Aussi ma fièvre augmentait.

Carimouqué vint me voir dans la matinée du 16 et m'apporta en présent un peu de massambala et de farine de manioc. Il m'apprit que les bateliers refusaient absolument de partir avant d'être payés, ajoutant que ce que j'avais de mieux à faire c'était d'envoyer un messager au missionnaire, qui me ferait parvenir des marchandises et, en attendant, de rester où j'étais.

Je m'y refusai positivement ; quant aux hommes, ils ne recevraient rien s'ils ne partaient pas avec moi le lendemain. La discussion fut longue et j'y montrai beaucoup de patience. Éliazar m'y soutint énergiquement, répétant sans cesse qu'il n'y avait aucun lieu de douter que son maître ne satisfît aux demandes des bateliers aussitôt qu'on serait arrivé chez lui. Enfin, on résolut de repartir le lendemain matin, 17 octobre.

Ce jour-là, dans l'après-midi, revinrent les messagers que Carimouqué avait envoyés au Loui porter la requête du missionnaire au roi.

Comme on peut se le rappeler, d'après ce que j'ai dit dans la première partie de ce chapitre, Matagja s'opposait formellement à l'entrée du missionnaire dans le Loui. La réponse, qu'avait dictée Gambêla au roi Lobossi, était un chef-d'œuvre diplomatique qui n'admettait ni ne rejetait ouvertement la proposition. Après avoir exprimé au missionnaire qu'il était satisfait de sa bonne arrivée sur les frontières, Lobossi disait que, vu l'imminence des hostilités et le défaut de résidences convenables à Lialoui, parce qu'elle était une cité construite depuis trop peu de temps, on ne pouvait pas engager le missionnaire à continuer sa route. On le priait donc de remettre sa visite à une autre année. En même temps, Carimouqué recevait la défense positive de le mettre en état de continuer, par quelque moyen que ce fût, son voyage vers le nord.

Éliazar fut très découragé par les termes de ce message du roi Lobossi ; mais il resta près de moi, m'expliquant avec chaleur les mérites et la bonté de son maître.

A quatre heures de l'après-midi, il survint une effroyable tempête de tonnerre et de torrents de pluie qui dura deux heures. Carimouqué, en me faisant une nouvelle visite, m'apporta une paire de volailles.

Le 17, à neuf heures du matin, nous partîmes, et, avant midi, nous atteignîmes le confluent de la Machila, en suivant la direction de l'est-sud-est.

A sa bouche, la Machila est large d'une quarantaine de mètres et profonde de six environ. Cette profondeur doit être en rapport avec le niveau du Zambési, dont les eaux, sans doute, arrêtent parfois le cours de son petit affluent.

La rivière arrive à travers une vaste plaine où paissent, par milliers, les buffles, les zèbres et plusieurs espèces d'antilopes. J'y ai été témoin d'un effet surprenant de mirage qui me montrait cette masse d'animaux hétérogènes marchant les pieds en l'air.

De ma vie, je n'ai vu une telle réunion de gibier. Cependant les animaux y étaient si méfiants qu'ils ne se laissaient pas approcher à plus de deux cents mètres.

Je réussis à tuer un zèbre, dont la viande, bien supérieure à celle de quelque antilope que ce soit, était excellente. Quand nous nous fûmes reposés une couple d'heures, nous reprîmes notre course pendant deux heures et demie ; à cinq heures du soir, voyant un vieil arbre qu'entraînait le courant, on le dirigea vers la rive, où on aborda. C'était une bonne trouvaille que cet arbre ; sans lui, nous n'aurions eu, la nuit, de bois ni pour faire la cuisine ni pour nous chauffer, car on n'apercevait même pas de broussailles sur cette terre.

Nous allions repartir quand un nègre accourut m'avertir que les autres pirogues s'étaient arrêtées beaucoup plus haut et que les équipages y avaient assis leur camp. Force nous fut, bien malgré nous, de remonter en arrière, puisqu'un de nos canots mouillés était chargé de nos viandes et de notre matériel. Nous ne fûmes donc tous réunis qu'à la nuit noire, vers six heures et demie.

Je dois dire ici qu'au départ de Quisséqué toute ma troupe avait pu s'embarquer, Carimouqué m'ayant fourni deux grands bateaux où j'avais installé Aogousto, les femmes, les négrillons et ma chèvre. Quant au perroquet Calôungo, il voyageait toujours avec moi.

Carimouqué m'avait fait cadeau d'une certaine quantité de farine de manioc, présent dont la valeur était doublée parce que, dans l'état de ma santé, c'était la meilleure nourriture que je pusse avoir ; mais, lorsque j'en voulus prendre, le soir, mon sac se trouva vide ! Une enquête établit que j'avais été devancé par mon négrillon Catraïo, qui avait dévoré jusqu'à la dernière miette toute ma farine.

Les ombres de cette nuit couvrirent un terrible drame qui se joua à peu de distance du campement.

Il s'agissait d'un combat mortel que se livraient un buffle et un lion. La curée fut sonnée par les beuglements du buffle, les rugissements prolongés du lion et les hurlements des hyènes.

L'examen du champ de bataille, à une centaine de mètres du camp, nous montra la tête du buffle encore intacte, sa carcasse et des lambeaux de viande que les hyènes avaient dédaignés.

Nous poursuivîmes ensuite notre voyage et, après cinq heures de navigation entre des îles que séparaient de petits canaux formant un réseau compliqué, je m'arrêtai juste au-dessus d'un rapide dont la descente était d'un mètre ; c'était le premier anneau de la chaîne des chutes qui se termine par la grande cataracte de Mosi-oa-Tounia.

Avec le basalte, reparaissait la forêt toujours belle, où le baobab dominait les autres arbres ; nous n'avions pas revu, depuis Quilenguès, ce géant de la flore africaine.

Ce fut à l'ombre d'un de ces colosses qu'après avoir pris terre j'allai me coucher.

Ma navigation sur le Zambési supérieur était finie ; à partir de ce point, je me proposais de voyager par terre jusqu'à ce que je rencontrasse le missionnaire.

Le village d'Embarira était à une dizaine de kilomètres de l'endroit où je reposais, et déjà mes derniers bateliers étaient partis y porter notre cargaison.

Le sommeil m'accabla et je ne me réveillai qu'à la nuit. Vérissimo, Camoutombo et Pépéca étaient seuls restés près de moi. Comme je leur demandais pourquoi nous étions encore là, Vérissimo me répondit qu'il n'avait pas voulu me réveiller. Je me levai pour me mettre en route malgré les ténèbres, quand je m'aperçus que nous étions tout à fait désarmés. Vérissimo, qui de temps en temps faisait de véritables niaiseries, avait laissé emporter mes armes avec le reste des bagages à Embarira. J'avoue qu'après cette découverte je me sentis assez peu rassuré, car ce n'est rien moins qu'agréable de se trouver sans armes au milieu d'une forêt infestée de bêtes féroces. J'ordonnai donc qu'on fît de suite un grand feu ; mais l'obscurité était telle qu'on ne pouvait découvrir aucun bois convenable.

En ce moment Pépéca vint à se souvenir d'avoir vu à peu de distance un vieux bateau ; on réussit à le retrouver, mais il était fait du bois dur de moucoussé et mon couteau de chasse ne pouvait pas l'entamer.

Je m'imaginai alors d'en frapper comme d'un bélier le tronc du baobab, et trois d'entre nous, après l'avoir balancé, le jetèrent de toutes leurs forces contre l'arbre. La portion de la pirogue qui avait reçu le choc se fendit; et, après que cette manœuvre eut été répétée plusieurs fois, nous avions assez de morceaux de bois pour en faire un bon feu.

Comme nous étions en train de nous installer pour passer la nuit, des voix se firent entendre et bientôt nous vîmes

Nous brisons un vieux bâteau.

Aogousto qui venait me chercher à la tête de plusieurs hommes.

Je partis volontiers avec eux et, vers minuit, j'étais à Embarira. Le chef du village m'avait préparé une hutte où je me couchai à bout de force et brûlant de fièvre.

Je me trouvais donc à Embarira, sur la gauche de cette rivière Couando, dont j'avais découvert et déterminé les sources trois mois auparavant.

Je n'étais plus fort éloigné du missionnaire qui, je me

l'imaginais, serait en mesure de me donner l'assistance nécessaire pour la continuation de mon voyage ; mais j'étais aussi sur le seuil d'une série d'aventures que rien alors ne pouvait me faire prévoir.

L'état de ma santé si altérée, l'inquiétude avec laquelle j'envisageais l'avenir, les appréhensions mêmes que j'éprouvais à l'égard de ma situation actuelle, toutes ces impressions, jointes à l'irritation incessante que me causèrent les punaises dont fourmillait cette demeure, me firent passer une nuit affreuse.

D'ailleurs une autre préoccupation ne me sortait pas de la pensée. On m'avait dit, à mon arrivée, qu'un *macoua*, un homme blanc, qui n'était ni un missionnaire ni un commerçant, était campé en face de moi, sur l'autre bord de la Couando.

Qui donc pouvais-je rencontrer dans ces régions éloignées ?

Ma curiosité était surexcitée au dernier point et je me retournais sur ma couche, plein d'impatience de voir enfin luire l'aube d'un autre jour.

CHAPITRE SUPPLÉMENTAIRE

J'ai déjà esquissé, dans un chapitre analogue à celui-ci (t. I, p. 264 et s.), la description des pays que j'avais traversés en allant de l'Atlantique au Bihé.

Ici je vais essayer de présenter en abrégé ce que j'ai recueilli de plus intéressant dans mes travaux concernant le vaste territoire compris entre le Bihé et le cours supérieur du Zambési, jusqu'au point où finit la narration de mon voyage à la page qui précède celle-ci.

Quand je donne un résumé de mes déterminations astronomiques, de mes études météorologiques, etc., je le fais sans pédantisme et uniquement parce que je crois remplir un devoir en publiant une partie des études et des travaux dont j'avais été chargé. S'ils ne sont pas intéressants pour certains de mes lecteurs, ils peuvent être dignes d'attention pour plusieurs autres.

Je ne prétends pas être un savant; mais, si je me déclarais ignorant, ce serait de l'affectation.

Outre la carte générale de l'Afrique tropicale du Sud [1], j'ai voulu donner plusieurs cartes particulières des districts qui ont le plus mérité mon attention chemin faisant, parce que je pouvais ainsi les développer avec des détails que ne comportait point la petite échelle de la première.

Je vais parler d'une immense étendue de pays au point de vue géographique. Ces pays sont d'autant plus intéressants que les géographes les connaissent moins. Jusqu'ici on en a rempli l'emplacement de lignes indécises, tracées au hasard, telles qu'elles pouvaient l'être d'après des informations contradictoires, fournies sans exactitude par des gens ignorants.

Avant moi, un Européen, Silva Porto, avait traversé cette portion du plateau africain, mais généralement bien plus au sud que moi. Par malheur, il n'a jamais publié ses notes; elles sont pleines d'intérêt, mais il n'a pas encore achevé de les mettre en ordre. D'ailleurs, il faut bien le dire, si ces notes doivent être d'un grand secours pour l'étude de l'ethnographie africaine, vu que leur auteur a observé avec beaucoup de perspicacité les mœurs et la vie des nègres, elles seront sans doute peu utiles aux sciences géographiques parce qu'il n'a pas les connaissances qui l'auraient mis à même de faire un travail sérieux.

1. Cette carte générale a été réduite pour plus de commodité au petit itinéraire qui est mis en tête du premier volume, et aux cartes qui en ont été extraites pour être insérées dans le corps du second.

La contrée où j'ai conduit le lecteur dans les chapitres précédents, et dont je vais reparler ici, est tout à fait nouvelle pour la géographie.

Les coordonnées géographiques des points principaux de mon itinéraire ont été calculées d'après les éléments que je publie plus loin.

Nous commencerons par la description du système fluvial de cette portion du plateau africain.

Les dernières eaux qui se rendent à la côte occidentale naissent autour du Bihé dans un angle énorme, formé par deux rivières, la Coubango et la Couito qui, après s'être rejointes à Darico, courent au S.-E. dans le désert de Calahari[1].

C'est aussi à peu près au Bihé que se ferme le système fluvial de la côte occidentale, ouvert entre les bouches du Couanza et du Counéné. Pourtant le Couanza reçoit encore quelques affluents venant de l'E. et tirant leurs eaux du 15°,50′ E. environ[2]; tels sont l'Onda, qui a encore sa source à l'intérieur du V décrit par la Coubango et la Couïto, et la Couiba ainsi que la Couimé. Celles-ci entrelacent leurs eaux naissantes avec celles de la Couito et d'un autre courant, je veux dire la Loungo-è-oungo, qui, par le Zambési, vont jeter dans l'océan Indien leurs eaux tirées des marécages de Cangala, par 15°,50′ E., après qu'elles ont parcouru l'énorme distance de mille quatre cent quarante milles géographiques (2,667 kil.) avant d'arriver au terme qui leur a été fixé par la nature. La latitude où naissent ces rivières qui, par un partage amiable, envoient leurs eaux à des points si éloignés l'un de l'autre, est à peu près de 12°,30′; donc elle est comprise dans cette zone, allant du 11° au 13° parallèle, d'où sortent les fleuves gigantesques de l'Afrique australe, le Zaïre (ou Livingstone) et le Zambési, ainsi que leurs principaux affluents.

Au S. de l'Équateur et jusqu'au 20° parallèle, ces deux fleuves constituent des systèmes parfaitement définis, mais qui ont un trait commun d'union au 12° parallèle et dans la zone large d'une soixantaine de milles (111 kil.) au N. et au S. du 12° degré de latitude. C'est là en effet qu'entrelacent leurs sources beaucoup des grands affluents des deux colosses, tout en formant, chacun à part soi, un système d'eaux qui va grossir les deux artères principales.

Ainsi donc, entre les méridiens 15°,40′ et 32°,40′ à l'E. de Paris et les parallèles 8 et 15 du S., toutes les eaux coulant vers le N. vont se jeter dans l'Atlantique par 6°,8′ S., sous le nom du Zaïre; toutes celles

1. Pour comprendre ce passage, il faut se rappeler qu'il y a deux rivières du nom de Couito. La première naît vers 14°,24′ E. de Paris, et 12°,20′ S. Traversant le Bihé de l'O. à l'E., elle tombe dans la Couqueima et, par ce canal, dans le Couanza, qui se dirige au N. La seconde, née vers 15°,52′ E. et 12°,20′ S., court au sud entre les Quimbandès à l'O. et les Louchazès à l'E., et va se jeter dans la Coubango à Darico, vers 16°,30′ S. et 16°,15′ E. C'est de celle-ci qu'il est question en cet endroit. — J. B.

2. Voir la carte du partage des eaux à Cangala, t. I, chap. VII. — J. B.

qui vont au S. tombent dans l'océan Indien, par 18°,50' S., sous le nom du Zambési.

En allant à l'E.-S.-E., je m'éloignais de la vraie ligne de séparation des eaux appartenant aux deux grands fleuves et, tandis que mes ex-compagnons se livraient à l'étude d'un des systèmes d'eaux dépendantes du Zaïre, je suivais peu à peu un des affluents du Zambési. A mesure que j'avançais dans l'intérieur du continent, ce système se développait avec plus de certitude et de clarté.

Les pays dont j'ai parlé dans les chapitres précédents, les mêmes que ceux dont je m'occupe ici, appartiennent à un système d'eaux courantes qui compose un des principaux, sinon le principal, des affluents du Zambési.

La rivière Couando, qui en est la grande artère, a sa source par 16°,37',54" E. et 12°,59',51" S., dans un petit marécage, situé à 1,362 mètres d'altitude [1].

Son confluent dans le Zambési est, par 17°,49' S. et 23°,3' E., à 940 mètres d'altitude. La dimension de son cours est de 540 milles géographiques, ce qui fait 1,000 kilomètres environ. De la source à l'embouchure, la Couando descend 422 mètres ou à peu près 1 mètre par 2,369.

Les affluents de cette rivière sont généralement navigables. Ils représentent un développement de voies fluviales qui n'est pas inférieur à 1,000 milles géographiques ou à 1,852 kilomètres. Additionnés avec le cours de la rivière qui les reçoit, ils forment un total d'environ 1,600 milles ou 3,000 kilomètres. Des totaux si considérables suffisent à donner une idée de l'importance qu'a cette partie du plateau africain.

En dirigeant ma route en dépit des obstacles, j'ai pu suivre la ligne des sources de la grande rivière et de ses principaux affluents, qui sont désormais parfaitement déterminés dans leur cours supérieur.

J'ai pu remplacer, par le tracé ferme et certain d'un pays jusqu'alors ignoré, les dessins hypothétiques auxquels la plupart des géographes préféraient le blanc considérable où ils laissaient cette partie du continent noir.

Les rivières Queïmbo, Coubangui, Couchibi et Chicouloui sont toutes navigables. Elles promettent à ces régions, exemptes des ravages de la tzé-tzé, un avenir que la présence de ce redoutable insecte rend impossible pour tant d'autres contrées de l'Afrique.

Maintenant que j'ai tracé à grands traits le principal système fluvial des terres comprises entre le Bihé et le Zambési, je vais dire quelques mots de leur orographie.

Mais auparavant je dois donner des indications sommaires sur la constitution géologique du sol; elles serviront à faire comprendre pourquoi les accidents de terrain y sont si rares.

1. Voir la carte du marais où la Couando prend sa source, t. I, chap. VII. — J. B.

Le sol de l'Afrique australe est fait d'une roche des époques primitives. Si, dans les terres basses des environs de la côte, on remarque les dépôts sédimentaires et l'action des eaux, plus loin, on n'aperçoit plus que les effets du travail du feu.

Les calcaires finissent donc aux penchants occidentaux des hauteurs qui sont les premiers gradins du plateau. Le terrain plutonique leur succède immédiatement et, jusqu'au Bihé, on rencontre le granit primitif largement répandu. Après le Bihé, en allant à l'E., le granit disparaît peu à peu; au delà du Couanza, il est remplacé par les schistes argileux et par les micaschistes.

C'est toujours le terrain éruptif, mais ici il est soumis à l'influence du métamorphisme; et, de fait, entre le Couanza et le Zambési, le sol est métamorphique.

Ces schistes et ces micaschistes, du Bihé au Zambési, ont été tellement réduits à l'état plastique par l'action des grandes eaux que, si un voyageur avait l'intention de se distraire un jour dans ces pays en tirant avec des pierres, je lui recommanderais d'y apporter d'abord une provision de ces projectiles ramassés dans le Bihé, aux endroits où se termine la région granitique, attendu qu'il ne trouverait pas un seul caillou sur son chemin.

Cette nature du terrain explique qu'il soit si peu accidenté, et aussi qu'on ne rencontre ni cataractes ni rapides dans les rivières de cette partie de l'Afrique. Sur toute la route que j'ai parcourue, la dépression du terrain est constante jusqu'au lit du Zambési et forme une pente des plus douces. Elle est de 292 mètres pour les 720 kilomètres qui séparent la rive du Couanza de la plaine de la Gnengo.

L'orographie de cette région est due à l'action neptunienne que caractérisent parfaitement les dépressions des lits des rivières.

A 30 ou 40 mètres au-dessus du niveau des eaux courantes, s'élèvent des systèmes de hauteurs aux faîtes arrondis et uniformes, qui suivent, toujours et sans exception, le cours des eaux.

La flore, que nous avons vue, au Bihé et dans les parties où le plateau est le plus élevé, assez pauvre en arbres, mais fort riche en arbustes et en plantes herbacées, reprend, dans la portion orientale du Bihé et surtout par delà le Couanza, à mesure que le sol s'abaisse, toute son exubérance tropicale.

Le gibier, qui se faisait rare à partir des terres du Houambo jusque vers les sources de la Couando, redevient abondant de ce point au Zambési supérieur.

Six races d'hommes, parfaitement distinctes bien qu'elles soient confondues sous le nom générique de Ganguélas par les gens qui du littoral vont à l'intérieur, habitent entre le Couanza et la Gnengo.

A l'E. du Couanza, dans la portion qu'arrosent les rivières Couimé, Onda et Varéa, avec leurs petits affluents, le pays appartient aux Quimbandès.

Entre la Couito et la source de la Couando, sont les villages des Louchazès. Sur les affluents de la Couando comme le long de cette rivière, habitent des tribus de race ambouéla.

Ainsi que je l'ai dit dans mon récit, le pays des Louchazès est en train d'être envahi par une émigration considérable de Quiôcos ou Quibocos, qui tendent à s'établir aux bords de la Couito. Depuis cette rivière jusqu'à la Couando, et même beaucoup plus vers le S., le pays n'a pas de village fixe et paraît occupé entièrement par les Moucasséquérès, qui forment une grande population nomade.

La rive méridionale de la Loungo-è-oungo, avec ses petits affluents, est habitée par les Lobarès.

Trois de ces six races, les Quimbandès, les Louchazès et les Ambouélas, parlent une même langue, celle des Ganguélas, avec de légères modifications. Les Quiôcos et les Lobarès ont des dialectes différents. Quant à la langue des Moucasséquérès, elle est originale et si étrangère aux autres que les cinq races précédentes ne peuvent pas la comprendre.

Les Quimbandès sont paresseux, agriculteurs médiocres et peu belliqueux. Ils ont des troupeaux misérables, bien que leur pays soit très fertile et doué des conditions propres à enrichir ses possesseurs.

Ils forment une confédération, ce qui ne les empêche pas d'avoir toujours des différends avec leurs voisins de même race.

S'ils manquent de bravoure, ils n'en sont pas moins des brigands. Les caravanes qui vont du Bihé acheter de la cire à l'intérieur sont sûres d'être attaquées par eux, si elles paraissent faibles et faciles à vaincre.

Aussitôt qu'une caravane défile dans leur pays, les Quimbandès se mettent en embuscade ; ils l'épient, comptent le nombre de ses fusils et de ses caisses de poudre ; chose rendue facile par l'habitude qu'ont les négociants du Bihé de couvrir ces caisses d'une peau de léopard.

L'homme qui entre dans leur pays, s'il possède 50 fusils et 6 ou 8 caisses de cartouches, peut dormir en paix : les Quimbandès seront ses amis respectueux.

Les Louchazès travaillent à la terre un peu plus que les Quimbandès ; mais ils n'ont pas de bêtes bovines et c'est à peine si l'on trouve chez eux d'autre bétail que des chèvres d'une espèce inférieure.

Ils s'occupent à recueillir de la cire, et leur industrie dépasse un peu celle de leurs voisins de l'O. ; mais ils n'en diffèrent point par la valeur ni par l'honnêteté.

Constitués aussi en confédération, ils ont dans chaque village un chef indépendant, un petit sire, qui ne se donne pas des airs de tyran à l'égard de son peuple.

Les Ambouélas, dont le caractère vaut beaucoup mieux, ne sont pas plus belliqueux. C'est cependant la meilleure race indigène de l'Afrique australe.

Ils sont grands agriculteurs et récoltent aussi activement de la cire; mais ils restent pauvres lorsqu'ils pourraient devenir fort riches en nourrissant du bétail.

Comme les précédents, ils forment une confédération; mais leurs chefs conservent un peu plus d'indépendance.

En général, j'ai vu que les populations les plus libres et les plus heureuses de l'Afrique sont celles que gouvernent de petits seigneurs. On ne pratique pas chez elles les actes horribles qui sont si fréquents dans les grands empires, régis par des autocrates.

Parmi elles, le vol peut être un fait vulgaire, mais le meurtre est inconnu; tandis que, chez les grands potentats, le vol ne vient qu'après l'assassinat.

Sans prétendre passer pour un prophète, j'ose dire que ce sera parmi ces populations qu'un jour s'établiront le plus sûrement les éléments de la civilisation européenne en Afrique.

Je pense que ce sera chez les peuples formés en confédération, gouvernés par des roitelets, moins guerriers que d'autres parce qu'ils se sentent plus faibles, que devra pénétrer avec le plus de succès notre civilisation, sous la triple forme du commerçant, du missionnaire et de l'explorateur.

Je diffère donc en cela de l'opinion qu'a émise le plus audacieux des explorateurs, le plus énergique travailleur africain, l'apôtre le plus dévoué à la civilisation du noir continent, mon ami H. M. Stanley.

Suivant lui, c'est par les grands potentats que les missionnaires doivent attaquer l'Afrique.

Je n'en crois rien et l'étude des faits me démontre le contraire.

Le pays des Matébélis, qui a des missionnaires anglais depuis vingt-cinq années, ne compte pas un seul chrétien.

Si un chef se fait baptiser, son peuple obéit et se donne l'air de suivre la loi du Christ.

Cette civilisation ressemble à la statue de Nabuchodonosor: elle a des pieds d'argile.

Que le chef meure; s'il a pour successeur un homme qui refuse d'échanger le harem, où il assouvit sa brutale luxure, contre le lit nuptial, où il ne trouve qu'une épouse pour l'accompagner à travers la vie, la fondation croulera et la civilisation factice s'évanouira; il n'y aura plus un seul chrétien dans cette Église qui regorgeait aujourd'hui de fidèles.

Le commerçant est bien reçu par le grand potentat, vu qu'il représente des intérêts immédiats, matériels, dont le roi récolte les profits.

Dans le Matébéli, où les missionnaires anglais n'ont pas pu faire écouter la doctrine du Christ, les marchands anglais ont introduit, avec le vêtement et d'autres besoins qu'ils ont su inventer, une civilisation relative.

On pourra m'opposer l'exemple du Bamangouato; mais j'y répondrai comme je l'ai déjà fait. Si, à la mort du roi Camu, un sova lui succède qui ne veuille pas être chrétien, tous les cathéchisés se disperseront comme de la fumée. Les marchands continueront leur trafic, mais le missionnaire n'aura plus, pour répéter après lui les oraisons du dimanche, que les personnes de sa propre famille.

Je l'affirme sans crainte de me tromper.

Au Transvaal, où sont de petits rois, nous voyons beaucoup d'indigènes suivre la loi de l'Évangile. Chez les Busoutos, on trouve des chrétiens convaincus, en dehors de l'influence de chefs qui sont restés païens.

Après de tels exemples, ceux qui considèrent le missionnaire comme le premier pionnier de la civilisation en Afrique n'ont qu'à s'attaquer aux endroits faibles de la redoute au lieu d'aller périr sans gloire aux lieux où les feux se croisent le plus dangereusement.

Je suis partisan du missionnaire. J'ai le plus grand respect pour les missions elles-mêmes et aussi pour ces prédicateurs qui vivent en exil parmi les populations barbares du continent noir; mais j'ai vu chez la plupart de ceux que je connais une tendance à suivre une autre direction que celle que j'indique.

Tous se préoccupent d'avoir un grand nombre d'auditeurs à leur catéchisme; fort peu étudient le terrain qu'ils ensemencent.

Puisque j'ai parlé en passant des missionnaires africains, il faut que je dise ici quelques mots sur ce sujet; d'ailleurs je me propose de le traiter complètement dans un travail spécial.

A parler franchement, je ne crois pas que l'intelligence du nègre puisse se rendre compte d'un certain nombre de questions qui paraissent faciles à comprendre pour des races évidemment supérieures.

Les questions abstraites sont trop élevées; des organisations si inférieures ne peuvent pas y atteindre.

Expliquer la théologie au nègre ressemble à la peine qu'on prendrait en développant les questions ardues du calcul différentiel devant une assemblée de paysans.

Mais, si l'intelligence du nègre n'est pas assez élevée pour jamais pouvoir comprendre les vérités de la religion du Christ, elle possède incontestablement le sens du bien et du mal, et se trouve capable de pratiquer les principes de la morale vulgaire.

Que les missionnaires aillent chez les peuples ignorants de l'Afrique centrale suivre sans trembler la ligne que leur impose leur devoir évangélique, mais aussi qu'ils ôtent de leurs yeux le bandeau qui les aveugle.

Qu'ils gardent pour eux les abstractions propres à la science de Dieu, au lieu de vouloir enseigner à des nègres les sublimités bonnes pour des intelligences mieux organisées. Qu'ils enseignent la morale, uniquement la morale, par l'exemple et par la parole; qu'ils créent des besoins chez ces êtres qui, par suite de leur ignorance, n'en ont aucun:

s'ils en créent, ceux-ci feront naître le travail, et c'est par le travail seulement qu'un peuple peut se régénérer.

Je veux des missionnaires, mais je veux qu'ils le soient de la civilisation comme du christianisme, et que, pénétrés de leurs devoirs autant envers la société qu'envers Dieu, ils sachent fonder l'édifice social sur des bases solides. Ils enseigneront le bien, le travail, tout ce que le nègre pourra comprendre, et ils attendront, pour distiller peu à peu dans son esprit les vérités élevées de la théologie et de la morale, l'occasion que le temps ni la civilisation ne manqueront pas de leur fournir, s'ils ont convenablement préparé leur terrain.

Quand on aura fait du nègre un homme, il sera temps de faire de l'homme un chrétien. S'y prendre autrement, c'est vouloir bâtir sur le sable.

Dans le courant de ce livre, j'aurai encore à parler des missions en Afrique et je le ferai sans détour, car j'ai conscience que c'est rendre un vrai service, à la cause des missions comme à celle de l'humanité, que de signaler les erreurs qui leur nuisent.

L'homme qui pourra le plus aider l'œuvre du missionnaire en Afrique, ce sera le marchand.

Malheureusement, le commerce à l'intérieur est entre les mains de bien tristes apôtres de la civilisation.

J'ai déjà parlé des Portugais ; mais, à les bien considérer, les étrangers doivent être mis sur la même ligne. Par exemple, le commerce fait par les Arabes de Zanzibar n'a pas produit pour la civilisation ni la culture ce qu'on en pouvait attendre, car la dissolution des mœurs de ces gens-là a rendu impossibles les bons effets du commerce. D'autre part, les négociants anglais laissent beaucoup à désirer au point de vue de la moralité, si l'on en croit ce que disent d'eux les missionnaires leurs compatriotes.

D'ailleurs j'ai l'intention d'examiner un jour jusqu'à quel degré le commerce à l'intérieur peut être un agent de civilisation, car je n'ai touché ici à cette question que parce que j'en suis venu à parler incidemment du négoce et des missions.

Revenons à notre sujet. Je disais que les populations comprises entre le Couanza et le Zambési étaient plus en état, que les autres dont j'ai connaissance en Afrique, de recevoir avec profit l'impulsion civilisatrice que l'Europe s'efforce aujourd'hui d'imprimer aux habitants oubliés de ce grand continent.

Quittant ces pays dont j'ai parlé suffisamment dans les précédents chapitres, je vais passer à la vallée du Zambési supérieur.

Ici, je ne suis plus le premier à parcourir ces régions, à les décrire, à en dresser une carte géographique pour les représenter : j'y ai été précédé par un autre, par un autre qui s'est si bien distingué dans l'œuvre de la civilisation africaine qu'il a été jugé digne d'avoir sa tombe dans l'abbaye de Westminster et d'y reposer au milieu des rois et des grands hommes de l'Angleterre. Vingt années avant moi, David Livingstone a visité cette contrée.

Dans ce temps-là, elle était gouvernée par une autre race et j'y ai trouvé les choses bien changées.

Les conditions de géographie physique étaient sans doute les mêmes ; cependant les géographes qui viendront après d'autres auront toujours des rectifications à faire, des détails à ajouter aux travaux de leurs devanciers.

Entre la carte de Livingstone et la mienne, les géographes européens ne manqueront pas de remarquer plusieurs différences.

L'ombre vénérée du célèbre explorateur me pardonnera si je suis obligé de contredire en quelques points sa géographie du Zambési supérieur. Il en était à son premier voyage, et le hardi missionnaire se trouvait loin encore d'être devenu l'explorateur géographe qu'il s'est montré plus tard. Lui-même a volontiers avoué qu'à cette époque il ne réussissait pas à mesurer la largeur d'une rivière au moyen d'un procédé trigonométrique bien connu.

Entre les confluents de la Liba et de la Couando, le Zambési ne reçoit par sa rive droite que deux affluents, la Loungo-è-oungo et la Gnengo.

Quiconque arrivera de la côte occidentale verra immédiatement qu'il ne peut exister aucune rivière entre la Gnengo et la Couando. Il s'ensuit que les rivières Longo, Banienko et d'autres ne sont dues qu'à des informations inexactes.

Dans la longitude du Zambési, au 15e parallèle, j'ai découvert aussi une grande différence vers l'O. Il faut remarquer que cette différence contient une erreur évidente : comme j'observais les réapparitions du premier satellite de Jupiter, une erreur de ma part m'aurait été préjudiciable, puisqu'elle m'aurait rapproché de la détermination de Livingstone.

En effet, toutes les quatre secondes de retard dans la réapparition donnaient un mille de plus en faveur de cette détermination-là.

Et, pour qu'une erreur se produisît qui m'écartât de la position fixée par moi, il aurait fallu que je visse le satellite avant sa réapparition : chose matériellement impossible.

Le cours du haut Zambési, dans la portion où je l'ai visité, c'est-à-dire depuis le 15e parallèle jusqu'à la cataracte de Mosi-oa-Tounia, se partage en quatre morceaux bien distincts.

Depuis le 15e parallèle, et même à partir de beaucoup plus loin au N., jusque vers le 17e, le fleuve est parfaitement navigable à toutes les époques de l'année.

Mais, au 17e parallèle, le terrain volcanique commence à paraître et, avec lui, le basalte. C'est la première région des rapides et des cascades, où l'on rencontre un obstacle sérieux, la grande cataracte de Gogna. Néanmoins, avec quelque travail, le tout pourrait être facile à dépasser, en creusant un canal le long d'une des rives. Même à Gogna, il ne serait pas difficile d'approfondir un petit conduit situé du côté gauche près du sentier que j'ai suivi par terre; il sert d'écoulement aux eaux pendant les pluies et je l'ai indiqué sur la carte.

Depuis Catima-Moriro, la dernière cataracte, jusqu'au confluent de la Couando, le fleuve redevient d'une navigation aisée.

D'ici en aval, de nouveaux rapides vont aboutir à l'énorme cataracte de Mosi-oa-Tounia. Une série d'abîmes s'y oppose à toute amélioration future de navigabilité et empêche que cette région puisse jamais devenir une voie importante.

La vallée du haut Zambési possède un territoire à la fois productif et fertile. De vastes pâturages alimentent des milliers de têtes de bétail, dans les vallées, tant au-dessus qu'au-dessous de la région des cataractes; mais la partie montagneuse est infestée par la tzé-tzé, qui rend difficile le passage des bêtes bovines de Lialoui au Quisséqué.

En somme, cette redoutable mouche a ici un habitat concentré dans les forêts de la région des cataractes ; elle n'existe pas à l'E. du Barozé, puisque les tribus des Choucouloumbès élèvent beaucoup de gros bétail.

La vallée du haut Zambési, si pleine de fertilité, de beautés et de richesses, exhale de son sein couvert de fleurs parfumées les miasmes de la peste. Les Macololos ont été décimés par les fièvres, et, quand les assagaies du roi Chipopa ont délivré le pays des derniers conquérants, le climat avait déjà fait son œuvre de destruction.

Les Bihénos, qui résistent aux fièvres de presque tous les pays africains qu'ils visitent, sont foudroyés par les miasmes du Zambési.

Dans le pays situé entre le Bihé et le Zambési, où les caravanes font de longs séjours pour troquer de la cire, il est fort rare de voir un cas de fièvre se déclarer chez les Bihénos; mais, au delà de la plaine de la Gnengo, leurs tombes deviennent fréquentes.

Vérissimo, indigène et doué d'une organisation réfractaire au miasme ; Vérissimo, qui de sa vie n'avait jamais été malade, n'a pas pu résister au climat du Barozé et nous l'avons vu, dans le chapitre précédent, être abattu par la fièvre. Moi-même, qui suis peu sensible aux influences endémiques de l'Afrique, je m'apercevais dans le Barozé que j'aspirais la mort avec l'air que je respirais.

La connaissance de ce fait aurait naguère sauvé la vie de la famille Elmore: il lui a suffi d'approcher de ce pays pour succomber, parce que le climat, dans la contrée du Quisséqué, et depuis le confluent de la Couando jusqu'à Linianti, n'offre pas de conditions de salubrité meilleures que celles du Barozé.

J'accomplis un devoir en proclamant bien haut la vérité au sujet d'un pays qui a éveillé sur lui l'attention de l'Europe.

Je l'expose ici tout entière et je dégage ma responsabilité d'informateur consciencieux à l'égard de tous les malheurs que ce gouffre pourra encore causer parmi ceux qui ne me croiront point.

S'ensuit-il que le Loui soit un pays à éviter, dont personne ne devra s'approcher ? Nullement et je vais essayer de démontrer l'intérêt qu'a l'Europe même en général, et surtout le Portugal en particulier, de lui accorder la sérieuse attention qu'il mérite.

L'Afrique australe, entre les parallèles 12 et 18, a en moyenne une largeur de 2,600 kilomètres, et le partage de ses eaux dans la direction des deux océans se fait au cinquième de cette dimension, vers la côte occidentale ; puisqu'elle a lieu près du méridien 15°,40′ E. de Paris, c'est-à-dire à 600 kilomètres à peine de l'Atlantique.

C'est de là en effet que partent deux rivières dont les eaux se joignent à celles du Zambési, la Loungo-è-oungo et la Couando.

Avant d'examiner l'importance de ces deux cours d'eau, étudions le fleuve gigantesque qui boit toutes les eaux que le plateau africain envoie au S. du 12e parallèle jusqu'au 20e et à l'E. du 15e méridien 40′.

Le Zambési se divise naturellement en trois grandes parties distinctes : la supérieure, la moyenne et l'inférieure.

Le haut Zambési comprend le fleuve depuis ses sources, encore inconnues, jusqu'à sa grande cataracte de Mosi-oa-Tounia. Le moyen va du Mosi-oa-Tounia aux rapides de Cabrabassa, et le bas, depuis ces rapides jusqu'à l'océan Indien.

Voyons maintenant les conditions de navigabilité, l'importance relative du fleuve et de ses affluents, dans chacune de ces divisions.

Comme je viens déjà de décrire les conditions du Zambési supérieur, je commencerai ici en parlant de celles de son cours moyen.

Entre le Mosi-oa-Tounia et Cabrabassa, on compte 460 milles géographiques ou 828 kilomètres qui sont partagés en deux régions tout à fait séparées, la supérieure et l'inférieure, dont chacune a une étendue de 230 milles ou de 414 kilomètres.

La supérieure, commençant à la grande cataracte et terminée aux rapides de Cariba, n'a aucune valeur comme voie navigable et ne reçoit que des affluents médiocres et impropres à la navigation.

Cette région a quelques tronçons navigables, mais de petite étendue et bientôt interrompus par des rapides. La seconde, entre Cariba et Cabrabassa, est dans des conditions bien autres, autant par les facilités qu'elle offre à la navigation qu'à cause de l'importance des affluents qu'elle reçoit du N. Je m'occuperai un peu de l'un d'eux.

Quant au bas Zambési, depuis Cabrabassa jusqu'à la mer, il a un développement de 310 milles géographiques ou de 560 kilomètres, dont quelques-uns à peine sont occupés par les cataractes de Cabrabassa ; tout le reste est navigable, mais dans de mauvaises conditions, il est vrai, par suite du manque d'eau en été.

Cette partie du fleuve, même dans les mauvaises conditions qu'il présente depuis le confluent de la Chiré jusqu'à Tété, n'en est pas moins une grande voie par laquelle ont lieu toutes les relations commerciales de Quilimané avec l'intérieur. Elle reçoit un affluent remarquable, une rivière magnifique, la Chiré, qui, entre son confluent et Chibissa, n'ayant aucune cataracte, est tout à fait navigable. Elle vient du N.; mais, après le premier tiers de sa course, elle tourne au S.-E., coulant presque parallèlement au Zambési. De là, il résulte que Chibissa n'est guère séparée de Tété que par 65 milles géographiques ou 117 kilomètres d'un terrain peu accidenté, et qui aujourd'hui est traversé aisément à pied en cinq journées, malgré l'absence de chemins.

C'est là une circonstance fort digne d'attention, car, si le Zambési n'a qu'une misérable profondeur entre le confluent de la Chiré et Tété, il n'en est pas de même entre Mazaro et la mer. En conséquence, si on remontait le fleuve, puis la Chiré jusqu'à Chibissa, plus les cinq journées de piéton, Tété serait atteinte avec toute la rapidité que nous peuvent offrir ces voies magnifiques. Or les 117 kilomètres, qui séparent Chibissa de Tété, pourraient être facilement parcourus en un jour, au moyen d'un chemin de roulage, ou en trois heures avec un chemin de fer.

Quant aux rapides de Cabrabassa, c'est à peine s'ils ont été examinés; et j'ignore s'ils constituent un obstacle infranchissable ou s'ils deviendraient praticables au prix d'un travail plus ou moins grand.

Tout ce que je sais, c'est qu'ils occupent un espace peu considérable, ce qui est déjà un avantage incontestablement.

Arrivons au Zambési moyen.

Sur sa gauche, il reçoit deux rivières importantes, l'Arouangoua du Nord [1] et la Cafoucoué.

Au confluent de la première, s'élevait jadis Zoumbo, place importante et commerciale, dont les ruines attestent combien l'audace portugaise avait profondément pénétré en Afrique pour y établir des marchés et y introduire la civilisation et le commerce. L'Arouangoua du Nord roule des eaux considérables, mais est, suivant les marchands portugais, fort embarrassée par les cataractes.

Il serait très intéressant de l'étudier; néanmoins je ne lui vois point une importance égale à celle de l'autre rivière, la Cafoucoué, dont il me reste à parler.

Les pombeïros du Bihé, après avoir passé au N. du Loui, entrent dans le pays des Machachas où ils rencontrent une rivière considérable qu'ils appellent la Loengoué. Ils la parcourent dans leurs expéditions commerciales, en la remontant jusqu'à sa source, ou la descendant jusqu'à son confluent. C'est celle qui se nomme alors la Cafoucoué.

Quelques-uns de ceux qui étaient avec moi avaient, à plusieurs reprises, fait ce voyage, et il est rare de rencontrer un Bihéno qui n'ait pas été à Caïnco.

1. Appelée par Livingstone la Loangoua de Zoumbo. — J. B.

Mon chasseur d'éléphants, Migouel, dont il a été plus d'une fois question dans mes récits, a passé deux années dans ce pays à chasser l'éléphant; il a descendu et redescendu la Cafoucoué de Caïnco à Sémalemboué, c'est-à-dire sur une distance qu'on peut évaluer approximativement à 220 milles géographiques ou 400 kilomètres.

De Lialoui à Caïnco, il doit y avoir 220 kilomètres, car les Louinas parcourent aisément cette route en dix jours; parfois même ils la font en huit et même en sept. En tenant compte de ces données, jetons un rapide coup d'œil sur ce que nous avons dit du Zambési et nous reconnaîtrons que, sur une étendue de 900 milles géographiques ou de 1620 kilomètres, en prenant par le Zambési, la Chiré, Tété, la Cafoucoué ou Louengoué, jusqu'à Caïnco et par Lialoui, nous aurons à peine dix-huit journées de chemin par terre : cinq de Chibissa à Tété, trois au Cabrabassa, et dix de Caïnco à Lialoui. Cela représente une étendue de 400 kilomètres qui aura l'avantage d'en mettre à notre disposition 1220 de voies fluviales parfaitement navigables.

Revenons donc au Zambési supérieur, et voyons dans quels rapports il se trouve avec ses affluents. L'un d'eux, la Couando, ainsi que nous le savons déjà, est navigable; mais elle se déverse, comme nous le savons aussi, entre deux régions de cataractes, ce qui l'isole des portions importantes du cours du Zambési.

Mais j'ai déjà dit, sur cette partie qui est entre le confluent et le Loui, que je ne vois pas d'impossibilité à la rendre praticable; dès qu'il en sera ainsi et même dès à présent, on pourrait descendre du Loui et remonter par la Couango jusqu'aux environs du 16e méridien.

D'ailleurs, il y a une autre rivière qui pourrait y conduire d'une façon plus directe et plus aisée, si elle était navigable.

Il s'agit de la Loungo-é-oungo.

Cette rivière est la grande route du Bihé au Zambési supérieur, et, partant, est fort connue des Bihénos. Ils m'ont affirmé qu'elle n'a pas de cataractes; de fait, elle n'en doit point avoir, puisqu'elle coule sur un terrain semblable à celui de la Couando et de la Ninda.

Elle descend 400 mètres sur un cours de 540 kilomètres.

Les Bihénos m'ont dit et les naturels m'ont affirmé, chaque fois que je me suis approché de cette rivière, qu'elle n'a pas de cataractes, je le répète, mais que, parfois, son cours est assez fort pour qu'on soit obligé d'y tirer les canots à la corde. Si cela est, comme je n'en doute guère, on pourrait, de l'océan Indien, arriver au bassin du littoral de l'Atlantique en n'ayant à marcher que dix-huit journées sur terre. Par conséquent, sur une distance qui dépasse 2000 kilomètres, on ne serait obligé d'en faire que 400 à pied !

Ce qu'il est le plus important aujourd'hui d'explorer dans l'Afrique australe, ce sont donc les cours de la Loengoué ou Cafoucoué et de la Loungo-é-oungo. L'entreprise n'en paraît devoir être ni malaisée ni dispendieuse.

Je n'ai pas pu m'empêcher d'appeler l'attention sur cette question du problème que présente l'établissement d'une communication facile entre l'un et l'autre littoral.

Mais en voilà assez de ces digressions; elles sont déjà trop longues pour un chapitre où je me proposais surtout de présenter mes études géographiques et météorologiques.

Les pages suivantes donnent les tables de ces travaux, ce qui m'en a paru le plus intéressant pour quelques-uns de mes lecteurs.

D'abord, ce sont les observations astronomiques qui m'ont permis de déterminer les points principaux de ma route; ensuite les observations hypsométriques qui m'ont mis à même de connaître le relief du continent. Plus loin, viennent les notes météorologiques; elles offrent des interruptions qui sont inévitables quand ce travail est fait par une seule personne; elles sont contenues dans deux bulletins, enregistrant l'un les observations faites à 0 h. 43 minutes de Greenwich, et l'autre celles que j'ai prises à six heures du matin de l'endroit où je me trouvais. C'était le moment où je remontais mes chronomètres.

L'étude de ces bulletins montre toujours la grande uniformité des oscillations barométriques et les énormes différences de température et d'humidité dans l'air des pays auxquels ils se rapportent.

On y voit aussi que les vents régnants viennent des quartiers de l'E. dans toute la région, depuis le Bihé jusqu'au Zambési.

Ainsi que j'ai déjà eu occasion de le dire et comme le comprendront aisément ceux qui ont lu mon récit, il m'a été impossible de faire des collections d'histoire naturelle. A peine si, en me servant des quelques feuilles de papier dont je disposais, j'ai pu rapporter plusieurs plantes cueillies aux sources de la Ninda. Je les ai remises à M. le comte de Ficalho qui voulait bien les examiner et qui déjà y a reconnu des espèces nouvelles.

Dans son opinion, j'ai eu tort d'appeler alpiste la céréale qui est si cultivée chez les Quimbandès et les Louchazès sous le nom de *massango;* ce serait une espèce de pénicillaire que les botanistes connaissaient jadis par la désignation de *penicetum typhoideum.*

Quant à celle que je nomme *massambala*, ce serait le *sorghum* ou sorgho, plante de la tribu des Andropogonées.

Tableau des observations astronomiques faites par le major Serpa Pinto, du Couanza au Zambési.

Année 1878.		Lieux des observations.	Heures des chronomètres.	Différence avec l'heure de Greenwich.	Nature de l'observation.	Double hauteur de l'astre.	Latitude sud.	Longitude en temps.	Erreur de l'instrument.	Nombre des observations.	Résultats.	
			H. M. S.	H. M. S.		° ′ ″	° ′	H. M.	′ ″			° ′
Juin	17	Mavanda..............	..	..	Hauteur méridienne ⊙ ..	107 32 20	..	1 9	−0 40	1	Latitude......	12 35 S.
—	»	—	9 12 39	+3 47 18	Chron. ⊙	83 45 10	12 35	..	−0 35	3	Longitude.....	17 26 E.
—	»	—	5 53 44	+3 47 4	— ☽	70 33 10	12 35	..	—	1	Diff. du chron.	4h.57m.6s.
—	»	—	5 37 55	..	Éclipse du 1er sat. de Jup.	..	..	..	..	..	Long.........	17°30′ E.
—	22	—	9 25 38	+3 47 48	Chron. ⊙	79 30 16	12 35	..	−0 50	3	—	17 30 E.
—	24	Rivière Onda..........	..	..	Haut. mér. ⊙	107 24 10	..	1 10	−0 30	1	Lat..........	12 37 S.
—	»	—	8 57 0	+3 47 54	Chron. ⊙	88 24 20	12 37	..	−0 25	1	Long.........	17 45 E.
—	25	—	..	..	Haut. mér. ⊙	107 25 30	..	1 10	−0 30	1	Lat..........	12 38 S.
—	26	—	9 42 58	+3 48 10	Chron. ⊙	73 18 40	12 37	..	−0 40	1	Long.........	17 46 E.
—	30	2kil. à l'O. de la riv. Couito	..	..	Haut. mér. ⊙	107 31 20	..	1 12	—	1	Lat..........	12 48 S.
—	»	—	9 3 51	+3 48 46	Chron. ⊙	86 4 24	12 48	..	—	5	Long.........	18 7 E.
Juillet	2	Au delà de la Couito...	..	..	Haut. mér. ⊙	107 35 50	..	1 12	—	1	Lat..........	12 54 S.
—	3	— ...	0 29 32	+3 49 7	Chron. ☽	83 23 30	12 57	..	−0 40	3	Diff. p. l'endroit	5h.2m.45s.
—	»	— ...	3 53 7	..	Éclipse du 1er sat. de Jup.	.. ..	..	..	..	..	Long.........	18°23′ E.
—	4	Cambimbia............	..	..	Haut. mér. ⊙	107 50 0	..	1 13	−0 40	1	Lat..........	12 56 E.
—	»	—	8 56 46	+3 49 15	Chron. ⊙	86 38 40	12 56	..	—	3	Long.........	10 41 E.
—	»	—	..	..	Haut. mér. ⊙	107 50 20	..	1 14	—	1	Lat..........	12 56 S.
—	»	—	8 55 26	+3 49 15	Chron. ⊙	87 3 47	12 56	..	—	4	Long.........	19 41 E.
—	6	Cambouta............	..	..	Haut. mér. ⊙	108 9 0	..	1 15	—	1	Lat..........	12 58 S.
—	»	—	9 0 2	+3 49 31	Chron. ⊙	87 3 50	12 58	..	—	3	Long.........	18 43 E.
—	7	—	..	..	Haut. mér. ⊙	108 22 0	..	1 15	—	1	Lat..........	12 58 S.
—	»	—	9 10 14	+3 49 39	Chron. ⊙	83 57 36	12 58	..	—	3	Long.........	18 45 E.
—	10	Source de la Cuando...	..	..	Haut. mér. ⊙	109 2 0	..	1 16	—	1	Lat..........	12 59 S.
—	11	— ...	8 53 28	+3 50 24	Chron. ⊙	89 36 30	12 58	..	—	3	Long.........	18 57 E.
—	»	— ...	..	..	Haut. mér. ⊙	109 16 50	..	1 16	—	1	Lat..........	12 59 S.
—	14	Source de la Coubangui.	..	..	—	109 48 40	..	1 18	—	1	—	13 12 S.
—	»	— ...	9 11 11	+3 50 54	Chron. ⊙	83 33 16	13 12	..	—	3	Long.........	19 27 E.
—	17	Cangamba.............	9 2 40	+3 51 24	—	86 1 40	13 38	..	−0 50	3	—	19 41 E.
—	18	—	..	..	Haut. mér. ⊙	110 9 20	..	1 19	—	1	Lat..........	13 38 S.
—	19	—	..	..	—	110 30 50	..	—	—	1	—	13 38 S.

Suite du tableau des observations astronomiques faites entre le Couanza et le Zambési.

ANNÉE 1878.		LIEUX DES OBSERVATIONS.	HEURES des CHRONOMÈTRES.	DIFFÉRENCE avec l'heure de GREENWICH.	NATURE DE L'OBSERVATION.	DOUBLE HAUTEUR DE L'ASTRE.	LATITUDE SUD.	LONGITUDE EN TEMPS	ERREUR DE L'INSTRUMENT.	NOMBRE DES OBSERVATIONS	RÉSULTATS.	
			H. M. S.	H. M. S.		° ' "	° '	H. M.	' "			° '
Juillet	19	Cangamba	9 5 8	+3 51 44	Chron. ☉	85 41 33	13 38	..	—1 50	3	Long.........	19 41 E.
—	21	—	9 9 29	+3 51 56	Azimuth 26° 15'.........	84 42 30	—	..	—0 20	1	Variation.....	18 22 O.
—	23	Rive dr. de la Coubangui	4 49 47	+3 52 5	Chron. ☉	87 48 50	13 48	..	—0 35	3	Long.........	19 42 E.
—	»	— ...	4 52 5	+3 52 5	—	88 37 27	—	..	—	3	—	19 44 E.
—	»	— ...	..	..	Haut. mér. ☉	111 42 40	..	1 19	—	1	Lat...........	13 48 S.
—	29	Caou-héo-oué.........	..	..	—	112 58 40	..	—	—1 0	1	—	14 30 S.
—	»	—	8 55 42	+3 52 48	Chron. ☉	89 23 10	14 30	..	—	1	Long.........	20 19 E.
—	»	—	8 58 22	+3 53 1	—	88 28 40	—	..	—	1	—	20 17 E.
—	»	—	8 59 5	+3 53 1	—	88 15 0	—	..	—	1	—	20 16 E.
—	»	—	8 59 42	+3 53 1	—	88 2 20	—	..	—	1	—	20 16 E.
—	31	—	8 45 30	+3 53 19	—	93 16 50	—	..	—	1	—	20 17 E.
—	»	—	8 46 28	+3 53 19	—	92 59 10	—	..	—	1	—	20 16 E.
—	»	—	8 47 27	+3 53 19	—	92 39 40	—	..	—	1	—	20 17 E.
—	»	—	8 48 58	+3 53 19	—	92 11 0	—	..	—	1	—	20 15 E.
—	»	—	8 50 40	+3 53 19	—	91 36 30	—	..	—	1	—	20 17 E.
Août	3	—	9 9 11	+3 53 49	—	86 5 50	—	..	—0 55	2	—	20 15 E.
—	4	Rive g. de la Couchibi..	3 15 7	+3 53 51	—	76 56 50	14 34	..	—	2	Diff. p. l'endroit 5h.14m.56s.	
—	»	— ...	2 40 47	..	Éclipse du 1er sat. de Jup.	..	..	..	..	..	Long.........	20 23 E.
—	5	Point où j'ai quitté la rivière.	..	..	Haut. mér. ☉	116 8 10	..	1 21	—0 55	1	Lat...........	14 42 S.
—	»	— ...	8 53 7	+3 54 0	Chron. ☉	91 47 53	14 42	..	—	3	Long.........	20 25 E.
—	7	Rivière Chicouloui.....	..	..	Haut. mér. ☉	117 21 40	..	1 21	—	1	Lat...........	14 39 S.
—	»	— ...	9 0 6	+3 54 16	Chron. ☉	89 44 50	14 41	..	—	3	Long.........	20 38 E.
—	10	Source de la riv. Ninda..	6 57 20	+3 54 41	Haut. voisine de la mér. ☉	118 37 50	..	..	—	1	Lat...........	14 46 S.
—	»	— ...	6 58 20	+3 54 41	— ...	118 35 10	..	..	—	1	—	14 46 S.
—	»	— ...	3 3 52	—2 7 56	Chron. ☉...	89 35 15	14 46	..	—	3	Long.........	20 55 E.
—	11	— ...	..	..	Haut. mér. ☉	119 26 20	..	1 23	—0 50	1	Lat...........	14 46 S.
—	»	— ...	3 3 9	—2 7 53	Chron. ☉	90 8 46	14 46	..	—	3	Long.........	20 56 E.
—	13	Au bord de la Ninda...	..	..	Haut. mér. ☉	120 33 30	..	1 25	—0 55	1	Lat...........	14 48 S.
— —	» 16	— ... — ...	6 33 5 6 55 58	3 55 7	Hauteurs égales ☉	120 17 10	..	..	—	2	Long.........	21 16 E.

Fin du tableau des observations astronomiques faites entre le Couanza et le Zambési.

ANNÉE 1878.		LIEUX DES OBSERVATIONS.	HEURES des CHRONOMÈTRES.	DIFFÉRENCE avec l'heure de GREENWICH.	NATURE DE L'OBSERVATION.	DOUBLE HAUTEUR DE L'ASTRE.	LATITUDE SUD.	LONGITUDE EN TEMPS.	ERREUR DE L'INSTRUMENT.	NOMBRE DES OBSERVATIONS.	RÉSULTATS.
			H. M. S.	H. M. S.		° ′ ″	° ′	M. M.	′ ″		° ′
Août	16	Village de Calomba....	..	..	Haut. mér. ☉	122 12 0	..	1 25	—0 50	1	Lat........... 14 54 S.
—	»	—	6 29 36 6 54 8	+3 55 33	Hauteurs égales. ☉	121 52 10	..	..	—	2	Long......... 21 41 E.
—	»	—									
—	»	—	6 31 48 6 51 46	+3 55 33	—	121 58 50	..	..	—	2	— .... 21 41 E.
—	»	—									
—	18	Villages de la Gnengo..	..	..	Haut. mér. ☉	123 15 50	..	1 28	—	1	Lat .... 15 1 S.
—	»	— ...	8 58 21	+3 55 42	Chron. ☉	90 53 53	15 1	..	—0 55	3	Long.......... 22 2 E.
—	21	Cagnété...............	..	..	Haut. mér. ☉	124 53 40	..	1 30	—	1	Lat........... 15 11 S.
—	25	Lialoui................	..	..	Haut. mér. ☉	127 34 40	..	1 30	—0 55	1	Lat........... 15 13 S.
—	29	—	..	..	—	130 22 20	..	—	—	1	— .... 15 13 S.
Sept.	10	Catongo...............	..	..	—	130 8 0	..	1 31	—3 30	1	— .... 15 17 S.
—	12	—	3 46 19	+3 57 35	Chron. ☽	71 42 50	15 17	..	—0 20	3	Diff. p. l'endroit 5h.30m.53s.
—	»	—	1 9 50	..	Réapparition du 1er sat. de Jup................	..	..	..	..	..	Long.......... 23° 19′ E.
—	19	—	9 6 53	+3 58 42	Chron. ☉	91 35 43	15 17	..	—0 55	3	Diff. p. l'endroit 5h.31m.36s.
—	»	—	3 4 9	..	Réapparition du 1er sat. de Jup	..	..	..	..	1	Long.......... 20 15 E.
—	20	—	0 20 0	+3 58 0	Amplitude magn. 19° 40′.	..	15 17	..	..	1	Variation ..... 18 38 O.
—	21	—	6 2 0	—1 33 0	— 17° 20′.	..	—	..	..	1	— ...... 18 11 O.
—	»	—	6 0 0	—1 33 0	— 19° 10′.	..	—	..	..	1	— ...... 18 33 O.
—	22	—	5 38 0	—1 33 0	— 18° 20′.	..	—	..	..	1	— ...... 18 44 O.
Octobre	1	Sinanga................	..	..	H. mér. ✲ Dubuhe (Φ du Cygne)................	58 5 0	..	..	—1 0	1	Lat............ 16 8 S.
—	4	Sioma	..	..	— —	57 5 0	..	..	—	1	— .... 16 37 S.
—	»	—	10 10 1	+4 0 40	Chron. ☽	86 3 30	16 37	..	—1 5	1	Long......... 23 45 E.
—	9	Confluent de la Jôco....	9 8 9	+4 1 30	— ☉	89 19 3	17 7	..	—0 50	3	— .... 24 15 E.
—	»	—	10 42 0	—1 36 0	Haut. mér. ☽	138 30 0	..	..	—1 0	1	Lat........... 17 7 S.
—	11	Cataracte de Namboué..	12 3 0	—1 37 0	—	115 55 0	..	..	—	1	— .... 17 18 S.
—	»	—	3 48 34	+4 1 50	Chron. ☽	81 46 0	17 18	..	—	1	Long......... 24 22 E.

Tableau des observations hypsométriques faites depuis Caconda jusqu'au confluent de la Couando et du Zambési, afin de déterminer le relief du continent.

ANNÉE 1878.

MOIS.	JOUR.	NOMS DES LIEUX.	BAROMÈTRE.	THERMOMÈTRE.	TEMPÉRATURE au niveau de la mer.	HYPSOMÈTRE.	ALTITUDE en mètres.
Février....	9	Guipembé..................	636·0	19·6	23	95·09	1,550
—	10	Pessengo (au niveau de la rivière Quando).........	638·5	16·0	—	95·20	1,508
—	11	Quingolo	632·5	21·2	—	94·94	1,604
—	13	Palanca....................	635·0	20·3	—	95·05	1,560
—	14	Capôco	631·8	25·2	—	94·91	1,627
—	22	Quimboungo	632·0	20·9	—	94·92	1,609
—	24	Counéné (niveau du fleuve).	636·5	19·7	—	95·12	1,538
—	25	Doumbo (terres du Sambo).	625·0	20·2	—	94·61	1,707
—	26	Bouroundoa................	620·0	18·1	—	94·78	1,646
—	27	Gongo	631·0	18·0	—	94·88	1,618
—	—	Au niveau de la Coubango.	635·0	25·0	—	95·05	1,579
—	28	Chindonga..................	633·0	18·5	—	94·96	1,589
Mars......	1	Cataracte de la Coutato des Ganguélas...............	636·0	26·5	—	95·09	1,570
—	2	Lamoupas..................	633·0	18·1	—	94·96	1,580
—	4	Capitale du Quingué.......	631·0	20·0	—	94·88	1,620
—	6	Rivière Couchi (au niveau de l'eau)..................	638·0	21·0	—	95·18	1,526
—	8	Bilanga (Vicente) (Bihé)....	631·0	18·2	—	94·88	1,623
—	9	Candimba (Bihé)...........	630·0	17·8	—	94·83	1,629
—	20	Belmonté (Bihé)............	627·6	22·6	—	94·72	1,681
Juin......	3	Commandanté (Bihé).......	647·9	20 0	—	95·60	1,379
—	12	Liouica (niveau du Couanza)	654·9	25·9	—	95·89	1,804
—	24	Riv. Onda..................	650·9	22·0	—	95·72	1,347
—	30	Riv. Couito (20 mèt. au-dessus du niveau de l'eau)..	647·9	24·0	—	95·60	1,389
Juillet....	2	Licócótoa	644·0	20·0	—	95·47	1,421
—	4	Cambimbia.................	645·9	20·0	—	95·51	1,408
—	5	Chaine Cassara Cahiéra.....	685·9	20.0	—	95·09	1,542
—	7	Cambouta..................	641·9	21·0	—	95·60	1,381
—	9	Coutangjo..................	650·6	21·0	—	95·51	1,348
—	11	Source de la Couando......	650·3	24·0	—	95·70	1,362
—	14	Source de la Coubangui....	652·6	20·0	—	95·79	1,345
—	17	Cangamba..................	661·0	24·0	—	96·14	1,228
—	23	Point où j'ai quitté la Coubangui)..................	664·0	23·0	—	96.27	1,193
—	30	Cahou-héo-oué (Couchibi)..	666·0	27·7	—	96·35	1,154
Août......	5	Point où j'ai quité la Couchibi	669·0	25·0	—	96·47	1,183
—	7	Riv. Chicouloui............	669·0	24·9	—	96·47	1,133
—	11	Source de la rivière Ninda..	667·0	28·3	—	96·40	1,143
—	18	Plaines de la Gnengo.......	677·3	28·1	—	96·81	1,012
—	25	Lialoui	676·5	27·0	—	96·78	1,018
Septembre	15	Catongo	677·4	32·6	—	96·81	1,027
Octobre...	5	Sioma......................	..	20·0	—	96·80	999
—	9	Confluent de la riv. Jôco...	679·0	20·0	—	96·88	974
—	16	Quisséqué	..	22·0	—	96·96	952
—	18	Confluent de la Couando....	..	37·5	—	97·08	940
—	21	Village d'Embarira.........	681·0	37·4	—	96·96	979
Novembre.	21	Mosi-oa-Tounia.............	694·0	27·0	—	97·48	195

Bulletin météorologique dressé à 0^h 48^m de Greenwich.

ANNÉE 1878.

MOIS.	JOUR.	BAROMÈTRE.	THERMOMÈTRE centigrade		MINIMUM approximatif.	DIRECTION DU VENT.	ÉTAT DE L'ATMOSPHÈRE.
			sec.	mouillé.			
Mai.	1	629·8	21·5	18·4	..	E. faible.....	Quelques cirrus.
—	2	630·0	22·7	19·8	..	E. fort.......	Couvert.
—	3	630·0	22·1	19·1	..	E. faible.....	Clair.
—	4	629·9	22·5	19·4	..	—	—
—	5	630·0	22·3	19·1	..	—	—
—	6	630·0	22·0	19·3	..	—	—
—	7	629·7	22·4	19·3	..	O.-S.-O. faible	—
—	8	630·0	22·5	19·8	..	Calme	—
—	9	629·2	20·5	16·6	..	—	—
—	10	629·8	20·2	16·4	..	N.-E. faible..	Quelques nuages.
—	11	630·0	20·8	16·9	..	E.-N.-E	—
—	12	630·5	21·0	17·5	..	E.-N.-E. fort.	Couvert.
—	13	630·2	20·6	16·4	..	—	Clair.
—	14	630·5	20·5	16·7	..	E. très fort...	—
—	15	630·5	20·3	16·8	..	—	—
—	16	630·2	21·5	17·7	..	Calme	—
—	17	630·6	22·0	18·0	..	E. modéré...	Quelques cirrus.
—	19	630·5	21·9	18·7	..	—	Clair.
—	20	630·6	21·8	18·0	..	—	—
—	21	630·7	20·9	17·6	..	E. fort.......	—
—	22	630·2	20·8	17·9	..	Calme	—
—	28	645·1	22·5	17·4	..	—	—
—	29	644·9	23·1	18·1	..	E. faible.....	—
—	30	642·7	23·2	18·1	+ 5·8	E.-S.-E	—
—	31	642·1	23·9	18·0	+ 7·0	—	—
Juin.	1	642·1	23·4	19·0	+ 6·0	Calme	—
—	2	642·8	23·0	18·8	+ 5·0	—	—
—	3	643·0	22·9	18·1	+ 2·8	E.-S.-E......	—
—	4	643·1	23·7	19·2	+ 5·0	E. fort.......	—
—	5	643·0	23·3	19·0	+ 7·0	Calme	—
—	6	643·2	25·2	19·9	+ 4·0	E. faible.....	—
—	7	645·1	24·1	19·7	+ 6·0	E.-S.-E......	—
—	8	650·0	22·4	18·3	+ 0·2	S. faible.....	—
—	9	648·4	24·5	21·8	+ 0·7	Calme	—
—	10	650·6	24·7	21·7	+ 3·0	—	—
—	11	650·5	24·9	21·5	+ 6·0	—	—
—	12	650·6	24·5	21·2	+ 5·0	E.-S.-E......	—
—	13	650·1	24·9	21·9	+ 4·0	—	—
—	14	643·1	25·1	18·7	+ 7·0	Calme	—
—	15	643·1	24·9	19·0	+10·0	—	—
—	16	642·8	25·0	19·1	+ 7·0	E.-S.-E	—
—	17	642·8	24·8	19·7	+ 8·0	S. faible.....	—
—	18	642·6	24·8	19·5	+ 9·0	—	—
—	19	642·4	25·1	19·4	+ 5·0	Calme	—
—	20	641·6	24·9	19·8	+ 4·0	—	—
—	21	641·2	25·2	18·2	+ 7·0	—	—
—	22	641·0	24·8	17·6	+ 6·0	—	—
—	23	640·2	23·9	16·1	+ 5·0	E. fort.......	—
—	24	640·0	25·4	15·2	+ 3·0	—	

Suite du Bulletin météorologique dressé à 0^h 48^m de Greenwich.

ANNÉE 1878.

MOIS.	JOUR.	BAROMÈTRE.	THERMOMÈTRE centigrade		MINIMUM approximatif.	DIRECTION DU VENT.	ÉTAT DE L'ATMOSPHÈRE.
			sec.	mouillé.			
Juin.	25	645·8	25·7	15·6	+2·0	E. fort.......	Ciel clair.
—	26	645·0	25·3	15·0	—0·7	—	—
—	27	644 9	24·5	15·2	—1·3	—	—
—	28	643·7	26·1	18·7	+1·1	Calme	—
—	29	642·8	26·7	18·6	+3·7	—	—
—	30	640·3	27·2	18.0	+1·8	E. faible.....	—
Juillet.	1	641·5	27·1	18·7	+2·6	—	—
—	2	639·1	26·7	18·9	+0·7	E. fort.......	—
—	3	640·1	24·1	16·9	+1·0	—	—
—	4	639·5	23·8	12·3	+2·5	—	—
—	5	642·0	23·6	15·6	..	E. faible.....	—
—	6	643·0	23·0	16·5	+0·7	E. fort.......	—
—	7	644·0	24·0	17·9	—0·1	E. faible.....	—
—	8	642·9	23·7	17·2	+2·5	—	—
—	9	644·8	24·5	17·1	..	E. fort.......	—
—	10	645·0	24·9	17·8	..	E.-S.-E......	—
—	11	644·0	25·7	18·4	..	—	—
—	12	650·0	24·3	17·1	—0·1	E. faible.....	—
—	13	651·0	26·2	18·5	+0·1	Calme	—
—	14	646·8	23·1	16·9	+2·1	E. faible.....	—
—	15	651·9	22·7	16·5	+2·7	Calme	Nuages et cirrus.
—	16	652·0	23·1	16·9	+3·1	—	—
—	17	651·7	27·4	21·9	..	—	Ciel couvert.
—	18	651·8	27·6	22·4	+7·6	—	—
—	19	652·0	28·4	19·9	+9·0	—	Quelques nuées (cirrus).
—	20	651·4	29·5	18·0	+5·0	—	Stratus et cirrus.
—	21	652·2	28·2	17·5	+2·0	E. fort.......	Ciel clair.
—	23	655·9	26·8	15·4	..	E. faible.....	—
—	24	655·1	27·5	15·9	..	E. fort.......	—
—	26	657·0	28·1	16·1	—1·5	S.-E. fort....	—
—	27	658·0	30·1	17·6	+1·8	—	—
—	28	658·3	30·6	18·1	+3·2	—	—
—	29	657·7	31·4	16·2	+4·0	N.-N.-E.....	—
—	30	657·5	30·7	16·8	+3·7	Calme	—
—	31	657·4	29·2	18·9	+8·7	S.-E. faible..	—
Août.	1	658·0	29·0	18·1	+5·1	Calme	—
—	2	657·8	30·3	18·1	+1·2	S.-E. faible..	—
—	3	658·6	31·5	17·9	+3·4	—	—
—	4	660·0	30·2	18·4	+4·1	E. fort.......	—
—	5	659·5	30·8	17·7	+3·0	E.-S.-E. fort.	Quelques nuées et cirrus.
—	6	660·1	30·7	17·1	+1·9	—	Ciel clair.
—	7	660·2	31·0	16·8	+2·1	—	—
—	8	661·6	31·1	17·0	+1·5	E. fort.......	—
—	9	658·5	30·4	17·3	+2·0	—	—
—	10	657·0	31·2	14·5	+1·0	—	—
—	11	655·2	28·8	13·6	+2·9	—	—
—	12	660·6	28·2	14·3	+2·3	—	—
—	13	662·0	28·5	14·1	+2·3	—	—

Fin du Bulletin météorologique dressé à 0h 48m de Greenwich.

ANNÉE 1878.

MOIS.	JOUR.	BAROMÈTRE.	THERMOMÈTRE centigrade sec.	THERMOMÈTRE centigrade mouillé.	MINIMUM approximatif.	DIRECTION DU VENT.	ÉTAT DE L'ATMOSPHÈRE.
Août.	14	664·1	28·1	14·2	+ 3·0	E. fort.......	Ciel clair.
—	16	667·5	28·7	14·4	+ 2·7	—	—
—	17	668·3	28·4	14·5	+ 3·7	—	—
—	18	668·5	28·3	14·9	+ 3·1	Calme	—
—	19	667·8	30·0	15·1	+ 4·4	E.-N.-E	—
—	20	663·5	33·2	16·8	+ 3·9	N.-N.-E.......	—
—	21	668·2	27·4	14·8	+ 9·6	E.-N.-E	—
—	22	667·9	29·3	14·5	..	E. fort.......	—
—	23	668·5	30·5	19·2	+14·0	—	—
—	29	668·7	34·9	15·7	..	E.-N.-E. fort.	—
—	30	668·2	35·2	15·6	..	—	—
—	31	668·9	35·1	16·4	..	—	—
Septembre	1	668·1	30·7	15·9	..	—	—
—	2	668·5	29·1	15·7	..	—	—
—	3	668·0	34·8	17·9	+ 7·0	—	—
—	4	667·0	34·8	19·2	+ 6·0	—	—
—	5	667·9	32·1	17·6	+ 5·8	—	—
—	6	668·0	32·7	16·4	+ 9·0	—	—
—	7	668·1	33·0	17·5	..	—	—
—	8	668·0	33·5	19·3	+ 7·0	—	—
—	10	668·5	32·3	20·8	+14·0	—	—
—	11	668·3	33·2	19·7	..	—	—
—	12	668·1	33·8	20·4	..	—	—
—	13	667·7	34·2	18·8	..	—	—
—	14	667·4	35·4	18·1	..	—	—
—	15	667·3	35·9	17·4	..	—	—
—	17	667·8	35·3	16·8	..	E. fort.......	—
—	18	666·5	36·4	18·7	..	—	Ciel clair, grande rosée la nuit.
—	19	668·2	34·5	16·8	..	—	—
—	20	668·0	32·8	21·4	..	—	Quelques cirrus, forte rosée.
—	21	668·5	32·3	23·7	..	E. faible.....	Ciel couv., cumulus.
—	22	669·0	33·0	19·7	..	E. fort.......	—
—	25	666·8	36·2	22·1	..	E.-S.-E......	Cumulus; forte rosée.
—	26	667·0	35·4	20·1	..	—	—
—	29	666·0	34·7	21·8	..	—	—
—	30	665·0	30·8	23·0	..	—	—
Octobre.	1	668·2	34·2	22·1	..	E. fort	Temps clair, rosée abondante.
—	2	668·2	34·2	23·3	..	—	—
—	3	667·8	31·9	23·4	..	—	—
—	4	667·6	34·0	24·5	..	—	Ciel couvert.
—	5	667·9	33·5	24·6	..	—	—
—	6	668·8	34·1	23·4	..	E.-S.-E......	—
—	7	670·0	35·9	23·7	..	—	Grosse tempête et tonnerre.
—	8	670·0	34·8	26·5	..	E. faible.....	Nuageux.
—	9	670·8	37·1	23·3	..	—	—

Étude des oscillations diurnes du baromètre, faite de 3 en 3 heures, à Catongo, près de Lialoui (haut Zambési). Altitude 1027 mètres.

ANNÉE 1878.

MOIS.	JOUR.	6 HEURES		9 HEURES		MIDI		3 HEURES		6 HEURES	
		BAROMÈTRE.	THERMOMÈTRE.	BAROMÈTRE.	THERMOMÈTRE.	BAROMÈTRE.	THERMOMÈTRE.	BAROMÈTRE.	THERMOMÈTRE.	BAROMÈTRE.	THERMOMÈTRE.
Septembre.	17	670·6	19·2	671·3	30·2	669·3	35·1	667·5	34·4	6 8·3	27·3
—	18	670·0	19·7	670·6	31·9	668·8	35·7	660·0	36·0	667·3	30·4
—	19	670·7	21·1	671·5	28·0	669·5	31·6	667·5	33·7	668·4	27·8
—	20	670·6	18·0	671·4	26·5	669·0	31·5	667·5	32·7	668·4	29·1
—	21	670·0	19·8	671·3	27·2	669·5	33·8	668·0	33·0	668·5	29·0
—	22	671·5	21·5	672·0	28·5	670·3	32·8	668·5	32·9	669·0	31·2

Étude de l'état hygrométrique de l'atmosphère, faite de 3 en 3 heures, à Catongo.

ANNÉE 1878.

MOIS.	JOUR.	6 HEURES. THERMOMÈTRE centigrade		9 HEURES. THERMOMÈTRE centigrade		MIDI. THERMOMÈTRE centigrade		3 HEURES. THERMOMÈTRE centigrade		6 HEURES. THERMOMÈTRE centigrade	
		sec.	mouillé.	sec.	mouillé.	sec.	mouillé.	sec.	mouillé	sec.	mouillé.
Septembre.	18	19·7	15·0	31·0	16·6	35·7	18·1	36·0	15·9	30·4	14·2
—	19	21·1	10·5	28·0	13·4	34·6	15·0	33·7	19·2	27·8	15·0
—	20	18·0	13·9	26·5	18·3	31·5	20·5	32·7	22·3	29·1	18·5

Bulletin météorologique dressé à 6 heures du matin (hauteur moyenne du lieu).

ANNÉE 1878.

MOIS.	JOUR.	BAROMÈTRE.	THERMOMÈTRE.	MOIS.	JOUR.	BAROMÈTRE.	THERMOMÈTRE.
Février.	9	626·0	19·6	Juin.	23	641·0	7·9
—	10	628·5	16·0	—	24	640·0	4·6
—	11	622·5	21·2	—	25	646·1	3·6
—	12	623·0	20·4	—	26	645·2	1·8
—	13	625·0	20·3	—	27	645·0	1·9
—	14	622·0	15·8	—	28	644·0	2·1
—	15	621·0	16·0	—	29	644·0	3·6
—	16	622·3	16·5	—	30	643·0	4·1
—	17	622·5	18·8	Juillet.	1	643·0	4·1
—	18	622·5	20·0	—	2	642·5	5·8
—	19	620·0	19·5	—	3	640·1	1·8
—	20	622.0	20·0	—	4	641·1	3·1
—	21	622·5	17·2	—	5	641·0	3·4
—	22	622·0	20·9	—	6	643·8	1·4
—	23	621·5	21·2	—	7	643·2	0·7
—	24	618·5	17·3	—	8	644·0	1·4
—	25	615·0	20·2	—	9	643·5	2·5
—	26	619·0	18·1	—	10	645·2	2·3
—	27	621·0	18·0	—	11	645·2	2·2
—	28	623·0	19·5	—	12	645·0	2·3
Mars.	1	623·0	18·2	—	13	650·0	1·5
—	2	623·0	18·1	—	14	651·5	1·8
—	3	617·0	16·6	—	15	647·3	3·7
—	4	620·0	18·5	—	16	652·3	5·0
—	5	621·5	20·0	—	17	652·6	7·1
—	6	621·5	18·2	—	18	654·0	11·2
—	7	619·0	17·7	—	19	653·4	13·7
—	8	621·0	18·2	—	20	653·3	9·3
—	9	620·0	17·8	—	21	654·9	6·1
Mai.	28	645·0	12·6	—	22	655·2	5·1
—	29	644·8	14·2	—	23	657·8	5·0
—	30	642·3	9·4	—	24	657·0	5·9
—	31	642·0	10·0	—	25	656·0	6·0
Juin.	1	641·9	12·2	—	26	658·0	5·4
—	2	643·0	9·9	—	27	658·9	1·7
—	3	648.2	8·6	—	28	659·5	4·6
—	4	643·0	10·0	—	29	660·3	4·6
—	7	645·0	11·4	—	30	660·0	7·2
—	8	649·8	5·8	—	31	650·3	14·9
—	9	648.5	5·1	Août.	1	661·0	8·8
—	10	651·0	6·5	—	2	660·7	4·8
—	11	650·8	9·1	—	3	661·5	5·7
—	13	650·0	7·1	—	4	662·3	8·8
—	14	650·0	8·0	—	5	661·7	3·7
—	15	648·0	11·2	—	6	662·0	5·6
—	16	642·9	9·2	—	7	662·1	4.9
—	17	643·0	11·5	—	8	663·4	2·6
—	18	642·9	11·9	—	9	663·6	3·5
—	19	642·6	7·4	—	10	660·5	3·8
—	20	641·2	6·8	—	11	658·0	6·4
—	21	641·5	9·1	—	12	657·2	4·9
—	22	641·5	9·7	—	13	662·0	4·5

Suite et fin du Bulletin météorologique dressé à 6 heures du matin (hauteur moyenne du lieu).

ANNÉE 1878.

MOIS.	JOUR.	BAROMÈTRE.	THERMOMÈTRE.	MOIS.	JOUR.	BAROMÈTRE.	THERMOMÈTRE.
Août.	14	664·8	5·8	Septembre.	16	672·0	18·6
—	15	666·5	5·9	—	17	670·6	19·2
—	16	669·2	6·5	—	18	670·0	19·7
—	17	670·0	6·9	—	19	670·7	21·1
—	18	670·2	9·3	—	20	670·6	18·0
—	19	670·0	8·5	—	21	670·0	19·8
—	20	667·0	10·2	—	22	671·0	21·5
—	21	666·0	12·2	—	23	671·0	22·2
—	22	669·4	18·8	—	24	670·0	21·7
—	28	669·0	20·0	—	25	669·0	15·4
—	24	670·0	16·0	—	26	668·8	15·7
—	25	670·0	14·5	—	27	668·8	12·6
—	26	671·0	13·7	—	28	669·0	18·0
—	27	671·0	15·0	—	29	668·6	21·0
—	28	672·3	14·0	—	30	669·9	19·2
—	29	671·0	15·0	Octobre.	1	668·5	17·1
—	30	671·0	14·8	—	2	670.0	18·8
—	31	670·6	12·1	—	3	670·6	16·1
Septembre.	1	670·0	16·1	—	4	671·0	12·5
—	2	670·0	13·7	—	5	671·5	15·7
—	3	670·0	11·3	—	6	670·0	16·2
—	4	670·0	10·0	—	7	672·0	21·8
—	5	670·5	13·2	—	8	673·5	23·1
—	6	670·0	16·2	—	9	673·0	15·3
—	7	669·6	18·6	—	10	673·0	19·6
—	8	670·0	12·3	—	12	672·0	20·7
—	9	671·3	4·1	—	13	674·0	22·7
—	10	670·0	19·4	—	14	676·0	21·8
—	11	669·0	20·3	—	15	675·0	19·1
—	12	678·1	19·8	—	16	674·3	21·7
—	13	669·0	20·5	—	17	673·0	21·2
—	14	670·2	14·7	—	18	676·0	21·2
—	15	671·0	19·2				

SECONDE PARTIE

LA FAMILLE COILLARD.

CHAPITRE PREMIER

A LECHOUMA.

Arrêté à Embarira. — Le docteur Benjamin Frederick Bradshaw. — Campement du docteur. — Le pain. — Graves embarras. — Mes chronomètres sont recouvrés. — François Coillard. — Lechouma. — Famille Coillard. — Maladie sérieuse. — Appréhensions et irrésolutions. — Arrivée du missionnaire. — Je prends une décision. — Départ de Lechouma.

Je passai à Embarira une nuit affreuse. Assailli par des milliers de punaises et des nuées de moustiques, j'avais dû sortir de la demeure que le chef m'avait offerte et me chercher en plein air un refuge contre mes cruels persécuteurs. Au malaise produit par l'attaque des insectes était venue se joindre une vive inquiétude née de l'idée de rencontrer le lendemain un Européen, dont je ne savais absolument rien, mais dont j'espérais obtenir le moyen de me tirer des embarras où je me trouvais. Enfin, après une nuit longue et sans sommeil, je vis se lever l'aube du 19 octobre.

La première information que j'avais pu me procurer me faisait connaître que le missionnaire était à 12 ou 14 kilomètres de moi; mais que, de l'autre côté de la Couando, je trouverais le campement d'un Anglais.

Je me hâtai donc de prier le chef de me fournir un canot

pour passer la rivière ; il me répondit par un refus formel, sous le prétexte qu'il n'avait aucune embarcation.

Puis, après une longue discussion, il me déclara tout net qu'il ne me permettrait de quitter son village qu'après que j'aurais donné à mes bateliers, en paiement, une certaine quantité de marchandises.

J'appelai Jassé, le chasseur, et lui expliquai comment il m'était impossible de me conformer à cette demande avant d'être entré en rapports avec l'Anglais et de m'être procuré par lui les marchandises nécessaires pour le règlement de mon compte, puisque je n'avais plus rien à moi.

Jassé réunit les piroguiers et le chef, leur exposa mes raisons, mais sans parvenir à les persuader. On me répéta de nouveau qu'on ne me permettrait point de passer sur l'autre côté de la Couando.

Voyant que je ne réussirais à rien avec cette détermination, je demandai de faire tenir à l'Anglais un message et j'écrivis quelques lignes sur une carte de visite que Vérissimo se chargea de remettre. Les tourments de la nuit qui venait de s'écouler et de la fièvre qui ne me quittait plus m'avaient abattu complètement. Je me recouchai donc en plein air, attendant la réponse qu'on ferait à mon envoi.

Une heure s'était passée ainsi, quand un blanc se présenta devant moi. Je renonce à décrire les sensations que me produisit la vue d'un Européen.

L'homme que j'avais sous les yeux devait avoir de vingt-huit à trente ans, et tous ses traits faisaient voir qu'il était bien Anglais. Sa barbe était courte et très blonde; ses yeux, bleus, bien ouverts et brillants. Sa chevelure, coupée ras, avait la couleur de sa barbe.

Il portait une chemise de grosse toile, dont le col déboutonné laissait voir une poitrine large et forte, comme les manches retroussées montraient des bras bien musclés et brunis par le soleil de l'Afrique.

Ses pantalons, d'étoffe ordinaire, étaient retenus par une

Rencontre d'un Européen.

large ceinture de cuir, d'où pendait, comme un coutelas, un *bowie-knife* d'Amérique.

Ses pieds étaient protégés par de fortes chaussures dont la couture faite à l'extérieur prouvait qu'il les avait fabriquées lui-même ; on en voyait sortir des chaussettes de gros coton bleu.

Je lui expliquai qui j'étais, et en peu de mots la situation où je me trouvais, en le priant de m'échanger pour les marchandises dont j'avais besoin l'ivoire que je possédais ; je lui exposai surtout la nécessité que j'avais de conclure une affaire de ce genre afin de me débarrasser de l'importunité de mes créanciers et de pouvoir continuer mon voyage jusqu'à la station du missionnaire.

Là-dessus, il me répondit qu'il n'avait pas de marchandises : dépourvu lui-même de ressources, il ne voyait pas d'autre moyen de s'en procurer que d'en envoyer chercher à Lechouma.

Le style de sa conversation et le choix de ses expressions me firent de suite voir que mon visiteur avait été bien élevé. Il se transporta chez le chef et obtint qu'on me laissât le suivre sur l'autre rive, à condition que je reviendrais le soir à Embarira.

Nous partîmes donc ; nous traversâmes cette large rivière, cette même Couando dont j'avais découvert et, plusieurs mois auparavant, déterminé les sources ; nous arrivâmes à un petit campement où nous fûmes reçus par un autre blanc.

Celui-ci était un homme à la stature haute, avec une longue barbe et des cheveux blancs ; il n'était certainement pas vieux, ainsi que le prouvaient son activité physique et l'expression de sa figure ; mais il paraissait avoir été vieilli prématurément par le travail et par de longues souffrances.

Son habillement était le pendant de celui de son compagnon, sinon que ses chaussures semblaient un peu meilleures.

Notre conversation roula sur ma position actuelle ; mais

elle eut pour conclusion que, se trouvant eux-mêmes hors d'état de payer leurs dépenses, ils ne pouvaient rien faire pour moi.

Cependant ce mot *rien* devait être accepté sous réserves, car, s'ils n'avaient rien autre chose à m'offrir, ils me donnèrent du moins un assez bon dîner et je me trouvais en excellente disposition pour y faire honneur.

Lorsque j'eus bien satisfait mon appétit, je convins avec eux que j'allais écrire au missionnaire et lui demander de me procurer des marchandises pour solder mes bateliers.

Après avoir dépêché un porteur à Lechouma, je retournai à Embarira, où je me couchai de nouveau dehors, car j'avais un trop cuisant souvenir de la soirée que j'avais passée dans l'intérieur.

Mon sommeil fut profond et sans interruption. Au point du jour du 20, je fus réveillé par l'arrivée des marchandises de Lechouma pour payer mes équipages. Je soldai tout le monde et le chef me fournit des porteurs en nombre suffisant pour conduire à Lechouma l'ivoire et tout ce qui m'appartenait. Je surveillai leur départ et les chargeai pour le missionnaire d'une lettre où je le priais de m'accorder l'hospitalité et de payer les porteurs à leur arrivée.

A midi, une légère pirogue, manœuvrée par une paire de nègres, partait d'Embarira pour traverser la Couando et avait à son bord trois hommes blancs.

Ce vieil et misérable esquif faisait eau d'une façon inquiétante. Le blanc qui était à la proue ôta donc ses souliers et les tint à la main; exemple qui fut imité par celui qui était à la poupe, et tous deux se mirent à vider l'eau qui menaçait de nous couler à fond. Quant au blanc qui se tenait debout au milieu, pourvu de ses magnifiques bottes à l'épreuve de l'eau, il contemplait comme dans un rêve les ébats des énormes crocodiles entraînés par le courant, et s'inquiétait peu des millimètres d'eau embarqués par le canot.

Ces trois hommes réunis ainsi au centre de l'Afrique par

Passage de la Couando.

les hasards de l'exploration étaient moi-même, le docteur Benjamin Frederick Bradshaw, explorateur zoologique, et Alexandre Walsh, zoologue aussi, préparateur d'échantillons et compagnon du docteur.

Ces derniers possédaient sur la rive droite de la Couando trois huttes dont l'une fut mise à ma disposition aussitôt que nous fûmes débarqués.

Le docteur Bradshaw non seulement était un chasseur fameux, un savant distingué, un médecin habile; mais encore il excellait comme cuisinier. Il se mit de suite à fricasser pour notre déjeuner un salmis des perdrix qu'il avait tuées ce matin. Son cuisinier habituel était un Macalaca intelligent. Lorsqu'il vit que son maître le remplaçait dans son emploi, il se tint coi, se bornant à le regarder faire.

Mon appétit qui, depuis la veille, n'avait eu aucune espèce de satisfaction, excita mes narines à se dilater à l'odeur délicieuse qu'exhalaient les casseroles du Dr Bradshaw; les condiments dont j'étais sevré depuis tant de mois flattaient par leur délicieux arome les nerfs olfactifs d'un affamé.

Les viandes cuites, nous nous mîmes à table devant un grand bol de maïs tout assaisonné et un magnifique ragoût de perdrix. Nous n'avions pas encore mangé la première bouchée, qu'un nègre entra portant quelque chose qui était enveloppé dans un morceau de toile blanche.

Il venait de la part du missionnaire français et nous remit son paquet dans les mains. C'était assez lourd. Je développai la toile et j'y aperçus un énorme pain de froment. Quelle surprise!

Du pain! Il y avait plus d'un an que je n'en avais vu. Du pain! ma nourriture favorite, quotidienne, dont l'absence était une privation si dure, dont je ne cessais de rêver durant mes nuits de famine et dont parfois j'avais une envie si violente qu'elle me faisait comprendre qu'on pût, arès en avoir été privé longtemps, se laisser aller au crime pour s'en procurer!

Mes yeux se remplirent de larmes à la vue de ce pain; l'aspect de ce vieil ami me causa peut-être une des plus vives émotions que j'aie éprouvées pendant mon voyage.

J'avais pour l'instant négligé les perdrix du docteur et m'étais jeté avec voracité sur l'aliment dont la saveur me semblait l'emporter sur tous les chefs-d'œuvre de la gastronomie.

Le Dr Bradshaw me retint. Ma gourmandise eût pu me devenir fatale. Il me fit avaler une excellente tasse de cacao, et presque aussitôt je tombai dans un profond sommeil qui me rafraîchit et me rendit des forces, d'autant plus que je dormais à l'ombre d'un toit.

Mon bagage et tous mes gens étaient allés à Lechouma, excepté Aogousto et Catraïo, chargés de garder la caisse qui contenait mes instruments.

Le lendemain matin, je me réveillai le cœur léger, plein d'entrain, heureux de commencer cette journée; elle devait être une des plus tourmentées de ma vie.

Nous venions de déjeuner fort bien de perdrix et de chocolat et nous devisions agréablement en fumant le tabac parfumé du Choucouloumbé. Tout à coup les porteurs qui étaient partis la veille pour Lechouma entrèrent en hurlant, sous le prétexte de n'avoir pas été payés là-bas.

J'étais stupéfait d'une pareille histoire et je m'y attendais d'autant moins que Vérissimo, qui avait personnellement accompagné ces gens-là et emporté l'ivoire avec lequel je devais acquitter tous les frais possibles, ne m'avait rien écrit à ce sujet.

Quant à nous, nous n'avions rien. De fait, nous ne savions pas comment nous y prendre pour calmer ces sauvages, qui semblaient irrités à l'idée d'avoir été volés, puisqu'on leur avait fait porter d'Embarira à Lechouma des ballots et qu'ils ne recevaient rien pour leur commission. Bien plus, nous ne tardâmes pas à voir entrer en scène Moucoumba, le chef d'Embarira, et le chasseur Jassé. Ils

Huttes de MM. Bradshaw et Walsh.

en vinrent bientôt aux gros mots avec moi et avec les Anglais, au point même de nous menacer et de nous insulter d'une façon odieuse.

J'étais peiné outre mesure, j'étais même honteux, de voir ces Anglais, qui m'avaient traité avec tant de bonté, être mêlés dans une affaire qui ne concernait absolument que moi, injuriés pour mon compte; mais il est certain que rien n'avait pu me faire prévoir un semblable événement.

Après une vingtaine de demandes dont pas une ne pouvait avoir de solution, les porteurs, Jassé en tête, annoncèrent qu'ils allaient retourner à Lechouma prendre les bagages et l'ivoire, qu'ils retiendraient jusqu'à parfait paiement de leur dû. En effet ils partirent, nous laissant, sous la surveillance du chef Moucoumba, entourés par une forte troupe d'indigènes.

Le Dr Bradshaw nous conseilla de nous réunir dans une des huttes, de nous y armer et de préparer tout pour une vigoureuse résistance en cas d'une attaque qui n'était que trop possible.

A la nuit tombante, Moucoumba commença par faire un grand tapage, puis, appelant ses hommes, il se mit à piller les deux huttes vides, d'où ils enlevèrent ma caisse d'instruments qu'ils transportèrent en bateau sur l'autre rive de la Couando.

Ensuite ils entourèrent la troisième baraque où nous nous étions réfugiés, en insistant pour que je fisse en leur compagnie mon retour à Embarira. J'avais peur que mes hôtes ne se trouvassent à cause de moi exposés à un péril imminent et je voulais me livrer aux sauvages pour terminer ainsi cette aventure qui menaçait de devenir un combat; mais le Dr Bradshaw ne voulut pas y consentir et déclara que la seule chose que nous avions à faire était de nous défendre jusqu'à l'extrémité.

Nous étions là quatre hommes, les trois blancs et mon Aogousto, tous disposés à vendre chèrement notre vie. Notre attitude fit reculer les sauvages devant une attaque qui serait sans doute fatale à beaucoup d'entre eux. Aussi, après un palabre assez prolongé entre les meneurs, ils prirent le parti d'abandonner la place et de se retirer de l'autre côté de l'eau.

Pendant tous ces tracas, je n'avais pas aperçu mon négrillon Catraïo et j'en avais conçu une vive inquiétude. Je me demandais s'il était retenu prisonnier par les sauvages, quand il introduisit sa tête dans notre hutte avec son rire spirituel et ironique ; puis, s'avançant, le gamin me remit entre les mains mes chronomètres. Il avait été à la nage les prendre dans ma caisse tandis que les Macalacas étaient occupés à nous surveiller et à nous menacer. C'était la seconde fois que Catraïo réussissait à empêcher mes chronomètres de s'arrêter faute d'être montés.

Tout en nous retrouvant seuls, nous n'étions guère rassurés, et le Dr Bradshaw, qui connaissait à fond les naturels de la contrée, assurait qu'ils ne tarderaient pas à revenir à la charge.

Vers 9 heures du soir, François Coillard, le missionnaire français, entra dans notre camp. Lorsqu'il eut appris ce qui venait de se passer, il m'assura que les porteurs avaient été payés et même libéralement, à Lechouma, et que, sans perdre de temps, il ferait entendre raison au chef Moucoumba.

Ce chef et Jassé, à la tête d'une grosse troupe, passaient la rivière dès le point du jour et envahissaient le campement.

M. Coillard parle la langue du pays aussi aisément que le français et l'anglais. Il put donc faire au chef d'Embarira un long discours où il lui exposait combien la conduite des porteurs avait été honteuse. Ils avaient prétendu n'avoir pas reçu le salaire de leur peine, avoir été victimes d'une escroquerie, tandis qu'en fait on s'était comporté généreusement à leur égard à Lechouma.

A ces mots, Moucoumba donna l'ordre de me rapporter de suite tout ce qu'on m'avait pris la nuit précédente et excusa sa conduite en disant qu'il avait été complètement déçu par ces fripons. Tout finissait donc pour le mieux lorsque le chasseur Jassé se mit à me présenter une nouvelle réclamation.

Il prétendait que je soldasse ses propres serviteurs, des négrillons qu'il avait amenés et dont je n'avais eu aucun besoin.

Je repoussai sa requête. Elle me paraissait aussi déraisonnable qu'aurait été celle de l'équipage du petit canot que les autres bateliers avaient pris à leur service à Quisséqué, et auquel je n'avais rien donné. Enfin, après une courte discussion, où M. Coillard plaida habilement ma cause, on accorda deux mètres d'étoffe à chaque négrillon et l'affaire fut terminée à l'amiable.

Nous nous mîmes à table avec le sentiment d'une vive satisfaction, croyant en avoir fini avec tous les ennuis de la journée; mais il était écrit qu'il en serait autrement.

Le Jassé reparut. Cette fois il réclamait pour son propre compte et pour celui du chef Moutiquétéra, bien que je me fusse acquitté vis-à-vis d'eux avec une grande libéralité.

La dispute se renouvela donc. L'assistance de M. Coillard m'y fut très précieuse; pourtant je fus encore obligé d'en finir par m'engager à donner une couverture de lit à l'un et à l'autre.

M. Coillard envoya de suite chercher à Lechouma tous les articles nécessaires pour payer Jassé et ses gens.

Ainsi se termina la série d'ennuis auxquels mes excellents hôtes et moi nous avions été en proie. Le mérite de ces arrangements pacifiques revenait en grande partie à l'intervention puissante de M. Coillard.

Cet homme distingué se rendait, me dit-il, au Quisséqué pour recevoir la réponse du roi Lobossi, mais il espérait être de retour chez lui dans une douzaine de jours au plus tard. Il m'engageait à aller l'attendre à Lechouma, où me recevrait madame Christine Coillard, son épouse; et plus tard nous aurions ensemble à discuter avec maturité nos projets pour l'avenir.

Je me décidai conséquemment à partir dès le lendemain pour Lechouma, car je désirais déterminer la position de cet endroit et faire un certain nombre d'observations. Malheureusement, la nuit suivante, j'eus un violent accès de fièvre et, le lendemain matin, je me sentais fort mal.

Le Dr Bradshaw ne voulut pas me laisser partir à jeun, et dix heures étaient sonnées quand je pus quitter les bords de la Couando. Le docteur et son ami avaient résolu de partir en même temps et d'aller aussi à Lechouma, car les événements de ces derniers jours leur avaient révélé les dangers dont pouvait les menacer la perfidie des naturels.

Le départ eut lieu avec une chaleur de 40° centigrades. Le chemin sablonneux rendait la marche très difficile. La fièvre m'avait ôté toutes mes forces. Il me fallait me reposer autant de temps que je demeurais debout. Cependant les arbres étaient épais et le terrain commençait à monter depuis le bord même de la rivière. Il y avait cinq heures que je marchais avec peine et lenteur quand je rencontrai une faible source où je pus étancher la soif qui me dévorait. Deux heures plus tard, j'arrivais à Lechouma. Il était six heures du soir.

Dans une vallée étroite, car elle n'a pas plus de 80 mètres de large, qu'enferment des hauteurs peu élevées, au penchant doucement incliné, pousse un gazon grossier et rachitique. Le vallon s'étend du S. au N. et les hauteurs qui l'encadrent sont richement boisées. Sur le versant oriental, s'élève un groupe de huttes qui forment l'établissement d'un commerçant anglais, Mr. Phillips.

En face, du côté de l'O., deux hameaux abandonnés composent la factorie de George Westbeech.

Au N. de ces hameaux, une forte palissade entourait

Campement de la famille Coillard à Lechouma.

un espace circulaire de 30 mètres de diamètre, où étaient une petite maison couverte en chaume, une tente de campagne et deux wagons ou chariots de voyage. C'était là le campement de la famille Coillard; autrement dit, c'était Lechouma.

J'entrai dans l'enclos entouré par une haute palissade; mon corps était brisé de lassitude, mon esprit troublé par les émotions violentes des jours précédents.

Devant moi, à la porte de la chaumière, étaient assises deux dames, occupées à broder en couleur quelque grosse tapisserie.

Cette vue, au milieu de l'Afrique, me causa une émotion indescriptible.

Madame Coillard me reçut comme si j'avais été son fils. Avec un tact consommé, elle me mit de suite à mon aise. Elles n'avaient pas encore dîné, m'assura-t-elle, et m'attendaient pour se mettre à table. Ensuite elle me fit entrer dans la tente où une table couverte d'une belle nappe blanche supportait un service simple, contenant un dîner substantiel. Madame Coillard s'assit en face de moi; à côté se mit mademoiselle Élise Coillard, sa nièce, aux yeux baissés, au visage teint d'une modeste rougeur en voyant un étranger complètement inconnu pénétrer subitement dans leur intérieur intime et réservé.

Elle répandait autour d'elle ce parfum de candeur qui enveloppe et qui orne une belle femme à ses dix-huit ans.

La bonté et les attentions que me montrait madame Coillard étaient extrêmes et, vers la fin du repas, commençaient à me causer une sensation étrange. La compagnie de ces dames, le dîner, le service, le thé, le sucre, le pain : tout enfin s'embrouillait dans ma tête en traits indistincts. J'en vins à ne pouvoir plus concevoir nettement une pensée et à craindre que mon cerveau affaibli ne fût impuissant à supporter les impressions qu'il recevait.

J'ignore comment se termina le repas, mais je me rappelle

vaguement que je me trouvai seul dans la tente. Alors une espèce de convulsion fébrile me remua tout à coup le corps; l'air me manquait; puis un torrent de larmes jaillit de mes yeux, inondant mes joues desséchées par la fièvre. Je me laissai aller à pleurer longtemps; c'est un fait; pourquoi le tairais-je? Je suis convaincu que ces larmes m'ont sauvé. Si j'avais voulu les retenir et que j'y eusse réussi, je ne fais pas de doute que je n'y eusse perdu la raison.

Ceux qui ont l'envie de tourner en ridicule la situation d'un homme s'abandonnant à de tels actes de faiblesse, peuvent s'en donner à cœur joie; leur stupide ironie ne m'importe guère. De mon côté je prends en pitié ceux auxquels les sensations du cœur ne donnent pas des larmes pour mouiller leurs yeux, ni le serrement de gorge pour étrangler leur parole; ce sont là des preuves plus réelles d'un sentiment de gratitude que les phrases qui expriment éloquemment des protestations chaleureuses.

Loin de rougir d'avoir pleuré, je serais, quant à moi, heureux de pleurer encore dans des circonstances pareilles.

J'ignore le temps que dura cet état d'excitation mentale; mais je n'en fus tiré que longtemps après, par l'entrée de ces dames qui venaient me faire un lit avec les plus grands soins.

La vue de mes deux affectueuses hôtesses éveilla dans le désordre de mon esprit de nouvelles émotions. Je ne savais que leur dire et j'ai bien peur que ce que je leur ai dit n'ait pas eu le sens commun.

L'état où je me trouvais tombé peut se juger par le fait que je me rappelle leur avoir appris, à elles auxquelles j'aurais dû le taire avant tout, qu'on avait ce matin répandu à Embarira le bruit qu'un grand incendie avait éclaté au Quisséqué, chez le chef Carimouqué, et avait consumé tous les bagages du missionnaire français !

Il était vraiment bien temps de me coucher.

A mon réveil, quand le jour parut, les scènes de la veille se retracèrent confusément dans ma mémoire. Il me sem-

Lechouma.

blait que ces souvenirs provenaient de quelques songes ou de faits qui s'étaient passés dans des régions lointaines.

Je me levai et découvris qu'ils n'étaient que trop fondés; en même temps la perturbation mentale dont j'étais partiellement rétabli se reproduisit.

Ce fut mécaniquement et sans avoir conscience de ce que je faisais, par la seule force de l'habitude, que je remontai et comparai mes chronomètres, relevai mes observations météorologiques et en inscrivis les résultats sur mon journal.

Peu après, mademoiselle Élise, avec un bonnet et un tablier blancs, entra en souriant dans la tente où elle s'occupa de dresser la table pour le déjeuner. Madame Coillard la suivit bientôt et m'entoura de soins.

Je ne peux pas, même aujourd'hui, expliquer comment il s'est fait que ces deux dames aient produit une si singulière impression sur l'esprit d'un homme fort qui avait tant subi d'épreuves; mais le fait est que leur apparition me produisait de suite une espèce de délire.

Deux journées se passèrent sans qu'elles m'aient laissé un souvenir, puis je succombai à la fièvre. L'accès fut d'une violence alarmante et bientôt je tombai en proie au délire. La maladie était grave ; mais, plus heureux que précédemment, j'avais alors deux anges à mon chevet.

Le 30 octobre, le délire me laissa un moment de lucidité. Je sentis que la vie ne tenait plus que par un fil à mon corps affaibli par les fatigues et les privations du voyage; je crus même que jamais je ne serais capable de me relever.

Je confiai ce jour-là mes papiers à madame Coillard, en la suppliant de les faire tenir d'une façon sûre aux mains du gouvernement portugais.

Le docteur Bradshaw était venu souvent me visiter les jours précédents et avait employé toute sa science à me conserver la vie.

Cependant la fièvre ne cédait pas et mon estomac refusait d'accepter toute espèce de médicaments. Je me décidai alors à faire moi-même une dernière tentative et j'en revins à de fréquentes injections sous-cutanées de fortes doses de quinine.

Le 31, à mon grand étonnement, j'étais encore en vie. Je doublai la dose de quinine par l'absorption hypodermique, et le docteur Bradshaw me fit prendre une forte dose de laudanum. Le lendemain, 1er novembre, j'eus quelques symptômes d'amélioration. Pendant tout ce temps, si les soins eussent pu être bons à quelque chose, j'aurais dû guérir promptement, car jamais je n'en avais reçu de plus dévoués.

Le lendemain, les progrès s'accentuèrent au point que je pus quelque temps me tenir debout. J'eus même l'occasion de constater que nos provisions baissaient sensiblement. Une partie de la nuit, je restai éveillé à penser aux moyens d'y remédier.

A l'aube, quand tout le monde dormait, je me levai sans bruit et j'allai réveiller mes hommes. Les jambes me flageolaient encore ; néanmoins je partis avec eux pour la forêt, ce qui eut lieu sans qu'on se fût aperçu de mon escapade. Quand nous rentrâmes, le soir était venu et mes hommes pliaient sous le poids des animaux que j'avais réussi à tuer. Madame Coillard était dans l'affliction, s'imaginant que j'avais pour toujours déserté le campement ; elle me reçut avec une sollicitude toute maternelle, en me grondant pour mon imprudence.

Il m'était arrivé ce qui avait jusqu'ici toujours eu lieu à la suite des violents accès de fièvre dont j'avais souffert. La convalescence n'existait point pour moi et, grâce à ma constitution, je passais par une transition rapide de la maladie à la santé.

Le retour de mes forces physiques rendait le calme à mon esprit et je pus méditer sérieusement sur la situation où le sort m'avait jeté.

Dans les conversations que j'eus fréquemment avec madame Coillard, j'appris que les ressources de son mari étaient médiocres. Mon ivoire avait été échangé contre des marchandises, auxquelles les agents des maisons Westbeech et Phillips avaient attribué une valeur élevée, fort exagérée, de sorte qu'il avait produit peu de chose. D'après madame Coillard, le seul moyen de sortir de l'embarras où nous nous trouvions, c'était de ne pas nous séparer, attendu qu'il leur serait absolument impossible de partager avec moi les quelques marchandises dont son mari pouvait actuellement disposer.

D'ailleurs il fut convenu que, de toutes façons, nous attendrions que le missionnaire fût revenu de Quisséqué avant d'essayer d'arrêter une résolution.

L'idée de rester avec ces dames m'épouvantait.

Il y avait ici une belle jeune fille qui, à chaque instant, faisait impression sur mon ardente imagination de Portugais.

Me serait-il possible, dans une vie d'isolement si grand et si intime, d'empêcher une parole de m'échapper à un instant de folie, l'œil de lancer un éclair délirant, et d'offenser ainsi une chaste jeune fille, insouciante dans son innocente candeur ?

J'avais peur pour moi et pour elle.

Je me résolus donc à m'étudier avant le retour du missionnaire et à calculer jusqu'à quel point je me sentirais capable de demeurer honnête homme : je passai trois journées à étudier mon âme. Pouvais-je, moi, tomber épris de cette jeune fille? Certainement non ; et le souvenir toujours présent d'une épouse adorée était une sûre garantie contre de tels sentiments.

Mais, si mon cœur se trouvait ainsi défendu, il n'en était pas de même de mon imagination. Elle pouvait dans un moment d'extravagance, par une phrase irréfléchie, me rendre coupable d'une infamie, car c'en serait une que de faire monter la rougeur au front de celle qui m'avait reçu chez elle avec une intimité filiale.

D'ailleurs mon devoir était plus grand encore. Il fallait, à tout prix éviter que le bruit des prouesses que mes gens racontaient sur mon compte et que la position un peu romanesque où je me trouvais dans cette famille ne réussissent à faire impression sur l'imagination neuve d'une femme de dix-huit années.

Pourrais-je soutenir, durant des mois, le rôle d'une réserve absolue, dans l'extrême intimité de la vie que j'allais mener?

Un jour, je pensai que j'en étais capable et, depuis lors, je me suis tracé une ligne de conduite dont je n'ai jamais dévié.

Néanmoins j'ai été, pendant plusieurs mois, compris par une femme qui sut lire dans mon cœur avec cette perspicacité que les femmes seules possèdent pour déchiffrer, dans les arcanes de l'âme, les sentiments les plus cachés. Je n'hésite pas à le dire : madame Coillard m'avait deviné, car, le soir où nous nous séparâmes, elle écrivit sur mon journal un verset du psaume XXXVII qui me révéla que j'avais été découvert.

J'étais résolu à demeurer avec ces dames, quand on reçut des nouvelles mauvaises de M. Coillard.

Dans une longue lettre écrite à sa femme, il confirmait la rumeur de l'incendie auquel j'ai fait allusion plus haut. Tout ce qu'il avait confié à la garde du chef Carimouqué était devenu la proie des flammes. Cette circonstance aggravait les complications de notre position en détruisant la plupart des ressources du missionnaire.

Un autre renseignement attrista plus encore son excellente femme. Il concernait Eliazar, l'homme que j'avais rencontré à Quisséqué : une mauvaise fièvre s'était déclarée et l'avait mis dans un danger imminent. Madame Coillard lui était fort attachée parce qu'elle l'avait eu jadis à son service. Aussi ce fut avec anxiété qu'elle attendit d'autres nouvelles.

Deux jours plus tard, le 6 novembre, une seconde lettre du missionnaire accrut la tristesse qui régnait déjà dans le camp de Lechouma. Eliazar était au plus mal et l'on n'avait guère plus l'espoir de sa guérison.

Le 7, j'étais resté levé un peu plus tard qu'à l'ordinaire

pour faire des observations astronomiques; et les deux dames m'avaient tenu compagnie en causdnt des absents et de la maladie du pauvre Eliazar.

Monsieur et madame Coillard.

Madame Coillard me dit qu'elle éprouvait vivement le pressentiment que son mari allait arriver. Je lui proposai d'aller au-devant de lui ; mon invitation fut acceptée immédiatement par ces femmes courageuses et nous partîmes de suite sur la route d'Embarira.

A peine étions-nous à un kilomètre du camp, que moi, qui me tenais un peu en avant, j'annonçai que j'entendais des pas dans la forêt. Ces dames crurent pourtant que je m'étais trompé parce qu'après une marche d'un autre kilomètre nous n'avions encore rencontré personne. Je pensais bien cependant que je n'avais pas fait d'erreur, car plus d'une fois un bruit indistinct mais intelligible pour l'ouïe exercée d'un habitué de la forêt était parvenu jusqu'à moi. S'il en avait été autrement, je n'aurais certes pas engagé ces dames à s'avancer dans cette région hantée par les bêtes sauvages, avec lesquelles je ne me souciais guère de combattre en cet instant.

Il pouvait être onze heures et demie quand la rumeur que j'avais perçue devint plus distincte, et je dis à mes compagnes, que, sans aucun doute, des personnes chaussées comme nous venaient en suivant notre sentier. Peu après, des figures sortirent des ténèbres et le missionnaire, escorté par deux ou trois nègres, parut à nos yeux.

Madame Coillard cherchait à voir un autre homme que son mari. C'était en vain. L'homme était absent. Une nouvelle tombe avait été creusée sur le haut Zambési ; les imprudents qui s'obstinent à demeurer dans cette région mortelle avaient reçu une nouvelle leçon.

Nous rentrâmes silencieux et tristes au camp de Lechouma.

Le lendemain, j'eus une longue conversation avec M. Coillard. Mes craintes étaient trop fondées : il n'avait pas assez de ressources pour me fournir les moyens d'aller jusqu'au Zoumbo.

Toutes les faces de la question furent envisagées et nous finîmes par nous convaincre qu'il n'y avait qu'une manière de nous aider l'un l'autre : c'était de ne pas nous séparer et de nous rendre ensemble au Bamangouato, où je pourrais me procurer ce qu'il fallait pour aller plus loin. Quant à M. Coillard, il ne demandait qu'à partir : non seulement ses ressources ne lui permettaient pas un plus long séjour, mais encore Lechouma était une localité malsaine qui lui avait enlevé déjà deux de ses serviteurs les plus fidèles.

Je ne pouvais pourtant pas quitter cette région sans avoir visité la grande cataracte du Zambési. On convint donc qu'on resterait ici encore une quinzaine de jours, jusqu'à mon retour.

Mon départ fut fixé au 11 et madame Coillard mit une sollicitude maternelle à faire les préparatifs de mon voyage.

Mais, le 10, éclata une grosse tempête qui me rendit un accès de fièvre. Vérissimo en souffrait aussi, et comme, le 11, il n'y avait d'amélioration ni dans le temps ni dans notre santé, mon départ ne put pas avoir lieu au jour fixé.

Le 12, j'étais un peu mieux, mais Vérissimo souffrait davantage ; il fallut donc rester encore.

M. Coillard alors nous proposa de partir tous le 13, pour le kraal de Guéjouma, d'où je me rendrais au Mosi-oa-Tounia.

Cette proposition fut acceptée, et nous levâmes le camp de Lechouma dans la nuit du 13, vers 10 heures et demie. Voyager avec de lourds wagons, à travers la forêt, n'est pas aisé. Tantôt c'est un tronc d'arbre, tantôt un fragment de rocher qui obstrue la route ; il faut que l'arbre soit rasé, que la roche soit enlevée ; dans ces occasions trop fréquentes, la vigueur herculéenne de mon Aogousto nous rendit des services vraiment prodigieux.

Nous voyageâmes jour et nuit en nous contentant des intervalles de repos absolument indispensables aux bœufs et à nous ; cependant nous n'arrivâmes au kraal de Guéjouma que le 15 à 6 heures du soir. Or il n'y a pas d'eau entre Lechouma et le kraal ; nous en avions bien emporté une petite provision pour nous, mais nos malheureuses bêtes avaient passé trois journées sans boire. Aussi, en atteignant Guéjouma, firent-elles tous les efforts possibles pour se débarrasser de leurs jougs. Une fois libres, elles se précipitèrent vers les misérables mares d'eau qui abreuvent le kraal. Cet établissement a été fait par les commerçants anglais comme lieu de repos et de dépôt pour le bétail qu'ils ne sauraient pas garder à Lechouma à cause de la présence de la redoutable mouche tsé-tsé.

La route traverse une plaine sablonneuse et humide, où les wagons s'enfonçaient, causant aux bœufs des fatigues et des peines énormes.

En dépit du mauvais état de ma santé, je fixai au lendemain mon départ pour les cataractes, et madame Coillard se donna toutes les peines du monde pour rassembler les provisions nécessaires à mon voyage.

Quant à un guide, je ne pus pas en trouver un ; mais, malgré cela, je n'hésitai pas un instant à partir.

CHAPITRE II

MOSI-OA-TOUNIA.

Voyage aux cataractes. — Tempêtes. — La grande chute du Zambési. — Sottises des Macalacas. — Retour. — Patamatenga. — M. Gabriel Mayer. — Tombes d'Européens. — Arrivée à Deica. — La famille Coillard.

Dès le commencement de la matinée du 16 novembre, je fis pour mon voyage des préparatifs qui ne me coûtèrent pas grand'peine, car madame Coillard avait déjà tenu prêt tout le département des vivres, qui était le plus important. Elle était si bonne que j'eus beaucoup de mal à la convaincre que je ne pouvais pas prendre tout ce qu'elle voulait, attendu que je n'emmenais pour porteurs que mes deux fidèles, Aogousto et Camoutombo.

Cependant je me faisais suivre de ma bande entière, car j'avais peur qu'en mon absence elle ne se conduisît pas à Guéjouma avec toute la convenance désirable. Les seules choses, outre ma chèvre Cora et mon perroquet Caloungo, que je laissasse derrière moi, ce furent mes bagages.

En Afrique, le vieux dicton européen « Chacun avec une langue dans sa bouche peut aller à Rome » n'a pas d'application : mais on doit l'y remplacer par un autre : « Tout voyageur muni d'une boussole peut se rendre où il veut. »

M. et madame Coillard furent véritablement tourmentés en me voyant m'éloigner à pied et sans guide. Une seule considération les rassurait : c'est qu'avec l'expérience que j'avais des forêts africaines je ne pouvais pas manquer de me diriger dans celle-ci.

Ils avaient encore un motif plus puissant d'anxiété : ils craignaient que je ne manquasse d'eau en route, car je ne pouvais pas en emporter et le pays souffrait de la sécheresse. J'essayai de calmer leurs inquiétudes en leur assurant que je comptais bien ne pas mourir de soif.

Mon excursion devait durer de douze à quinze jours; conséquemment il fut décidé qu'ils quitteraient leurs quartiers actuels pour se rendre à Deica, où je les rejoindrais.

Tout étant prêt et convenu, je partis, à dix heures, accompagné sur la route pendant plus d'un kilomètre par mes excellents hôtes, qui retournèrent au kraal après avoir pris de moi un congé affectueux.

Je traversai la plaine dans la direction du N.; au bout d'une heure, j'arrivais à une forêt épaisse, où je m'enfonçai afin de ne pas altérer ma direction. Il y avait près de quarante minutes que je me débattais dans la jungle quand j'atteignis une petite lagune aux eaux cristallines. J'y fis halte afin de laisser passer la grande chaleur du jour. A ce moment, une tempête éclatait au loin dans le N., où les coups de tonnerre se succédaient sans interruption.

Je repartis à deux heures. Le ciel était devenu fort menaçant et des nuages chargés d'électricité accouraient de toutes parts. Vers quatre heures, je reconnus des pistes fraîches; je les suivis jusqu'à ce qu'elles m'eussent mené dans une clairière où je me trouvai sur le bord d'une mare boueuse, qui servait évidemment d'abreuvoir aux habitants de la forêt. Je m'y installai et nous travaillâmes à nous faire un abri aussi fort que possible contre la pluie qui s'annonçait comme devant tomber avec abondance.

D'après les pédomètres, nous avions fait 9 milles géographiques, soit près de 17 kilomètres.

Le lendemain matin, à six heures, nous repartions et marchions durant quatre heures consécutives, excepté, vers sept heures et demie, une courte halte dont l'objet avait été de nous abriter d'une forte ondée. Nous nous arrêtâmes pour prendre quelque nourriture auprès d'une nouvelle lagune d'où sortait un ruisseau qui coulait à l'E.-S.-E.

A midi, nous nous remîmes en route vers le N.-N.-E.; mais, à trois heures, j'étais obligé d'ordonner une halte, à cause des blessures aux pieds qu'avaient attrapées mes hommes en marchant depuis une heure sur des cailloux brisés et roulants, dans un terrain difficile par lui-même.

Du reste, j'avais aussi besoin de repos; en effet je ne supportais plus alors la marche comme auparavant.

Avant la fin de la journée, nous avions encore passé trois ruisselets, tous coulant au S.-E. sur des lits de basalte.

Les collines de rocs et de pierres, bien que boisées, couraient toutes dans la même direction, S.-E.; aucune d'elles n'était élevée, car la plus haute ne dépassait pas 50 mètres.

Le camp fut assis au bord d'un réservoir naturel d'eau pluviale.

Le lendemain matin, la marche fut continuée sur un terrain pierreux et accidenté; elle nous fit traverser des endroits où le bois était épais, mais manquait des arbres énormes qui appartiennent à la flore intertropicale; elle nous fit aussi passer deux ruisseaux allant encore au S.-E.

Tout le terrain était à présent de formation volcanique et témoignait évidemment d'une énorme convulsion de la nature dont ce pays avait jadis été le théâtre; elle y avait laissé comme traces indélébiles de sa puissance, des monuments gigantesques de basalte.

Les rayons du soleil, en faisant ressortir les tons de cette roche couleur de feu, qui formait les lits des ruisseaux et les escarpements des montagnes, rappelaient au souvenir les vagues de lave qui y avaient bouillonné.

Quant à moi, je me trouvais fort bien; mais les hommes éprouvaient une grande difficulté à fouler de leurs pieds nus ces roches aiguës. Nous allâmes ainsi pendant quatre heures à peine, au bout desquelles nous campâmes près d'un ruisseau où nous nous hâtâmes d'élever des huttes pour nous abriter d'une autre tempête qui s'approchait.

Le site était charmant. Le ruisselet, qui s'en allait en

gazouillant vers le N. et dont les eaux semblaient du plus pur cristal, coulait à notre gauche. A la droite, s'élevait doucement un coteau dont l'épaisse feuillée embellissait le paysage. Mon campement de quatre huttes, élevées dans un étroit vallon, était couvert par des arbres énormes bien différents par leurs proportions de ceux que j'avais rencontrés auparavant.

Rien n'y troublait le silence si ce n'est un retentissement comme celui de mille tonnerres roulant dans des montagnes lointaines, que le vent, soufflant du N., apportait parfois à nos oreilles. C'était la voix du Mosi-oa-Tounia, dans son mugissement sans fin.

J'allai me promener avec mon fusil et fis partir une foule de francolins dont j'eus bientôt une bonne provision. Je tuai aussi un lièvre plus petit que ceux d'Europe, de couleur différente, mais de forme semblable. Ce qui distinguait cet animal, c'étaient le dos et les oreilles presque noirs, tandis qu'il avait le ventre et la tête d'un jaune d'ocre très foncé et moucheté de points noirs.

Quand je fus rentré au camp, je remarquai comme une singularité des milliers de termites occupés en plein air à leur besogne, montant et descendant les arbres, marchant dans tous les sens et n'essayant d'aucune façon à se dérober aux regards.

Après un bon repas de perdrix rôties, je passai une nuit excellente.

Nous étions à peine partis le lendemain matin que je passai un ruisselet coulant au N.-O., pour se réunir à celui au bord duquel je venais de camper et continuer avec lui sa course vers le N. Nous suivîmes la même direction, le long du ruisseau, à travers une vallée pierreuse autant qu'aride. Au bout de trois heures, nous faisions une halte pour nous reposer et manger le reste de nos perdrix. A midi, nous repartions, mais force nous était de nous arrêter une heure plus tard.

Depuis le matin, les nuages chargés d'électricité s'étaient élevés de tous les points de l'horizon pour se concentrer sur nos têtes. Une pluie torrentielle tomba en nappes d'eau que fouettait un vent du N.-N.-E. Des masses noires de vapeur fondaient sur la terre et y vomissaient à la fois les flots et les feux que contenaient leurs entrailles électrisées.

Le sentier que nous suivions occupait, comme je l'ai dit, le fond d'une vallée dépouillée d'arbres. Des monticules de roche, terminés en pointe, y attiraient l'éclair, qui les brûlait de ses feux. A peu de distance de moi, le fluide électrique broya un rocher en morceaux.

Le spectacle était horrible et sublime. C'est ce jour-là que je vis, pour la première fois, se partager la foudre. Une fois, elle tomba sous la forme d'une boule ; en approchant du sol, elle se divisa en cinq parties qui s'élancèrent du centre horizontalement pour frapper cinq points différents ; d'autres fois, elle se partageait en quatre ou en deux, mais le plus souvent en trois.

Des zigzags de feu rayaient l'atmosphère dans tous les sens, au point que la couche supérieure paraissait une nappe de flamme. Il n'y a pas de description qui puisse rendre ce spectacle, et on ne peut point se faire une idée des horreurs d'une tempête au centre de l'Afrique australe quand on n'en a pas vu.

Mes hommes, couchés à plat ventre et trop terrifiés pour chercher à s'abriter contre l'eau qui les inondait, tremblaient de peur et de froid. J'eus fort à faire pour réveiller leurs facultés et calmer leur frayeur. Je n'y réussis qu'en affectant un air de confiance que j'étais bien loin d'éprouver.

Au bout d'une heure, la tempête, comme fatiguée de ses violences insensées, se prit à diminuer ; vers deux heures et demie, le calme était assez rétabli pour que nous pussions nous remettre en marche. Une demi-heure après, il fallut nous arrêter de nouveau pour laisser tomber une autre averse de pluie. Enfin, vers cinq heures, nous arrivions en face de la grande cataracte. Là, juste en amont, nous trouvâmes des huttes abandonnées, nous les réparâmes de façon à les rendre habitables et nous nous y installâmes pour la nuit.

Quelle nuit cruelle ! Pendant les ténèbres, un nouvel ouragan déploya sur nous toutes ses fureurs. Beaucoup des arbres d'alentour furent foudroyés ; la pluie inonda nos huttes, éteignit nos feux et transperça nous et tout ce que nous possédions. Aux répercussions des coups de tonnerre se joignait le fracas incessant de la cataracte ; c'était entre les deux phénomènes une lutte à qui produirait le plus de tumulte. La tempête dura jusqu'à quatre heures du matin, où elle prit fin presque aussi subitement qu'elle avait commencé.

Au point du jour, la pluie recommença et nous ne pûmes sortir de nos huttes qu'à neuf heures du matin.

Alors les nuages s'ouvrirent et le soleil éclata enfin sur une glorieuse perspective ; mais la terre était si trempée et tellement mise en bouillie qu'il était malaisé d'y marcher.

Je conçus une nouvelle inquiétude. L'eau avait absolument gâté le pain et les autres provisions que nous avait donnés madame Coillard. Peut-être nous restait-il de quoi manger un jour ou deux, mais pas plus, bien certainement. Nous n'avions que deux chances de nous ravitailler, encore étaient-elles peu assurées : peut-être trouverions-nous du gibier ; peut-être les Macalacas de l'autre rive auraient-ils du massango à nous vendre.

Quant au gibier, il y fallait renoncer par un temps pareil, et les Macalacas qui traversèrent la rivière demandèrent pour de médiocres portions de massango des prix si exorbitants que je dus renoncer à l'espoir d'en acheter.

A midi, je me trouvais à l'extrémité occidentale de la grande cataracte.

Trois kilomètres en amont des chutes, le Zambési, venu de l'E.-N.-E., tourne à l'E., et s'élance dans cette direction à la rencontre de l'abîme où il tombe.

Mosi-oa-Tounia ou Mési-oa-Touna? Lequel des deux noms

est le vrai ? je l'ignore, personne n'a pu me le dire et les naturels de la localité se servent des deux indistinctement.

Avant que les Macololos eussent envahi le pays au N. du Zambési, les Macalacas appelaient la grande cataracte *Chongué.*

A leur tour, les Macololos lui donnèrent une désignation tirée du sésouto, la langue qu'ils parlaient.

Après la disparition des Macololos, le nom qu'ils avaient assigné aux grandes chutes leur resta, comme a été conservé

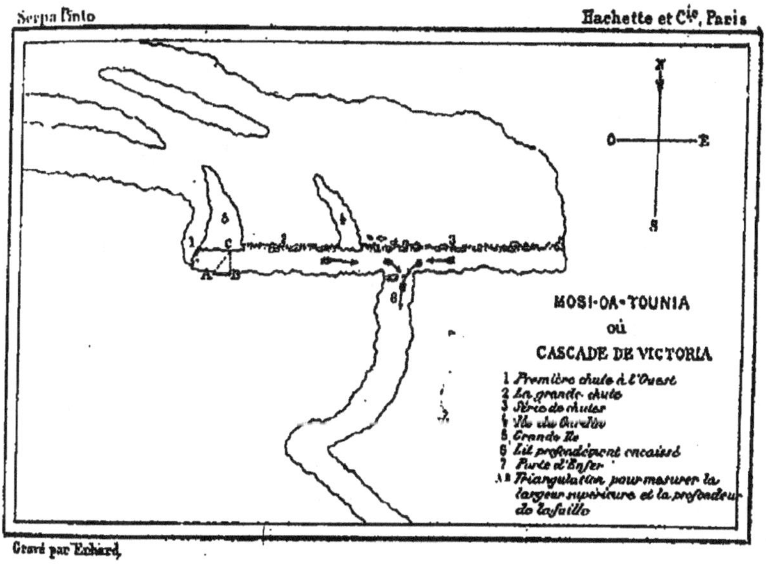

Cascade de Victoria.

le langage des conquérants par les peuples conquis. Ainsi le sésouto [1], un peu corrompu il est vrai, a survécu aux Macololos, et est demeuré la langue officielle du Zambési supérieur.

En sésouto, Mési-oa-Touna veut dire « l'eau énorme ». L'appellation peut paraître insuffisante, mais elle est bien en rapport avec le génie des idiomes barbares de l'Afrique centrale, car elle exprime une idée que la pauvreté des dialectes

1. Le *se-souto* désigne la langue des *Ba-soutos*, suivant le rôle que jouent les préfixes dans les idiomes africains. — J. B.

ne permettrait, autrement, d'exprimer que par une longue phrase. Il est donc assez vraisemblable que les Macololos aient assigné à la grande cataracte le nom de Mési-oa-Touna.

Cependant je suis porté à croire, avec madame Coillard, qui sait parfaitement le sésouto, que les guerriers de Chébitano ont attribué à la merveille du Zambési le nom de Mosi-oa-Tounia.

En fait, Mési-oa-Touna était une phrase nouvelle, une composition de mots arrangés tout exprès, tandis que Mosi-ou-Tounia est, dans la langue des Basoutos, une phrase existante, une expression familière et d'usage quotidien. Par exemple, quand un mari revenant chez lui demande à sa femme si le dîner cuit, celle-ci lui répondra *Mosi-oa-tounia*, « La fumée s'élève. » Voilà pourquoi on peut, non sans raison, supposer qu'une expression d'usage, si commune parmi les envahisseurs qui ne connaissaient pas la cataracte auparavant, ait pu lui être donnée comme nom par eux, puisqu'elle rend si exactement à l'effet que la chute produit.

Le Mosi-ou-Tounia n'est ni plus ni moins qu'une longue auge, une crevasse gigantesque, l'espèce de trou pour lequel on a trouvé le mot « abîme » ; c'est un abîme profond et monstrueux dans lequel le Zambési se précipite sur une longueur de plus de 1,800 mètres.

Il est facile de reconnaître, courant de l'E. à l'O., la coupure qui s'est opérée dans les roches basaltiques formant le mur septentrional de l'abîme. Elle a aussi une longueur de 1800 mètres.

Parallèle à ce mur, en est un autre, aussi de basalte, dont la pente supérieure, se tenant au même niveau, à cent mètres de distance, fait le côté opposé de la crevasse. Les pieds de ces énormes masses de basalte noir forment un canal à travers lequel le fleuve s'élance après sa chute ; ce canal est certainement bien plus étroit que l'ouverture supérieure, mais on ne peut pas en mesurer la largeur.

Dans la muraille méridionale et vers les 3/5 de sa longueur,

Cataracte de Mosi-oa-Tounia, chute de l'ouest.

l'Afrique a été déchirée par une autre fente gigantesque, perpendiculaire à la première. D'abord la seconde tourne à l'O., puis au S., enfin à l'E. ; le fleuve s'y engouffre et précipite ses eaux roulant dans un capricieux zigzag, creusé par la fente au fond, dans l'étroit entrelacement des écueils.

Le grand mur septentrional de la cataracte par-dessus lequel l'eau s'écoule est par endroits tout à fait vertical ; on n'y trouve guère ou point de ces saillies, de ces inégalités que présentent les rochers.

Il faut qu'une terrible convulsion volcanique ait rompu la roche et produit l'énorme abîme où tombe l'un des plus grands fleuves du monde. On ne peut pas douter non plus que l'action puissante des eaux n'ait profondément modifié la surface des rochers ; mais il est bien facile pour l'observateur de constater que ces deux profonds escarpements, aujourd'hui séparés l'un de l'autre, ont jadis fait partie d'un seul et même tout.

Le Zambési, qui rencontre sur sa route la crevasse indiquée, s'y jette par trois cataractes grandioses, à cause de deux îles qui occupent deux grands espaces dans le mur du N. et divisent le courant en trois bras séparés.

La première cataracte est formée par un bras passant au S. de la première île qui occupe l'extrémité occidentale du rectangle qui dessert la partie supérieure de la crevasse.

Ensuite ce bras se précipite dans l'espace restreint qui s'ouvre au côté occidental du rectangle. Il a 60 mètres de large avec une chute perpendiculaire de 80, tombant dans un bassin d'où l'eau déborde jusqu'au fond de l'abîme pour s'y unir au reste en formant des rapides et des cascades à peu près invisibles par suite de l'épaisse nuée des vapeurs qui enveloppent toute la base des chutes.

L'île qui sépare ce bras du fleuve est couverte de la végétation la plus riche, les arbrisseaux y étendent leur feuillage sur l'arête même d'où l'eau se précipite et ils forment un paysage surprenant.

Cette chute est la plus petite, mais elle est la plus belle ou, à dire vrai, elle est la seule qui soit belle, car, pour tout le reste, Mosi-ou-Tounia n'est qu'une sublime horreur. Ce gouffre énorme, noir comme le basalte, où il est béant, sombre à cause de l'obscurité du nuage qui l'enveloppe, s'il eût été connu aux temps bibliques, eût été pris pour l'image des régions infernales, pour un enfer d'eaux et de ténèbres plus redoutable peut-être que celui de feu et de lumière.

Et, comme pour accroître la sensation d'horreur causée par ce prodige de la nature, on ne peut pas l'examiner sans y risquer sa vie. L'étudier à fond est inexécutable ; le Mosi-ou-Tounia ne veut pas être vu.

Parfois, quand l'œil pénètre jusqu'aux profondeurs, à travers le brouillard éternel, il aperçoit une masse aux formes confuses, pareille à des ruines aussi vastes qu'effroyables. Ce sont des pics de rochers d'une hauteur énorme, sur lesquels l'eau qui les fouette se convertit en une nuée d'écume; constamment alimentée, elle couronne les pics où elle s'est formée, et toujours ainsi tant qu'il y a de l'eau pour tomber et des rocs pour la recevoir et la renvoyer.

En face de l'île du Jardin [1], et grâce à un arc-en-ciel, concentrique à un autre plus pâle, je pouvais parfois, à travers les ondulations de la brume, voir se dégager confusément une série de pinacles, des espèces de minarets, les clochers d'une cathédrale fantastique, qui, en un point, lançait dans les airs une flèche d'une hauteur énorme.

En continuant l'examen de la cataracte, on trouve que le commencement du mur septentrional, partant de la cascade occidentale, est occupé pendant 200 mètres par l'île que j'ai déjà indiquée et qui limite le bras du fleuve dont est formée la première chute. C'est le seul endroit d'où l'on puisse voir toute la muraille, parce que, le long de ces 200 mètres, la buée ne cache pas tout à fait la profondeur.

1. Cette île s'appelait Kazérouka ; son nom actuel vient du jardin que le D. Livingstone y a planté en 1855 et en 1860. (V. *Explorations du Zambèse*, p. 240 de l'édit. franç.). — J. B.

C'est de là que j'ai pris d'abord les mesures et, qu'au moyen de deux triangles, j'ai trouvé que la largeur supérieure de la coupure était de 100 mètres et la hauteur verticale du mur de 120.

Cette hauteur verticale est même plus grande à mesure qu'on s'avance vers l'E., parce que le trou va en se creusant vers le canal à travers lequel la rivière s'échappe vers le S. C'est aussi l'endroit où j'ai obtenu les données pour mesurer la hauteur.

Dans les premières mesures j'avais pour base le côté des 100 mètres que j'avais trouvés à la largeur supérieure de la faille ; mais il était nécessaire que je visse le pied de la muraille et, pour y parvenir, il fallait y risquer ma vie.

Je fis ôter à mon Aogousto et à mon négrillon Catraïo leurs vêtements que je liai l'un à l'autre. Ils étaient faits d'une toile de coton rayée qui avait déjà vu beaucoup de service et ne présentait pas toute la sécurité désirable ; malheureusement je n'avais pas d'autre moyen de me suspendre sur l'abîme. J'attachai ce fragile cordage autour de mon corps sous les aisselles, afin de laisser mes mains libres, et, prenant mon sextant, je m'aventurai au-dessus du précipice. Les deux bouts étaient tenus par mon Aogousto et par un Macalaca qui demeurait au voisinage des chutes. Ils tremblaient de peur pendant toute l'opération et me faisaient trembler, ce qui fut cause que je mis beaucoup plus de temps qu'à l'ordinaire pour mesurer l'angle. Lorsqu'ils m'eurent retiré sur mon ordre et que je me fus retrouvé une fois encore avec le roc sous mes pieds, il me sembla que je venais de me réveiller d'un horrible cauchemar.

Je lus dans le nonius [1], 50°10′ et, aussitôt après avoir enregistré ce mesurage, je fus saisi d'horreur à l'idée de ce que je venais de faire. Un excès d'orgueil déréglé, l'envie d'établir avec toute l'exactitude possible la hauteur de la cata-

1. Instrument de mathématique inventé par le Portugais Nunez, et que nous appelons vernier, du nom du savant français qui l'a perfectionné. — J. B.

racte, m'avait entraîné à commettre la plus grande imprudence dont j'aie jamais été coupable dans tout mon voyage.

Prendre des mesures et des triangles dans une semblable localité est réellement une tâche difficile, puisque, dès le début, on manque de terrain où l'on établisse une base sur laquelle on puisse compter. C'est à peine si j'ai réussi à mesurer 75 mètres, et cela au prix d'un travail énorme.

Je suis obligé de supposer que les triangles faits par le Dr Livingstone, du haut de l'île du Jardin, n'ont été résolus que par les angles; car, pour les côtés, aucun ne pouvait être mesuré de cet endroit. On doit regretter que le docteur ne nous ait pas laissé sa formule. Je trouve aussi extraordinaire qu'il ait mesuré la hauteur avec une ficelle au bout de laquelle une pierre était attachée, parce que les inégalités de la face rocheuse ont dû déranger son poids. En outre, il est à peu près impossible que, de l'île du Jardin, on voie dans les profondeurs du gouffre, à cause de l'épaisseur du brouillard dont tous les objets sont enveloppés et qui, à mon avis, ne permet guère de distinguer même une pièce entière de calicot blanc, au lieu des 60 centimètres de toile dont Livingstone affirme s'être servi. Quoi qu'il en soit, tout ce que j'en puis dire, c'est qu'il a eu plus de chance ou d'habileté que moi, qui ai fait si peu malgré la peine que je m'y suis donnée et la bonté des instruments que j'avais à ma disposition.

Après la première île, où j'ai pris les mesures, vient la partie principale de la cataracte qui est la portion comprise entre cette île et celle du Jardin. En cet endroit, le volume principal de l'eau s'élance en une masse compacte, longue de 400 mètres, et où naturellement l'abîme a le plus de profondeur. Après, vient l'île du Jardin, qui présente sur la fente un front de 40 mètres, et enfin la troisième chute, où l'on en compte bien une douzaine et qui comprend tout l'espace depuis l'île du Jardin jusqu'à l'extrémité orientale du mur. Celle-ci doit être, à l'époque pluvieuse, la plus importante parce que les masses de rochers qui, dans d'autres

Manière incommode de mesurer les angles.

saisons, la partagent sont cachées, de sorte qu'alors elle ne présente à l'œil qu'une cataracte énorme [1].

L'eau qui tombe des deux premières et même en partie de la troisième, près de l'île du Jardin, s'élançant à l'E. rencontre le reste de la troisième chute courant à l'O.; il en résulte un effroyable bouillonnement, un horrible tourbillon d'où les vagues écumeuses, après une lutte insensée, s'échappent par l'étroit canal rocheux que j'ai mentionné et coulent en sifflant à travers les capricieux zigzags de la faille.

A l'endroit où les eaux, réunies dans un seul canal, prennent leur direction au S., j'ai pu faire une expérience dont je parlerai dans un chapitre spécial et qui m'a permis d'obtenir d'une façon très approximative la mesure de la plus grande profondeur de l'abîme. Je n'ai pas pu faire plus et je doute même qu'on puisse davantage, à moins qu'on ne vienne tout exprès avec l'intention de faire une étude approfondie de la cataracte. Dans ce cas, je crois qu'il serait possible d'inventer les moyens propres à travailler ici; mais ce serait toujours au milieu d'une pluie perpétuelle et d'une épaisse vapeur rendant indistincts tous les objets environnants.

Une végétation des plus vigoureuses couvre les îles de la cataracte et toutes les roches qui en dépendent, mais elle est d'une verdure sombre, triste et monotone, malgré un ou deux groupes de palmiers, qui, lançant leurs têtes élégantes par-dessus l'épaisseur du feuillage dont ils sont entourés, font des efforts peu réussis pour rompre l'aspect mélancolique du paysage.

1. Le D. Livingstone a visité deux fois le Mosi-oa-Tounia, auquel il a imposé le nom de chute Victoria : en 1855, où il s'est borné à visiter l'île du Jardin (*Explorations dans l'intérieur de l'Afrique australe*, ch. XVI), et en 1860, où il a fait, avec son frère, une étude plus sérieuse de la cataracte (*Exploration du Zambèse*, éd. fr., p. 234 et s.). Quant à la façon dont fut prise alors la mesure de la chute, voici ce qu'en dit l'ouvrage précité, p. 235 : « 310 pieds de corde avaient été fournis par celui qui tenait la ligne, lorsque les balles rencontrèrent un plan incliné de la falaise et s'y arrêtèrent ; elles avaient encore, selon toute vraisemblance, 50 yards ou 150 pieds anglais à descendre pour atteindre la surface de l'eau. » — J. B.

Incessamment des ondées d'embrun tombent sur tout ce qui environne la chute et un tonnerre continuel roule au fond de l'abîme.

On ne peut pas exactement dessiner le Mosi-oa-Tounia. Excepté à l'extrémité occidentale, l'ensemble est couvert d'une nuée vaporeuse qui disimule à moitié l'horreur du spectacle.

Il ne me semble pas possible d'examiner cette merveille de la nature sans éprouver de la terreur, ni sentir de la tristesse [1].

Quelle différence entre les cataractes de Gogna et de Mosi-oa-Tounia!

A Gogna tout vous sourit et vous charme ; à Mosi-oa-Tounia tout vous repousse et vous effraye.

Chacune d'elles a des attraits ; l'une et l'autre sont grandioses et superbes ; mais Gogna a les charmes d'une vierge séduisante qui, couronnée des fleurs de l'innocence, s'ébat dans un parc embaumé par les suaves haleines des zéphirs du matin ; Mosi-oa-Tounia est grande et redoutable comme le bandit qui, brûlé par les feux de l'été, endurci par les glaces de l'hiver, rôde, le crime dans la tête et l'espingole au poing, dans les défilés des montagnes pendant les ténèbres et les tempêtes de la nuit.

Gogna est belle comme une douce matinée du printemps; Mosi-oa-Tounia est imposante comme l'ouragan nocturne en hiver.

Gogna a les charmes du premier sourire que l'enfant adresse à sa mère ; Mosi-oa-Tounia a l'horreur du dernier soupir d'un vieillard qui agonise entre les bras de la mort.

Gogna a la beauté sous sa forme la plus sublime et la plus attrayante ; Mosi-oa-Tounia la révèle dans toute son horreur et sa majesté.

1. Le lecteur que ce sujet intéresse pourra se reporter au récit de la visite faite aux chutes Victoria par Th. Baines en 1862, ch. XI, de son *Voyage dans le Sud-Ouest de l'Afrique*. C'était, jusqu'à celle du major Serpa Pinto, la meilleure description qui eût été faite de la cataracte. — J. B.

Après avoir longuement contemplé cette prodigieuse merveille de la nature en Afrique, je retournai avec lenteur à mon campement, sous la forte impression laissée par ce spectacle. Le temps était moins mauvais, mais il restait sombre. Dans la nuit, je fus assailli par une foule de moustiques, qui ne me laissèrent pas un instant de repos.

A l'aube, je retournai à la cataracte pour y compléter le

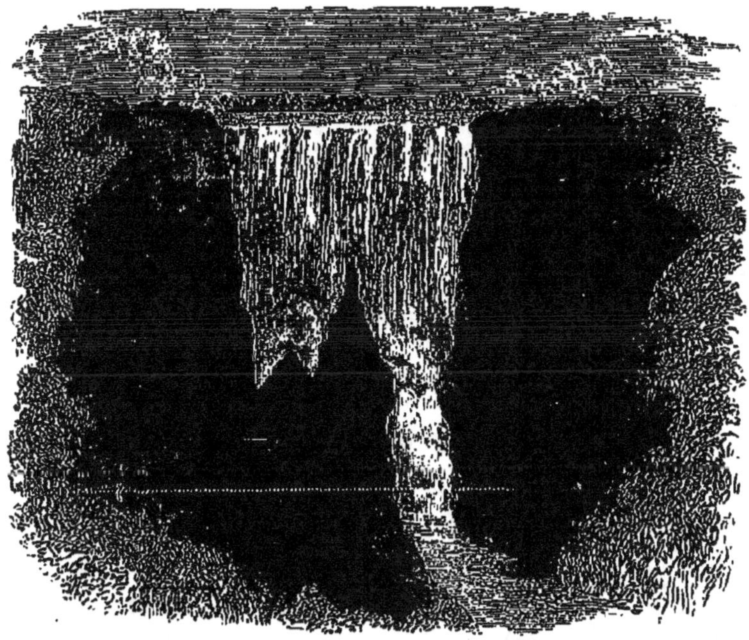

Mosi-oa-Tounia. — Le fleuve après la cataracte.

travail commencé la veille. J'y demeurai tout le jour. Quand je rentrai, je trouvai des Macalacas qui offraient du massango à vendre; mais ils demandaient jusqu'à près de quatre mètres d'étoffe pour un plat contenant un peu plus d'un demi-litre de ce grain [1].

Malgré tout le besoin (et il était grand) que j'avais de me procurer des provisions, je refusai d'en acheter, ne voulant

1. Quatre mètres d'étoffe valaient ici 8 shillings [10 francs], car on évalue le *yard* à 2 sh. — (*L'auteur.*)

pas donner l'exemple de la soumission à une exploitation pareille.

Le Macalaca me répliqua tranquillement que je pouvais garder mon étoffe ; mais je ne la mangerais pas et bientôt j'aurais faim, alors je serais heureux d'offrir ce qu'il demandait, et même davantage, pour la nourriture dont je faisais fi !

Je ne lui répondis que par un coup de pied qui le fit battre en retraite assez rapidement.

Lorsque vint le 22 novembre, jour où je devais commencer mon retour, je me trouvais dans une position critique.

Nous avions des provisions pour deux journées à peine et nous ne pouvions pas arriver à Deica en moins de six jours.

Je ne devais donc point partir sans me pourvoir de quelque façon ; mais, désespérant de rien obtenir des Macalacas, je m'en allai chasser malgré le mauvais temps.

Je n'étais pas encore bien loin quand je réussis à tuer une malanca. En revenant aux huttes pour y faire apporter et dépecer mon gibier, je me trouvai face à face avec le chef des villages de la cataracte que je n'avais pas aperçu jusqu'alors. Il venait me rendre visite.

Il avait une assez grosse escorte de nègres dont j'eus l'aide pour transporter la malanca que j'avais abattue. Cette masse de viande fit baisser sensiblement le prix des comestibles sur le marché. Le chef partit pour son village d'où il rapporta du grain en quantité ainsi qu'une paire de volailles qu'il m'offrit en échange de ma couverture et de la peau de l'antilope. Le temps pressait, je consentis au marché et le vieux bonhomme s'en alla ravi.

Voilà comment je me séparai de la couverture qui m'avait protégé pendant les nombreuses nuits passées sans sommeil dans les solitudes de l'Afrique.

Me trouvant donc enfin en mesure de quitter Mosi-oa-Tounia, je rentrai une dernière fois dans ces huttes que j'avais rendues habitables durant l'après-midi du 18.

Le lendemain matin, je partais et, quittant mon ancienne route au point où je m'étais détourné pour aller à la cataracte, je me dirigeai vers le S.

Trouver ces grandes chutes du Zambési, dont la voix résonne au loin, n'avait pas été une entreprise mal aisée, mais arriver à un endroit qui n'était pas marqué sur les cartes et dont j'avais fixé la position d'après les renseignements les plus vagues était une tâche plus difficile.

Dans une contrée comme celle-ci, toute primitive et sans population, je pouvais fort bien passer à un jet de pierre de Patamatenga sans voir l'endroit et sans m'en douter. Néanmoins, mes calculs plaçaient Patamatenga juste au S.; j'y dirigeai donc notre marche avec le parti pris de ne m'en pas détourner sous quelque prétexte que ce fût.

Quatre heures plus tard, je faisais halte au bord d'un ruisseau dans un endroit fort laid. Pas un arbre, pas même une herbe! On n'y voyait qu'un sol couvert de pierres noires; encore le ciel couvert d'épais nuages en rendait-il l'aspect plus sombre et plus affreux.

Un profond silence régnait dans cet étroit et lugubre vallon.

Pendant la marche j'avais aperçu plusieurs lions; mais je les avais soigneusement évités.

Je saisis cette occasion pour dire quelques mots sur une manie dont sont pris la plupart des voyageurs inexpérimentés. Leur désir d'encourir quelque danger est si ardent qu'ils s'écartent souvent de leur route pour en rencontrer.

Cependant un voyageur trouve en Afrique, chaque jour et presque à chaque pas, tant de difficultés à vaincre, tant de périls à surmonter, qu'il ne doit pas en chercher davantage, au risque de faire échouer des expéditions dont l'objet est de révéler les secrets de ce continent.

Il doit prendre la prudence pour guide dans toutes ses actions; ce qui ne veut pas dire que, dans de certaines circonstances, la prudence elle-même n'exigera pas qu'il fasse quelque acte de témérité, s'il le faut, pour le salut commun.

La manie à laquelle je fais allusion, pour l'Afrique, est la chasse aux bêtes féroces. Dans l'intérieur, la poudre vaut son pesant d'or. Un coup de fusil tiré sur un fauve carnassier est un coup perdu, qui peut, un jour ou l'autre, faire besoin pour sauver une caravane entière, et sans lequel celle-ci, privée de son chef, devenue la proie du hasard, pourra être ruinée, et le tout parce qu'on aura voulu satisfaire un mouvement de vanité personnelle.

Durant mon voyage fécond en événements, souvent forcé de recourir à la chasse pour vivre, je n'ai pas manqué de rencontrer des bêtes féroces ; cela ne me serait pas arrivé si j'avais pu disposer de ressources suffisantes pour me passer des produits de ma chasse. Quand on tue un animal en cas de légitime défense et par suite d'une rencontre accidentelle, on s'est délivré d'un obstacle ; mais, en cherchant et tuant un lion, l'explorateur géographique n'a fait que se créer un obstacle, et que commettre une imprudence dont il devrait éprouver des remords.

Je ne dis pas que je ne sois jamais tombé dans des fautes de ce genre, mais j'affirme que je m'en suis toujours repenti.

Si je retournais un jour en Afrique pour faire un voyage d'exploration, ou comme chargé d'une mission importante, je considérerais comme un devoir de ne pas mettre en péril l'objet principal de mon entreprise pour me donner un plaisir qui n'est que de la fumée, pour la satisfaction momentanée de mon amour-propre.

C'est à cela que je réfléchissais en revenant des cataractes tandis que j'évitais les lions qui, de leur côté, mettaient entre eux et nous une large distance.

Près de l'endroit de notre halte, il n'y avait pas de bois. Mon Aogousto, qui était allé en chercher assez loin, revint sous le faix de troncs d'arbres secs. En les fendant, nous les trouvâmes habitées par d'énormes scorpions. Nous avions déjà rencontré, en route et sur cette place même, une foule de ces bêtes dégoûtantes.

Nous essuyâmes encore ce jour-là une tempête violente, venue du S.-S.-E. et qui, pendant deux heures, nous versa sur la tête de l'eau comme à pleins seaux.

La nuit ne fut pas plus agréable. Il venta fort du S.-E., et nous en fûmes très incommodés, n'ayant d'autre abri pour nous garantir qu'un ciel nébuleux.

Le 24, nous nous remîmes en chemin, toujours vers le S., et dans un pays difficile.

Les montagnes allaient au S.-E. ; ce qui nous obligeait à des descentes ou à des montées continuelles. Le sol était aride et pierreux. Cinq heures de cette marche fatigante nous conduisirent à une petite mare, près de laquelle nous dressâmes le campement.

Je gravis une hauteur élevée, à quelque distance de notre halte; en regardant au S., j'aperçus une vaste plaine où, même avec l'aide de ma puissante lunette d'approche, je ne pus découvrir la moindre trace d'eau.

J'en conçus une grande peur des souffrances que la sécheresse allait nous causer. Heureusement l'endroit où nous étions abondait en *moucouri*, et l'existence de cette plante assure le voyageur contre le danger de mourir de soif. C'est un vrai trésor pour celui qui traverse les déserts arides du sud de l'Afrique centrale. Le moucouri est un arbuste haut de 60 à 80 centimètres, dont l'extrémité des radicelles est garnie de tubercules spongieux fournissant un liquide, insipide il est vrai, mais propre à désaltérer.

Il n'est pourtant pas toujours aisé de trouver les tubercules quand on a rencontré la plante.

Ceux-ci poussent au bout des radicelles mêmes qui, rayonnant des racines principales, s'éloignent considérablement de la tige, pour nourrir et développer leurs excroissances extraordinaires. Le meilleur moyen de les trouver est celui qu'emploient les indigènes et qui consiste à marcher lentement autour de la plante en décrivant des cercles chaque fois plus grands et en battant toujours la terre avec un bâton. Quand le sol rend sous le coup un son creux et sourd, on est certain qu'il recouvre les tubercules. Ceux-ci ont un diamètre de 10 à 20 centimètres et affectent une forme à peu près sphérique. J'en fis une bonne provision le lendemain avant de quitter l'endroit où j'avais passé une nuit vraiment misérable.

Nous marchâmes sept heures sur une grande plaine remplie d'arbrisseaux et de hautes graminées, mais où il n'y avait pas d'eau.

Enfin, accablés de fatigue, nous nous arrêtions et j'allais faire camper quand, juste au-dessus de ma tête, descendit, de la branche d'un arbre auquel je m'étais appuyé, le roucoulement de quelques colombes d'Afrique.

J'en conclus qu'il devait y avoir de l'eau dans le voisinage. En effet, l'après-midi touchait à la soirée ; c'était l'heure où boivent les petits oiseaux et, s'il n'y avait pas eu auprès un abreuvoir, les colombes ne se seraient pas tenues ici. En Afrique, la rencontre d'une colombe, au soir et au matin, est un sûr indice de la proximité de l'eau, car cet oiseau boit invariablement deux fois par jour.

J'envoyai donc en éclaireurs Vérissimo et Aogousto pour reconnaître les environs. Au bout d'une heure, le premier revenait m'annoncer qu'il avait trouvé une petite source à la distance d'un kilomètre vers le N.-O. Nous nous y rendîmes immédiatement, mais nous n'y pûmes pas arriver avant la tombée de la nuit.

D'après mes calculs, nous devions arriver à Patamatenga dans le courant du lendemain; aussi, dès le grand matin du 26, j'étais debout et nous repartions.

Presque aussitôt après avoir décampé, nous eûmes à traverser un bois épais, ce qui nous prit bien vingt minutes.

En débouchant, nous arrivons sur un ruisseau assez considérable, gazouillant dans son lit pierreux. Auprès, s'élevait un kraal admirablement construit, dont la forte enceinte était dominée par les pignons de plusieurs maisons.

J'étais à Patamatenga ! Je m'étais donc arrêté tout près sans le savoir, et j'avais passé une misérable nuit en plein air quand j'aurais pu dormir tout à mon aise dans un lit, abrité par une maison bien bâtie !

Un Anglais, que je ne connaissais pas même de nom, vint au-devant de moi jusqu'au ruisseau. Il me fit entrer dans son kraal, et sans plus tarder, sans causer davantage, me servit à manger. A 11 heures, il m'avait fait dévorer je ne sais combien de bonnes choses, lorsqu'il m'informa qu'il faisait apprêter un second repas. Il avait, paraît-il, un excellent cuisinier européen. Quant à partir le jour même pour Deica, il n'en voulait pas entendre parler et m'informait que je devais passer avec lui tout le reste de la journée.

J'écrivis donc à M. Coillard un billet pour lui apprendre que j'étais en bonne santé et que j'espérais arriver chez lui le lendemain.

Dès que mon hôte sut que je consentais à demeurer, il fit tuer le meilleur de ses moutons et m'invita à faire avec lui un tour dans son potager. Nous y allâmes et il se mit à détruire sauvagement tout un plant de pommes de terre afin d'en choisir six ou sept pour la table. Ensuite il cueillit tomates, oignons et piments, tout ce qui lui tombait sous la main.

En vain, j'essayai de retenir sa fureur destructive. Il avait résolu de me donner ce qu'il avait de meilleur et, si j'étais resté une semaine près de lui, j'ai bien peur qu'il n'eût, pour me nourrir, ravagé toutes ses plantations. Le potager était magnifique et dans une condition excellente, mais la saison était celle de l'année où les produits étaient le moins nombreux. Cependant cet hospitalier *gentleman* rapporta en triomphe une demi-douzaine de pommes de terre, seize tomates, une poignée de piments et une quantité de petits oignons délicieux, qu'il remit à son cuisinier pour la confection du dîner. Dîner ! C'est le nom qu'il donnait à ce repas, mais réellement je ne sais comment on devrait l'appeler. Il commença à l'heure du goûter et nous étions encore à table longtemps après celle du souper.

Ce festin, auquel je crains de n'avoir pas fait tout l'honneur désirable, étant terminé, j'accompagnai mon hôte dans une promenade qu'il fit aux environs.

Nous rencontrâmes chemin faisant cinq monceaux de pierres marquant les tombes de cinq Européens. Ils sont là, dormant leur dernier sommeil, côte à côte, à l'ombre des arbres, ensevelis dans la terre dont les exhalaisons insinuaient en eux le poison qui devait couper court à leur vie dans un âge prématuré.

Hélas ! cet énorme continent, que de tombes semblables contient-il, qui, creusées dans des coins ignorés, cachent les secrets qu'elles gardent impénétrablement ! Sans le savoir, nous pouvons fouler un sol où gisent décomposés les restes d'hommes de cœur, qui ont laissé d'affectueux regrets dans les pays les plus éloignés. On n'a même pas l'amère douceur de pouvoir verser une larme sur la terre qui recouvre des êtres qu'on aimait si tendrement !

Plus heureux à cet égard sont les hommes qui reposent dans les cinq tombes de Patamatenga. On sait leurs noms que je vais rappeler : s'ils ont encore des personnes auxquelles leur mémoire soit restée chère, ce sera pour elles une triste satisfaction d'apprendre dans quel coin de la terre leurs amis ont trouvé une tombe décente.

La première porte le nom de Jolly, mort en 1875 ; la seconde, celui de Frank Cowley ; la troisième, de Robert Bairn, décédés également en 1875 ; la quatrième, de Baldwin, et la cinquième, de Walter Cary Lowe, tous deux morts en 1876. En avril 1878, ont été aussi enterrés à Lechouma les restes du Suédois Oswald Bagger.

Quand nous eûmes fini notre visite à ce petit cimetière, improvisé au milieu des déserts africains, nous revînmes

Les cinq tombeaux.

au kraal de Patamatenga, où j'eus encore à prendre part à des soupers variés.

En causant avec Gabriel Mayer (ainsi s'appelait mon hôte prodigue), j'eus grand soin de ne pas lui raconter les nombreux épisodes de mon voyage où le manque de nourriture jouait un rôle bien important. J'avais trop peur qu'il n'en prît un prétexte pour me faire encore mettre à table. Enfin je redoutais d'être forcé de manger, autant que jadis j'avais éprouvé de crainte à l'idée de ne pas trouver de quoi vivre.

Le lendemain ce ne fut qu'après avoir été contraint d'avaler encore deux repas que je pus me remettre en route, à sept heures du matin, bien pourvu de denrées de toute espèce, car Gabriel Mayer ne me permit de prendre congé de lui qu'après qu'il se fût assuré que mes bissacs étaient bien remplis.

Une marche de cinq heures vers l'est suffit pour nous mener sains et saufs à Deica, où la famille Coillard m'attendait avec impatience. Elle me reçut avec toutes les démonstrations d'une amitié sympathique.

Contrairement au temps que j'avais eu au Mosi-oa-Tounia, pas une goutte de pluie n'était tombée à Deica. Nous avions donc raison de nous demander s'il fallait en partir, car le désert était sec et nous trouvions dangereux, sinon impossible, d'essayer de le traverser tant qu'il n'y aurait pas eu assez de pluie pour remplir les mares qui devaient nous fournir de l'eau pour le bétail.

Or, le 28 et le 29 novembre, nous entendîmes gronder le tonnerre vers le S. et le S.-S.-E., à une grande distance, il est vrai ; mais cela nous décida à partir, car nous espérions que la pluie était tombée dans le désert.

Durant la première de ces journées, n'ayant rien de mieux à faire, je préparai un attirail de pêche avec des hameçons que j'avais conservés. Les dames Coillard consentirent à m'accompagner jusqu'à une petite lagune, située à peu près à 200 mètres à l'ouest du campement. Nous y attrapâmes une quantité de petits poissons et je m'amusai fort à voir le plaisir que mes belles compagnes prenaient à ce divertissement nouveau pour elles, et leur joie lorsqu'une proie plus grosse qu'à l'ordinaire se piquait à l'hameçon ou que leurs cannes légères pliaient sous le poids et sous les efforts du poisson.

Le 30 nous prîmes la résolution de ne pas différer le dé-

A la pêche.

part plus loin que le 2 décembre, malgré les risques que nous pouvions courir de ne pas rencontrer d'eau durant nos premiers jours de marche. En effet, nous étions au nombre de quinze, notre fonds de provisions baissait considérablement; nous ne pourrions pas nous en procurer d'autres jusqu'à notre arrivée au Bamangouato, et Deica n'en avait aucune à nous fournir.

Donc il nous fallait aller à Chochon avec toute la célérité

possible et atteindre la cité du roi Cama avant l'épuisement complet de nos ressources.

Il plut le 30 novembre ; il plut encore dans la matinée du 1er décembre ; notre résolution de lever le camp et de partir le 2 en fut affermie d'autant.

Mais, avant de commencer le récit de cette aventureuse traversée du désert, il me paraît opportun de dire ici quelques mots de mes compagnons de voyage.

Puisse leur modestie ne pas se blesser de mes observations et me pardonner ce que je vais écrire à leur sujet. Il faut bien que le monde soit mis au fait des noms et des actes de quelques-uns de ces obscurs travailleurs, qui abandonnent l'Europe et toutes les délices de la vie civilisée pour errer loin de leur patrie, sans autre objet que se dévouer au grand œuvre de civiliser le continent noir.

Le Basutoland ou Pays des Basoutos confine par le sud et par l'est aux colonies du Cap et de Natal ; par l'ouest et le nord, à l'État libre Orange. C'est dans cette contrée qu'il y a une cinquantaine d'années s'installèrent plusieurs missionnaires français, protestants. Leur nombre s'accrut d'année en année. Ils réussirent à dompter, pour ainsi dire, ces barbares, ces hordes de cannibales, qu'ils élevèrent à un degré de culture et de civilisation que n'a jamais atteint jusqu'ici aucune des populations dans l'Afrique méridionale.

A présent, les écoles chrétiennes des Basoutos comptent leurs élèves par milliers ; une grande partie de la population ayant embrassé le christianisme a renoncé à la polygamie et aux autres coutumes barbares de ses ancêtres.

Au bout d'un certain temps, les missionnaires crurent que leur champ ne suffisait plus au nombre des travailleurs et s'occupèrent à fonder des missions dans le nord du Transvaal, près du Limpopo.

Désireux même de pousser plus loin, ils organisèrent une expédition qui, sous la direction d'un jeune missionnaire, devait aller jusqu'au pays des Banyaïs ou Machonas, entre ceux des Matébélis et des Natouas. Mais elle échoua. Dès son entrée dans le Transvaal, elle fut arrêtée par les Boers[1] qui l'empêchèrent de passer, l'accablèrent d'insultes et finirent par envoyer prisonniers à Prétoria le missionnaire et ses catéchumènes.

Ce fut à cette époque que M. François Coillard, chef de la mission de Léribé, reçut l'ordre de prendre la direction de l'expédition manquée. Il partit de Léribé, station voisine de la rivière Calédon, affluent de l'Orange, à l'ouest du Mont-aux-Sources. Accompagné de sa femme, de sa nièce et de ses catéchistes, il se dirigea vers le nord ; après de nombreux obstacles dont il ne vint à bout que grâce à la ténacité de son caractère, il finit par gagner la région qui lui avait été assignée.

Fort bien reçu par les Machonas, il s'était mis sans retard à ses travaux apostoliques, lorsqu'une bande de Matébélis vint l'attaquer et le faire prisonnier, puis le traîna avec tous les siens devant Lo Bengoula.

Ce terrible chef des Matébélis, tant que ces pauvres dames et le missionnaire restèrent en son pouvoir, leur fit endurer des souffrances dont le triste récit serait trop émouvant.

Comme il réclamait la suzeraineté sur le pays des Machonas, ce chef avait pris ombrage de ce que des étrangers y avaient pénétré sans avoir au préalable obtenu sa permission. Il donna à l'expédition l'ordre d'en sortir pour n'y plus rentrer.

Enfin M. Coillard put revenir sur ses pas jusqu'à Chochon, capitale du Mangouato ; c'est alors que, désirant tirer quelque parti d'un voyage à la fois coûteux et fatigant, il résolut d'essayer de pénétrer chez les Barozés. Il possédait l'avantage de parler l'idiome de ce pays aussi bien que ses caté-

1. Mot hollandais, qui se prononce *bour* et qui revient à l'allemand *Bauer* et à l'anglais *boor*, signifiant cultivateur, paysan, rustre. Le major Serpa Pinto donnera, dans le premier des deux chapitres intitulés *Au Transvaal*, des renseignements nombreux sur cette intéressante population de l'Afrique australe. — J. B.

chistes, qui, Basoutos de naissance, pouvaient aisément travailler dans une contrée où leur langue était généralement parlée.

Nous avons vu comment il n'avait pas mieux réussi de ce côté. Tout en voyant sa demande amicalement reçue et en obtenant de l'astucieux Gambêla une foule de promesses, il n'avait pas pu dépasser Quisséqué.

Je viens d'exposer rapidement les motifs qui avaient conduit la famille Coillard sur le Zambési supérieur et qui avaient amené notre rencontre dans ces lointains pays.

A cette époque, M. Coillard et sa femme avaient déjà résidé une vingtaine d'années en Afrique.

M. Coillard avait à peine passé la quarantaine ; sa femme n'avait pas d'âge, comme on peut le dire de toutes les femmes mariées qui ont plus de vingt-cinq ans.

Le missionnaire nourrissait une affection chaleureuse pour les indigènes dont la civilisation était l'œuvre de sa vie. Toujours calme dans ses gestes et dans ses paroles, il n'a jamais perdu son sang-froid en ma présence ; jamais je n'ai entendu sortir de ses lèvres que des mots de pardon pour les fautes qu'on commettait sous ses yeux.

François Coillard était, ou plutôt est, le meilleur, le plus bienveillant des hommes que j'ai rencontrés. Il unit à une intelligence supérieure la volonté indomptable et la persévérance nécessaires, pour mener à bien une entreprise, quelque difficile qu'elle soit.

Ce missionnaire français a acquis une grande instruction et son âme est encline aux sentiments les plus élevés ; François Coillard est l'homme le plus naturellement poète.

Enchanté, tout glorieux de découvrir les bonnes qualités qu'il cherchait dans les naturels africains, il ne voit pas ni ne veut voir leurs défauts. C'est là son plus grand tort; mais il a pour excuse la sublimité des sentiments qui en sont l'origine.

La bonté humanitaire déborde chez madame Coillard

comme chez son mari. Le besogneux ne s'est jamais adressé à elle en vain ; elle n'a jamais laissé partir le malheureux sans consolation.

A leurs yeux, tous les hommes sont réellement des frères ; ils tiennent leur main ouverte à l'indigène comme à l'Européen, au pauvre comme au riche, quand l'indigène, l'Européen, le pauvre et le riche ont besoin de leur assistance.

Quant à moi, je ne saurais pas trouver des remercîments suffisants à reconnaître les services que j'ai reçus d'eux et dont la valeur était autant plus appréciable qu'ils étaient accompagnés d'une plus grande délicatesse.

La suite de mon récit mettra mieux en lumière les caractères de ces âmes d'élite que ne le fait mon laconique hommage. Ces gens de bien ont été mes compagnons pendant la longue traversée d'un désert inconnu où, abandonnant la route des caravanes, nous nous sommes proposé de nous en ouvrir une nouvelle.

CHAPITRE III

TRENTE JOURS DANS LE DÉSERT.

Le Désert. — Forêts. — Plaines. — Les Macaricaris. — Les Massarouas. — Grand Macaricari. — Les rivières du désert. — Mort de Cora. — Manque d'eau. — Dernière tasse de thé de madame Coillard. — Chochon.

Le 2 décembre, il était à peine jour quand commencèrent nos préparatifs de départ.

Un wagon de voyage dans le sud de l'Afrique est une lourde construction de fer et de poutrelles, longue de 6 à 7 mètres, large de 1^{m},8 à 2 mètres, portée sur quatre grosses roues de bois et traînée par vingt-quatre ou trente bœufs, soumis à des jougs vigoureux et attelés à un long cordage fixé au bout du timon du chariot.

Cette espèce de maison à roues contient les bagages et les marchandises du voyageur, arrangés de façon à lui assurer tout le bien-être possible.

Le wagon de M. Coillard, construit sous ses yeux, était, grâce à son expérience des voyages, une vraie merveille offrant des aises que je n'ai jamais vues dans un autre.

Mon bagage y fut rangé au fond avec celui de la famille Coillard, ne laissant à portée de la main que les objets dont je pouvais avoir souvent besoin.

J'admirais l'habileté avec laquelle mes amis trouvèrent de la place pour toute ma volumineuse cargaison, de même qu'ils se gênèrent pour me faire une bonne place durant le voyage.

Après un repos d'une quinzaine, le départ est toujours une grosse affaire.

Il y a tant de choses à mettre en ordre ! C'est toujours au

dernier moment qu'on s'aperçoit de la rupture d'un joug ; les fouets manquent de cordelette ou de mèche, les moyeux des roues ont besoin d'être changés ou raccommodés ; enfin un millier de misères viennent toujours retarder de plusieurs heures l'instant fixé pour le départ.

Néanmoins, après qu'on eut pris toutes les précautions dictées à M. Coillard par sa longue expérience de semblables voyages, nous réussîmes à quitter Deica, vers deux heures de l'après-midi, en nous dirigeant au sud.

Notre convoi se composait de quatre wagons, dont deux appartenaient à M. Coillard et les deux autres à Mr. Frederick Phillips, dont j'aurai à parler plus tard.

Une traite de trois heures et demie nous conduisit à un petit étang que la pluie des jours précédents avait rempli ; nous prîmes dans le voisinage nos quartiers pour la nuit.

Le lendemain, nous allâmes vers le S.-S.-E. ; au bout de deux heures, nous fîmes une halte de même durée à peu près, pour donner du repos aux bœufs.

La seconde marche de la journée fut de trois heures, et une troisième eut lieu de sept à neuf heures de la nuit.

En étudiant les environs du campement, on trouva de l'eau à un kilomètre de distance, vers l'E.-N.-E.

Le 4, désirant laisser le bétail s'abreuver complètement pendant la première moitié du jour, nous ne pûmes partir qu'à quatre heures et demie du soir, et nous avions à peine marché deux heures et demie quand nous arrivâmes à un étang d'eau excellente. Nous y installâmes le camp malgré les nègres de Mr. Phillips, qui affirmaient que l'endroit était infesté par la mouche tsé-tsé, ce qui ne m'avait pas l'air d'être bien certain.

Néanmoins, voulant faire acte de prudence, nous décampâmes le lendemain de grand matin ; nous marchâmes sept heures et demie en trois traites, dont la dernière finit à neuf heures de nuit. On n'apercevait pas d'eau à l'endroit de la halte, et le voyage avait été fort malaisé, à travers une forêt

Départ du convoi des wagons.

embrouillée, où les wagons avaient plusieurs fois risqué de laisser leurs roues, qui se heurtaient contre les troncs d'arbres énormes.

Nous repartîmes à six heures du matin, et fîmes une marche de deux heures vers le S.-E. Cette traite nous conduisit à une flaque d'eau permanente, la première de son genre qu'on puisse, pendant la sécheresse, rencontrer au sud de Deica. Elle s'appelle Tamazétze.

On s'y reposa sept heures; puis on repartit à trois heures du soir, campant pour la nuit, à six heures, dans le voisinage d'un autre beau lac d'eau permanente, que les Massarouas nomment Tamafoupa.

Nous avons traversé ce jour-là les plus belles forêts, où l'aubépine abondait et où la terre était couverte d'une épaisse couche de sable. Entourant le lac, s'étendait un brillant tapis de gazon, et le site était légèrement accidenté.

Malheureusement, au milieu de cette charmante verdure, pousse une plante herbacée que les bœufs aiment à la folie, mais dont il faut les détourner soigneusement parce qu'elle leur est un poison mortel.

Je me couchai tard pour faire des observations astronomiques; c'est sans doute à cela que je dus un violent accès de fièvre, dont je fus complètement abattu le lendemain.

Pendant plusieurs heures, je perdis connaissance ; puis le délire survint, et ce fut seulement après avoir repris mes sens que je pus apprécier les tendres soins que m'avaient donnés mes excellents amis.

Je souffris encore beaucoup le lendemain. Bref, nous ne pûmes repartir que le troisième jour, où je me trouvais encore dans un état déplorable. On m'avait improvisé un lit dans le wagon de M. Coillard. Une famille, infatigable dans ses soins, dans ses veilles, dans ses efforts pour me donner toutes mes aises, m'entourait pendant cette journée dont je n'ai conservé qu'un bien faible souvenir. Le peu dont je me rappelle, c'est que, le 10 décembre, nous étions campés dans un endroit nommé par les uns Mouacha et par les autres Ngouja.

De cet endroit part le sentier suivi par les marchands anglais. Nous y devions prendre congé de l'un d'eux, qui, ainsi que je l'ai dit, nous avait accompagnés à partir de Deica.

Ce négociant, Mr. Frederick Phillips, était un Anglais pur sang. Quoiqu'il eût reçu une bonne éducation, il affectait une grossièreté de manières, pour ne pas dire une sauvagerie, qui formait un contraste étrange avec son éducation évidemment distinguée. C'était une de ses faiblesses.

Il en avait une autre, qui peut être caractérisée par quelques mots que je lui ai entendu dire : « Si mes vœux s'accomplissaient, prétendait-il, tout ce qui pousse, tout ce qui existe, serait de l'ivoire et m'appartiendrait. »

L'expression bizarre de ce vœu m'aurait fait croire que Mr. Phillips était né à Tarbes, si je n'avais pas été bien certain qu'il avait vu le jour en Angleterre.

Il était grand de taille et robuste en proportion ; sa figure énergique inspirait de la sympathie. On dit même que la sœur du terrible Lo Bengoula, roi des Matébélis, avait pris à lui un intérêt si tendre qu'elle avait fait tous ses efforts pour le décider à l'épouser.

Mr. Phillips résidait habituellement dans le pays des Matébélis, et je ne l'avais rencontré près du haut Zambési que parce que son associé, Mr. Westbeech, ayant dû s'absenter de sa factorerie, il avait été obligé à faire ce voyage pour surveiller les intérêts de leur négoce.

Quand nous nous étions rencontrés à Lechouma, il m'avait montré beaucoup de bienveillance, et même avait mis à ma disposition un de ses wagons pour m'aider à gagner le sud ; bien que je n'eusse pas accepté son offre, je ne lui en avais pas moins de reconnaissance.

Après nous être séparés de lui à Ngouja, nous allâmes au sud et fîmes une traite de trois heures et demie ; ensuite,

Les colosses de la forêt.

vers sept heures et demie, nous nous arrêtâmes à un endroit dépourvu d'eau.

Le lendemain, après une étape d'environ trois heures, on fit halte près d'un endroit que les Massarouas appellent Motlamagjagnané, mot qui signifie « nombreux objets à la suite l'un de l'autre », à cause d'une série de petits étangs, où nous eûmes le malheur de ne plus trouver une goutte d'eau.

En cet endroit, la forêt prenait un nouvel aspect. Les arbres, dont la grandeur avait été jusqu'ici médiocre, faisaient place à de vrais colosses végétaux, dont les cimes touffues jetaient leur ombre sur un sous-bois épais et emmêlé d'arbrisseaux, qui rendaient le passage fort difficile.

Nous repartions vers quatre heures, et, à six, nous traversions une des forêts les plus belles et les plus adorablement primitives que j'eusse encore rencontrées en Afrique.

Vers la nuit, nous dûmes faire halte, parce qu'il n'était vraiment plus possible d'avancer dans l'épaisseur de la jungle sans risquer de briser tout à fait nos wagons.

Je commençais alors à me remettre entièrement, car la fièvre avait cédé à l'emploi des doses quotidiennes de 4 grammes de quinine.

Le lendemain, nous avions à peine marché une demi-heure quand nous atteignîmes la lisière de la forêt et une petite mare boueuse. Devant nous, se développait la plaine nue, aride, désolée. Livingstone l'avait traversée, le premier, à deux degrés plus à l'O. que moi ; puis, Baines, un degré à l'O. ; Baldwin, Chapman, Ed. Mohr et d'autres l'avaient aussi franchie, mais à un degré plus à l'E. C'était la plaine sableuse et inhospitalière, le Sahara du sud ; en un mot, le terrible Calahari.

Après y être entré depuis une couple d'heures, on s'arrêta pour faire reposer les bœufs, à onze heures et demie, au pied de quelques aubépines, rabougries, misérables, et dont le feuillage grillé par le soleil ne produisait d'autre effet que de rendre plus sensible la nudité du désert.

Cependant des nuées orageuses se groupaient dans le nord; vers deux heures, elles nous attrapèrent et, de leurs masses noirâtres, elles firent tomber sur nous plusieurs grosses gouttes d'eau tiède.

Depuis le Zambési jusqu'ici, le terrain avait été sablonneux avec un sous-sol formé par un dépôt d'argile singulièrement plastique et de couleur châtain foncé. La couche de beau sable fin étendu à la surface variait en épaisseur de 10 à 50 centimètres.

Quant à l'eau, c'est à peine si l'on en voyait la trace. Même pendant la saison des pluies, on n'en trouve guère que dans les creux. Parfois, comme il était arrivé ce jour-là au sortir de la forêt, on rencontre seulement, à la place de la source désirée, une masse de boue épaisse et fétide. La forêt, qui, jusqu'à l'endroit où nous l'avions quittée ce matin, couvrait toute la contrée, allait en augmentant l'épaisseur et la richesse de sa végétation à mesure qu'elle s'éloignait du nord.

En général, cette flore était légumineuse et comptait une immense variété d'acacias. Les fleurs des tons les plus divers et les plus brillants, des formes les plus délicates et les plus charmantes, en même temps qu'elles réjouissaient la vue, remplissaient l'air de leurs parfums délicieux. L'aspect paraissait enchanteur, mais la marche était une bien rude affaire.

Ouvrir des chemins aux chariots, la hache au poing, parfois durant 10 kilomètres et plus; fouler un sol où, le sable ayant cinquante centimètres de profondeur, les roues des wagons s'enterrent littéralement; et mettre quarante minutes à parcourir 1,800 mètres: voilà ce que c'est que de voyager dans ces halliers, quand on y voyage heureusement.

J'ai donné sur ma carte le nom de *désert de Baines* à cette vaste région qui va du Zambési au Calahari.

C'était pour rendre hommage à un voyageur infatigable qui, le premier, a fait connaître ces pays inhospitaliers, et

La caravane dans la partie légumineuse de la forêt.

dont la vie a été aussi privée de joie et de renommée que la région est dépourvue d'habitants[1].

Nous quittâmes à quatre heures de l'après-midi l'endroit où nous nous étions arrêtés le matin. La tempête menaçante venait de se dissiper. On s'arrêta vers 8 heures de la nuit près d'un buisson d'arbustes épineux et rabougris, et on eut un campement des moins agréables au milieu de plantes piquantes et tranchantes.

La nuit, tout à l'entour, les chacals et les hyènes firent un concert infernal, et quand, de temps à autre, les feux du camp éclairaient les ténèbres, on apercevait leurs formes fauves.

La pluie tombait le lendemain matin lorsqu'on décampa vers cinq heures et demie. En quittant notre gîte épineux, nous remarquâmes que, si notre choix avait pu la veille être mieux éclairé, grâce au jour, nous eussions établi notre halte dans un endroit certainement beaucoup plus favorable.

On fit une traite de cinq heures y compris une courte halte, et sur la route on rencontra plusieurs mares d'eau produites par la pluie du matin. Malheureusement elles ne purent nous servir à rien, l'eau étant tout à fait saumâtre; mais elles furent promptement mises à sec par nos bœufs altérés, qui se montrèrent moins difficiles que nous.

Nous souffrions cependant du manque d'eau potable; nous en cherchâmes quatre heures durant, et fûmes enfin forcés de nous arrêter sans en avoir trouvé. La nuit, je pus faire une bonne observation de la réapparition du premier satellite de Jupiter.

A l'aube, on repartait. Pendant une heure et demie, on s'avança sur ce désert aride et sablonneux, où les roues des wagons s'enfonçaient profondément.

1. Le traducteur du présent voyage a aussi traduit, mais en l'abrégeant, celui de Thomas Baines, dont la première édition a été publiée par la maison Hachette et Cie, en 1868, sous le titre de *Voyage dans le sud-ouest de l'Afrique en 1861 et 1862, depuis la baie Valfich jusqu'aux chutes Victoria.* — J. B.

On rencontra ensuite le lit desséché d'une rivière, dont on longea le côté droit pendant une bonne heure; puis on le franchit à une place où il tournait au S.-O., s'écartant de la direction que nous voulions poursuivre. L'escarpement des rives sableuses avait près de trois mètres en profondeur, d'une pente rapide. Ce ne fut donc pas sans effroi qu'on vit, après que les wagons eurent pour ainsi dire fait le plongeon

Wagon franchissant le lit d'une rivière.

d'un côté, au risque de se fracasser, les pauvres bœufs fatiguer et peiner pour amener nos lourds véhicules au sommet de l'autre bord. Dès qu'ils en furent venus à bout, on installa le campement.

Le lit de la rivière était émaillé de flaques d'eau, contenant un liquide clair comme le cristal et réjouissant nos yeux qu'avaient fatigués l'aridité et la monotonie du désert. Nous nous précipitâmes vers elles, impatients de nous désaltérer; mais, aux premières gouttes, notre joie se changea en déception, en chagrin. Ce liquide miroitant était plus que saumâtre, salé comme les eaux de la mer !

Pourtant nous eûmes la chance de trouver, à quelque distance de ces flaques décevantes, plusieurs puits creusés à une grande profondeur et contenant de l'eau supportable. Il fallut la tirer au seau pour la servir au bétail qui en avait grand besoin. La rivière dont nous ne voyions que le lit desséché était la Nata, qui, plus bas, a un courant appelé Choua.

Il fut décidé qu'on s'arrêterait en cet endroit pendant quarante-huit heures, parce que le jour suivant était un dimanche, jour où les Coillard ne se souciaient pas de voyager. On se mit donc à préparer un campement plus commode, et on put à cet effet employer de grosses branches coupées aux arbres des bords de la rivière, attendu que la végétation, après avoir cessé plusieurs jours, recommençait à se montrer.

A midi, on avait construit une espèce de kiosque ou de chaumière, et le camp était prêt.

Les deux dames se mirent de tout cœur à l'ouvrage. Elles firent du pain et préparèrent pour la fête dominicale les mets que la pauvreté de nos ressources leur permettait d'entreprendre.

Depuis ma dernière attaque de fièvre, depuis les trésors de soins et de bontés dont elles m'avaient gratifié, les rapports intimes que j'avais eus avec ces dames, envers qui la maladie m'avait fait contracter une dette si considérable, avaient fait sur moi une impression extraordinaire. J'avais éprouvé un choc en retour, pour ainsi dire.

Jusqu'au moment où je les avais rencontrées, j'avais oublié, au milieu des sauvages qui m'entouraient, toutes les aménités et les douceurs de la vie civilisée.

La société de ces dames me rappela qu'il y a des anges sur la terre, des êtres qui, comme les roses, parfument les sentiers épineux de la vie ou, comme la fraîche oasis, procurent le repos et le soulagement au voyageur torturé par les sables et les ronces de son passage en ce monde.

Alors ma pensée ne cessa plus d'avoir présentes ma femme bien-aimée et ma fille adorée. La vue constante de ces dames devenait donc pour moi, sans qu'elles pussent le soupçonner, une cause perpétuelle de tortures morales.

Combien de fois, tout fatigué, tout souffrant, ne me suis-je pas assis près d'elles, où je goûtais un instant de calme, de bonheur, sans penser qu'elles n'étaient pour moi que des étrangères jetées sur mon chemin par le plus étrange des hasards !

Mais aussi, combien de fois, au milieu même de ces moments si doux, n'ai-je pas senti ma tête se baisser étourdiment pour recevoir les caresses de mon épouse dévouée, qui était si loin ! si loin ! — A cette évocation, je me levais brusquement, et je fuyais la société d'amies que je me prenais à détester.

Ces souffrances perpétuelles, entretenues par la vue de mes belles compagnes, et qu'irritaient même leurs bontés, finirent par se changer en une mauvaise humeur presque permanente.

Pendant ces explosions de disposition chagrine, j'oubliais toutes les formes sociales du savoir-vivre et me métamorphosais en un rustre grossier.

C'était surtout sur madame Coillard que mon humeur noire tombait. Il lui suffisait de dire un mot pour s'attirer de ma part un démenti formel. Un jour principalement, je me rappelle combien je me suis rendu coupable d'ingratitude et de grossièreté.

Me sentant fatigué, j'étais monté dans le wagon. Ces dames, en me voyant, se privèrent de leurs coussins et de leurs oreillers afin de me mettre à mon aise et d'amortir les violents cahots d'un véhicule non suspendu, dans un terrain des plus inégaux. De fait, je m'en trouvai si bien que je tombai dans un sommeil profond, pendant lequel mes bonnes amies ne cessèrent pas de veiller sur moi et de s'efforcer, en replaçant les coussins qui se dérangeaient, de prolonger mon repos. Madame Coillard était ravie du résultat qu'elle avait obtenu, bien qu'elle eût dû, pour y parvenir, s'être exposée à une foule d'inconvénients ; mais je m'étais trouvé à mon aise et j'avais dormi. A mon réveil, comptant sans doute que j'allais reconnaître la charité avec laquelle elle m'avait veillé, elle ne put pas s'empêcher de me demander si je ne m'étais pas bien reposé. « Et comment l'aurais-je fait, répondis-je, dans cet infernal wagon, où tout a l'air d'être disposé exprès pour chasser le sommeil et le bien-être ? »

Ses yeux se remplirent de larmes, que je vis en la regardant peu après. J'eus alors la conscience de la brutalité dont je venais de me rendre coupable. Furieux contre moi-même et contre tout ce qui m'entourait, je m'élançai hors du wagon et entrepris au loin une course désordonnée, afin de calmer un peu mes esprits.

Malheureusement cet accès de spleen ne fut pas le seul, comme la suite de mon récit ne le montrera que trop.

Je ne peux pas, à présent, parvenir à comprendre comment une pareille révolution avait pu se faire en moi, ni comment j'avais pu me laisser aller à de telles barbaries qui me faisaient honte quand je retrouvais mon sang-froid.

Les deux journées passées sur les bords de la Nata ne comptent pourtant pas parmi mes plus mauvaises.

J'avais des observations à faire, des arriérés d'étude à combler, une région curieuse à examiner : c'étaient autant d'agréables diversions à la vie monotone du désert. J'espère qu'il en résulta naturellement que mon humeur fut moins détestable qu'à l'ordinaire.

Dans les portions où il y a de l'eau, le désert du Calahari est fréquenté par une population nomade composée des Massarouas et à laquelle les Anglais ont donné le nom générique de *Bushmen*[1]. Ces Massarouas sont des sauvages, mais ils le sont beaucoup moins que les Moucasséquérès, que j'avais rencontrés sur la Couando vers 15° S. et 18° E. de Paris. Ils sont d'un noir foncé, ont les dents molaires très proéminentes, de petits yeux brillants et une chevelure clairsemée.

Quelques-uns s'étant aventurés près de nous, je leur donnai du tabac et de la poudre, ce qui leur fit plaisir. Dans l'après-midi, ils revinrent m'apporter un panier de poisson frais, qu'ils avaient été pêcher dans les étangs à mon intention.

Le lendemain, en me promenant, je visitai leur camp.

Ces gens avaient des pots de terre où ils faisaient cuire leurs vivres et je remarquai chez eux quelques autres indices d'une civilisation rudimentaire.

La grande quantité de tortues de terre qu'ils possédaient m'étonna. C'est une nourriture dont ils paraissent très friands. Leurs femmes se couvrent de peaux exiguës et emploient des perles pour se parer elles et leurs enfants.

Leurs armes sont des assagaies et de petits boucliers ovales. Ils portent, sur la poitrine, un tas d'amulettes et, sur les poignets et les chevilles, des rondelles de cuir.

Leurs cheveux sont rasés auprès des oreilles, ne laissant sur la tête qu'un rond assez pareil à une calotte. Ils parlent un langage barbare qui est surtout remarquable par la façon dont il frappe l'oreille, attendu que les mots y sont séparés par un claquement de langue qu'on appelle *cliqués*.

Notre départ eut lieu le 16 décembre, en suivant la gauche de la rivière; la halte se fit après 5 heures de marche.

La rivière, à l'endroit où nous avions passé le dimanche, était nommée Nata par les Massarouas, qui l'appellent Choua à la place où nous campions ce jour-là.

Ainsi que je viens de le dire, nous avions suivi son cours qui se dirigeait successivement S.-O., S.-E., S.-S.-E. et S.; en somme, vers le sud. Cela ne permettait pas de douter que

1. *Hommes des buissons;* ceux que nous appelons *Boschimans* ou *Bosjemans.* — J. B.

Camp de Massarouas ou *Bushmen*.

la Nata et la Choua fussent une seule et même rivière. Comme la plupart de celles de l'Afrique, elle porte différents noms suivant les parties de son cours.

Cette région du désert est couverte d'une herbe courte et rachitique ; on y aperçoit rarement quelque arbre solitaire.

Néanmoins les bords de la rivière n'étaient pas dénués de végétation, et même, de temps à autre, le paysage y devenait agréable à la vue.

J'ai parlé de certains puits creusés dans le lit de la rivière et où nous puisions de l'eau potable ; malheureusement on n'a pas toujours cette chance, et l'eau des flaques découvertes est complètement saturée de sel.

Nous rencontrions souvent de petits espaces où rien absolument ne poussait ; ils avaient à leur surface une épaisse couche de sel qu'avait déposée l'évaporation de l'eau.

Les Massarouas nous communiquèrent, au sujet du manque d'eau, des nouvelles alarmantes. Il fut donc convenu qu'on n'irait pas plus loin ce jour-là, afin de profiter le plus longtemps possible d'une excellente eau bien fraîche, que nous fournissaient des puits très profonds.

Depuis notre entrée dans cette partie du Calahari, j'avais remarqué, pendant les premières heures de la matinée, qu'un vent très vif soufflait de l'est; à partir de midi jusqu'au soir, s'établissait au contraire une douce brise venant de l'ouest pour quelques heures.

J'attribuai la constance de ce phénomène à l'influence qu'exerçait sur l'atmosphère le vaste désert sableux qui se développait vers l'ouest.

On pourrait supposer en effet que cette immense étendue réfléchissant la chaleur solaire produisît une dilatation atmosphérique d'où résultait dans l'après-midi la douce brise allant à l'est que je viens d'indiquer ; cet air lentement dilaté pendant les heures de soleil devait être rapidement contracté par le froid intense de la nuit et produire, en s'efforçant de rétablir l'équilibre, le fort courant qu'on sentait durant les premières heures du jour.

M. Coillard avait jugé prudent de ne pas décamper avant l'après-midi du lendemain, afin de laisser les bœufs s'abreuver tout leur soûl avant d'aller à la recherche très incertaine d'autres sources; quant à moi, je désirais pousser en avant, accompagné seulement du jeune Pépéca. Nous convînmes donc de nous rencontrer sur le bord de la Simoané.

Je me proposais surtout de faire une visite aux lagunes que les Massarouas ont nommées *macaricaris*, ou « poêles à sel ».

Après avoir traversé plus de 12 kilomètres, je m'enfonçai dans une forêt où j'en fis 5 de plus ; puis j'atteignis un lit de rivière, parsemé d'un peu d'eau stagnante. Je pensai que c'était la Simoané.

J'en suivis le lit jusqu'au Grand Macaricari ; et, après avoir parcouru longtemps les environs, je cherchai un endroit où, selon mes calculs, la caravane devait passer. Là je me couchai par terre, en attendant.

Il était déjà neuf heures du soir et la nuit était fort noire quand mon oreille exercée perçut le bruit des wagons qui retentissait dans le lointain. Alors je me levai pour aller à leur rencontre. Mon absence pendant tout un jour où je n'avais eu pour compagnon qu'un jeune garçon avait jeté madame Coillard dans de vives inquiétudes. La première chose dont elle s'occupa quand la caravane fit halte, ce fut de me faire du thé. Elle savait que je trouvais cette boisson délicieuse et, d'après mon journal, j'en absorbai ce soir-là dix grandes tasses à la suite.

En vérité, je faisais une terrible consommation du thé de madame Coillard.

La Simoané, qui à présent ne paraissait guère être qu'une succession de mares larges de deux à trois mètres, coule à l'ouest, dans la saison des pluies, et débouche directement dans le grand Macaricari.

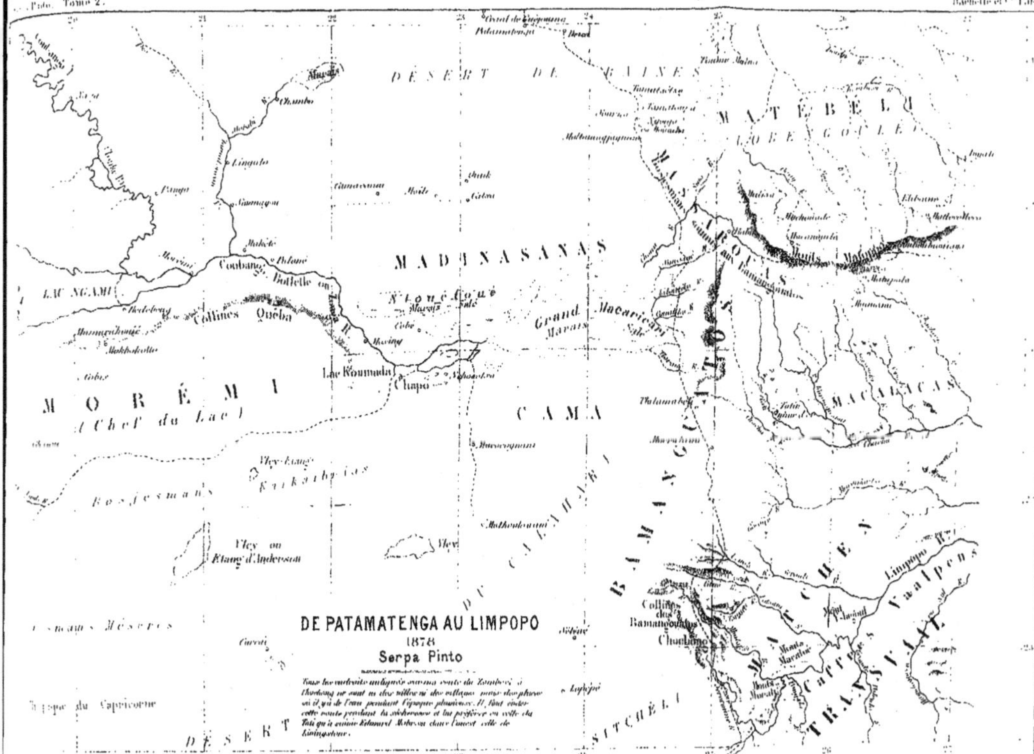
DE PATAMATENGA AU LIMPOPO
1878
Serpa Pinto
DÉSERT DE KALAHARI
MADINASANAS
MORÉMI
(Chef du Lac)
LAC NGAMI
Collines Québa
Lac Koumadau
Chapo
Grand Macaricari
CAMA
MATÉBÉLÉ
MACALACAS
BAMANGOUATOS
Collines des Bamangouatos
Choxhong
TRANSVAAL
Vaalpens
Limpopo R.
Vley ou Étang d'Anderson
Coubango
Patamatenga
Tropique du Capricorne

L'ensemble du district, mais principalement la forêt où coule la Simoané, portait la trace de grosses pluies assez récentes, ce qui expliquait la présence dans le lit de la rivière des nombreuses mares d'eau tolérable.

Elles se sèchent quand il ne pleut point, sauf quelques trous plus profonds; mais l'eau que ceux-ci conservent devient trop salée pour l'homme et même pour les animaux.

Depuis que nous étions arrivés à la Nata, toutes les fois que nous faisions halte, nous étions ennuyés des Massarouas, dont les bandes nous fatiguaient par leur mendicité. Cependant, si nous nous fâchions, leurs importunités cessaient immédiatement et ils prenaient la fuite.

Non pas qu'ils manquent de courage, puisqu'ils s'attaquent avec succès au lion et à l'éléphant; mais ils sont encore très timides en face d'un homme et surtout d'un blanc.

Nous ne quittâmes pas avant quatre heures du soir cet endroit, où le bétail trouvait en abondance de l'eau et une pâture agréable; on repartit dans la direction du S.-O., et ce fut sur une place aride que le camp fut installé à huit heures et demie.

Le 19, on suivit durant quatre heures, vers le S.-S.-E., le pied d'une rampe qui courait à l'E., puis on atteignit le lit desséché d'une rivière dont les bords étaient couverts d'une végétation luxuriante. Comme d'habitude, les Massarouas furent bientôt assemblés autour de nous. Ils appelaient la rivière Liloutéla, en reconnaissant que d'autres la nommaient Chouani, c'est-à-dire la petite Choua. Ce doit être des naturels méridionaux que vient le nom de Chouani, car, dans l'idiome sesouto et un de ses dialectes, les diminutifs se forment par le suffixe *ani*.

J'ai gardé le mot Liloutéla parce que c'est le nom que les tribus errantes du désert donnent à la rivière. Le cours d'eau a creusé son lit au travers d'une forêt d'arbres gigantesques, où on ne voit pas d'arbrisseaux, et que nous avions rencontrée à une quinzaine de kilomètres au N. de la Simoané.

Elle paraissait n'être que la lisière d'une forêt fort épaisse dont serait couvert un haut pays, courant du N. au S., à quelques kilomètres à l'E. du chemin que nous nous ouvrions.

On remarque que, depuis que nous avions franchi la Nata, le terrain était devenu bien solide et qu'à présent nous avions laissé les sables derrière nous. Le sol se composait d'une profonde couche de glaise fort plastique. A l'époque des grandes pluies, ce doit être un énorme bourbier.

Un des Massarouas qui étaient venus nous faire visite nous guida vers un étang situé à un kilomètre vers l'O. ; nos bœufs purent s'y désaltérer à l'aise, et nous, y faire une bonne provision d'eau.

Du guano recouvrait en quantité les rives de la Liloutéla; cela montrait qu'au temps où elles contiennent de l'eau, elles doivent être fréquentées par des millions d'oiseaux.

On repartit le même jour à cinq heures du soir avec la crainte désagréable de ne pas pouvoir rencontrer d'eau pendant tout le lendemain; les rapports des Massarouas venaient à l'appui de notre appréhension. La marche fut continuée jusqu'à onze heures de nuit, à travers les percées d'une forêt splendide.

Le 20, on se remit en route à huit heures du matin. Une demi-heure plus tard, on rencontrait le lit sec de la Coualiba, qui va se jeter, quand elle a de l'eau, droit à l'O. dans le Grand Macaricari.

Chemin faisant, on trouva dans la forêt une foule de ronds unis, caillouteux, qu'avait formés le tournoiement des eaux et qu'habitaient des quantités de gros colimaçons et de grands coquillages.

On dressa le camp sur la gauche de la Coualiba afin d'aller en quête de l'eau.

Les Massarouas qui nous entouraient ne voulurent pas nous révéler où nous en trouverions. C'est trop souvent leur façon d'agir à l'égard des étrangers. Nous cherchâmes donc de droite et de gauche et, après beaucoup de tentatives faites dans le lit de la rivière, nous parvînmes à nous creuser, à un peu plus d'un kilomètre du camp, un puits qui nous en procura.

On se remit en route à 4 heures 25 du soir ; à 5 heures 10, on s'arrêta pour abreuver le bétail près d'un étang, rempli par une pluie torrentielle qui dura deux heures.

Puis on repartit et, deux heures plus tard, on fit halte enfin, à huit heures, après avoir traversé une portion du Grand Macaricari.

Le Grand Macaricari.

Le Calahari est un désert aussi vaste que remarquable, où la nature semble s'être complue à mettre en juxtaposition les éléments les plus discordants. Ici, la forêt luxuriante longe la plaine sèche et stérile ; le sable mobile et délié est continué au même niveau par l'argile où rien ne bouge ; l'aride y côtoie l'eau. Ce désert ressemble tour à tour au Sahara, aux pampas d'Amérique et aux steppes de Russie ; il est élevé d'un millier de mètres au-dessus du niveau de l'Océan ; mais un de ses phénomènes les plus extraordinaires est encore le Grand Macaricari ou le Grand Étang salé.

C'est un bassin énorme, où le sol s'est enfoncé de 3 à 5 mètres, dont l'axe le plus long peut avoir entre 220 et 280 kilomètres, et le plus court, de 150 à 180.

Comme tous les macaricaris, il affecte une forme presque elliptique et a son grand axe dirigé de l'E. à l'O.

Dans la langue des Massarouas, le mot *macaricari* signifie poêle à sel ou bassin salin. L'eau pluviale, qui y séjourne quelque temps, disparaît l'été par évaporation et redépose les sels qu'elle avait dissous. Ces macaricaris sont très nombreux dans les portions du désert que nous traversions, et j'en ai vu beaucoup dont le plus grand axe, toujours dirigé de l'E. à l'O., avait en longueur 5 kilomètres et plus.

Les parois de ces bassins sont de sable grossier, que

recouvre une couche cristalline de sel, ayant de 1 à 2 centimètres d'épaisseur.

Je ne pense pas que la couche de sel soit exclusivement composée de chlorure de sodium, bien que c'en soit la substance prédominante. Les dépôts calcaires, laissés par ces eaux en s'évaporant par l'ébullition, montrent évidemment que des sels de chaux doivent être comptés aussi parmi les éléments constitutifs de la couche cristalline qui s'y dissout et même dans des proportions assez considérables.

J'avais réuni un bon nombre d'échantillons de la paroi intérieure des macaricaris; par malheur, la caisse qui les contenait avec d'autres spécimens précieux, à destination d'Europe, est tombée dans la mer quand je me suis embarqué à Durban sur le *Danubio* et a été perdue.

Le Grand Macaricari reçoit dans la saison des pluies un immense volume d'eau que lui versent la Nata, la Simoané, la Coualiba et d'autres tributaires. De fait, toutes les pluies qui tombent sous ces latitudes, depuis le lac jusqu'aux frontières du pays des Matébélis, doivent se réunir ici, parce que le sol s'élève peu à peu dans l'E. jusqu'au méridien 25° 40′ ou 26 de Paris.

Ces eaux formant des torrents considérables doivent très rapidement remplir le Grand Macaricari.

Le vaste bassin communique par la Botletle ou Zouga avec le lac Ngami, tous deux ayant le même niveau, circonstance d'où résulte un phénomène très remarquable. Comme les deux lacs sont séparés l'un de l'autre par une distance de plusieurs degrés, il arrive fréquemment que les grandes pluies tombent à l'est et font déborder le Macaricari lorsque les sources qui alimentent le Ngami n'ont pas encore augmenté de volume. Dans ce cas, la Botletle coule à l'O. du Macaricari dans le Ngami. A d'autres époques, le contraire a lieu et c'est alors le Ngami qui envoie, par le même canal, le surplus de ses eaux au Macaricari. C'est d'ailleurs ce courant qui est naturel à la Botletle, puisque le Ngami est alimenté par une rivière permanente et considérable.

Maintenant on peut se demander ce que devient toute l'eau qui, de tant de côtés, s'assemble dans cet étonnant bassin. L'évaporation suffit-elle pour la faire disparaître?

Ne doit-il pas y avoir aussi une infiltration considérable? Par des canaux mystérieux et souterrains, donne-t-elle naissance aux innombrables cours d'eaux qui, sur la basse plaine, se rendent à la mer par des directions opposées?

Que deviennent les eaux de la Coubango, rivière large et permanente, absorbées par ce désert insondable?

Je pense qu'elles parviennent au Grand Macaricari et y disparaissent.

La Botletle n'est après tout que la Coubango, élargie dans sa course de façon à former le lac Ngami.

Sans le Grand Macaricari, les portions de l'Afrique centrale, comprises entre le 18e parallèle et le fleuve Orange, formeraient une région des plus fertiles; vu les conditions climatologiques et météorologiques qui les favorisent, elles auraient un avenir plein de promesses et d'espérances.

La Coubango, à elle seule, aurait fertilisé cette région; mais, comme toutes les rivières qui coulent vers le Calahari, la Coubango a rencontré sur son chemin une plaine de sable tout à fait horizontale où ses eaux se sont épanchées, n'y trouvant point de passage. La faible quantité qui réussit à s'en frayer un est saisie et engloutie avidement par le Grand Macaricari, dont la soif démesurée n'en est pas le moins du monde étanchée.

Quant aux rivières qui prennent leur source au S. du 18e parallèle et à l'O. du 25e méridien oriental, au nord de l'Orange et à l'ouest du Limpopo, elles n'ont pas de cours permanent : torrents formidables dans la saison des pluies, ce ne sont en été que des fossés sableux et desséchés.

Les eaux de la plupart d'entre elles s'étendent jusqu'à la ligne qui unit le Ngami au Grand Macaricari, mais elles s'y perdent momentanément pour renaître à la vie avec une nouvelle période pluvieuse.

Parfois, ainsi que nous le vîmes cette année même, la Botletle ne montre plus à ceux qui habitent près de ses rives qu'un lit blanc et sablonneux.

Cette portion de l'Afrique, cachée sous son voile mystérieux et sombre, serait donc digne d'être étudiée; mais elle est si peu hospitalière qu'elle réussira sans doute longtemps encore à dérober ses secrets aux yeux investigateurs des hommes de science.

Le 21 décembre, partant du Grand Macaricari à cinq heures du matin, nous reprîmes notre marche vers le S.; quatre heures plus tard, nous faisions halte près d'une petite mare d'eau potable, qui provenait d'une pluie abondante, tombée dans la soirée précédente.

La contrée où nous marchions était couverte d'arbres, mais avait un sous-bois épineux qui nous gêna beaucoup.

A midi, nous repartions; vers deux heures, nous arrivions au bord de la Tlapam, un ruisseau qui trompa cruellement nos espérances en ne nous donnant pas même une goutte d'eau à boire. Il nous fallut donc pousser plus loin et ce ne fut pas avant neuf heures du soir qu'on rencontra un petit lac d'eau permanente, nommé *Linocanim* ou le Ruisselet par les Massarouas, à cause d'un ruisseau qui en sort, coule à l'E. et se réunit probablement à la rivière Tati.

Nous venions ce soir-là, entre six et huit heures, d'essuyer une terrible tempête, accompagnée d'une pluie abondante; le terrain s'était converti en marécage, où les wagons avaient bien de la peine à avancer.

Plusieurs des chèvres de M. Coillard, et ma Cora, voulant s'abriter contre l'orage, se glissèrent sous les wagons pendant qu'ils marchaient; l'une d'elles fut immédiatement écrasée sous les roues.

Ma pauvre Cora le fut ensuite. Une roue lui passa sur les

cuisses ; je réussis à la porter vivante jusqu'au Linocanim, mais je voyais bien qu'elle était perdue.

Pendant la nuit, on tua dans le camp un cobra très venimeux.

Depuis que nous avions quitté la Nata, ces reptiles redoutables se montraient en plus grand nombre que je n'en avais vu dans tout mon voyage. Le soir, un énorme crapaud, des plus dégoûtants, s'était glissé dans les peaux qui composaient ma couche ; en me réveillant, je me trouvai face à face avec ce compagnon de lit fort peu désirable. Du reste je n'en manquais pas : scorpions, centipèdes, tous les insectes les plus répugnants, venaient se glisser le long de mon corps pour y trouver la chaleur si recherchée par les animaux à sang froid.

Il faut avoir déjà une grande habitude du désert pour pouvoir dormir sur des peaux étendues à terre et qui servent de refuge à des bêtes semblables.

Ce que j'ai laissé entendre déjà sur mon état mental doit faire aisément prévoir que ces désagréments, si petits qu'ils puissent être, joints à des ennuis plus graves, n'étaient pas de nature à diminuer la mauvaise humeur où je me trouvais toujours. De plus, le temps pluvieux se prolongeait avec persistance, le ciel sombre ne me permettait plus de faire aucune observation astronomique : tout contribuait donc à irriter l'aigreur de mon caractère.

Ce jour-là je donnai tout mon temps et toutes mes pensées à soigner Cora ; mais elle mourut dans la soirée.

Pauvre bête chérie ! Je perdais en toi le seul être réellement aimé que j'eusse rencontré en Afrique, avant de faire la connaissance de la famille européenne qui m'admit dans son intimité.

Avec toi, disparaissait la compagne fidèle de mes jours de tristesse, la chère amie qui avait partagé mes courtes époques de joie.

Pauvre Cora ! La tombe que je te creusai sur les bords du

Linocanim restera toujours un triste endroit dans mon souvenir, et les lignes que je te consacre ici, dictées par la douleur dont ta fin prématurée fut la cause, ne font qu'exprimer sincèrement ma reconnaissance pour l'affection que tu me portais et le dévouement dont tu m'entourais !

Qu'un lecteur endurci, qu'un critique sévère, se raille de ma frivolité en lisant ces lignes sur un sujet qui lui semblera

Cora écrasée.

futile ! Soit ! J'aurai le droit de le prendre en pitié. Certaines bagatelles de la vie peuvent pour l'homme sensible devenir de vrais événements, tout en n'étant que de simples puérilités pour celui dont les passions ont atrophié le cœur. Lecteur, si tel est votre cas, riez de moi tant que vous voudrez ; quant à moi, vous me faites pitié. Vous avez sans doute une vaste supériorité sur moi en pareille matière ; mais je reste tel que Dieu m'a fait et j'en suis enchanté.

Cependant Cora, en mourant, m'a laissé un souvenir vivant. Elle avait un chevreau, auquel les Basoutos de M. Coillard ont donné le nom de Coragnana.

L'après-midi du 22 a été orageuse et, depuis trois heures jusqu'à six heures et demie du soir, il est tombé une pluie torrentielle.

Le lendemain, le départ eut lieu à six heures du matin; la première halte eut lieu à neuf heures, près d'un puits profond, creusé par les Massarouas dans un endroit qu'ils appelaient Tlala Mabelli ou Famine de Mabelli [1]. Malheureusement nous ne trouvâmes au fond qu'une boue fétide en place d'eau.

Il fallut se traîner encore cinq heures et demie en recevant la pluie pendant tout le temps.

Le 24, on continua le voyage et, au bout de quatre heures et demie, on arrivait à une station des Massarouas, sujets du roi Cama du Mangouato. Le hameau s'appelle Morralana, du nom d'un arbre qui y pousse en abondance.

Selon les Massarouas, on pouvait maintenant aller tout droit, attendu que la quantité de pluie qui venait de tomber depuis quelques jours nous fournirait certainement de l'eau sur notre route, en nous épargnant la peine de trop nous écarter à l'est pour en chercher.

A onze heures, la pluie recommença de plus belle pour ne cesser qu'à deux heures du soir; on repartit, mais à quatre heures on s'arrêtait près d'une mare remplie d'une eau délicieuse. Les Massarouas nous avaient avertis qu'après ce lieu nous aurions à voyager trois jours entiers avant de rencontrer d'eau potable. En conséquence, on y établit le camp.

C'était la veille de Noël!

La misérable journée que nous passâmes! Ma mauvaise humeur amassée depuis le matin ne demandait que la plus minime provocation pour éclater. Comme la pluie ne cessait pas de tomber, nous avions tous cherché un abri dans un des wagons, M. Coillard, les dames et moi.

1. Mabelli est le massambala ou sorgho. — *L'auteur*.

Mes amis causaient entre eux. Je m'étais pelotonné dans un coin, nourrissant ma bile. J'ignore comment il se fit que madame Coillard se mit à faire l'éloge de George Eliot [1].

Ce nom, j'ignore aussi pourquoi, fut comme l'étincelle tombant sur un baril de poudre.

Je me tournai vers madame Coillard, lui disant que George Eliot n'avait écrit que des extravagances, attendu que ce n'était qu'une femme que son George Eliot, et que les femmes ne peuvent écrire que des radotages.

Blessée par mon observation et plus encore peut-être par le ton agressif avec lequel je l'avais faite, madame Coillard entreprit de la discuter ; mais je me contentai de lui répondre que, les femmes n'étant pas nées pour écrire, leurs tentatives en ce genre ne pouvaient produire que des folies ; les femmes n'ont pas d'autre vocation, ajoutai-je, que de tenir leur ménage ; elles ne doivent pas faire de livres.

La discussion s'échauffait ; mais j'y mis fin en voyant les traits ordinairement si calmes de madame Coillard prendre une expression de contrariété. Je me levai et, sautant au dehors, j'allai errer dans la solitude.

Dès que je fus seul, je m'étonnai de ma conduite. En vain j'essayai de m'expliquer quelle était l'origine des révolutions qui se faisaient dans ma tête aussitôt que je m'adressais à madame Coillard.

En fait, je suis un grand admirateur de George Eliot ; j'ai lu et relu *Romola* et *Adam Bede*, et je conserve toujours le désir de connaître les premières œuvres du célèbre romancier anglais ; je rends vraiment hommage au mérite de madame de Staël, et à celui de George Sand ; personne ne s'inclinera plus volontiers que moi devant un des premiers écrivains du Portugal, Maria Amalia Vaz de Carvalho, une femme qui a écrit un des meilleurs livres que les temps

1. Écrivain anglais de premier ordre, qui, comme George Sand, était une femme malgré son nom d'homme. La *Revue Britannique* (septembre 1881) a publié sur lui un article très intéressant, dû à M. E. D. Forgues. — J. B.

modernes aient produits chez nous. En parlant comme je l'avais fait, j'avais donc renié ma pensée, ma conviction ; le tout pour le plaisir insensé de dire des choses désagréables et sans autre mobile que de contrarier une dame, à laquelle je devais une dette éternelle de gratitude et qui ne répondait à mes brutalités qu'en redoublant de soins et de sollicitude à mon égard.

Le 25 décembre, jour de Noël, se leva. Dans la chrétienté entière, cette journée est parmi toutes les autres destinée à la fête et au repos ; pour nous, elle devait être un jour de rude labeur, où l'on marcha treize heures, en trois longues traites, et où l'on ne put se reposer qu'à une heure du matin.

La raison en était toujours la même ; c'était le besoin d'eau qui nous forçait à de pareilles étapes, et, malgré cela, nous ne réussîmes à trouver de l'eau que trois jours plus tard.

Encore le dûmes-nous à la rencontre d'une bande de Bamangouatos avec des bœufs frais, que le roi Cama envoyait pour atteler aux wagons de M. Coillard. Ces hommes nous apprirent de tristes nouvelles : le capitaine Paterson, Mr. Sargeant et Mr. Thomas, qui, accompagnés de quelques serviteurs, étaient allés remplir une mission du gouvernement anglais chez les Matébélis, étaient morts assassinés, disait-on, par Lo Bengoula.

Il ne pleuvait plus, mais le ciel demeurait sombre et couvert de nuages. Je souffris d'un accès de fièvre qui m'anéantit, bien qu'il fût peu violent. Il y avait un an jour pour jour que je m'étais débattu contre les attaques de la mort à Quilenguès. Capello et Ivens me tenaient alors compagnie.

Ah ! combien je pensais à eux ! Où étaient-ils ? Que leur était-il arrivé au sein de ces régions inhospitalières ? Et ceux que j'aimais, combien leurs traits chéris se reproduisirent-ils dans mon imagination, ce jour de Noël où j'étais rompu de fatigue, accablé par la fièvre ! Ma fille ! C'était l'anniversaire de sa naissance ; on devait sans doute le lui fêter ; et moi seul je n'étais pas là !

Combien a-t-il dû y avoir ce jour-là de familles assises à une table joyeuse, chargée de bons mets et de vins choisis, d'où l'eau était bannie comme superflue! Elles n'ont pas pu se douter qu'au fond d'un aride désert, se trouvaient quatre Européens épuisés, qui auraient considéré comme un bienfait qu'on leur donnât cette eau si méprisée!

Mais, à l'exception des êtres unis à nous par des liens indissolubles de parenté ou d'affection, qui, ce jour-là, aurait pu penser à nous?

Voilà des moments qui comptent parmi les plus tristes dans la vie tourmentée d'un explorateur.

Le 26, dès l'aube, nous commençâmes une première étape de quatre heures, sur une plaine s'élevant un peu vers le S., couverte d'herbe et ayant par-ci par-là de petits bosquets. Le sol était d'un sable jaune rougeâtre, où les roues enfonçaient presque jusqu'à l'essieu, si bien que nous n'y avancions qu'avec lenteur et difficulté.

On fit deux marches ce jour-là: l'une de cinq et l'autre de quatre heures, sans rencontrer le plus léger indice d'eau. A onze heures du soir, on campait à l'entrée d'une vallée dont le sol avait l'air trop malaisé, trop accidenté, pour s'y aventurer durant les ténèbres

Un paysage charmant, au moins pour des yeux qu'avait fatigués la monotone stérilité du désert, se développa devant nous au réveil.

La vallée ou plutôt, vu son peu d'étendue, le vallon joli et verdoyant à l'entrée duquel on était parvenu la nuit précédente, était formé par des coteaux, n'ayant guère que 18 à 20 mètres d'élévation, mais qui étaient pittoresques.

Jusqu'à la moitié de la hauteur, ils montraient à nu des amas de pierres basaltiques, creusées de sillons et de trous profonds, dus à l'action persistante des eaux.

Bien que le fond fût tapissé d'herbe verte, on n'y découvrit pas une goutte d'eau; cependant il devait y avoir là un courant torrentiel à l'époque des grandes pluies.

D'après les Bamangouatos, ce site charmant s'appelait Setlequané.

Pendant la nuit, les bœufs brisèrent leurs attaches et s'enfuirent, sans doute pour chercher à boire ; mais ils ne trouvèrent rien et furent ramenés au camp par les indigènes que nous avions lancés sur leurs traces. On ne put les atteler qu'à onze heures.

Le départ eut lieu immédiatement après. Trois heures plus tard, on arrivait au lit de la Loualé, qui était en partie desséchée. Cette rivière, comme la plupart des autres de la région, n'a d'eau courante que pendant la saison des pluies; mais, en tout temps, elle conserve de l'eau stagnante dans un petit nombre de trous profonds. On peut donc dire qu'elle en a toujours, quoique en petite quantité. Comme elle est la première qu'on rencontre après la Linocanim, qui est à 128 kilomètres de distance, on doit croire que, durant les chaleurs estivales, on ne pourrait pas aller de l'une à l'autre.

Quand les bêtes et les hommes eurent apaisé leur soif, on résolut de pousser plus avant.

On était sur le point de partir lorsqu'on s'aperçut de l'absence de cinq chèvres appartenant à M. Coillard.

Les wagons et les dames partirent en avant, tandis que M. Coillard et moi, avec quelques nègres, nous nous mîmes à la poursuite des animaux égarés.

Longtemps on put suivre leurs traces; mais on les perdit à la fin. Vers six heures et demie, comme le crépuscule arrivait déjà, nous revînmes en quête des wagons, ne laissant derrière que plusieurs nègres pour continuer la recherche le lendemain. Nous suivîmes notre chemin de notre mieux, car il faisait alors une nuit fort noire. M. Coillard, avec sa ferme confiance en la protection de Dieu, marchait sans arme, ne portant à la main qu'une légère badine. J'avais autant que lui foi en Dieu, mais je ne pouvais pas ignorer non plus qu'il y a des bêtes féroces en Afrique, et je tenais ma bonne carabine.

Il y avait une heure que nous avions quitté la Loualé quand nous entendîmes s'élever fort près de nous, à la gauche, les hurlements désagréables des hyènes et des chacals, mais nous ne pouvions pas voir les fauves.

Par moments, M. Coillard me faisait l'effet le plus extraordinaire. Il avait en lui quelque chose qui dépassait mon intelligence. Un jour qu'il me contait, avec toute la chaleur de son imagination poétique, un des épisodes les plus émouvants de ses voyages, il conclut en disant : « Nous étions à deux doigts de notre perte. » — « Bah ! » repris-je ; « vous aviez des armes ; dix hommes armés et dévoués vous suivaient pour vous défendre ; vous ne manquiez donc pas de moyens pour sortir des difficultés que vous venez de m'exposer. » Il hocha la tête en répondant : « Je n'y serais parvenu qu'au prix du sang versé, et jamais je ne tuerai un homme pour sauver ma vie ni même celle des miens. »

Ces paroles me rendirent muet d'étonnement ; car elles me révélaient un type de l'espèce humaine complètement nouveau pour moi. Je trouvais inintelligible l'existence, dans cette organisation ardente et méridionale, de ce courage glacé auquel je ne pouvais rien comprendre.

De fait un tel courage avait sa source dans ces *flôres d'alma*, qu'un de nos meilleurs poètes portugais a su si bien définir par cette belle expression. C'était celui des anciens martyrs qu'il n'est donné qu'à bien peu de mesurer et de sentir. Quant à moi, j'avoue que je ne saurais y rien entendre, bien que je l'admire de toutes mes forces.

A de certains moments, pendant mes voyages, je me suis vu désarmé au milieu d'une forêt ou, pour parler lus exactement, je m'y trouvais sans fusil, car je portais toujours une arme quelconque sur moi. Dans ces occurrences, j'éprouvais une vague appréhension, un trouble qui m'affligeait.

C'est ce qui fait que je ne pouvais pas m'expliquer comment un homme pouvait se promener à travers les déserts africains avec une houssine à peine assez forte pour couper les tiges d'herbes qu'il rencontrait. Voilà une espèce de courage qui doit être sublime et dont je regrette de ne pouvoir pas constater l'existence en moi.

Le sentier que nous suivions tous les deux était évidemment fréquenté par les bêtes féroces; cela n'empêchait pas ce valeureux Français, désarmé comme je l'ai dit, d'y continuer son chemin, pourvu qu'il ne fût pas retenu par mon refus d'y marcher avec lui.

Madame Coillard, inquiète de nous avoir laissés derrière elle, avait fait arrêter les wagons pour nous attendre ; en sorte que nous la rencontrâmes après trois heures de marche.

Alors nous refîmes route tous ensemble et allâmes camper près du ruisseau Cané, à une heure du matin.

Au point du jour, mon Aogousto rentrait amenant les chèvres égarées qu'il avait rattrapées durant la nuit. A sept heures, eut lieu le départ. On traversait un pays montueux, revêtu d'une belle végétation et où chaque détour nous faisait apercevoir quelque charmant panorama.

Les montagnes allaient au S.-O. Les cours d'eau, s'il y en a, doivent descendre à l'E.

Après deux longues étapes, on campa près du lit desséché d'un ruisseau nommé Letlotzé, où nous eûmes la bonne chance de trouver un peu d'eau dans une mare. On résolut d'y faire halte tout le jour suivant, qui était un dimanche, et durant lequel mes amis préféraient ne pas voyager.

Le matin, on nous réveilla avec la mauvaise nouvelle que, pendant la nuit, le bétail s'était échappé et avait absorbé toute l'eau sur laquelle nous comptions.

Il fallut donc se remettre en quête immédiatement. Ce fut Catraïo qui, après une recherche longue et fatigante, réussit à trouver une nouvelle provision d'eau, mais située à une grande distance du campement.

L'endroit où il était établi était ravissant et, en somme, nous y passâmes une journée délicieuse.

Le 30 décembre, on repartait avec l'aube.

Je me réveillais dans un de mes moments d'humeur détestable. C'était une vraie rage. Les dames, le missionnaire, moi-même et tout ce qui m'entourait me semblaient également mériter ma haine.

Ce triste état de mon imagination ne fut pas amélioré par la nouvelle que M. Coillard se proposait de fournir une longue étape ce jour-là.

En fait, la chose était indispensable, car nous nous enfoncions dans les défilés de la Letlotzé et nous avions à marcher, avant d'en sortir, au moins 25 kilomètres sans nous arrêter.

On fit halte enfin. Je saisis immédiatement l'occasion de m'échapper du camp, avant de m'y être rendu coupable de quelque extravagance. Quand j'eus erré un peu de temps dans les environs, je revins. Comme j'approchais du campement, j'aperçus, à travers le feuillage, madame Coillard engagée avec sa nièce dans une causerie qui semblait assez triste.

Je ne pouvais pas entendre leurs paroles, mais ce que j'aperçus me révéla ce dont il s'agissait.

Mademoiselle Élise tenait une boîte à thé et madame Coillard une soucoupe. Tout le contenu de la boîte fut versé dans la soucoupe ; on en fit deux parts dont l'une fut remise dans la boîte, et l'autre jetée dans la théière.

C'était la fin du thé de madame Coillard ! Je fus si frappé et si touché par l'expression de la figure de cette bonne Écossaise en considérant le peu de feuilles qui lui restaient, que toute ma mauvaise humeur s'évanouit comme par enchantement. C'est étrange à dire, mais cela ressemblait à un mauvais esprit qui aurait été exorcisé pour toujours.

On fit encore ce jour-là une nouvelle traite de trois heures et on campa définitivement à sept heures et demie dans un lieu aride.

Notre sentier suivait toujours les défilés de la Letlotzé,

une espèce de sillon profond qui serpentait en courbes étroites et constituait le lit desséché de la rivière. Il fallut sept fois traverser ce sillon pierreux au grand péril des wagons, qui se précipitaient en bas de la berge et qu'on remontait ensuite péniblement sur ses pentes fort raides.

Les montagnes qui enserrent et couronnent ce défilé sont belles et présentent fort curieusement l'aspect d'une scie.

Le 31 décembre, après une marche de deux heures,

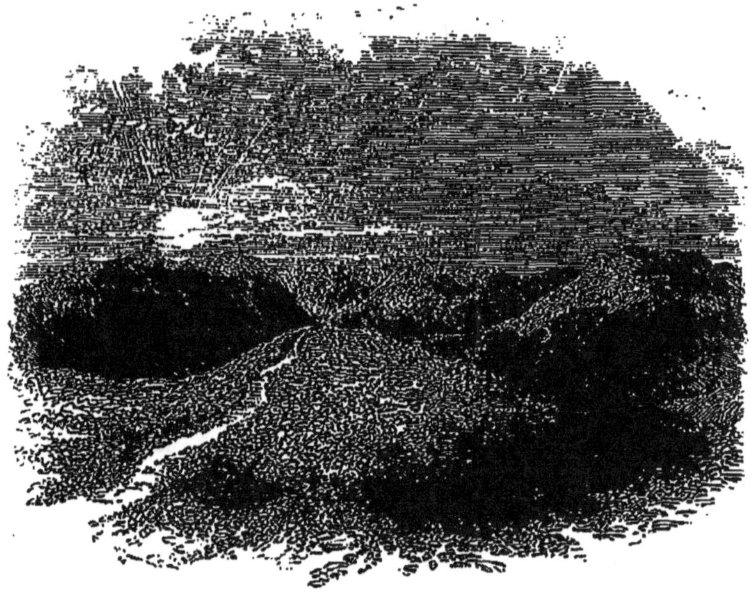

Défilé de la Letlotzé.

nous faisions notre entrée à Chochon, la grande capitale du Mangouato [1].

Dès huit heures du matin, j'avais acheté un sac de pommes de terre et un autre d'oignons, à un certain Stanley, dont j'aurai à reparler, mais qu'on ne doit pas confondre avec son célèbre homonyme, H. M. Stanley. A onze heures, j'avais échangé des poignées de main avec

1. L'orthographe anglaise est *Shoshong*, mot qui ne peut pas être prononcé en français; il s'écrit en portugais *Xoxom*, que rend exactement le français Chochon. — Le Mangouato est le pays qu'habitent les Bamangouatos. — J. B.

le roi Cama, l'indigène le plus remarquable du sud de l'Afrique, et je déjeunais d'un beau plat de pommes de terre et de jambon, accompagné d'un succulent bifteck.

Quant à madame Coillard, elle avait pu aussi renouveler sa provision de thé.

CHAPITRE IV

AU MANGOUATO.

Grave maladie. — *Un* Stanley qui n'est pas *le* Stanley. — Le roi Cama. — Les Anglais en Afrique. — La livre sterling. — M. Taylor. — Les Bamangouatos à cheval. — Chevaux et cavaliers. — Adieux. — Départ pour Prétoria. — Aventures nocturnes. — Retour à Chochon. — Les chronomètres seront-ils remontés?

Avec l'aube du 1er janvier 1879, s'ouvrait pour moi une nouvelle année en Afrique.

Il y avait douze mois, ce jour même, que j'étais parti de Quilenguès, à peine rétabli de la première maladie sérieuse que j'eusse eue en Afrique, pour marcher longtemps dans l'intérieur du continent. A Chochon, un an plus tard, le jour de l'an devait être un jour de repos pour moi, il est vrai; mais aussi la veille de la dernière attaque de cette maladie qui a menacé ma vie durant tout mon voyage aussi long que pénible.

Je fis la fête avec la famille Coillard, dans une masure à moitié ruinée, qui avait appartenu au missionnaire Mackenzie, et qu'on nous avait donnée pour résidence.

Le 2, je me rendis dans la cité, au quartier européen. Dans une maison anglaise, je reçus un magnifique cigare en cadeau, un pur *londrès*. Y avait-il un siècle que je n'en avais vu? De fait, le parfum de ce havane me parut délicieux.

Mais, ce jour même, je sentis les premières atteintes d'une fièvre qui menaçait d'être dangereuse.

Elle prit rapidement un caractère alarmant, et, pendant cinq journées, je fus suspendu entre la vie et la mort. Les soins et les bontés qu'eut pour moi madame Coillard ne peuvent pas être décrits; c'est à eux certainement que je dois de n'avoir pas dormi mon dernier sommeil dans ces régions inhospitalières.

Le 7, je me trouvais pourtant assez bien pour recevoir la visite de Stanley. Ce Stanley-ci était un cultivateur du Transvaal, Anglais de naissance, mais marié à une femme boere à Marico.

Il était venu à Chochon vendre des pommes de terre et des oignons; c'est à lui que j'avais acheté les deux sacs dont j'ai parlé à la fin du chapitre précédent, et que je louai un wagon pour continuer mon voyage.

Il nous fallut une longue conversation pour tomber d'accord sur les conventions de notre contrat.

Le wagon devait être à mon service ainsi que Stanley lui-même, car il en serait le conducteur et exécuterait tous les ordres que je lui donnerais.

Cependant Stanley m'imposa une condition que j'acceptai; ce fut de passer par chez lui, afin qu'il pût convaincre sa femme que les lions ne l'avaient pas mangé.

Il m'avait de plus et tout d'abord averti qu'il n'irait pas au delà de Prétoria, parce qu'il avait un garçonnet dont il lui était impossible de se séparer trop longtemps. En arrêtant nos conditions, j'avais cru devoir prendre en considération les sentiments paternels de mon cultivateur transvaalien.

Stanley pouvait compter une trentaine d'années; il était grand, doué d'une chevelure et d'une barbe fort blondes, avec une physionomie assez commune et dénuée d'énergie. Par conséquent il formait un contraste frappant avec son homonyme le grand voyageur. J'eus à me faire violence, il faut l'avouer, pour lui donner le nom qui lui appartenait.

Après notre longue conférence, nous convînmes que je me tiendrais prêt au départ pour le 13, et nous nous séparâmes mutuellement satisfaits l'un de l'autre.

Le Mangouato ou pays des Bamangouatos occupe dans

Maisons à Chochon.

l'Afrique australe une contrée qu'il est difficile de délimiter clairement à cause de sa vaste étendue.

Au nord du 24° parallèle et au sud du Zambési, le continent, entre les deux Océans, est occupé par trois grandes races, supérieures et distinctes.

A l'E., sont les Vatouas ou Landins, qui ont pour chef Mouzila; puis viennent les Matébélis ou Zoulous, gouvernés par Lo Bengoula; enfin, à l'O., sont les Bamangouatos sous leur roi Cama.

Un nombre assez considérable de groupes, petits ou grands, de races inférieures, sont soumis aux trois races dominantes, dont la supériorité n'est pas contestable.

Ainsi, sont soumis aux Matébélis, les Macalacas ; aux Bamangouatos, les Massarouas.

Mais, en outre, il y a des castes formant en divers endroits de petits groupes distincts : par exemple, les habitants des rives marécageuses de la Botletle et du Ngami, sujets du roi Cama ; les Banyais et quelques tribus orientales, obéissant à Lo Bengoula, ont des origines différentes.

Mouzila, Lo Bengoula et Cama sont des ennemis déclarés, qui poursuivent des politiques opposées [1].

J'ai à dire ici quelques mots du roi Cama, tout en me taisant sur les actes des deux autres puissants souverains, dont je n'ai pas visité les États.

Il y a peu d'années encore que le Mangouato avait pour roi un vieillard imbécile autant que barbare.

C'était le père de Cama.

Ce dernier, converti au christianisme, élevé par les Anglais, homme civilisé, supérieur par l'intelligence et par le bon sens, devint tout naturellement odieux à son père. Il était l'aîné de ses fils et par conséquent l'héritier légal du trône ;

1. Pourtant le bruit court que Lo Bengoula vient d'épouser une sœur de Mouzila, et qu'une alliance a été conclue entre les deux potentats. Si cette rumeur se confirmait, si l'alliance devenait effective, il pourrait en résulter des conséquences graves pour l'avenir du développement des colonies dans l'Afrique australe. — *Note de l'auteur.*

ce qui ne lui évita point les persécutions incessantes du vieil imbécile, dont l'objet presque unique était de laisser son royaume à Camagnané, son second fils.

Cama, désireux de se dérober aux intrigues que ses ennemis ne cessaient pas d'ourdir contre lui à Chochon, s'en alla prudemment chercher une retraite près de la Botletle. Malheureusement tout son bétail se dispersa en route, faute d'eau ; les Massarouas le rattrapèrent et conduisirent au roi les troupeaux qu'ils avaient réunis.

Cama les réclama, mais on les lui refusa et ses messages eurent pour toute réponse l'ordre de revenir chercher en personne son bétail à Chochon, où on lui couperait la tête.

Il répliqua qu'il ne manquerait pas de s'y rendre au commencement du printemps de l'année suivante et qu'on devait se tenir prêt à l'y recevoir. Fidèle à sa parole, il marcha sur le Mangouato, à l'époque indiquée, se faisant suivre d'une force très respectable, qu'il avait levée sur les bords de la Botletle et du Ngami. Il fut vainqueur en plusieurs rencontres des Bamangouatos, et bientôt eut pris possession de Chochon.

On l'y proclama roi en déposant son père. Cama fit remettre à ce dernier ses troupeaux et tout ce qui lui appartenait, pourvut largement aux besoins de son frère Camagnané et envoya l'un et l'autre vivre dans le midi, près de Coroumané.

Au bout d'un an, Cama rappelait dans la capitale son père et son frère et les comblait de faveurs.

Ce pouvait être un acte de bonté, mais ce n'en était pas un de politique. A peine le père et le frère puîné se trouvèrent-ils installés confortablement qu'ils se mirent à conspirer contre le roi trop généreux. Dégoûté de se voir encore en butte à leurs complots, Cama rendit le pouvoir à son père et se réfugia vers le nord.

Néanmoins les Bamangouatos, qui avaient eu le temps d'apprécier à sa valeur la sagesse du gouvernement de Cama, ne furent pas satisfaits de cette restauration ; ils se soulevèrent en masse contre le roi rétabli et ramenèrent à sa place son fils aîné. Exilés de nouveau, Camagnané et son père se retirèrent vers Coroumané, où vinrent encore les trouver les bienfaits du roi, qui voulut les mettre à l'abri du besoin.

Il y avait sept ans qu'avait eu lieu cet épisode de l'histoire du Mangouato quand nous arrivâmes dans le pays. La puissance de Cama n'avait fait depuis lors que s'accroître et s'affermir.

Les guerres qu'il avait soutenues contre ses parents et contre les étrangers lui avaient valu la réputation d'un grand capitaine.

Lors de mon séjour à Chochon, Camagnané y vivait encore, mais sans prendre aucune part aux affaires publiques. Cama lui avait pardonné depuis longtemps, le gardait près de lui et l'avait enrichi considérablement.

Sa façon de gouverner, fort différente de celle des autres souverains indigènes, n'avait point pour guide l'égoïsme. C'était à son peuple que Cama pensait avant de penser à lui-même.

La population était généralement chrétienne et portait des vêtements européens.

Peut-être n'y avait-il pas un seul Bamangouato qui fût dépourvu de fusil ; mais rarement ils se montraient armés hors des districts forestiers.

Lui-même, Cama sortait toujours sans armes. Il visitait fréquemment le quartier des missionnaires, qui était situé à plus de deux kilomètres de la ville ; et en revenait, la nuit, seul et désarmé.

Y a-t-il un autre chef africain qui osât en faire autant ?

Cama pouvait avoir quarante ans, bien qu'il parût beaucoup plus jeune. Sa taille était grande et robuste, mais sa physionomie offrait une de ces expressions qui se recommandent peu.

Il avait des manières distinguées et était vêtu à l'européenne, simplement, avec un goût parfait. Ainsi que tous ses compatriotes, il était excellent cavalier, bon tireur et ardent à la chasse.

Presque tous les jours, il déjeunait avec moi chez madame Coillard, et se comportait à table comme un Européen de bonne société.

Sa fortune était considérable, mais en grande partie dépensée dans l'intérêt de son peuple.

Une peste suivie de famine avait, quelques années auparavant, ravagé le pays des Bamangouatos; mais, à Chochon, on ne s'en était guère aperçu.

Partout où il en avait pu trouver, le roi avait acheté des céréales. Dans une semaine seule, ses dépenses à cet effet s'étaient élevées, disait-on, à 125,000 fr.; mais son peuple avait toujours eu de quoi manger.

L'affection respectueuse avec laquelle chacun le saluait sur son passage formait un spectacle touchant; elle tenait moins de l'hommage rendu au souverain que du salut fait par les enfants à leur père.

Visitant les demeures du pauvre comme celles du riche, il encourageait chacun à travailler; aussi les Bamangouatos travaillent-ils, et avec cœur.

Hommes et femmes s'occupent du labourage et emploient les charrues importées d'Angleterre.

Non contents d'être de bons agriculteurs, les Bamangouatos sont encore des éleveurs et beaucoup possèdent de grands troupeaux.

A la maison, ils apprêtent les peaux et emploient, pour les coudre, les nerfs de l'antilope; ils font ainsi d'excellentes couvertures pour s'en servir l'hiver.

Ils sont des chasseurs diligents et, pendant la saison, ils poursuivent l'autruche et l'éléphant.

Leur chef les encourage à toutes ces occupations, en passant sa vie au milieu d'eux, dans leurs champs ou dans leurs demeures.

Leurs rapports avec les Européens sont fort bons et la vie des étrangers est aussi garantie dans le Mangouato qu'elle le serait dans leur patrie.

Cama sortait presque toujours seul ou, au plus, accompagné par un couple de cavaliers. Quant à lui, il était presque toujours à cheval.

Comment se fait-il que, dans le nombre si considérable de peuples barbares, on en trouve un qui soit si différent des autres?

On doit en tenir compte, suivant ma conviction, aux missionnaires anglais. Ici, je ne puis pas me dispenser d'en nommer trois, qui ont eu la plus grande part à cette métamorphose.

Maintenant je dois, pour parler des blancs, avoir une impartialité semblable à celle que j'ai mise à parler des noirs. Aussi, je n'hésite pas à reconnaître que les œuvres de beaucoup de missionnaires ou de missions en Afrique sont stériles quand elles ne sont pas nuisibles ; mais il faut affirmer, également d'après le témoignage de ce que j'ai vu et entendu, que d'autres missionnaires produisent des résultats favorables ou qui du moins ont l'apparence de l'être.

L'homme est faillible. On conçoit aisément que, loin du milieu social où il a été élevé, loin de toutes les aises qui ont entouré son enfance, perdu pour ainsi dire au sein des populations ignorantes de l'Afrique et habitant des régions inhospitalières, un Européen subisse un changement qui altère profondément son esprit et son cœur.

Généralement, et sauf les exceptions qu'on trouve toujours, il en doit être ainsi. Ce sont les hommes forts dans tous les sens du mot qui sont exceptés ; ceux qui fondent leur foi sur les *flôres d'alma*, « les fleurs de l'âme », qu'a si admirablement décrites le grand poète du Beïra, ces fleurs qui versent le baume de l'oubli au malheureux trahi par l'amour, qui soutiennent le naufragé lorsqu'il a perdu tout espoir d'arriver au rivage, le martyr que torturent les barbares auxquels il avait apporté les bienfaits de la civilisation [1].

Ceux qui ont en eux ces ressources inestimables poursuivront, livrés à eux-mêmes, leur voie et toucheront à leur but sublime ; mais de tels hommes sont de véritables exceptions.

La chair est faible ; mais l'esprit de l'homme est encore moins fort.

S'il n'en était pas ainsi, on pourrait se passer de lois et de gouvernements ; la société serait assise sur des bases complètement différentes.

Les *fleurs de l'âme* suffiraient à gouverner le monde.

Malheureusement, les passions humaines égareront souvent le missionnaire qui, après tout, n'est qu'un homme et a toutes les faiblesses de sa nature.

1. Je fais ici allusion à un passage du poème de *D. Jayme* par Thomas Ribeiro. Il contient une pièce intitulée *As flôres d'alma* dont je vais citer les trois strophes suivantes :

« Embora ao êrmo, a divagar sòzinho,
Côrra o mesquinho por amor trahido ;
Quando o remorso lhe não turbe a calma,
Nas *flôres d'alma* encontrar olvido.

Naufrago, lasso, a sossobrar nas vagas
Sem ver as plagas, ônde almeja um pôrto,
Embora o matem cruciantes dôres,
D'*alma nas flôres* achará confôrto.

O pobre monje, que de pó descalço
De um mundo falso os areáes percorre,
Quando lhe entregam do martyrio a palma,
A's *flôres d'alma* se encomenda e morre. » (*L'auteur.*)

Suivant le traducteur anglais, M. Alfred Elwes, le charme de ces quatrains réside en grande partie dans leur rythme merveilleusement musical, qu'il renonce à vouloir reproduire. Nous l'imiterons et nous nous contenterons de donner ici une traduction aussi littérale que possible :

« L'infortuné, trahi par l'amour et qui court errer seul au désert, trouvera, s'il n'est tourmenté par aucun remords, l'heureux oubli dans les fleurs de l'âme. »

« Le naufragé, fatigué de lutter contre les flots sans voir le rivage ni le port qu'il appelle, trouvera, malgré les douleurs dont il est torturé, la douce consolation dans les fleurs de l'âme. »

« Le pauvre moine qui, de ses pieds sans chaussures, parcourt les sables d'un monde décevant, quand on lui remettra la palme du martyre, mourra en se confiant aux fleurs de l'âme. » — J. B.

Les contestations qui s'élèvent en Afrique entre les missions catholiques et protestantes en offrent un triste exemple, preuve incontestable que les missionnaires peuvent comme les autres hommes obéir aux passions mauvaises.

Les missionnaires protestants (et je n'entends parler ici que des mauvais) disent au nègre : « C'est par pauvreté que ce missionnaire catholique ne peut pas s'acheter une femme, » et cela suffit pour faire tomber en mépris leur rival, car la pauvreté est un crime en Afrique ainsi qu'en Europe.

De leur côté, les catholiques n'omettent rien de ce qui peut discréditer les protestants.

Une telle lutte est l'origine de révoltes; elle est la cause qui frappe de stérilité un grand nombre de missions où des croyances différentes se disputent la suprématie. Je ne parle de ces faits qu'en passant et pour établir que les missionnaires peuvent avoir leurs passions mauvaises et commettre des fautes, en règle générale.

Au S. du tropique du Capricorne, le pays fourmille de missionnaires et c'est là que l'Angleterre se trouve engagée dans une guerre perpétuelle avec les indigènes [1].

La cause en est que les méchantes actions de beaucoup détruisent l'effet des bonnes actions de quelques-uns.

Mais, laissant de côté, pour l'instant, les mauvaises, ne parlons que des bonnes.

J'ai dit qu'il y a trois hommes auxquels plus qu'à tous les autres on doit attribuer l'apparence de la civilisation relative qui distingue le Mangouato.

J'emploie, non sans y avoir réfléchi, le mot *apparence*, parce que je suis convaincu que, si le monarque qui succédera au roi Cama prenait la fantaisie d'expulser le missionnaire, toute la population suivrait son exemple; n'hésiterait point entre la doctrine du Christ, qu'elle ne comprend pas,

1. Ne peut-on pas remarquer qu'on ne peut avoir de guerre qu'où l'on possède quelque chose, d'après le proverbe « qui terre a, guerre a. » — J. B.

et le sérail, qui satisfait ses appétits charnels ; qu'elle n'hésiterait pas entre le prêtre et le roi.

Maintenant, dans l'état actuel, la civilisation du Mangouato est remarquable à tous les points de vue. Le premier homme qui y travailla fut le révérend Price, le même, si je ne me trompe pas, qu'on avait naguère chargé de la mission d'Oudjidji près du Tanganica et dont le premier voyage a si mal tourné. Après lui, vint le révérend Mackenzie, aujourd'hui missionnaire à Coroumane. Le troisième est celui qui prêche à présent l'évangile aux Bamangouatos, le révérend Eburns, que je n'ai pas eu l'honneur de rencontrer, parce que l'exercice de ses fonctions le tenait éloigné de Chochon. Ses œuvres, que j'ai vues, comme le respect que lui portaient les indigènes et les Européens, m'ont mis à même d'apprécier ses qualités.

C'est avec le plus grand plaisir que je publie ces noms dignes d'être connus, d'être donnés en exemples à quiconque veut travailler à la civilisation de l'Afrique ; ma satisfaction, en le faisant, est d'autant plus grande qu'aucun de ces hommes distingués n'a été en rapport personnel avec moi.

Revenons à Chochon qui est la capitale du Mangouato.

La vallée de la Letlotzé, en se développant vers le midi, prend une largeur de 5 kilomètres entre les hautes montagnes qui la bornent. C'est là, qu'accotée aux montagnes septentrionales, s'élève la cité des Bamangouatos. Elle compte encore 15,000 habitants; mais, sous le père de Cama, elle en a eu 30,000.

En cet endroit, les montagnes se divisent pour laisser passer un torrent qui a de l'eau lorsqu'il pleut et qui sépare un quartier de la ville. Les missionnaires ont bâti leurs demeures au fond de ce défilé même, au pied des hautes montagnes, rocheuses, arides et taillées à pic.

Il leur aurait été difficile de choisir une situation plus mauvaise tant elle est humide et malsaine.

Vraisemblablement c'est le défaut d'eau, parfois éprouvé

Ruines de la maison du révérend Price à Chochon.

cruellement à Chochon, qui a déterminé les missionnaires à s'installer ainsi non loin du lit de la rivière, où, durant l'été, la population altérée de la capitale trouve encore de l'eau dans quelques puits.

Les habitations de Chochon sont bâties de roseaux, couvertes de chaume et ont la forme cylindrique avec des toits en cône. Elles forment plusieurs quartiers où l'on n'arrive que par un labyrinthe de rues étroites et tortueuses.

L'arrondissement des missionnaires contient les ruines de la maison du révérend Price; la demeure du révérend Mackenzie, où nous étions logés, presque aussi ruinée que la première ; enfin une chapelle qu'il a fallu abandonner parce qu'elle ne pouvait plus contenir la multitude qui y accourait pour entendre le service divin.

Ces bâtisses sont à l'O. ou sur le côté droit de la rivière. A l'E. et conséquemment sur la gauche, on a construit un nouveau bâtiment, dans une bien meilleure position que les précédents. C'est là que réside le missionnaire actuel. Toutes les constructions des missionnaires sont faites de briques et ont des toits en fer galvanisé.

De l'autre côté de la cité, dans la plaine, se développe l'arrondissement des Européens, où les marchands anglais sont installés dans des maisons de briques.

Les dépendances de l'une d'elles, qu'habite un Mr. Francis, comprennent un puits qui fournit d'eau toute la colonie britannique.

Les Anglais en Afrique ne ressemblent pas aux Européens venus d'autres pays et ils s'avancent beaucoup plus loin. Néanmoins leur constitution et leur caractère sont bien loin d'être appropriés comme ceux de la race latine à supporter le climat ou à vivre en bonne intelligence avec les naturels.

Un Anglais a-t-il pris la résolution de pénétrer dans l'intérieur pour faire le commerce ? Il emballe dans un wagon tout ce qu'il possède, plus sa famille, et part.

En arrivant au lieu qu'il s'est choisi, il se bâtit une maison, s'y entoure de tout le confortable qu'il peut se procurer, en se disant : « Je suis venu ici pour faire fortune ; si cela doit prendre tout le temps d'une existence, je demeurerai ici ma vie entière. Tâchons donc de nous la rendre aussi agréable que nous le pourrons. »

Dès ce moment, il ne pense plus à la vieille Angleterre ; il a oublié le passé et ne s'occupe plus que du présent et de l'avenir. Il ignore ce que c'est que le mal du pays.

On en voit d'autres, surtout dans les basses classes, qui ne se soucient nullement de retourner dans leur patrie et qui sont décidés à demeurer toujours dans la terre où ils se sont établis.

Voilà d'où vient la puissance colonisatrice des Anglais.

Cette race obtient encore un autre succès : elle a réussi à faire accepter partout, immédiatement, sa *livre sterling*.

Quand un naturel apporte de l'ivoire, des peaux, des plumes ou toute autre marchandise qu'il veut échanger contre de la poudre, des armes à feu, etc., il ne faut pas qu'il s'adresse à un Anglais, car celui-ci ne veut point faire le troc. C'est en monnaie courante que l'Anglais paiera, quitte à vendre à l'indigène, sur un autre comptoir, les marchandises désirées, mais toujours contre argent comptant.

Dans les premiers temps, il y a eu des difficultés ; puis les indigènes s'y sont accoutumés et ont appris à connaître les avantages de la monnaie; si bien qu'aujourd'hui il est difficile de les décider à se faire payer autrement.

De son côté, le négociant sait ainsi ce qu'il fait. Il y a même au Mangouato un négociant anglais, Mr. Taylor, dont nous aurons à reparler beaucoup, qui a réussi à introduire à Chochon les valeurs fiduciaires. Les billets qu'il crée sont acceptés volontiers par le roi Cama et par beaucoup des indigènes les plus riches.

Après la rapide esquisse que je viens de faire du Mangouato, retournons à mes affaires et à la situation critique où je me trouvais à Chochon.

Une longue distance me séparait encore de Prétoria, la première ville où je pusse espérer me procurer des ressources auprès d'une autorité européenne. Or il me fallait payer les dettes déjà contractées pour entretenir mes gens. Ils n'avaient pour vêtements que des guenilles et me demandaient en vain quelques mètres d'étoffe pour s'habiller décemment; et je ne possédais pas la moindre pièce de monnaie à leur donner.

M. Coillard m'offrit bien sa bourse; mais il avait lui-même trop de besoins à satisfaire pour que je consentisse à en user. Bien plus, j'avais à régler mes comptes avec lui, puisqu'il était à la veille d'entreprendre un autre grand voyage, et je savais que les ressources dont il disposait étaient des plus médiocres.

Mon embarras devenait fort pénible, et ma position, des plus tristes.

A cette époque, le 8 janvier, j'allai avec madame Coillard faire une visite à la famille Taylor.

Mr. Taylor avait beaucoup voyagé : il avait visité le Zambési, et connaissait en détail le Transvaal, la colonie du Cap et tous les pays de l'Afrique australe.

Ayant fini par s'établir dans le Mangouato, il y avait fondé un établissement qui était devenu une des premières maisons commerciales de Chochon. En ivoire seul, la moyenne de ses exportations s'élevait à 750,000 francs par an. Son crédit était considérable.

Mr. Taylor avait, de sa personne, l'air grave. Trois ans auparavant, il avait épousé une jeune et belle Anglaise, aux yeux et aux cheveux noirs.

Madame Taylor, femme parfaitement élevée, répandait sur tout ce qui l'entourait le parfum qu'exhale une dame qui a vécu dans la bonne société.

De fait, ce jour-là, j'oubliai près d'elle, absolument, que j'étais dans un canton reculé au milieu de l'Afrique, pour me croire transporté dans un salon du West-End de Londres.

En causant avec ces dames, il fut naturellement question de mon prochain voyage.

Je ne pourrais point, disaient-elles, voyager dans cette partie du continent sans avoir un cheval; sur ce, Mr. Taylor m'engagea à venir voir les siens. Après avoir fait une tournée dans ses écuries, il me signala un magnifique cheval de chasse, alezan clair, avec les extrémités noires, et ajouta : « Voici ce qu'il vous faut : l'animal est aussi bon pour la route que pour la chasse. »

Je vis immédiatement que c'était une bête de grande valeur. D'après certaines cicatrices, petites et rondes, qu'on voyait vers ses jarrets, il avait eu la *maladie* évidemment ; il était donc tout à fait acclimaté ou *salé*, comme on dit ici. Ses jambes fines et nerveuses montraient un développement musculaire extraordinaire, son col long était orné d'une crinière légère, ses yeux brillaient d'intelligence, sa tête était élégante et ramassée, sa queue flottait au loin. Je regardais cette belle créature avec des yeux d'envie, et je remarquai que, par malheur, je manquais d'argent pour l'acheter. « Ha ! oui, » dit M. Taylor d'un ton distrait; « Fly vaut de l'argent. »

Nous rentrâmes au salon, et ce fut en termes admiratifs que je me laissai aller à parler aux dames du splendide animal que je venais de voir. Peu après, nous terminions notre visite.

En revenant chez nous, madame Coillard me marqua le vif regret que lui causait la pauvreté de mes ressources, et M. Coillard renouvela, de la façon la plus instante, ses offres de service.

Les nuits que nous passions dans la masure du révérend Mackenzie étaient tout simplement horribles. Restée trop longtemps inhabitée, elle s'était remplie des insectes les plus dégoûtants. Ils suçaient notre sang, nous privaient de sommeil, déformaient nos figures et mettaient notre patience aux plus dures épreuves. Les moustiques y formaient des légions et les punaises des régiments.

Des tiques, pareilles à celles qui torturent les chiens dans l'Europe méridionale, brunes et plates, mais qui, lorsqu'elles s'étaient gorgées de sang, prenaient la forme d'une boule et la couleur blanchâtre, nous causaient aux parties qu'elles attaquaient des inflammations terribles. C'était un vrai supplice auquel nous ne pouvions pas nous dérober.

Après une de ces misérables nuits de torture, celle même qui avait suivi la visite dont je viens de parler, madame

Le cheval Fly.

Coillard m'avait fait appeler pour déjeuner, quand on annonça Mr. Taylor.

Il vint à moi et, avec l'air froid et le flegme qui distinguent tout Anglais pur sang, il m'apprit qu'il m'avait amené Fly, cet alezan que j'avais si fort admiré la veille; de plus, il m'avançait deux cents souverains (5000 fr.), tout l'or monnayé dont il pût alors disposer; enfin il m'offrait son crédit chez les négociants du Mangouato ou de Prétoria, pour peu que j'eusse besoin d'y recourir.

Je déclare que je tombai des nues en entendant de telles offres, si peu sollicitées. C'est à peine si je sus trouver quelques paroles banales de remercîment, tant j'étais étourdi.

Mr. Taylor resta à déjeuner avec nous ; puis, lui et moi, nous nous rendîmes à sa maison.

Là, je montai le superbe animal qui venait de m'être présenté. J'éprouvais cette sensation délicieuse que ressent tout cavalier quand il se trouve sur le dos d'un beau cheval, surtout après avoir été privé longtemps d'un pareil plaisir.

J'eus une longue conversation avec Mr. Taylor sur mes affaires. Je refusai l'argent qu'il m'offrait avec tant de générosité, mais j'acceptai le cheval, qui était un vrai cadeau. Quant à mes dettes, que j'avais déjà contractées pour subvenir aux dépenses de mon voyage et qui dépassaient un peu 2500 francs, je le priai de les acquitter et de tirer sur moi pour cette somme à Prétoria, où je me faisais fort d'obtenir des fonds par l'entremise du gouvernement anglais.

Tout en se rendant à mes observations, Mr. Taylor persévéra dans sa conduite libérale et ne voulut faire la traite qu'à deux mois de vue, sur mon acceptation qui devait avoir lieu à Prétoria.

Le 10 janvier, mes affaires étant arrangées et mes travaux mis à jour, je commençai mes préparatifs de départ.

Il est impossible que je ne mentionne pas ici la grande politesse et l'aide que j'ai reçues de MM. Benniens, Clark et Musson. Je suis sûr que, si Mr. Taylor ne les avait pas devancés avec tant de noblesse, ces messieurs n'auraient pas hésité à me fournir les ressources qui me manquaient.

En pensant à la bienveillance que je rencontrais chez des étrangers, je ne pouvais pas m'empêcher de jeter des regards en arrière, et de me rappeler ce qui m'était arrivé à Caconda et au Bihé.

La comparaison que j'établissais entre l'appui qu'on m'avait prêté dans les pays visités par des Portugais ou par des Anglais, tendait encore à me confirmer dans l'opinion que je

Le Major essaye Fly.

m'étais faite au sujet de la classe des hommes qui sortent du Portugal pour pénétrer dans l'intérieur de l'Afrique.

Moi, qui ai beaucoup voyagé et qui ai eu des rapports avec un grand nombre de pays, je n'en ai pas trouvé où l'hospitalité et la bienveillance soient plus usitées qu'au Portugal.

Mainte fois, pendant mes excursions de chasse, j'ai eu l'occasion de frapper à des portes dans les hameaux de nos montagnes ; elles se sont toujours ouvertes devant l'étranger qui demandait un abri. Avec son hôte, le pauvre villageois partagera son maigre repas, dont il lui donnera la meilleure portion ; de l'ancien coffre de famille, il tirera le meilleur de ses draps pour le lit d'un inconnu.

De la cabane du paysan, si nous entrons dans la demeure d'un fermier aisé, ou dans celles des seigneurs, un fait très simple mais significatif nous fournira la preuve de l'hospitalité portugaise. Tous ceux qui le peuvent ont un logement destiné aux hôtes. Dans le Portugal, l'homme qui fait bâtir une maison étend toujours sa pensée au delà du cercle de la famille ; il pense toujours à l'étranger qui peut venir demander l'hospitalité et il bâtit à son intention. Le fait est que, chez les Portugais, l'étranger qui arrive est reçu comme un parent par le pauvre dans sa cabane, par le riche dans son palais.

Cette coutume de construire toujours en vue d'un hôte possible montre combien l'hospitalité est profondément enracinée chez ce peuple. J'affirme donc qu'ils n'étaient pas vraiment des Portugais ceux qui m'ont traité avec une telle ladrerie à Caconda et au Bihé, et je blâme d'autant plus énergiquement le système qui consiste à envoyer aux colonies les échantillons les plus ignobles et les plus vils des criminels de la capitale. C'est à cela surtout qu'il faut attribuer la décadence de la plupart de nos riches possessions. C'est contre cet écueil que viennent le plus souvent échouer les meilleurs desseins du gouvernement.

A Caconda, je n'ai rencontré que des obstacles combinés

pour empêcher mon voyage. A Bihé, la malveillance a pris des proportions plus considérables, et, loin d'être bornée à une action locale, elle m'a suivi, comme on l'a vu, jusqu'au Zambési. Bien au contraire, dans le Mangouato, je n'ai trouvé que de la bonne volonté, de l'obligeance sous toutes ses formes, chacun rivalisant avec ses voisins à qui me rendrait le plus de services.

Des contrastes si frappants se passent de commentaires.

Durant mon séjour à Chochon, la conversation roulait ordinairement sur la mort du capitaine Paterson et de ses compagnons dans le pays des Matébélis.

Il y avait sur ce désastre plusieurs versions, mais toutes s'accordaient à affirmer que ces Européens avaient été assassinés par l'ordre de Lo Bengoula.

Le capitaine Paterson était parti de Prétoria pour remplir une mission officielle auprès de différents chefs africains. Un d'eux m'a appris accidentellement l'objet de cette mission, parce que le capitaine avait négocié avec lui; mais je me garderai bien de le publier, sachant quel secret est dû à toutes les missions particulières des gouvernements. Mr. Sergeant et quelques inférieurs accompagnaient le capitaine; chez les Matébélis, ils furent rejoints par Mr. Thomas, jeune Anglais, qui, fils d'un missionnaire, avait résidé longtemps dans ce pays, où même il était né.

Après s'être acquitté de sa mission auprès de Lo Bengoula, le capitaine Paterson voulut aller visiter la merveille du Zambési, la cataracte de Mosi-oa-Tounia. Le jeune Thomas demanda au roi la permission d'accompagner cette expédition et y fut autorisé. Pourtant, à la veille du départ, un des favoris de Lo Bengoula vint voir le jeune Anglais et lui conseilla, au nom du roi, de ne pas suivre Paterson.

Mr. Thomas se rendit chez Lo Bengoula et lui demanda pourquoi il retirait une permission qu'il avait donnée. Lo Bengoula lui répondit qu'ayant été élevé par les Matébélis, il était regardé comme un fils de la tribu; or le roi avait le pressentiment d'un péril qui menaçait l'expédition anglaise, et conséquemment l'engageait à laisser partir les autres et à rester chez lui.

Le jeune homme répliqua qu'il n'accordait aucune foi aux pressentiments, puis il partit; mais, comme les autres, pour ne revenir jamais.

Que s'était-il passé? Qui sait la véritable histoire de la tragédie qui fut jouée? Personne, excepté le terrible Lo Bengoula.

Suivant les uns, toute l'expédition mourut empoisonnée; d'après d'autres, elle fut tuée à coups de fusil. Pour moi qui connais un peu les agissements des grands potentats de l'Afrique, je doute fort qu'on apprenne jamais la vérité sur ce sujet; parce que leur politique habituelle est de faire périr les exécuteurs de leurs hautes œuvres et d'enterrer ainsi le secret de leurs crimes dans des tombes nouvelles.

Tout ce qu'on disait pour prouver l'une ou l'autre hypothèse pouvait paraître assez plausible ou même satisfaisant, à ceux qui ne connaissent pas l'Afrique; mais moi, je n'ai pas pu m'en contenter.

Parmi les rumeurs qui circulaient, l'une affirmait que les Macalacas qui, par l'ordre de Lo Bengoula, accompagnaient l'expédition, avaient été vus plus tard nantis de galons d'or et d'autres objets volés aux Anglais, ce qui prouvait qu'il y avait eu meurtre et pillage.

En fait, cela ne prouvait rien du tout: si les Anglais étaient morts de leur belle mort, ce qui leur avait appartenu n'en aurait pas moins été pillé et partagé.

D'autres affirmaient que, l'expédition s'étant trouvée à court d'eau, le chef des Matébélis de l'escorte était parti seul en reconnaissance; après une absence prolongée, il était revenu et avait indiqué, au voisinage du campement, une petite mare. Aussitôt que le capitaine Paterson eut bu de cette eau, il s'écria: « Je suis empoisonné. » Mais, si personne de l'expédition n'y a survécu, qui donc a pu en raconter l'histoire?

Suivant des renseignements fournis par les Matébélis,

les Anglais, ayant bu de l'eau d'une mare naturellement empoisonnée, en étaient tous morts.

Cela n'est qu'une absurdité de plus. L'eau de toutes les mares africaines est assez empoisonnée, Dieu le sait ; mais elle n'a pas cette force vénéneuse qui tue en une journée, comme l'arsenic, les sels de mercure, et plusieurs alcaloïdes végétaux. Son venin pénètre dans l'économie du corps humain, la ruine par degrés, et même, avec le temps, parvient à causer la mort, vu qu'il contient des miasmes paludéens et pas autre chose ; mais il ne détruit pas la vie peu d'heures après qu'il a été absorbé. En admettant même qu'il pût avoir cet effet sur certains tempéraments, il ne le produirait jamais à la fois sur toute une expédition.

On doit donc considérer l'hypothèse d'un empoisonnement naturel comme tout aussi impossible que les autres.

Bien des gens ont cru que les Anglais avaient été tués à coups de fusil ; d'autres qu'ils l'avaient été par des assagaies; mais on n'a trouvé personne qui, après avoir assisté au massacre, en ait apporté la nouvelle.

Il semble difficile de douter qu'un crime ait été commis : en effet la fièvre ne pourra jamais emporter tant de gens en un jour ; parmi ces personnes d'ailleurs, il y en avait d'acclimatées, par exemple le jeune Thomas et les indigènes. Il y a donc eu un crime ; mais le secret n'en est connu que de Dieu et de Lo Bengoula.

Un homme qui a fait bien des voyages en Afrique et dont la parole mérite toute confiance, M. François Coillard lui-même, qui est resté à Chochon longtemps après moi, m'a assuré, depuis mon retour en Europe, que le roi Cama savait le secret de la mort de ces infortunés, et m'a donné à entendre qu'ils avaient été victimes d'un crime horrible, commis sur l'ordre du malfaiteur zoulou [1].

Reprenons notre récit au 11 janvier. La misérable et

1. Les Matébélis sont des Zoulous. — *L'auteur.*

vieille demeure où nous habitions était animée par une activité extraordinaire. Madame Coillard et sa nièce allaient deci, delà, partout, préparant des provisions pour mon voyage. On avait fait et cuit du biscuit en telle quantité que j'étais honteux de l'appétit qu'on me supposait.

Comment reconnaîtrais-je jamais les bienfaits dont on me comblait ? Entre autres cadeaux, madame Taylor m'envoya une grande corbeille de gâteaux et un panier d'œufs, denrée assez rare à Chochon.

Enfin tout se trouva prêt pour que mon départ eût lieu ; mais je le retardai jusqu'au 14, ne me souciant pas de me mettre en route le 13 du mois.

Je n'avais pas à cet égard de superstition ; mais l'excuse me semblait excellente pour passer un jour de plus avec la bonne famille dont j'avais si longtemps partagé la vie et qui s'était acquis tant de titres à ma reconnaissance.

Avant de m'en aller, je réussis à me procurer quelques-unes des couvertures de peau que font les Bamangouatos pour leur usage et qu'ils cousent avec des nerfs d'antilopes.

Mes observations m'avaient amené à constater une différence énorme entre la vraie position de Chochon et celle que lui donnent les cartes de Marenski, qu'avait M. Coillard.

Le 13, j'allai faire mes adieux aux négociants anglais, hormis Mr. Taylor, qui s'était rendu au lieu où on gardait son bétail, à une dizaine de kilomètres de la ville.

Ma route menait au sud, et la ferme de Mr. Taylor était au nord ; néanmoins je voulus aller à cheval, le matin du 14, prendre congé d'un homme dont j'avais reçu de si grands services.

En conséquence, je partis de bonne heure. Pourtant madame Coillard, sa nièce et une autre dame nommée Clark, m'avaient précédé dans une carriole attelée de deux chevaux. Du reste, je n'étais pas seul. Le roi Cama et M. Coillard m'honoraient de leur compagnie.

Il fallait en outre que je fisse ce jour-là ma première

étape du côté de Prétoria, une vingtaine de kilomètres, afin d'atteindre un abreuvoir d'eau potable. Avec les vingt que j'allais parcourir, cela me faisait une quarantaine de kilomètres en perspective ; marche assez rude dans un pareil climat.

Nous partions escortés par une douzaine de Bamangouatos. A peine sorti des rues de Chochon, le roi Cama, piquant des deux, partit à bride abattue. Une demi-heure après, il revenait de même allure. Je ne pus pas m'empêcher de lui demander pourquoi il s'était ainsi lancé. « C'est, me répondit-il, l'habitude au Mangouato ; pour que les chevaux, après avoir galopé franchement, prennent volontiers quelque pas que ce soit. » La théorie pouvait être excellente, répliquai-je ; mais mon cheval, ayant à faire ce jour-là une longue étape, souffrirait peut-être d'avoir eu au départ un exercice si violent. Et j'ajoutai que j'aurais bien du plaisir à pratiquer la coutume des Bamangouatos. Si Sa Majesté voulait me prêter un de ses chevaux, en renvoyant le mien à Chochon, où je le retrouverais tout frais pour le voyage, je serais heureux de lui tenir compagnie.

Le roi y consentit immédiatement, fit démonter un homme de sa suite pour ramener Fly à la ville, et m'offrit le cheval vacant.

Je me trouvai sur le dos d'une jument superbe ; puis le roi et moi, partant à toute bride, arrivâmes en moins d'une heure à la station de Mr. Taylor. Mme Taylor nous servit un goûter excellent et, après avoir pris congé avec la plus grande cordialité, nous retournâmes à Chochon.

Comme l'allure du retour fut semblable à celle de l'aller, nous fûmes bientôt rentrés en ville.

Les Bamangouatos ne mettent pas de mors aux chevaux et se servent à peine de la bride anglaise. Suivant eux, les mors et les gourmettes, loin d'être utiles à la course du cheval, ne peuvent que ralentir son allure.

Mon Stanley se tenait prêt à partir et n'attendait qu'un signal. Ce ne fut pas long. Il fit claquer son long fouet sur les têtes des bœufs, ceux-ci s'ébranlèrent de leur pas lent et calme, et le lourd wagon partit à leur suite. Mes nègres s'en allèrent avec lui, excepté Aogousto et Pépéca, retenus près de moi. Je passai encore quelques heures avec mes bons amis; mais il fallut bien finir par m'en séparer. Je fis les plus grands efforts pour rester maître de mes émotions; je leur adressai mes derniers adieux et, sautant à cheval, je partis.

J'eus le courage de ne pas me retourner, tant que je pouvais les voir.

Quand je sortis de Chochon, le soleil descendait déjà à l'horizon.

Je suivis la route qu'on m'indiqua. Trois heures après, je crus que je devais avoir atteint le lieu fixé pour passer la nuit; mais je n'y voyais pas la moindre trace du wagon. Il faisait nuit alors et une nuit fort noire.

J'appelai, je criai et le tout en vain, c'est-à-dire de la part de mes gens; car mes cris firent arriver deux indigènes qui venaient savoir la cause de ce vacarme. C'étaient des vedettes du roi Cama, postées, par mesure de précaution, à quelques kilomètres à l'entour de la ville, afin de donner l'alarme en cas d'une attaque nocturne tentée par les Matébélis. Elles sont assez bien disposées pour être en mesure de se grouper et de contenir l'ennemi quelque temps, pendant que d'autres, sur leurs chevaux rapides, galoperaient à la ville et appelleraient la population aux armes.

Les deux sentinelles qu'avaient attirées mes cris avaient battu les routes plus loin vers le sud et m'affirmèrent que, depuis plusieurs jours, aucun wagon n'avait passé par là. D'après eux, le mien devait donc être derrière moi.

J'étais trop habitué à la vie de la forêt pour avoir dépassé un wagon sans m'en apercevoir, même la nuit; et, si cela m'était arrivé, il n'aurait certainement pas pu échapper aux yeux de lynx de Pépéca.

Les deux Bamangouatos m'ayant offert de m'aider à chercher mon wagon, nous revînmes avec eux sur nos pas.

Nous examinâmes une grande partie de la vallée sans découvrir la trace du wagon ; puis nous rentrâmes en ville, inquiets, ennuyés, éreintés des fatigues de la journée.

Une vedette du roi Cama.

Les heures voisines de minuit commençaient à sonner. Quel parti prendre ? Je crus que le meilleur était de retourner à mes anciens quartiers et d'y attendre le jour.

Dès que j'eus frappé à la porte, M. et madame Coillard se

levèrent. Pendant que je racontais ma mésaventure au missionnaire, son excellente femme s'occupait activement de me donner à manger et de me préparer un bon lit.

Tant que j'avais logé chez eux, j'avais suivi ma coutume de me coucher à terre sur mes peaux, malgré madame Coillard qui voulait me persuader de me reposer dans un lit; cette fois elle prit sa revanche, car toute la pelleterie était dans mon wagon, et je fus bien obligé de consentir à me coucher dans le lit européen qu'on fit pour moi.

Auparavant nous causâmes longuement sur la disparition de Stanley ; toutes les conjectures possibles furent épuisées, mais aucune n'éclaircissait le mystère. Enfin, après m'être assuré que mon cheval ne manquait de rien, je dis bon soir à mes amis et tombai, exténué de fatigue, sur mon lit.

Malheureusement je ne pus pas dormir : j'étais trop inquiet pour faire autre chose que de me remuer et de me retourner dans le lit. Quelques mots d'explications feront mieux comprendre les causes principales de mon anxiété.

J'ai dit tout à l'heure que la longitude attribuée à Chochon m'avait paru être loin de la réalité. Or, toutes mes observations étaient chronométriques et se rapportaient à celle que j'avais faite récemment de l'éclipse du premier satellite de Jupiter. La nouvelle position ne pouvait donc être confirmée à mon gré qu'en renouvelant la comparaison des chronomètres à une longitude déterminée ; mais, comment le faire maintenant que les chronomètres étaient emportés, Dieu savait où, dans le mystérieux wagon, et qu'ils s'arrêteraient certainement le lendemain, si je n'avais pas pu les retrouver à temps pour les remonter?

Avec de tels motifs de tourment, on ne doit guère s'étonner que j'aie eu si grande peine à dormir un peu cette nuit-là.

CHAPITRE V

DE CHOCHON A PRÉTORIA.

Catraïo. — Le wagon retrouvé. — Je me sépare de M. Coillard. — Tempêtes. — Nous versons. — Travaux d'un nouveau genre. — Pluies. — Le Limpopo. — Fly. — Sport. — Sur la Ntouani. — Un Stanley qui ne fait rien. — Colère d'Aogousto. — Adieu!. — Les lions. — Stanley perd courage. — Les Boers nomades. — Nouveau wagon. — Soucis. — Maladies sérieuses. — Au diable, Christophe ! — Madame Gonin. — La dernière sépulture. — Magalies-Berg. — Prétoria.

Dès l'aube, je me suis levé et habillé.

J'avais pensé à mes chronomètres toute la nuit, et j'y pensais en m'habillant.

M. Coillard, partageant mes inquiétudes, ne voulut pas me laisser partir seul. Il envoya demander au roi Cama de lui prêter un cheval, bien résolu à ne me quitter que quand nous aurions retrouvé mon wagon.

Je fis de nouveau mes adieux aux dames et je ressentis de nouveaux chagrins en m'en séparant.

Nous fûmes bientôt sortis de la ville, courant au milieu des cistes qui couvrent les champs au S. de Chochon.

En plein jour, les traces du wagon se laissaient voir aisément. Nous les suivions depuis quelque temps lorsque nous aperçûmes, en avant de nous, un nègre assis sur un côté de la route. Quand nous fûmes plus près, je reconnus, non sans beaucoup d'étonnement, mon serviteur Catraïo. Se levant à notre approche, il vint au-devant de nous, portant dans ses bras un lourd colis ; et, le déposant avec soin par terre, il s'écria : « Allons, *sinhô ;* donne ici les clefs pour tirer les montres de la caisse ; il est temps de les remonter. »

Ma joie fut vive en revoyant la malle qui contenait mes instruments et parmi eux les chronomètres. Sans perdre de

Catraïo remet au major la caisse des chronomètres.

temps à m'informer de ce qu'était devenu le wagon, je sautai à bas de cheval et fus bientôt absorbé par le soin de faire mes observations habituelles du matin. Il était donc écrit que, durant ce voyage prolongé, mes chronomètres ne s'arrêteraient pas.

Catraïo, qui avait pour fonction spéciale de veiller à ce qu'ils fussent remontés, s'était comme toujours acquitté fidèlement de sa tâche.

M. Coillard fut aussi surpris que charmé par l'acte réfléchi de ce négrillon, qui, en cette occasion, comme à Embarira et comme durant mes accès trop fréquents de maladie, avait prévenu l'arrêt des chronomètres.

Catraïo avait été élevé par un Portugais qui, ne sachant décerner en cet enfant d'autres dispositions que celles de devenir un fieffé coquin, s'était imaginé n'avoir qu'un moyen de le corriger : l'emploi de la bastonnade.

Ce procédé avait délivré le négrillon de tout sentiment de honte, supposé qu'il en eût eu auparavant, et de cette façon il avait fini par devenir ivrogne et voleur.

Alors, il était âgé d'une douzaine d'années. Son maître, auquel il avait dérobé plusieurs objets de quelque valeur en brisant un coffre, résolut de se débarrasser de lui pour toujours et ordonna qu'on l'abandonnât sur la côte, à Novo-Redondo.

Comme je me trouvais à Benguêla, cherchant, pour mon service personnel, quelque garçon intelligent et dégourdi, plusieurs personnes me parlèrent de Catraïo, auquel ses hauts faits avaient valu une notoriété peu enviable.

J'allai trouver son ancien maître et j'obtins qu'il fît ramener ce garçon de Novo-Redondo. Le négrillon me parut doué d'une figure si intelligente que je m'applaudis de l'avoir envoyé chercher. Jusqu'à ce moment, on n'avait enseigné son devoir à Catraïo qu'à coups de trique; je voulus essayer l'effet qu'aurait sur lui la bonté du traitement et de la parole, et, pour l'aider à se relever, je me promis de ne jamais faire allusion à son passé.

Comme je le trouvai supérieur par l'intelligence, incontestablement, à tous les gens qui m'entouraient, je lui appris à m'aider dans mes travaux scientifiques. Bien qu'il ne sût ni lire ni écrire, il se familiarisa promptement avec mes instruments et mes livres. Après que mes premiers compagnons de voyage se furent séparés de moi, devenu isolé au milieu de l'Afrique, j'eus grand'peur en pensant que, pendant quelque grave attaque de maladie, mes chronomètres pouvaient s'arrêter faute d'avoir été remontés. Alors je fis venir Catraïo et, d'un ton très sérieux, je lui tins ce langage édifiant :

« Rappelle-toi que, à partir d'aujourd'hui, tu dois tous les jours, dès qu'il fait clair, venir m'apporter les chronomètres, les thermomètres, le baromètre et mon journal, dans quelque état que je sois, bien portant ou malade, près ou loin, sans jamais te figurer qu'une circonstance même la plus extraordinaire t'en puisse empêcher. Maintenant, écoute-moi bien : je ne t'ai jamais battu ni grondé ; mais, s'il arrivait que les chronomètres s'arrêtassent faute d'avoir été remontés, je te ferais embrocher comme une perdrix et rôtir tout vif sur les braises d'un énorme foyer ! »

D'après ces paroles, Catraïo, fort disposé à croire qu'un blanc est capable de toutes les atrocités, et qui, je le pense, avait plus peur de la douceur de ma conduite envers lui qu'il n'en avait jamais eu du bâton de son ancien maître, s'imagina qu'il avait réellement découvert ma façon de châtier les coupables. Il ne pouvait pas se faire à l'idée d'être embroché et rôti.

Aussi se garda-t-il bien désormais de manquer à venir chaque matin m'apporter mes instruments ; en sorte qu'il en prit l'habitude. Voilà pourquoi, même dans mes pires accès de fièvre, les chronomètres furent toujours remontés et comparés ; pourquoi, à Embarira, Catraïo risqua sa vie pour les tirer des mains des Macalacas ; pourquoi enfin nous le rencontrions, ce jour-là, qui m'attendait avec sa caisse au bord du chemin. Ne m'ayant pas vu arriver la veille au soir, il s'était levé dès le milieu de la nuit avec l'espoir de me trouver sur la route.

L'appréhension qui m'avait tourmenté étant ainsi calmée et ma tâche matinale remplie, je me hâtai de m'informer des causes qui avaient fait disparaître le wagon. Mon conducteur anglais s'était trompé de chemin; au lieu de suivre la bonne route, il en avait pris une de traverse où il s'était égaré; mais il comptait réparer son erreur au point du jour et je le rencontrerais sans doute m'attendant au rendez-vous préalablement convenu.

M. Coillard et moi, suivis de nos hommes, nous poussâmes en avant et, à neuf heures, nous retrouvions effectivement le wagon perdu.

On se mit à déjeuner et, vers midi, pour la seconde fois, je me séparai de l'ami auquel je devais tant de reconnaissance, car ses bienfaits étaient de ceux qu'on ne peut pas rendre: tout ce que je ferais pour lui, étant pesé dans une juste balance, serait sans doute fort inférieur à ce que j'en avais reçu.

Notre petite caravane reprit donc son voyage et l'on marcha jusqu'à quatre heures, où le camp fut établi dans un lieu qui n'avait pas d'eau.

Le soir, comme j'allais me coucher, j'entendis le bruit des sabots d'un cheval qui s'approchait avec rapidité. Fly hennit bruyamment, les chiens aboyèrent et tous les yeux se tournèrent vers la ville que nous avions laissée derrière nous.

Bientôt, un cavalier bamangouato se présentait pour me remettre une lettre et un paquet.

La lettre était de M. Coillard. En rentrant chez lui, il avait trouvé mon fusil Devismo que j'avais oublié, et il s'était hâté de me le renvoyer.

En réponse, je griffonnai quelques mots de remercîment. Le messager fut récompensé de sa peine et je le suivis des yeux quand il repartit pour la ville, d'un galop furieux.

Le lendemain était le 16. Nous partîmes une heure après le lever du jour. Une marche de trois heures nous conduisit à un étang, la seule eau permanente qu'on pût trouver entre Chochon et le Limpopo.

On fit, ce jour-là, deux étapes encore, l'une de trois et l'autre de quatre heures; le camp fut installé à cinq heures du soir. Il plut à torrents de quatre à dix. Le wagon fut transpercé par l'eau, vu que sa misérable et vieille bâche ne pouvait abriter effectivement rien du tout. Cela me causa des pertes sérieuses et principalement la totalité du pain et des biscuits que madame Coillard avait pris tant de mal à me préparer. Ils ne formèrent plus qu'une masse informe de bouillie, dont je ne pouvais tirer aucun usage.

Durant la dernière étape de ce jour, je fus obligé de changer de route et, au lieu d'aller droit au S., je tournai vers le S.-E. afin d'éviter les hauts et les bas, en un mot la nature inégale et raboteuse du chemin. Le passage du wagon y était devenu non seulement fort malaisé, mais encore dangereux, et je m'attendais à chaque instant à voir mon véhicule tomber en morceaux. Ce wagon de Stanley était une vieille voiture, à moitié pourrie et disjointe, qui paraissait à chaque pas près de se disloquer.

Je ne repris la direction du S. que le lendemain matin vers huit heures après une première marche de trois heures; le terrain était encore fort mauvais, mais on n'y pouvait pas remédier.

A la descente d'une colline, les roues d'un côté s'engagèrent dans une ornière profonde et le wagon se renversa. Une couple d'arbres, poussés du côté où tombait la volumineuse voiture, la retinrent heureusement.

De prime abord, j'avais conçu les doutes les plus sérieux sur l'intelligence de mon Stanley, sur les services que j'en pouvais attendre. Le premier accident qui nous arrivait résolut complètement la question. En voyant la position du wagon, Stanley commença par s'asseoir, s'enfonça la tête

Entre Chochon et le Limpopo.

entre les mains et prit l'apparence de la statue du Désespoir.

Quand j'eus donné l'ordre d'ôter les bœufs de leurs jougs, je me mis à examiner s'il y avait quelque moyen de relever le véhicule sans le détruire. Aogousto, Vérissimo et Camoutombo coupèrent ensuite trois perches, longues et solides, que je fis amarrer sous le wagon; puis, au moyen de cordages enroulés aux arbres du côté opposé, on réussit à le remettre dans sa position naturelle. Une paire de bœufs suffit à l'opération.

Cela fait, j'ordonnai que l'ornière fût comblée de bois ou de branches d'arbre afin que les roues d'un côté fussent mises au niveau de celles de l'autre. Ce travail employa plus de quatre heures. Quand le wagon eut été remis en état de rouler, les bœufs y furent attelés; mais, à leur premier effort, les traits pourris se cassèrent en morceaux.

Nouveau retard et nouvelle fatigue. On dut raccommoder ces traits en y ajoutant des cordes faites de peau de girafe. Le tout se passait sous une pluie battante, tandis que le Stanley se tenait là, l'air idiot, sans savoir que faire.

Nous ne pûmes pas nous remettre en route avant trois heures et demie, et ce ne fut pas pour longtemps. La tempête devint assez violente pour nous forcer à nous arrêter. Le sol argileux s'était détrempé au point que les roues s'y enfonçaient à ne plus pouvoir tourner.

La tempête fut effroyable et dura jusqu'à dix heures de la nuit. Pendant deux heures au moins, le tonnerre se joua autour de nous, frappant de temps à autre les arbres de la forêt. Le terrain, toujours accidenté d'ailleurs, était couvert d'une jungle épaisse, et l'argile fort tenace dont il se composait rendait toute locomotion pénible.

Cet état de choses n'était guère amélioré le 18 quand nous décampâmes à six heures du matin; une demi-heure plus tard, nous entrions sur une plaine qui ressemblait à un marais, tant les roues y enfonçaient jusqu'au moyeu. A peine si nous faisions un kilomètre à l'heure.

Tant bien que mal, on atteignit vers dix heures une légère éminence où le sol était plus sec. Je m'y arrêtai. Elle était près de la rive gauche du Limpopo, qu'on appelle ici Rivière des Crocodiles.

Je descendis au bord de l'eau. En cet endroit, la rivière avait une cinquantaine de mètres de largeur avec un courant d'une trentaine à la minute. Je n'avais rien pour en sonder la profondeur.

Le temps s'était amélioré. Je continuai à me promener sur mon cheval, qui allait au pas, le long de l'eau et je tenais les rênes d'une main négligente.

Tout à coup Fly dressa les oreilles, hennit, bondit au milieu des cistes et s'élança d'une course effrénée. Ne pouvant pas m'expliquer la cause de cet élan, je me raffermis en selle et tentai, mais en vain, de retenir un animal qui ne voulait pas obéir au frein.

J'étais inquiet. Je m'imaginais que mon cheval fuyait quelque danger qui m'était inconnu et je ne savais que faire, lorsque, devant moi, j'aperçus un grand mouvement dans les cistes, d'où surgirent bientôt les cornes de plusieurs *ongiris*.

Le mystère était éclairci. Au lieu de fuir, je poursuivais un animal. Je rendis les rênes au cheval et bientôt je reconnus que nous gagnions du terrain sur les antilopes aux pieds légers.

Combien de temps dura cette course échevelée? je ne saurais pas le dire. Je me précipitais à travers les broussailles où je laissais des morceaux de mes vêtements pourris, et même de ma peau ; je franchissais des clairières et des plaines, où les antilopes et mon cheval soulevaient des nuées de boue ; néanmoins nous gagnions, mais lentement, et quelque temps s'écoula encore avant que je pusse tirer. Enfin l'un d'eux fut jeté bas ; les autres bondirent d'un élan redoublé, comme si le bruit de la carabine leur eût donné des ailes, et se perdirent dans le lointain.

Fly s'arrêta de lui-même près de la bête qui se tordait en agonie, et la flaira, semblant goûter le même plaisir que celui d'un chien de chasse lorsqu'il vient d'attraper sa proie.

Maintenant où étais-je? En quel endroit se trouvait le wagon? Je n'en avais pas la moindre idée, car il m'avait été impossible de remarquer la direction suivie par mon cheval. Cette pensée me déconcertait un peu ; pourtant il me semblait qu'en allant vers l'E., je retrouverais la rivière.

A la poursuite des ongiris.

Une grosse ondée s'abattait de nouveau sur moi. J'aurais bien désiré hisser l'antilope sur le dos de mon cheval ; mais je n'en avais pas la force. Alors je crus que, si je vidais mon gibier, je pourrais ensuite avoir plus de succès.

J'étais assez habile en boucherie pour accomplir avec rapidité cette opération et j'eus le plaisir, lorsqu'elle fut achevée, de trouver que mes forces suffisaient effectivement pour arranger ma bête sur l'arçon de ma selle, où je l'attachai.

Alors je tournai vers l'E. la tête du cheval ; mais Fly

s'obstinait à marcher au N. Je finis par penser qu'il pouvait avoir plus raison que moi et je le laissai aller : en somme, il n'avait pas eu tort. Au bout d'une heure, j'apercevais le wagon et mes gens qui commençaient à s'alarmer de mon absence prolongée.

Le soir était venu ; j'étais épuisé de fatigue et je résolus de camper où nous nous trouvions. Juste comme la nuit tombait, nous reçûmes la visite de plusieurs nègres du chef Séchéli, lesquels se rendaient à Chochon. Je profitai de l'occasion pour écrire à M. Coillard quelques lignes où je l'avertissais de prendre une autre route que la mienne à cause du mauvais état des chemins.

Nous eûmes encore une tempête cette nuit-là et nous fûmes trempés jusqu'aux os. Néanmoins les fatigues de la journée avaient amené le sommeil et je m'endormis profondément. A mon réveil, j'éprouvai une peine aiguë dans la saignée de mon bras droit et j'eus l'horreur, en relevant la manche de ma chemise, de trouver un énorme scorpion noir en train de me piquer juste sur l'artère brachiale. Je ne pouvais pas cautériser la blessure sans léser l'artère ; d'ailleurs, pour opérer, j'aurais dû me servir de ma main gauche, dont je suis fort peu habile. Ayant peur d'empirer la situation, je pris le parti de ne rien faire du tout ; mais, quelques minutes après, l'enflure devenait considérable et la douleur des plus violentes.

Désespéré, j'avalai trois grammes d'hydrate de chlorure de calcium ; après quoi, je tombai en somnolence.

La puissance de cet anesthésique me plongea dans un si profond sommeil que je dormis jusqu'au grand jour.

La douleur était un peu diminuée ; mais, à l'endroit de la blessure, j'avais une inflammation locale surmontée d'une tumeur grosse comme un pois. Je conservai cette tumeur pendant plusieurs mois.

Les tissus étaient tout engorgés, ce qui gênait mes mouvements de la façon la plus désagréable.

Malgré un tel inconvénient, je sortis avec mon fusil et vis tant de gibier que je me résolus à ne pas quitter l'endroit de la journée. J'eus la chance de tuer deux léopards.

La nuit fut encore orageuse et les insectes me mirent à la torture. Nous eûmes aussi la visite de plusieurs lions qui tournaient tout autour du camp et tenaient nos nerfs dans un état de surexcitation par leurs rugissements effroyables.

Le 20, à huit heures du matin, nous décampâmes et partîmes; mais le terrain argileux, détrempé par des pluies abondantes, retenait les roues du wagon au point de nous forcer presque à chaque pas d'employer la hachette pour couper les amas de terre qui en obstruaient la marche.

C'était une terrible tâche. Dès dix heures, il fallut nous arrêter, car nos hommes étaient éreintés. La pluie tombait à flots. On ne put repartir qu'à deux heures et, à quatre heures et demie, on s'arrêtait au bord de la rivière Ntouani.

Un cruel désappointement nous y attendait. La Ntouani, qui d'ordinaire n'est qu'un ruisseau sans importance, ou même sec presque toujours, se présentait sous la forme d'un torrent large de 60 mètres et profond de 7, en sondant près du bord.

Il ne fallait point songer à passer avec un wagon avant un temps dont la durée était impossible à déterminer.

Je résolus de m'installer où je me trouvais et de me faire construire un bon campement avec des huttes recouvertes d'herbes.

Depuis plusieurs jours, j'avais été littéralement trempé ; par bonheur, ma santé n'en avait point souffert.

Néanmoins notre position devenait très embarrassante, car nous commencions à manquer de tout : pendant les deux dernières journées déjà, nous avions été réduits à ne vivre que de viande, celle des animaux que j'avais tués.

Sans doute nous n'avions pas à craindre la famine dans un pays si giboyeux ; mais ne se nourrir que de viande rôtie, sans sel ni condiment d'aucune sorte, cela devient fatigant et, en somme, peu favorable à la santé.

Le temps s'étant remis un peu, je pus continuer mes chasses. A Chochon, un Anglais m'avait fait cadeau d'une bonne quantité de cartouches pour les fusils Martini-Henry ; elles convenaient parfaitement à la carabine du Roi et je m'en servis alors avec beaucoup de succès.

Ainsi nous avions de la viande en abondance ; mais cette nourriture m'était devenue insupportable.

Je fis à cette époque une nouvelle collection de peaux. Comme le wagon pouvait aisément les transporter toutes, tandis qu'il n'y avait aucune nécessité de les troquer, je conçus l'espoir de les conserver et de les emporter en Europe[1].

Le matin du 21, j'observai avec plaisir que, durant la nuit, la rivière était descendue de 30 centimètres.

Après avoir déjeuné d'une cuisse de pouti (*cephalophus mergens*), je montai Fly et partis en quête du gibier. A peine avions-nous atteint la lisière d'un bois qui longeait la Ntouani que mon cheval partit au grand galop. Cette fois, je comprenais qu'il avait quelque animal en vue, mais je n'en voyais absolument aucun.

Après une demi-heure d'une course effrénée, j'aperçus, juste au-dessus des broussailles qui formaient le sous-bois, quelques petits points noirs qui fuyaient avec une rapidité prodigieuse.

Je ne pouvais toujours pas m'imaginer quel animal je poursuivais et ce fut, en débouchant du fourré seulement, que je le reconnus. Quatre autruches filaient comme le vent, ayant Fly sur leurs talons. Elles faisaient des feintes ; mais Fly ne perdait pas leur piste pour un instant.

Enfin elles entrèrent sur une plaine ouverte. Il se fit alors une course qui avait tout l'attrait de la nouveauté.

1. En effet, la plus grande partie des peaux des innombrables animaux que j'abattis à cette époque, sont arrivées saines et sauves en Portugal ; il n'y en a eu que fort peu de perdues lors de l'embarquement à Durban. — (*L'auteur.*)

D'ailleurs c'était Fly qui me dirigeait. Je le laissai tout à fait maître de ses mouvements, et retirai les rênes du bridon. Mon vaillant cheval, reconnaissant de la liberté d'allure que je lui donnais, bondissait avec une vigueur toujours nouvelle.

L'autruche, bien que sa vitesse dépasse celle du cheval pendant un certain temps, ne supporte pas comme lui la fatigue; de sorte qu'à mesure que la course se prolongeait, nous nous approchions de ces légers oiseaux. Évidemment la force leur faisait défaut. Bientôt le galop suffit pour les poursuivre, et elles finirent par s'arrêter à une soixantaine de pas, tout hors d'haleine. Peu après, je tirai les deux coups de la carabine du Roi.

Quand je descendis au lieu où gisaient les deux énormes oiseaux, j'étais fort embarrassé de savoir ce que j'en ferais, et je laissai mon noble cheval paître en liberté; alors je vis apparaître, attirés par mes coups de feu, Aogousto, Vérissimo et Camoutombo qui venaient de chasser aux environs. Mes hommes m'informèrent que le camp était dans le voisinage; notre course avait donc à peu près décrit un cercle. Je leur ordonnai de déplumer les autruches et, quand cette besogne fut achevée, nous retournâmes tous, chargés de butin, au wagon [1].

A notre arrivée, je pus constater que la rivière avait encore baissé de 61 centimètres.

Pendant le reste de la journée la baisse ne cessa pas de s'accentuer, et, à la tombée de la nuit, elle pouvait être estimée à 1^{m}, 40.

J'enfonçai des marques à une place où l'escarpement perpendiculaire de la berge me permettait de mesurer assez exactement les différences de niveau. Quant à Stanley, qui n'y entendait rien, il avait, dans un endroit où les rives s'inclinaient doucement, planté ses jalons; de cette manière, il

1. Plusieurs plumes de ces autruches furent présentées plus tard par l'auteur à S. M. le roi Don Luiz. — (*L'auteur.*)

comptait des mètres où je n'inscrivais que des centimètres. Aussi vint-il une demi-douzaine de fois dans le courant de la journée me dire, en se frottant les mains, que la rivière avait baissé de deux pieds.

La matinée du 23 s'annonça comme pleine d'espérances : le ciel était d'un bleu éclatant et le niveau de l'eau accusait 2^{m},50 de moins que la soirée précédente.

A peine étais-je debout que j'entendis un grand cri. C'était Stanley qui, ayant perdu ses bottes sans que personne pût savoir ce qu'elles étaient devenues, se trouvait déchaussé. Une fois toutes les conjectures épuisées, il en vint lui-même à conclure que ses bottes lui avaient été volées et mangées par des chacals. Pour moi la question restait à l'état d'énigme; mais enfin telle était l'explication qu'il en donnait.

Quoi qu'il en soit, ce pauvre homme était désormais obligé de marcher nu-pieds, car je n'avais rien pour lui remplacer ses bottes. Supposé même qu'il eût pu introduire ses énormes pieds dans mes étroites chaussures, je ne les lui aurais pas données, parce que je n'en avais qu'une paire.

Je passai la journée à la chasse ; la nuit, je pus faire quelques observations astronomiques et déterminer la situation du confluent de la Ntouani avec le Limpopo.

L'eau descendait toujours et, le soir, la baisse dépassait 1^{m}, 60 ; mais pendant la nuit elle resta stationnaire et, comme la pluie reprit dans la matinée du 24, la rivière recommença à monter. Quand nous causions avec M. Coillard, je lui avais souvent entendu dire que, par suite de circonstances pareilles à celle où je me trouvais, il était souvent arrivé qu'un wagon avait été arrêté, durant plus d'un mois, devant de misérables ruisseaux dont les pluies avaient fait des torrents redoutables.

Je tremblais à l'idée qu'il m'en arriverait autant peut-être, et je me mis à examiner attentivement la rivière pour essayer d'y trouver un gué où mon wagon pourrait passer.

Après de longues recherches, je découvris un endroit où, dans toute la largeur, l'eau n'allait que jusqu'à la poitrine.

C'est là que je formai le projet de tenter le passage.

Stanley, qui avait fini par s'habituer assez bien à ma façon de résoudre les questions, en arrivait à n'y plus rien trouver d'extraordinaire.

Nous déjeunions comme à l'ordinaire de viande rôtie et nous avions à peu près fini, quand de grands cris, un vrai tumulte, s'élevèrent sur la rive opposée, où nous vîmes arriver plusieurs wagons et deux hommes blancs.

J'examinai avec intérêt comment ils allaient s'y prendre. Ils firent mettre à l'eau un nègre, qui revint au bord dès que l'eau lui eut couvert la ceinture. Alors ils plantèrent des jalons pour marquer le niveau; puis dételèrent les bœufs et installèrent un camp.

En regardant alors mes marques, je vis qu'elles venaient de se couvrir encore de plus d'un centimètre. La Ntouani grossissait de nouveau.

A l'instant, je fis décharger le wagon; puis Aogousto et Camoutombo reçurent l'ordre de porter les colis sur leur tête jusqu'à l'autre rive, par le gué que j'avais reconnu.

L'opération fut faite sous les yeux des deux blancs et de leur suite qui regardaient pleins d'admiration mes deux hommes s'acquitter de leur besogne avec une aisance que produisait leur force herculéenne et une adresse née de leur habitude à surmonter les obstacles.

Au bout d'une heure tout ce que contenait le wagon était transporté sur la rive droite. Stanley, qui restait là à ne rien faire, reçut l'ordre d'atteler les bœufs.

Quand tout fut prêt, je fis passer la rivière à Aogousto, il emmenait les bœufs de tête, qui nagèrent aisément, suivis par les autres; de sorte qu'il y avait déjà trois paires de bœufs ayant pied sur l'autre rive avant même que le wagon touchât l'eau.

C'est tout ce qu'il fallait. Je criai à Aogousto et à Camoutombo d'avancer. Ils aiguillonnèrent les bœufs, et, un moment après, l'énorme véhicule, glissant sur le talus de la berge, entrait dans l'eau. Stanley, accroché au chariot, se sentit lui-même un instant d'enthousiasme et aida à la manœuvre.

Aussitôt que j'eus vu le wagon parvenir sain et sauf sur l'autre bord, je me jetai à l'eau tout habillé, et traversai en nageant.

Comme j'arrivais à terre, je me fis apporter par Catraïo des vêtements secs, je veux dire l'unique chemise et les seuls bas que j'eusse de rechange. Me voyant occupé à cette toilette, les deux Européens, qui s'étaient mis en route vers moi dès que j'avais eu passé l'eau, s'arrêtèrent, en attendant que j'eusse achevé d'ôter de ma barbe et de ma longue chevelure le limon que l'eau y avait déposé.

Ma toilette finie, ils s'approchèrent et me saluèrent en anglais des deux plus sonores « Good morning, Sir », que j'aie entendus.

Je répondis à leur politesse et leur demandai d'où ils venaient. C'étaient des commerçants anglais, nommés Watley et Davis, se rendant à Chochon et venant de Marico qu'ils avaient quitté un mois auparavant.

De mon côté, je leur appris qui j'étais et d'où j'arrivais. Lorsqu'ils eurent entendu que je m'étais ouvert un passage depuis Benguêla à travers le continent, ils ne purent point cacher leur admiration et me dirent qu'ils n'étaient plus étonnés du tour de force qu'ils venaient de me voir faire.

C'était là les premiers compliments que j'eusse reçus sur mon voyage et je ne peux pas me retenir de les consigner ici, à cause de l'effet qu'ils me produisirent, étant exprimés d'une façon rude et sincère et venant d'hommes endurcis à la lutte avec les difficultés de l'Afrique.

Je donnai à ces messieurs une partie de mon gibier, en échange duquel j'eus le plaisir de recevoir des biscuits, du thé, du sucre et du sel.

Nous passâmes la journée ensemble de la façon la plus cordiale. Le lendemain matin, qui était le 25, je leur confiai

Passage de la rivière Ntouani.

une lettre pour M. Coillard, puis leur fis mes adieux et me remis en route.

On était convenu avant notre séparation que, puisque la rivière recommençait à grossir, ce qui vraisemblablement retiendrait longtemps la caravane sur ses bords, Mr. Davis pousserait jusqu'à Chochon en compagnie de plusieurs nègres, tandis que Mr. Watley resterait à garder les wagons. En conséquence, au moment où je me dirigeais vers le S., Mr. Davis, d'après l'exemple que je lui avais donné la veille, se jetait à l'eau et traversait la Ntouani.

Une marche de trois heures me conduisit au bord du Limpopo où je fis halte vers midi.

La fatigue et l'envie de mettre un peu d'ordre dans mes travaux me décidèrent à ne pas sortir du camp. Un peu plus tard, j'étais assis près de la rive, occupé à faire un croquis du paysage, quand j'entendis un coup de feu. Un steinbock passait rapidement près de moi et se jetait dans l'eau pour gagner l'autre bord à la nage.

Il était grièvement blessé, car l'eau tout à l'entour était teinte de son sang, et il nageait avec une difficulté à chaque instant plus grande. Aogousto accourut peu après, juste à temps pour voir le résultat de son coup. L'antilope avait presque atteint l'autre bord, quand tout un grand mouvement enfla l'eau, une queue d'un noir verdâtre, dentelée comme une scie, surgit des vagues écumantes et le steinbock disparut entraîné sous la surface par un crocodile. Il était écrit que ce tendre herbivore servirait de nourriture à d'autres animaux que nous.

Aussi brave que stupide, Aogousto allait se jeter dans la rivière pour tuer le crocodile, qui, disait-il, lui volait sa proie; j'eus beaucoup de peine à le retenir.

On repartit dans l'après-midi, mais on ne marcha guère qu'une heure, parce qu'il y avait une telle abondance de gibier qu'il nous semblait utile de rester là jusqu'à la nuit. A présent je recherchais plutôt la peau que la viande; et il nous arrivait souvent d'abandonner celle-ci parce que nous n'en avions plus besoin.

Depuis que Stanley avait perdu ses bottes, il ne quittait guère le wagon, où il tuait le temps à dormir quand il ne mangeait pas.

Le lendemain le départ eut lieu de bonne heure. Pendant cinq heures, on longea la gauche du Limpopo. A peine étions-nous arrêtés, qu'Aogousto vint en courant me dire qu'il y avait, à peu de distance, un monstre de *choucourro* (rhinocéros) qui était en train de paître.

Je n'avais pas encore déharnaché mon cheval; je n'eus donc qu'à le remonter et je partis en chasse avec Aogousto.

L'énorme pachyderme avait saisi le bruit du camp et prenait la fuite quand je l'aperçus, à 500 mètres de moi.

Fly le suivit avec son élan habituel, mais il me fallut bientôt renoncer à cette chasse, car l'animal se plongea dans une jungle si épaisse qu'on ne pouvait point l'y suivre.

Il est digne de remarque que, dans ce voyage, depuis Benguêla jusqu'au Limpopo, ce soit ici que j'aie rencontré le premier rhinocéros. Cependant l'endroit était celui où je devais le moins m'attendre à voir cet animal parce qu'il y est rare à cause de la guerre que lui font les Boers.

Une autre créature qui abonde au Calahari, et dont j'ai plusieurs fois aperçu des troupeaux, sans jamais avoir réussi à en tuer une, c'est la girafe.

La rapidité de son allure, la grandeur de sa force de résistance, la finesse de ses sens pour l'ouïe et la vue, rendent très difficile de l'approcher à portée, surtout si l'on n'a pas le loisir de dérober sa marche à l'animal.

Après avoir renoncé à la poursuite du rhinocéros, je revins vers le camp et rencontrai Aogousto chemin faisant. Nous causions paisiblement, côte à côte, quand je le vis subitement mettre son fusil en joue et faire feu dans les broussailles.

Étant à cheval et beaucoup plus haut que lui, je n'avais pas même pu voir ce qu'il visait. Il ne répondit à mes questions qu'en s'élançant dans la jungle, d'où il rapporta un léopard qui s'était tapi à cinq ou six mètres de nous.

Je le laissai occupé à écorcher sa proie et regagnai le wagon.

Dans l'après-midi, nous marchâmes encore trois heures sur un terrain inégal que couvraient des bois épais.

En passant une colline, j'aperçus Zoupantsberg, dont je marquai la position à l'E.

Le lieu où nous fîmes le camp pour la nuit est appelé Adicul par les Boers. Nous n'avions pas de lune, mais le ciel

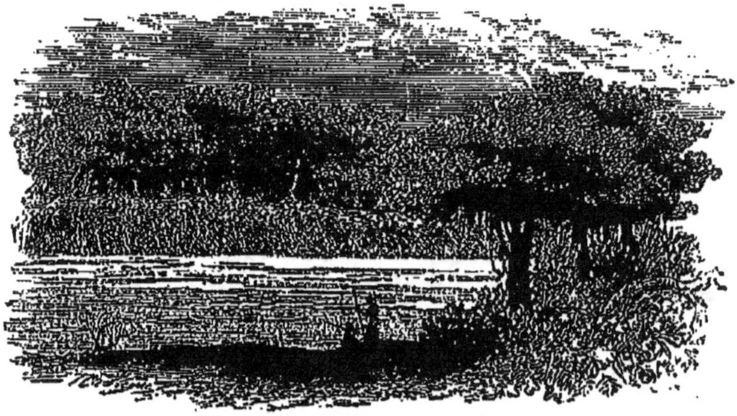

Bords du Limpopo.

était clair et je me mis à faire quelques observations pour déterminer la situation de l'endroit.

C'est vraisemblablement ce qui nous épargna un véritable désastre.

Pendant le séjour que j'avais fait au Mangouato, je m'étais procuré une lampe à mèche de magnésium, qui y avait été laissée par Mohr ou quelque autre voyageur, et dont le propriétaire ne se servait pas faute de pouvoir l'alimenter. Pour moi, qui possédais une bonne provision de fil de magnésium, je trouvais la lampe fort utile.

En cette occasion, je m'en servais pour lire le vernier[1] des instruments.

1. Ou *nonius*. Voir la note, t. II, p. 198.

Je venais de lire dans le vernier de mon sextant de Casella la hauteur de *Canopus* (α d'Argo) au moment de son passage au méridien, et je faisais les angles horaires au moyen d'*Aldebaran* (α du Taureau), lorsque je tressaillis en entendant partir un formidable rugissement à dix pas de moi.

Fly, qui était attaché à une des roues du wagon, donna une telle secousse à sa courroie qu'il fit mouvoir le lourd véhicule, et les bœufs, au paroxysme de la frayeur, s'élancèrent dans l'enceinte où nous étions assis.

Déposant à terre le sextant, je saisis ma carabine que je gardais toujours à ma portée.

Aogousto dirigea le foyer de la lumière sur le côté d'où était parti l'effroyable son, et l'éclat éblouissant qui en jaillissait tomba en plein sur les faces superbes de deux lions énormes.

Fascinés par la lumière que produisait la flamme du magnésium, ils se tinrent un instant immobiles comme des statues et me donnèrent le temps de les viser avec soin. Les deux coups de ma carabine partirent à un intervalle de quelques secondes et les deux lions tombèrent blessés mortellement.

Je me retournai ensuite vers le wagon où j'entendais un bruit infernal. Camoutombo y faisait des efforts inouïs pour contenir Fly qui, dressé sur ses jambes de derrière, secouait ses liens et employait toutes ses forces à les briser. Quant à mon conducteur Stanley, tapi bien au fond de la voiture, son fusil à la main, il criait tant qu'il le pouvait qu'il allait tuer toutes les bêtes féroces de l'Afrique si elles osaient toucher à ses bœufs.

Pendant que je rétablissais un peu d'ordre, mes nègres se donnaient le plaisir de dépouiller les lions.

C'était amusant en vérité d'entendre chacun se vanter de la bravoure qu'il venait de montrer. Pas un n'avait ressenti la moindre peur; bien au contraire; et peut-être chacun

Les lions éblouis par la lumière du magnésium.

contait-il à son voisin que c'était lui qui avait étranglé les lions.

En fait, je crois qu'il n'y en avait que deux qui eussent conservé tout leur sang-froid ; c'étaient Aogousto et Vérissimo.

L'un avait tenu d'une main ferme la lanterne du côté où il l'avait d'abord tournée ; l'autre me disait une minute après, d'un ton parfaitement calme : « Je n'ai même pas mis en joue, car, voyant que le *ségnor* allait tirer, je savais que les lions étaient morts. »

Déposant à terre ma carabine, je repris le sextant et me mis à terminer mes altitudes d'Aldebaran, travail qui avait été interrompu d'une façon si désagréable.

Au moment où j'allais me coucher, de nouveaux rugissements me tinrent en éveil.

Notre campement étant mal clos, j'eus peur de quelque désastre. Je passai donc la nuit à veiller avec mes hommes auprès du feu. Toute la nuit, d'ailleurs, les rugissements retentirent autour de nous; du fond du wagon, Stanley leur faisait un accompagnement de ses ronflements sonores. Peut-être rêvait-il alors de ce petit garçon dont il lui était si dur d'être séparé momentanément, à moins qu'il ne songeât à la mystérieuse disparition de ses bottes dont il était séparé pour toujours.

A six heures, nous étions en route et, jusqu'à neuf, où l'on s'arrêta, on longea constamment le Limpopo.

A peine campés, nous pensions tous plus à dormir qu'à manger. Quant à Stanley, qui était frais et dispos, ne sentant aucun besoin de recommencer à dormir, il eut la politesse de s'offrir pour veiller sur ses bœufs.

Après un bon repas de viande rôtie (on peut remarquer qu'à présent la viande avait dans notre nourriture la même importance que le massango quelques mois auparavant), nous repartîmes vers quatre heures de l'après-midi et allâmes camper, à huit heures et demie, tout près de la rivière Marico.

En me réveillant le 28, l'aube me fit voir que nous nous étions installés dans un endroit bas et marécageux, où la vue pouvait à peine se reposer sur un arbre ou un arbrisseau.

Je venais de finir ma toilette sommaire, quand notre Stanley arriva me dire avec douceur que l'inquiétude causée par l'absence de son petit garçon, non moins que le manque de ses bottes, l'obligeait à cesser d'être à mes ordres. A partir de cet endroit, il connaissait un chemin de traverse qui le conduirait chez lui en une huitaine de jours. Par conséquent, lui, ses bœufs et son wagon cesseraient d'être à mon service aujourd'hui même.

Je lui répondis avec calme qu'il était dans une illusion complète : il avait fait avec moi une convention, en présence de M. Coillard, d'après laquelle il était obligé de m'accompagner jusqu'à Prétoria. Je crois qu'il se méprit en m'entendant lui parler avec tant de modération, car il persista dans la résolution qu'il avait exprimée et me déclara qu'il n'irait pas plus loin.

Je répliquai non moins tranquillement que j'avais pour moi la raison et le bon droit; le seul parti qu'il dût prendre, c'était de céder ; d'ailleurs la justice de mes observations était soutenue par la force, que je ne manquerais pas d'employer, s'il le fallait.

Ce dernier argument fit son effet. Notre homme, voyant que j'étais prêt à tout, céda, mais en protestant, en bougonnant qu'après tout, cependant, le wagon et les bœufs lui appartenaient.

Aogousto, qui, depuis le lever du jour, était à la chasse, rentra sur ces entrefaites me dire qu'il avait trouvé un campement de Boers, à peu de distance, et que, si je le voulais, il allait m'y conduire.

Je montai de suite à cheval et partis ; un quart d'heure après, j'étais arrivé.

Je vis un assez grand nombre de wagons, disposés parallèlement l'un à l'autre ; dans les intervalles, s'élevaient des huttes de roseaux, couvertes de paille ; des amas de dépouilles de chasse et une espèce de porche sous lequel était un tour pour travailler le bois. Un grand enclos, où paissaient des bœufs et de nombreux chevaux, complétait le tableau de ce campement de Boers nomades.

Plusieurs femmes, ayant des robes d'indienne et des bonnets blancs, s'occupaient à tirer de l'eau d'un puits. A la porte d'une cabane, un couple de femmes, qui n'avaient pas l'air d'être laides, étaient en train de peler de gros oignons. Enfin un groupe d'enfants, fort malpropres et déguenillés, se roulaient sur le terrain boueux.

Mon arrivée fit sensation. Une vieille furie, plus laide encore qu'âgée, s'avança pour me parler. Je ne comprenais pas un mot de ce qu'elle me disait; mais, en la regardant, je constatai que la saleté de ses vêtements dépassait sa laideur et sa vieillesse.

Pour lui faire comprendre mes paroles, j'aurais dû employer le mauvais hollandais dont se servent les Boers; par malheur, je l'ignorais. Je parlai donc le hamboundo, qui du moins me mettait à son niveau; car, en ce cas, elle ne pouvait pas plus entendre la langue du Bihé que je n'étais en état de me rendre compte de ses intentions.

Elle m'accompagna ensuite quand je m'approchai des jeunes peleuses d'oignons. Celles-ci du moins étaient propres et gentilles. Je leur parlai anglais, français, portugais et hamboundo, mais sans plus de succès dans l'une que dans l'autre langue. Ces jeunes filles ne faisaient que remuer la tête et rire.

J'appelai Aogousto à mon aide. Chez les Barozés et dans la compagnie des gens de M. Coillard, il avait attrapé plusieurs bribes de l'idiome sésouto. Je le chargeai donc de demander aux jeunes filles s'il n'y avait pas d'hommes ici. Il s'avança, mais la vieille sorcière intervint encore et ce fut à grand'peine, avec de pareils truchemans, que je finis par savoir que tous les hommes étaient allés à la chasse.

Cependant la vieille avait compris, à ce que disait Aogousto, que je n'étais pas Anglais. Elle prit de suite un autre ton, et il me sembla qu'elle me regardait dès lors d'un œil moins farouche.

Sur ces entrefaites, les filles, ayant fini de peler leurs oignons, les jetèrent dans un pot énorme, rempli à moitié d'eau et qu'elles mirent sur le feu.

Presque aussitôt après, sept hommes à cheval entrèrent dans le campement.

Parmi eux, était un vieillard, porteur d'une longue barbe blanche ; les autres, excepté un jeune homme de 18 à 20 ans, avaient de 30 à 40 ans. A ma vue, ils s'approchèrent tout de suite.

Le vieillard parlait aisément l'anglais, que connaissait aussi quelque peu un de ses compagnons.

C'était une vraie bonne fortune. Je leur expliquai qui j'étais et d'où je venais, deux choses qu'ils eurent peu l'air de comprendre. J'eus bien soin de leur dire que j'étais un Portugais, non un Anglais, car je m'étais aperçu déjà qu'ils avaient peu d'affection pour ces derniers. Je leur contai dans quels rapports je me trouvais maintenant avec mon conducteur Stanley, et le vieillard fut immédiatement d'avis que je ferais bien de le laisser partir avec son wagon ; dans ce cas, ce seraient eux qui me fourniraient les moyens de continuer ma route.

L'arrangement proposé s'accordait si bien avec mes désirs que, sans attendre qu'on le répétât, j'envoyai de suite Aogousto me chercher le wagon et me l'amener chez les Boers.

Cependant ceux-ci s'efforçaient de me faire bon accueil ; et même les traits de la sorcière s'adoucissaient au point d'esquisser un sourire approbateur. Quelle grimace ! Bientôt je me trouvai à table mangeant de la viande rôtie et des oignons ; c'étaient les seuls végétaux qu'avaient ces Boers, mais je m'en régalai avec plaisir.

Quand le wagon fut arrivé, on le déchargea rapidement ; je réglai mon compte avec M. Stanley ; et je puis dire que, s'il fut content de s'en aller, je fus, moi, ravi d'être débarrassé de lui.

II. 21

Visite au campement des Boers.

J'expliquai ensuite à mes nouvelles connaissances la nécessité où j'étais de voyager aussi rapidement que possible ; elles me promirent, pour le lendemain même, de mettre un wagon et des bœufs à ma disposition.

A la veillée, on causa. Les Boers m'apprirent qu'ils avaient fait partie de l'immense corps des émigrants qui, immédiatement après l'annexion du Transvaal, s'étaient, pour fuir un joug odieux, mis en chemin vers le N., ne sachant pas où ils allaient, ignorant les dangers du Calahari. Six cents familles qui s'étaient engagées dans ce désert inhospitalier avaient vu leurs troupeaux mourir ou se disperser par suite du manque d'eau, et beaucoup de personnes étaient tombées victimes du parti irréfléchi, précipité, qu'elles avaient pris. L'avant-garde, composée de vingt-trois hommes, avait pu parvenir au Ngami ; mais, sur la route, son bétail avait épuisé tous les amas d'eau qu'on avait rencontrés ; de sorte que ceux qui venaient après elle n'avaient plus trouvé qu'une mort misérable le long des mares desséchées. Ces Boers, au milieu desquels j'étais reçu avec tant d'hospitalité, étaient du petit nombre de ceux qui avaient pu en revenir. Ils avaient trouvé les bords du Limpopo si peuplés de gibier qu'ils avaient résolu de s'y arrêter ; et ils menaient ici une vie nomade, campant partout où ils pouvaient espérer une bonne chasse.

Le lendemain matin, tandis que les jeunes filles me servaient un déjeuner composé de viande, d'oignons et d'un lait délicieux, les hommes apprêtèrent un wagon auquel étaient attelées quatre paires de bœufs.

Le vieillard m'apprit que son petit-fils, garçon âgé de seize ans et nommé Low, serait chargé du véhicule, avec l'aide de son frère Christophe, qui pouvait bien avoir douze ans.

Toute la population masculine et les bœufs des Boers donnèrent leur assistance pour faire passer le wagon de l'autre côté de la Marico, opération rendue malaisée par la profondeur de l'eau. Nous prîmes cordialement congé les uns des autres, et je commençai ma première journée de voyage dans la direction de Prétoria.

Or, si les Boers savaient qu'il existait une localité portant ce nom, ils n'y avaient jamais été ; en sorte que mon jeune conducteur ignorait complètement le chemin qui pouvait y conduire.

Je pris sur moi de le lui enseigner. En conséquence, laissant de côté la seule route qu'on suivît ordinairement et qui passe par le Marico et Rustenberg, je tirai sur la carte de Marenski une ligne parfaitement droite, que je résolus de suivre autant que je le pourrais.

Depuis que nous avions passé la Ntouani, nous étions fort incommodés par les tiques : il suffisait de passer un instant à travers l'herbe pour être couvert de ces insectes dégoûtants.

Quatre de mes gens, Moéro, Pépéca et les deux femmes avaient tous les symptômes d'une fièvre pernicieuse. On fut donc obligé de disposer le wagon de façon à ce que ces malades pussent s'y coucher, car ils n'étaient plus en état de marcher.

Le fait est que nous souffrions tous, plus ou moins, des suites d'un voyage si prolongé, depuis Benguêla jusqu'ici, avec une nourriture insuffisante et peu saine. Il n'y avait donc pas lieu de s'étonner si, comme conséquence de ces fatigues, nous tombions gravement malades, ou si même quelques-uns de nous venaient à mourir prématurément.

D'ailleurs l'insalubrité des rives du Limpopo et surtout de la Marico affectait profondément nos organismes déjà délabrés ; nous nous sentions tous plus ou moins atteints ; même moi, qui suis doué d'une constitution particulièrement robuste, je ne me trouvais plus dans mon assiette. Heureusement pour nous tous, ce ne fut pas alors que je tombai malade.

Comme mon jeune conducteur et son frère ne parlaient ni n'entendaient que le hollandais, il n'y avait pas entre nous de conversation possible; mais je parvenais à leur faire comprendre ma volonté et diriger le wagon comme je le jugeais convenable.

La nuit qui termina le mois de janvier fut des plus orageuses et entremêlée de pluie, d'éclairs et de tonnerres.

Le 1er février, l'état de tout mon monde était empiré; même celui des deux femmes et des jeunes nègres me causait de l'inquiétude; enfin, moi aussi, j'avais une fièvre brûlante.

Je résolus de hâter la marche autant que possible de manière à arriver plus promptement à portée d'un district habité et de remèdes efficaces.

Malgré mes souffrances, aussitôt que je vis le wagon en route, je me mis à errer en quête de gibier et je pus abattre un sebseb. Je revins alors au wagon ; Camoutombo, Vérissimo et Aogousto allèrent chercher et rapporter l'antilope morte.

Nous marchâmes jusqu'à cinq heures et demie du soir, où l'on fit halte jusqu'à neuf, afin de donner du repos aux bœufs, de prendre quelques observations pour déterminer la position et principalement de donner des soins à nos malades. Ensuite on repartit; mais on s'arrêta définitivement peu après dix heures.

La situation de Pépéca et de Mariana devenait des plus sérieuses. Ils avaient le délire et toutes les apparences de la fièvre typhoïde.

Avec de l'eau bouillante, n'ayant rien de mieux à ma disposition, j'établis des espèces de cautères que je tins toujours poudrés de sulfate de quinine. Pendant la nuit, je leur fis trois injections hypodermiques d'un gramme de sulfate chacune.

Chez Moéro et Marcolina (celle-ci était la femme d'Aogousto), les symptômes n'étaient pas aussi alarmants; cependant je crus devoir les soumettre à un traitement semblable.

Le lendemain, mes malades étaient dans le même état. Quand j'eus soigné les cautères, je voulus partir, mais on ne trouva nulle part mes jeunes Boers. Il fallut me mettre en chasse après eux ; enfin, près d'un grand marais nommé, à ce qu'il paraît, Cornocopia, je les aperçus qui avaient tout l'air de brouter, c'est-à-dire qu'ils arrachaient de l'herbe et en mangeaient avidement.

Je m'approchai, pour mieux voir ce qu'ils faisaient. En vérité, je ne m'étais pas trompé. Les garçons étaient en

Les petits Boers mangeant de l'herbe.

train de dévorer de l'herbe. En me voyant près d'eux, ils me tendirent une poignée d'une fine espèce de roseau ou de canne, ayant la couleur d'un vert éclatant. Par curiosité, j'en pris et j'y goûtai. Mon étonnement fut grand en trouvant à cette graminée une saveur si douce qu'elle approchait beaucoup de celle de la canne à sucre.

Je compris alors ce qui avait eu lieu. La gourmandise les avait attirés là et leur avait fait oublier complètement la tâche dont ils étaient chargés. Je les ramenai promptement au wagon, et nous partîmes sans retard.

Dans la plaine que nous traversions, on vit une grande quantité d'araignées fort pareilles à la tarentule, et dont la morsure était mortelle, à ce que prétendirent les jeunes garçons. Mais, à mon sens, cela mérite confirmation, comme une foule d'autres assertions du même genre. Par exemple, les indigènes de l'Afrique en disent autant de leurs scorpions, et mon expérience personnelle me permet d'affirmer que leur opinion n'est pas exacte.

On voyagea ce jour-là cinq heures entières sans s'arrêter. Aussitôt après avoir donné mes soins aux malades, qui continuaient à être fort bas, je partis en quête de nourriture pour la caravane.

Je rentrai à six heures du soir, rapportant en travers de l'arçon de ma selle une superbe antilope. En revenant, j'avais observé que mon cheval, contrairement à son habitude, était inquiet, parfois emporté, se cabrait et plongeait à chaque douzaine de pas.

Ce ne fut qu'après être arrivé au camp que je m'en expliquai la cause. Une des cornes pointues de l'antilope (*cervicapra bohor*), dont la tête était pendante, avait pénétré et fait une blessure profonde dans le poitrail du pauvre Fly.

Mon désir d'avancer était tel que je marchai deux heures encore ce soir-là, ne m'accordant, avant de repartir, que juste le temps de soigner les malades et de manger un morceau.

Le 3 février, on se mettait en route dès quatre heures du matin, pour ne s'arrêter qu'à neuf.

A peine avions-nous campé que j'aperçus deux wagons qui s'approchaient sous l'escorte de quelques Boers. J'espérais obtenir d'eux un peu de nourriture, car notre garde-manger ne contenait plus que les restes de l'antilope tuée la veille. Malheureusement mon espoir fut déçu. Nous rencontrions deux familles d'émigrants, réduites aussi à ne vivre que de leur chasse ; et même, comme elles n'avaient plus rien à manger, je dus partager avec elles le peu de viande qui me restait.

Un de ces Boers parlait anglais. Il m'avertit que nous entrions dans une région dénuée de gibier; mais, en forçant la marche, sur les traces de leurs wagons, je pouvais espérer d'arriver ce soir même à la mission du Piland's Berg.

Le pays que nous traversions était une vaste plaine où çà et là se dressaient quelques montagnes abruptes.

Par exemple, le Piland's Berg, que je marquai à notre S.

Je désirais profiter du conseil donné par le Boer et avancer avec toute la vitesse possible sur la mission qu'il m'avait annoncée. J'ordonnai donc le départ; mais alors mon conducteur Low vint, dans un état de grand chagrin, me débiter une longue histoire où je ne compris qu'une chose, c'était que son frère Christophe était égaré. En vérité, je jouais de malheur. Comme si je n'avais pas été assez tourmenté déjà d'inquiétude et d'angoisse, il fallait encore que je fusse retardé par cet endiablé garnement.

Je montai à cheval, et courus bois et plaine à la recherche du gamin égaré. Je criais, je tirais des coups de fusil, je galopais çà et là, faisant des cercles réguliers autour du wagon; le tout en vain; j'épuisai mon cheval, je m'abîmai de fatigue et d'irritation pendant une course de six heures; enfin, je rentrai de ma chasse inutile pour ne rien trouver à manger.

Mon conducteur Low ne faisait que pleurnicher et s'arracher les cheveux en parlant hollandais; et, s'il s'imaginait que je voulais partir, il venait se jeter à genoux devant moi en sanglotant et nommant son frère.

J'étais à bout. Je m'emportais en paroles injurieuses contre les Boers et tout ce qui les touchait; puis je me sentais pris de pitié pour la désolation de ce pauvre enfant.

Néanmoins il n'y avait aucune amélioration dans l'état de mes malades. Ce n'était pourtant point, Dieu le sait, qu'ils ne fissent pas une diète rigoureuse ni qu'ils manquassent de médecine.

Il n'y avait d'ailleurs rien à faire que de passer la nuit où nous étions, malgré la colère continue que me causait la perte d'un temps si précieux et dans des circonstances si graves.

La frayeur de Christophe.

A neuf heures du soir, un grand bruit se fit parmi mes hommes. C'était Christophe qui revenait. Il me fallut attendre plusieurs jours pour avoir, au moyen d'un interprète, l'explication de sa mystérieuse absence.

Aussitôt que le wagon s'était arrêté, le matin, ce gamin s'était, paraît-il, glissé dans le bois pour essayer d'y attraper des oiseaux avec de la glu. Il était là blotti tout tranquillement tandis que je courais après lui. Il m'avait entendu l'appeler par son nom, puis tirer des coups de fusil ; alors il avait eu peur d'être étrillé ou même tué, et s'était fourré dans un trou où il s'était caché de son mieux tout le reste de la journée. A l'arrivée de la nuit, la peur des bêtes féroces l'avait emporté sur celle du bâton et il était revenu vers le wagon.

Il ne me manquait plus, dans un pareil voyage, que d'être retardé par un galopin. On partit à quatre heures du matin ; mais il fallut faire halte à huit, notre état ne nous permettant pas une plus longue fatigue.

J'observai dans l'E. un système de hauteurs qui couraient au N.-N.-O., en longeant le Limpopo.

A onze heures, on se remit en route et, à quatre heures du soir, on arrivait à Soul's Port (le Port de l'Ame), qui est la mission du Piland's Berg.

Nos quartiers furent établis dans des ruines situées à deux cents mètres environ de la demeure du missionnaire, auquel je fis porter ma carte de visite.

Fort peu de temps après, je vis arriver une dame, suivie d'un domestique, qui tenait un grand plateau chargé de figues et de pêches. C'était madame Gonin, la femme du missionnaire ; elle m'apprit que son mari était absent et ne reviendrait que le lendemain.

Tout en l'écoutant, j'avalais des pêches et des figues avec un plaisir qui provenait naturellement d'un jeûne de trente-deux heures. Il fallut bien, pour expliquer ma gloutonnerie, donner l'excuse incontestable que j'étais à demi mort de faim.

Madame Gonin ne tarda pas à se retirer; mais, quelque temps après, elle m'envoyait un souper excellent et deux nègres portant des vivres en quantité suffisante pour mes hommes.

J'allai la remercier et revins à mon campement.

Le lendemain j'eus lieu de croire hors de danger Pépéca et Mariana, mes deux malades qui avaient été le plus vivement touchés.

Il était encore de bonne heure lorsque je me rendis à un campement de Boers, faire des provisions.

Autour du Piland's Berg, le pays est bien cultivé ; le penchant de la montagne se montrait pointillé de maisons de Boers.

Je dirigeai mes pas vers l'une d'elles, où l'on me pria d'entrer. On m'introduisit dans une chambre qui, comme dans toutes les habitations du Transvaal, servait à la fois de salle à manger et de salon.

Elle était grande, gaie et assez élevée. Les murs, peints en fresques, représentaient des cupidons aux yeux bandés, tirant des flèches perfides à de gros cœurs enguirlandés de roses ; le tout sur un fond bleu de ciel, peint à la détrempe et peu propre.

Le peintre de ces fresques n'avait sans doute été ni Rubens ni Van Dyck ; cependant je fus étonné de la décoration artistique de cet appartement : elle était supérieure à celle de la plupart des salles à manger qu'on trouve dans les maisons de la bonne ville de Lisbonne. Là, on voit trop souvent, au premier plan, une espèce de tout petit polichinelle qui pêche à la ligne dans une rivière, où naviguent au lointain deux énormes amoureux jouant de la mandoline ; cependant un perroquet vermeil est perché sur un arbre bleu et rouge, fort éloigné, en sorte qu'il doit, d'après les règles de la perspective, dépasser en grosseur l'arbre, les amoureux et le pêcheur.

Au moins, les peintures mythologiques qui ornaient la salle de ces Boers avaient une signification : ces guirlandes de roses entourant des cœurs blessés rappelaient à chacun que l'amour a, comme les roses, ses épines aussi bien que ses parfums.

Si, un jour, après avoir longtemps vécu à Lisbonne, je

cédais à cette force de l'imitation, qui me fait considérer comme admissibles les théories de Darwin, et s'il me prenait fantaisie de faire peindre ma salle à manger par un artiste portugais, je m'efforcerais de l'amener un peu aux doctrines de l'école du Transvaal.

A part ces peintures des parois, la salle où j'avais été conduit n'offrait rien qui pût éveiller l'attention. J'y remarquai une longue table, plusieurs chaises, ainsi que des vases contenant des plantes fleuries et posés dans les embrasures des fenêtres. Des rideaux d'étoffe blanche à bordures rouges tombaient des corniches de bois à peine dégrossi. Ils étaient loin de redescendre jusqu'au sol, en sorte qu'ils donnaient aux fenêtres l'aspect malheureux de ces jeunes filles de quatorze ans, qui, portant une robe ni longue ni courte, vous laissent dans l'état très perplexe d'ignorer s'il faut les saluer comme des dames ou les embrasser comme des fillettes.

Dans un coin, sur une petite table, on distinguait le livre des Boers, une énorme Bible aux fermoirs d'argent, reliée en peau jadis rouge, mais qui, ayant passé par les mains graisseuses de trois générations de fidèles, avait pris une couleur impossible à définir.

Les honneurs de la maison me furent faits par deux Transvaaliennes, habillées, comme toutes celles que j'avais rencontrées jusqu'alors, en robes d'indienne, et coiffées de bonnets blancs. Un groupe de bambins, presque tous de la même taille, s'attachaient à leurs vêtements ou se cramponnaient à leurs genoux. La façon dont on traitait ces enfants pouvait me donner à penser qu'ils appartenaient indistinctement aux deux dames, ce qui me paraissait fort surprenant et me laissait entrevoir un état de choses tout nouveau.

Vérissimo, dans l'idiome des Basoutos, me servit d'interprète. J'eus l'idée, avant d'expliquer ce qui m'amenait, de leur demander à qui étaient ces enfants. Avec l'orgueil naturel à toutes les mères, lorsque les enfants sont encore très jeunes et que leur taille ne peut en rien révéler les secrets d'un âge qu'elles tiennent à cacher, elles me répondirent d'un commun accord : « Ils sont à nous. »

Le cas se compliquait par cette réponse même, et l'énigme me semblait plus embrouillée qu'auparavant.

Je redoublai de questions et finalement j'appris que les bambins appartenaient par moitié à chacune des dames ; mais, suivant la coutume des Boers, les deux ménages vivaient ensemble à un seul foyer domestique, si bien que toute cette progéniture avait l'air d'être à l'une aussi bien qu'à l'autre mère.

A la place d'un paradoxe physiologique, je me trouvais en face d'un paradoxe psychologique, qui, pour moi, était tout aussi extraordinaire.

Ainsi, dans le Transvaal, deux ménages peuvent vivre ensemble sous le même toit, manger la même nourriture et remplir avec concorde leurs devoirs domestiques ; deux amis peuvent se marier le même jour et aller avec leurs femmes habiter ensemble ; des enfants peuvent naître, des petits-enfants leur succéder, et tout cela sans sortir des limites étroites de leur cercle, jamais ; on peut vivre de cette vie, être heureux, sans intrigues, sans picoteries, sans jalousies, sans querelles ! non seulement d'un homme envers l'autre, mais encore entre les femmes ! N'est-ce pas admirable ?

Ce trait révèle la vie patriarcale des Boers.

Après que toutes ces explications m'eurent été données, j'expliquai ce que j'étais venu faire. J'avais besoin de provisions. Ces excellentes femmes offrirent de me céder immédiatement deux énormes pains, mais m'apprirent qu'elles ne pouvaient me vendre ni poule ni canard sans le consentement de leurs maris, qui travaillaient alors aux champs ; elles m'engageaient donc à attendre leur retour qui ne tarderait pas, à cause de l'heure du déjeuner.

Puis l'une d'elles disparut, allant sans doute à la cuisine, et l'autre apporta dans la chambre une machine à coudre, avec laquelle elle se mit à l'ouvrage.

Quant à moi, j'allai me promener dans l'enclos. Le verger m'attira tout d'abord : il était admirablement tenu.

Comme je dévorais des yeux les végétaux que j'y voyais pousser !

Lorsqu'un peu plus tard les Boers arrivèrent, ils me surprirent en flagrant délit de cueillir des haricots et de les manger tout crus.

Je rentrai avec eux dans la maison et, dès que nous nous trouvâmes dans ce que j'appellerai la chambre des Cupidons, toute la famille se réunit et s'assit sur des sièges placés le long de la muraille.

Une négresse entra, apportant une petite baignoire. L'aîné des hommes ôta ses bottes et se lava les pieds. L'autre suivit son exemple, puis les femmes, enfin les enfants, tour à tour, la négresse présentant le bain de pieds de l'un à l'autre successivement.

Après cette cérémonie, on s'assit à table ; mais pas encore pour manger. La grosse Bible fut apportée et l'aîné des hommes y lut, avec un profond recueillement, quelques versets du livre des Nombres, qui est le quatrième livre de Moïse. Enfin, le déjeuner commença ; mais, au grand désappointement de mes hôtes, je n'y fis pas honneur, ayant l'estomac plein de choux crus et de haricots cueillis sur pied. Cependant je réussis à avaler une tasse de fort mauvais café, mêlé à d'excellent lait.

Le déjeuner fini, ces braves cultivateurs me firent accepter une demi-douzaine de poules et une paire de canards, sans vouloir en accepter aucun paiement. Bien plus, ils me firent cadeau d'une charge de végétaux, autant que mon cheval en pouvait porter.

Quand je rentrai à Soul's Port, j'appris, par un billet que me remit Aogousto, que le missionnaire était de retour et m'invitait à dîner.

Je commençai par faire une visite à mes malades : ils allaient beaucoup mieux, surtout le petit Moéro, qui pouvait déjà se tenir assis. Ensuite je me rendis à la maison du missionnaire, où je fus reçu avec une grande cordialité.

M. Gonin était un Français, ami de M. Coillard. Les bonnes nouvelles que je lui donnai des amis que j'avais laissés à Chochon le remplirent de joie.

Quant au dîner, je le considérai comme un banquet splendide. L'agrément en était encore rehaussé par la présence de trois dames, madame Gonin et deux belles demoiselles anglaises du Cap, qui étaient en visite à la mission.

Je me retirai de bonne heure au milieu des ruines où je campais pour faire quelques observations et mes préparatifs de départ. Mais une mauvaise nouvelle m'attendait à mon retour.

Low, mon jeune conducteur, vint m'apprendre que deux des bœufs avaient disparu et que, malgré tous ses efforts, il ne les avait pas retrouvés. Or les six animaux qui me restaient étaient certainement impuissants à traîner le wagon jusqu'à Prétoria.

Je pris donc le parti de rester où j'étais pour chercher les bœufs égarés, et j'ordonnai que, dès le point du jour, tous ceux qui en avaient la force se missent en campagne dans les environs.

Mais toutes nos recherches furent inutiles : on ne put pas retrouver les bœufs.

Je communiquai à M. Gonin l'embarras où je me trouvais. Cet honnête homme m'eut bientôt rassuré en mettant à ma disposition une paire de ses propres bœufs.

Bien plus il décida qu'un de ses serviteurs, un Betjouana nommé Farelan, m'accompagnerait à Prétoria et me servirait de guide et d'interprète, car, outre sa langue natale, il possédait bien le hollandais que parlent les Boers.

Les choses ainsi arrangées à ma satisfaction, je fixai mon départ au 7. Après avoir exprimé mes sincères remercîments à M. et à madame Gonin pour leurs éminents services, je me mis en route à six heures du matin. A dix, la halte eut lieu auprès d'une ferme de Boers, où je reçus un accueil très hospitalier et je pus avoir des provisions en abondance.

Nous fîmes encore ce jour-là deux traites assez longues. De mes quatre malades, Moéro allait presque bien, ainsi que je l'ai indiqué ; Mariana et Pépéca éprouvaient une amélioration sensible, bien que leur convalescence dût être longue ; malheureusement Marcolina, la femme d'Aogousto, me donnait des inquiétudes : elle restait dans un état adynamique, accompagné d'une fièvre constante et sur laquelle aucun traitement ne paraissait avoir d'effet.

Le lendemain, 8, Marcolina était décidément plus mal.

Partis à quatre heures du matin, nous arrivâmes une heure plus tard au bord de la rivière Quetei près du confluent de la Machoucoubiani.

Le passage était fort difficile, à cause de la hauteur des berges à pic et de la quantité d'eau qui coulait dans le lit.

Il nous coûta trois heures d'un rude travail; aussitôt parvenus sur l'autre bord, nous nous arrêtâmes pour prendre un long repos.

Je remarquai à 800 ou 900 mètres de distance dans l'O.-N.-O., le Pic Botes, qui marque l'endroit où eut lieu la dernière bataille par laquelle les Boers infligèrent une sanglante défaite aux Matébélis, qui furent obligés de reculer au delà du Limpopo.

Nous reprîmes la route après un repos de trois heures, et nous en marchâmes encore huit en deux traites.

On campa près d'un ruisseau affluent du Limpopo. L'endroit était couvert de roches, masses énormes de granit, les premières que j'eusse vues depuis mon départ du Bihé.

La disposition géologique m'a eu l'air de ressembler ici beaucoup à celle que j'avais observée dans une partie du plateau voisin de la côte occidentale, entre Quilenguès et le Bihé.

Mais la flore y était fort différente. Au plateau que je

Enterrement de Marcolina (p. 339).

viens de rappeler, la végétation était des plus riches en arbres, tandis que, dans la partie du Transvaal où nous nous trouvions, c'étaient au plus un ou deux arbustes rachitiques qui la représentaient. D'autre part, la végétation herbacée avait une grande beauté; les graminées surtout y prenaient des proportions gigantesques.

Le 9 février, l'état de Marcolina devenait si inquiétant que je ne voulus point partir avant d'avoir vu s'il y avait quelque chance d'une amélioration; mais tout ce que je pus essayer pour la sauver fut inutile et, à midi, elle expira.

Pauvre femme ! Il était bien triste de penser qu'elle avait supporté tant de peines et de fatigues, tant de tracas et de chagrins, pour venir mourir juste à l'instant où l'aisance et le repos étaient presque à sa portée.

Marcolina était l'épouse légitime d'Aogousto. Venue avec lui depuis Benguêla, elle lui était restée fidèlement attachée, même au temps des aventures galantes de son mari et malgré les mauvais traitements qu'elle avait reçus de lui.

Quand la pauvre créature fut morte, Aogousto se mit à pleurer comme un enfant auprès du cadavre de sa compagne fidèle.

Le lendemain matin, Camoutombo et le Betjouana Farelan creusèrent une fosse profonde où les restes de Marcolina furent soigneusement descendus. Moi, je me tenais debout, à côté, la tête découverte, grandement ému à la vue de la terre qui tombait sur ce froid cadavre.

Ce fut près d'un ruisseau d'eau vive, à peu de distance de la mission de Betania, que je quittai cette dernière victime de l'expédition portugaise à travers l'Afrique. Chacun de nous avait tour à tour été près de payer comme elle ce fatal tribut; heureusement sa tombe fut la dernière de celles que nous eûmes à creuser.

Comme je retournais à pas lents vers le wagon, je me demandais si la science avait le droit d'exiger de pareils sacrifices; si un homme, pour satisfaire son vaniteux désir d'ajouter encore un atome de connaissances au petit amas qu'il s'en est formé, était justifié de disposer ainsi de la vie de ses semblables, et de les immoler impitoyablement à une idole aussi vaine que les autres?

En envisageant la question sous toutes ses faces, je n'y ai pas pu trouver de réponse satisfaisante. Aujourd'hui je dis que c'est là une question à débattre entre l'homme et sa conscience.

La triste cérémonie une fois terminée, je donnai l'ordre du départ, et je poussai en avant pour aller visiter la mission de Bétania.

Bétania est un bourg qui peut avoir quatre mille habitants, Betjouanas de naissance. Les maisons y sont bien bâties et beaucoup ont des fenêtres vitrées.

Le missionnaire, que j'allai voir, était un Hollandais ou un Allemand et s'appelait M. Behrens.

Je le trouvai fumant une énorme pipe de faïence. Il commença par me demander si j'avais rapporté les pelles que mes hommes lui avaient empruntées pour creuser la fosse de Marcolina!

Le wagon étant arrivé un quart d'heure après, je sortis de chez ce missionnaire et continuai mon chemin pour aller m'arrêter vers onze heures près d'un village de Boers.

Les habitants s'empressèrent autour de nous en nous invitant à entrer chez eux et je dus visiter toutes leurs maisons. Il me fallut accepter quelque chose de chacun d'eux et bientôt nous eûmes en abondance des pommes de terre, des fruits, des légumes verts et même des poules. J'eus beaucoup de mal à me débarrasser de l'hospitalité de ces bons villageois et à me remettre en route à trois heures de l'après-midi.

Nous rencontrâmes encore la rive gauche du Limpopo, et, après l'avoir remontée durant trois heures, nous arrivâmes à un gué que connaissait mon guide Farelan.

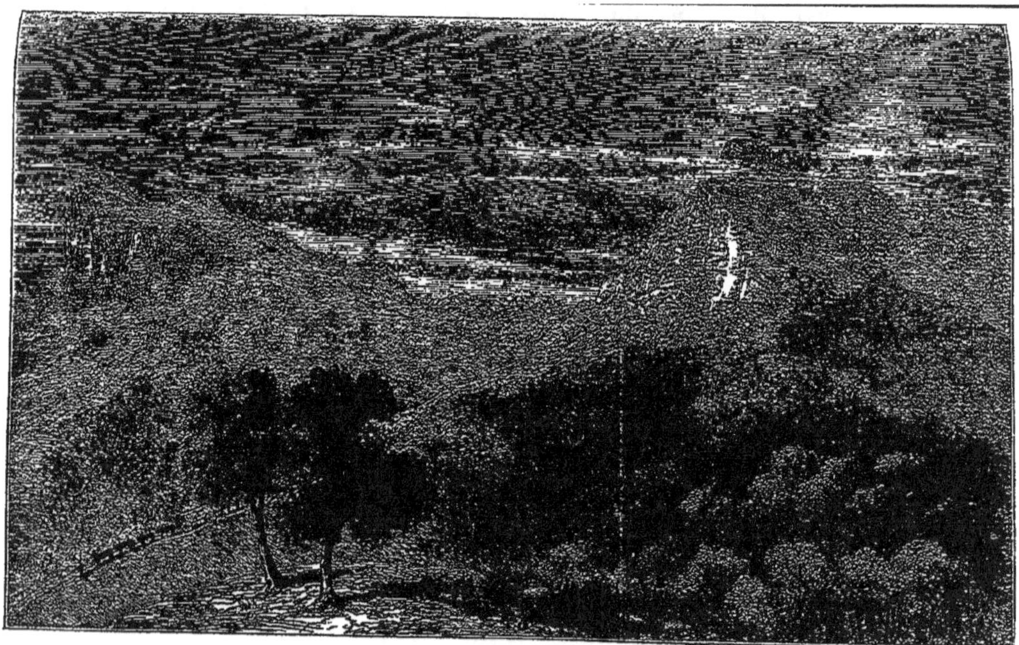

Chaine du Magalies Berg (p. 343).

Il y avait là un assemblage de wagons et les Boers auxquels ceux-ci appartenaient nous apprirent qu'une crue rendait le passage impraticable.

Comme Farelan le connaissait bien, je lui dis de se mettre à l'eau et d'aller aussi loin qu'il le pourrait. Mon guide y fut de suite et traversa la rivière en ayant de l'eau à peu près jusqu'au cou. J'ordonnai alors d'aiguillonner l'attelage, que je conduisis à cheval, et en un instant la rivière était franchie. Nous avions trop pris l'habitude de pareilles aventures pour nous arrêter à ces bagatelles.

Les Boers nous regardaient la bouche béante, mais sans oser nous imiter et restant sous une pluie torrentielle.

Nous campâmes sur la rive droite. Le lendemain matin, par suite de la pluie diluvienne, la rivière était si grossie que la crue dépassait de 3 à 4 mètres celle de la veille.

Les Boers, qui avaient eu peur la veille de risquer leurs wagons, ont dû sans doute attendre bien des jours que le passage redevînt possible.

Notre voyage recommença de grand matin et, vers onze heures et demie, nous étions en train de traverser l'énorme chaîne appelée Magalies Berg, qui coupe le Transvaal par une barrière allant presque droit de l'E. à l'O.

L'ascension en fut excessivement difficile, mais la descente du côté méridional fut vraiment dangereuse. Le wagon manquait de frein : il s'élançait parfois sur les bœufs et menaçait d'entraîner tout l'attelage dans sa ruine. Si peu en état que les malades fussent de marcher, je les fis descendre de voiture, tant je redoutais pour eux une catastrophe.

Au milieu de ces difficultés, Low, mon jeune conducteur, tomba par terre et eut les doigts de la main gauche écrasés par une roue du wagon.

Je pansai la blessure de mon mieux, puis n'en fis que plus de hâte afin d'arriver à Prétoria, où j'espérais obtenir pour le blessé un traitement plus éclairé que le mien.

Mon guide Betjouana me donna le conseil, comme nous passions dans une forêt au pied de la chaîne, de faire une provision de bois à brûler, attendu que, d'ici à Prétoria, on ne rencontrerait plus que des plaines dénudées.

Le conseil fut suivi. Ensuite on marcha nuit et jour, en s'arrêtant à peine assez pour faire reposer le bétail.

Enfin le 12 février, à huit heures du matin, je campais à la distance de moins de deux kilomètres de Prétoria ; puis, laissant là le wagon et mes hommes, je partis seul, à cheval, pour la capitale du Transvaal.

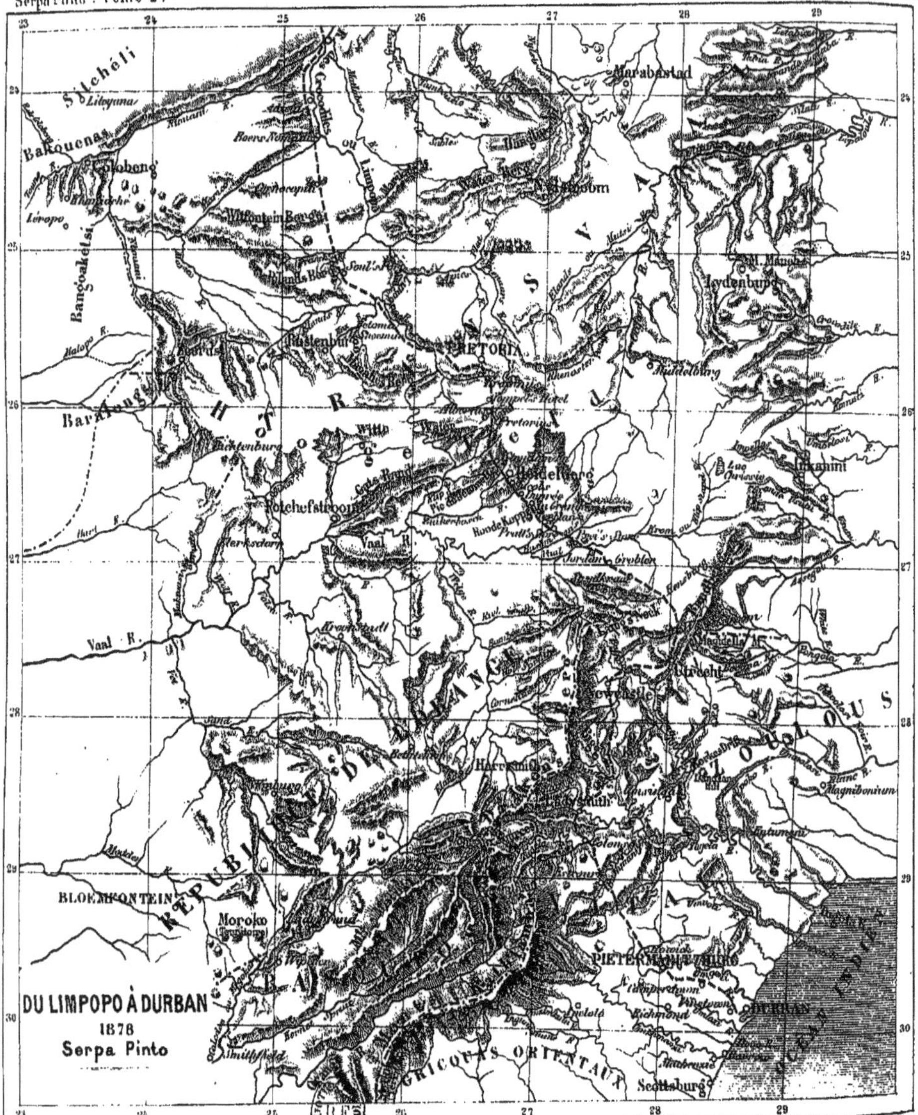

Gravé par Erhard, 12 Rue Duguay-Trouin, Paris.
Imp. Dufrénoy

CHAPITRE VI

AU TRANSVAAL.

Esquisse rapide de l'histoire des Boers. — Ce que sont les Boers. — Leurs migrations et leurs travaux. — Adrien Pretorius. — Pretorius le jeune. — Mines de diamants. — Brand. —Burgers. — Opinions erronées concernant les Boers. — La mienne d'après ce que j'ai pu voir.

Me voici à Prétoria, capitale du Transvaal.

Avant d'aller plus loin dans le récit de mes aventures, je veux dire quelques mots sur l'histoire du pays et de ses habitants. Cependant mes lecteurs peuvent se rassurer. Bien qu'un historien français moderne ait observé spirituellement, dans un livre plein de charmes, que « l'histoire ne commence et ne finit nulle part, » je leur promets que le coup d'œil que j'entends jeter sur l'histoire des Boers sera aussi bref que cette histoire est courte.

Personne, il est vrai, ne peut dire où cette histoire finira en réalité, ni si elle n'est pas terminée ou bien près de l'être; mais, quant au commencement, on sait que, depuis l'époque où l'existence des Boers a pris la forme d'une autonomie nationale, elle est tout à fait contemporaine et se trouve contenue dans le siècle actuel.

D'abord Bartolomeu Dias, puis Vasco da Gama, ces hardis Portugais, qui, les premiers de tous, ont affronté les tempêtes du cap de Bonne-Espérance, n'ayant absolument pour but que d'arriver aux Indes comme à une terre promise, n'ont accordé que peu ou même pas du tout d'attention à l'extrémité méridionale de l'Afrique.

Ce ne fut pas avant 1650 que la Hollande (non pas le gouvernement de ce pays, mais la Compagnie hollandaise des Indes orientales) y a fondé un comptoir, afin de ravitailler ses galions en route pour l'océan Indien. Ce fut le docteur Van Riebeck qui établit ce comptoir.

Il était situé à la place où s'élève aujourd'hui la belle ville du Cap ou Capetown.

La compagnie des Indes faisait peu de cas de l'Afrique et n'avait pas la moindre idée d'établir sur son littoral une colonie ; bien loin de là, elle s'opposait à toutes les entreprises particulières dont l'objet pouvait être la culture du sol ou le commerce avec les naturels.

L'Europe était alors en proie à ces guerres qu'on nomme les guerres de religion. Quand eurent lieu la révocation de l'Édit de Nantes et la persécution des protestants français, beaucoup de ces infortunés purent émigrer ; un certain nombre se réfugia en Hollande. La compagnie des Indes orientales leur accorda le passage en Afrique ; ils acceptèrent avec empressement et furent débarqués au Cap. Leur nombre atteignait à peine deux cents personnes. Si donc nous admettons, d'après l'histoire, que Van Riebek n'y avait jadis amené qu'une centaine de colons et, si l'on peut croire que, de 1650 à l'arrivée des réfugiés français, ces colons avaient doublé, nous en devons conclure que les Français et les Hollandais s'y trouvèrent alors en quantités à peu près égales.

J'insiste sur ce fait, attendu que, la race appelée aujourd'hui les Boers ayant été produite par ces deux éléments, j'en tire la conséquence que ce peuple, sur le compte duquel on a répandu beaucoup d'erreurs, bien que les écrivains s'en soient peu occupés, a dans les veines, sinon plus, au moins autant de sang français que de sang hollandais.

Mais, dès les premiers jours de l'établissement des immigrants français au Cap, le gouvernement hollandais s'appliquait à détruire tous les liens qui pouvaient les rattacher à leur patrie. Pour y parvenir, les autorités prohibèrent l'emploi de la langue française dans la célébration de leur culte, dans leurs relations particulières avec l'administration et dans tous les actes officiels.

Le succès de semblables procédés n'est pas facile à expliquer ; mais le fait est que, avec l'aide du temps, ils ont si pleinement réussi à couper tout ce qui pouvait rappeler la France à ces réfugiés, qu'en 1795, lorsque le général Clarke arriva au Cap avec l'amiral Elphinstone et prit possession de la colonie au nom de l'Angleterre, on n'y trouva plus un seul Boer qui sût parler ou seulement comprendre le français.

Et cependant, longtemps avant l'occupation anglaise, qui en réalité n'eut lieu qu'en 1806 (époque où l'Angleterre, au mépris des conventions de la paix d'Amiens qui restituait la colonie à la Hollande, se l'annexa par la force), les colons de l'origine avaient commencé à déguerpir pour éviter l'oppression du gouvernement hollandais. S'enfonçant de plus en plus dans le continent, ils s'installaient déjà partout où ils trouvaient de la terre propre à la culture et des pâturages bons pour leur bétail ; ils aimaient mieux batailler contre les indigènes et pourvoir à leur sécurité personnelle que d'avoir affaire à un gouvernement qui, sous prétexte de les protéger, les traitait vraiment en esclaves.

De là datent déjà la vie errante et le nom des Boers. La qualification est peu d'accord avec l'existence, car le mot *boer* signifie fermier ou cultivateur [1], et comporte une idée de résidence fixe, qualité qui manque, dans le passé comme dans le présent, à ceux auxquels ce nom est appliqué et qui ont été toujours beaucoup plutôt des pasteurs ou des nomades que des agriculteurs.

Le premier auteur qui fait mention des Boers, dans leur mode primitif d'existence à peu près, lorsqu'ils étaient réduits à ne compter que sur eux-mêmes pour pourvoir à toutes les nécessités de la vie, c'est Levaillant. Le voyageur français a visité l'intérieur de l'Afrique australe avant la Révolution, c'est-à-dire quatorze ou quinze années avant la première occupation du Cap par Clarke et Elphinstone. Levaillant dit

1. Voir la note de la page 216 dans ce volume. — J. B.

beaucoup de mal des Boers au sujet de leurs rapports avec les tribus indigènes.

Il les accuse de ne recourir qu'au despotisme et à l'abus de la force. Nous consentons à croire aux appréciatinos de Levaillant; mais, d'autre part, nous sommes obligé à examiner sans passion les circonstances où les Boers se trouvaient, émigrants pour la seconde fois, n'ayant plus de patrie ni de pays à eux et entourés de tous côtés par des populations hostiles. L'accusation d'avoir à cette époque abusé de la force a aussi quelque chose d'étrange si l'on considère leur faiblesse relative.

Il est vrai qu'ils possédaient des armes, mais les Cafres avaient le nombre, et je sais ce que peut le nombre contre les armes. L'Europe ne l'ignore pas aujourd'hui, ni surtout l'Angleterre.

Les Zoulous, les Cafres et les Basoutos lui ont plus d'une fois donné cet enseignement.

Nous devons aussi nous garder de mettre toujours au compte d'un esprit cruel les représailles ayant pour origine la nécessité d'imposer par la terreur, à des tribus indomptables et féroces, un respect suffisant. L'accusation portée si fréquemment contre les Boers de piller et de se partager ensuite les troupeaux et les biens des naturels qu'ils avaient battus, s'est changée aujourd'hui en un droit de la guerre. Si l'on trouve juste qu'une nation civilisée arrache à une autre qu'elle a vaincue son territoire et ses richesses, on ne doit pas condamner les émigrants franco-hollandais pour avoir dépouillé de ce qu'ils possédaient les Cafres, après les avoir battus. Il faut d'ailleurs se rappeler que c'est exactement ce système qu'ont adopté les Anglais dans les mêmes pays, à la fin des guerres de 1834 et 1846.

Les Boers s'étaient avancés dans l'intérieur du continent; pourtant ils ne traversèrent le fleuve Orange qu'en 1825, en se dirigeant vers le N.-E., pour échapper à la stérilité du désert qui s'étend au N. et au N.-O. du confluent du Vaal.

Le défaut de pluie, qui se faisait rudement sentir à cette époque dans le territoire qu'ils occupaient, les forçait à cette entreprise.

L'abolition de l'esclavage après la guerre de 1834 les mécontenta profondément, car cette mesure leur enlevait les travailleurs dont ils avaient besoin.

Dénués de patrie et d'histoire, n'ayant donc aucune affection qui les attachât à un pays plutôt qu'à un autre, ils entreprirent en masse un nouvel exode. On estima le nombre des fugitifs qui passèrent l'Orange à 8,000.

C'est alors qu'ils élurent un chef. Leur choix tomba sur Pieter Retief, dont la première mesure fut l'envoi au gouvernement du Cap d'une note où les Boers déclaraient qu'ils étaient des hommes libres et qu'à ce titre ils entendaient se choisir le pays qu'ils habiteraient.

Dans cette note, Retief établissait que son peuple voulait vivre en paix avec les indigènes et ne point pratiquer l'esclavage; en même temps, il stipulait, avec une grande clarté, les relations qui devaient subsister entre les maîtres et les serviteurs.

Après avoir passé l'Orange, les Boers, voulant éviter les Cafres, se dirigèrent vers le N.; mais là ils rencontrèrent les Zoulous, qui possédaient la rive droite du Vaal. C'étaient des ennemis plus redoutables que ceux auxquels ils avaient voulu échapper.

Le fameux Mouzilicatezi, plus connu dans la suite sous le titre de roi des Matébélis, essaya d'entraver la marche des émigrants. Il y eut un sanglant combat où le vaillant chef des Zoulous essuya une défaite complète.

Ensuite Pieter Retief dirigea sa horde vers l'E. Il apprit qu'un territoire magnifique s'étendait au S.-E. de la chaîne du Drakensberg et jusqu'à la mer; il y conduisit les aventuriers qui le suivaient.

Lorsqu'il arriva à la terre désirée, un nouvel obstacle s'éleva sur son passage.

Une tribu puissante et belliqueuse essaya de détruire cette poignée de braves. Il y eut des combats aussi terribles que nombreux entre Retief et Dingam, le chef des Cafres. Dans le dernier, les Boers furent victorieux ; mais la victoire fut payée de la vie de Retief et de son lieutenant, Gert Maritz.

Cependant les Boers étaient maîtres du Natal. Ils y choisirent une position admirable pour y fonder une ville et se nommèrent un nouveau chef. La cité reçut le nom de Pietermaritzburg, ce qui devait transmettre à la postérité l'immortel souvenir des deux premiers guides des Boers.

L'homme élu pour remplacer Retief fut Adrien Pretorius. Il était destiné à devenir plus tard le premier président de la république du Transvaal et, comme Retief et Maritz, à voir perpétuer son nom dans celui de la future capitale des Boers.

Les émigrants vécurent en paix de 1840 à 1842, s'occupant à cultiver la terre et à élever leur bétail dans leur nouvelle patrie.

Déjà ils pensaient à donner une forme à leur autonomie, à se constituer en république sous le protectorat d'une nation européenne, lorsque sir George Napier, suivant les ordres du gouvernement britannique, fit envahir le Natal par des troupes anglaises, en déclarant aux Boers que l'Angleterre ne pouvait pas consentir à ce que ses sujets formassent des États indépendants au bord de la mer.

Prétorius reçut assez peu poliment l'envoyé de sir George Napier, et ce fut aux environs de Pietermaritzburg que s'échangèrent les premiers coups de fusil entre les Boers et les Anglais. A la nouvelle de la résistance offerte par les Boers, le gouverneur du Cap augmenta le nombre des troupes envoyées au Natal. L'insurrection fut écrasée ; mais, dès ce moment, la sympathie, assez médiocre, qu'avaient dès l'origine montrée les Boers aux Anglais, fut changée en une aversion profonde.

Une nouvelle période de pérégrination laborieuse commença donc pour les émigrants. Abandonnant la terre de leur choix, ils partirent à la recherche de nouveaux pâturages au N.-O. du Drakensberg, avec l'espoir de finir par trouver un pays où ils pourraient avoir la liberté de vivre indépendants.

Ayant traversé une seconde fois la grande chaîne des montagnes, ils se répandirent au N. et au S. du Vaal, plantant leurs tentes sur le territoire compris entre cette rivière et l'Orange, et même plus au N., sur la rive droite du Vaal, où, en 1843, ils fondèrent la ville de Potchefstroom.

Apprenant que le gouvernement britannique considérait encore ce pays comme lui appartenant et ceux qui l'habitaient comme des sujets de la Grande-Bretagne, Pretorius persuada à beaucoup des Boers de s'en aller ailleurs. S'étant mis à leur tête, il s'enfonça vers le N. Là il eut à combattre les Zoulous, qui, vaincus définitivement au Pic Botes, s'enfuirent derrière le Limpopo, où leur chef, Mouzilicatezi, établit le royaume des Matébélis.

C'est à peu près l'époque où commencèrent à s'élever les villes de Lydenburg et de Zoutpansberg.

On ne doit pas perdre de vue qu'à chacune de ces émigrations un certain nombre des Boers, ne partageant point le désir d'indépendance qui enflammait leurs compatriotes, demeuraient en arrière dans les districts abandonnés par ceux-ci et conséquemment se soumettaient à la domination des Anglais.

Ainsi ceux qui demeurèrent dans leurs résidences premières entre l'Orange et le Vaal avaient rompu, pour ainsi dire, leurs rapports avec leurs compatriotes qui ne se lassaient pas d'émigrer. C'est de ce noyau resté en arrière que sortit ce qu'on nomme aujourd'hui l'État libre de l'Orange, dont la capitale est Bloemfontein.

En 1852, Lord Grey, alors ministre des colonies (*colonial Secretary*) en Angleterre, concevant l'idée que les possessions anglaises d'Afrique devenaient à la fois trop vastes et trop coûteuses, prit la résolution de les limiter.

Il voulait pourtant faire les choses en grand et tailler largement. En conséquence, il ordonna au gouverneur du Cap de déclarer que le Vaal était désormais la frontière septentrionale des possessions britanniques. Par la suite, tout sujet anglais qui voudrait s'établir au delà de cette limite, jouirait des droits autonomes.

Telle fut l'origine du traité conclu vers cette époque avec les Boers. La Grande-Bretagne reconnaissait leur indépendance et tous leurs droits à l'autonomie. A partir de cette date, le pays qui s'étend du Vaal au Limpopo eut un nom, l'État du Transvaal fut définitivement constitué, et Adrien Pretorius fut élu président de la nouvelle république.

Ainsi, en 1854, ces Boers insurgés, si obstinés à rejeter toute domination étrangère, avaient réussi à former un peuple complètement émancipé, maître de sa liberté. Presque en même temps, les Boers restés soumis aux Anglais furent, un an plus tard, laissés libres de se constituer en nation, et formèrent l'État libre de l'Orange.

C'est un fait des plus remarquables incontestablement que l'action de ces groupes où les ressources d'instruction étaient de l'ordre le plus restreint, puisqu'un Boer ne lit et ne connaît que sa Bible. Ces gens, ignorant certainement toutes les exigences restrictives d'un gouvernement, puisqu'ils les fuyaient depuis un siècle, s'organisent tout à coup en peuples, forment un système gouvernemental, élisent des assemblées nationales et se donnent une législation pleine de bon sens!

Adrien Pretorius était de tout point un homme remarquable. Il se serait fait un nom même parmi des populations plus civilisées que ne l'étaient les Boers.

Brûlant d'un ardent amour de la liberté, il avait su faire passer son enthousiasme dans le cœur de ceux qui l'entouraient. Immuablement dévoué à une grande idée, il avait assez vécu pour voir le succès couronner ses efforts et pour donner, à ceux qui l'avaient fidèlement suivi et aux milliers d'individus dispersés au loin, une contrée riche, une patrie et un nom.

Sa vie se termina avec sa grande œuvre. Quand il mourut, son fils, élevé sous ses yeux et dans les mêmes enthousiasmes, fut appelé par le suffrage universel à lui succéder au pouvoir.

Le jeune Pretorius s'appliqua à donner aux divers services de la nation une organisation meilleure. Alors le même esprit de liberté, qui avait excité les Boers à échapper à la domination anglaise, poussa beaucoup d'entre eux à se dérober à l'action du pouvoir central de leur république. Ils partirent, mais reconnurent bientôt qu'il leur fallait toujours s'organiser contre des ennemis étrangers, et la preuve s'en trouve dans les combats nombreux qu'ils eurent à soutenir contre les indigènes toujours hostiles.

En 1859, les Boers de l'État libre de l'Orange proclamèrent pour leur président Pretorius. Celui-ci, devenu le directeur suprême des deux républiques, tourna toute son intelligence à établir entre elles une union qui aurait été avantageuse à leurs intérêts communs.

Mais le gouvernement Britannique intervint dans cette question de telle façon que Pretorius échoua dans sa tentative. Alors, abandonnant Bloemfontein, il rentra au Transvaal, où il reprit la direction des affaires publiques.

Depuis lors jusqu'à 1867, ces deux peuples, dont l'existence autonome ne pouvait pas remonter pour l'un au delà de quinze ans et pour l'autre au delà de treize, menèrent leur vie rude, mais paisible, sans autres troubles que ceux que leur donnaient les soulèvements des naturels, d'ailleurs rapidement apaisés. C'est en 1867, que les Boers des deux États, le Transvaal et l'Orange, furent tirés de leur tranquillité par une rumeur surprenante en vérité. On venait de découvrir sur leurs frontières occidentales des mines de diamants aussi riches qu'étendues, et qui semblaient promettre aux possesseurs de ce morceau de terrain une fortune inépuisable.

Naturellement les Boers du Transvaal comme ceux de l'Orange jetèrent des regards avides sur ce coin favorisé.

Le district qui, d'un moment à l'autre, pour ainsi dire, acquérait une si grande importance et qui, de même qu'auparavant le Brésil, la Californie et l'Australie, attirait tout à coup des foules d'aventuriers venus de tous les points du globe, appartenait à la tribu des Gricouas, race de métis, issus des Boers. Ils avaient alors pour chef un nommé Waterboer, qui ne perdit pas une minute pour établir son droit de propriété sur le pays convoité.

Dans la foule mélangée, que l'éclat du diamant attirait avec une force irrésistible au nouveau Golconde, il y avait des Anglais en quantité supérieure à celle des hommes de toutes les autres nationalités réunies.

Les Boers de l'Orange ne manifestèrent ouvertement le désir de s'assurer la possession des champs diamantifères qu'en 1870, année où leur président Brand invita Waterboer à une conférence. Chacun s'y efforça de convaincre l'autre de la validité de ses titres sur le trésor nouvellement découvert, et Waterboer, loin de renoncer à ses prétentions, rentra dans son pays parfaitement décidé à tout pour les faire valoir.

De son côté le président Brand n'était pas plus porté à céder. Il publia donc une proclamation où il affirmait que le pays des Gricouas (Griqualand) appartenait de droit à l'État libre d'Orange et, comme conséquence de sa thèse, il dépêcha un délégué de sa République au pays des diamants avec le titre de gouverneur.

C'était l'époque où les Boers du Transvaal s'efforçaient d'établir avec clarté les frontières de leur territoire. Ils réussirent à conclure avec le Portugal le traité qui marquait leurs limites orientales et qui fut négocié en juillet 1869, entre Pretorius et le vicomte de Duprat, commissaire plénipotentiaire nommé à ce sujet par le gouvernement du Portugal. Le traité de 1852 avait marqué d'une façon suffisante les limites au S. et au S.-E. Restaient donc deux autres frontières qui leur étaient faites par la nature elle-même : au N., la mouche tsé-tsé, voltigeant le long du Limpopo, et, vers l'O., s'étendait le désert.

A son tour, Pretorius trouva que ses droits à posséder la terre des Gricouas valaient bien ceux du président Brand et, à l'appui de sa proposition, il y envoya un délégué officiel du Transvaal, comme l'Orange l'avait fait.

Il y avait à peine trois ans d'écoulés depuis qu'on avait amené à la lumière, dans les déserts lointains de l'Afrique australe, la première pierre de ce carbone aussi pur qu'éblouissant, auquel l'humaine vanité a attribué un prix si exorbitant. Déjà la place où les mains avides de plusieurs centaines d'aventuriers fouillaient, épluchaient le sol sablonneux, avait vu se bâtir une cité opulente, ayant la vie surabondante et l'apparence de la civilisation de l'Europe. C'était Kimberley, une vraie merveille, qui devait l'existence au diamant comme San Francisco de Californie l'avait due à l'or ; un de ces prodiges qui sortent de la terre dans le voisinage immédiat des mines qu'on exploite. Quel phénomène ! Ces villes-là croissent en force et en grandeur avec une vitesse inouïe; elles deviennent tout d'un coup le centre d'un commerce nouveau, mais plein de vigueur; elles défrichent une terre vierge; elles se vantent d'avoir un cerveau inventif et dont les forces sont toutes fraîches; nées d'aujourd'hui, douées de puissances latentes qui font explosion, elles paraîtront demain arrivées à la maturité; elles font, en des mois, en des semaines, ce qui demandait jadis des années ou des siècles.

La mine est le principe le plus puissant pour développer un sol vierge. Elle est le stimulant le plus actif à la colonisation d'une contrée nouvelle.

Un diamant brille, une pépite d'or scintille, un bloc de houille pétille, une mine vomit de ses flancs caverneux du cuivre, du fer, du plomb, et voyez! Dans ce désert condamné jusqu'alors comme stérile, tout autour du plomb, du fer, du cuivre, du charbon, de l'or et du diamant, voici la vie qui circule, une ville naît et le progrès, aidé de ses instruments les plus forts, la vapeur et l'électricité, s'élance à pas de géant.

Hier encore, la houe primitive de l'indigène égratignait la surface du sol à quelques centimètres, aujourd'hui la puissante machine à vapeur, écorchant les oreilles de son sifflet strident, cri par lequel le progrès signale la joie de son triomphe, met en mouvement les charrues qui entament profondément un terrain resté intact depuis sa formation, et entaillent des sillons symétriques dans le champ qui n'avait eu jusqu'alors d'autre configuration que celle qui lui avait été imposée par les lois du Créateur dans l'espace infini.

Hier, rugissait, là, une rivière torrentueuse qui présentait un obstacle insurmontable au passage des rares voyageurs; aujourd'hui, un pont, bâti de traverses de fer qu'ont arrangées et unies en harmonie architecturale les lois sublimes de la science, livre un facile passage à une foule qui jette un regard de mépris, comme si elles étaient indignes d'être considérées, à ces eaux qui écument sous ses pieds dans un cours tumultueux.

Le marais qui, hier encore, exhalait des miasmes pestilentiels, s'est converti en un parc agréable, où les arbres et les fleurs modifient l'atmosphère et le climat.

Le fer, ramassé hier à la surface et traité de la façon la plus ignorante, ne servait guère qu'à faire les pointes de flèche ou l'assagaie barbare; il coule aujourd'hui dans des moules gigantesques, il prend la forme des rails, qui s'étendent comme d'énormes artères sur les pays et où semble palpiter le sang des nations modernes.

Le travail et la création matérielle font naître des idées nouvelles, le cerveau se fortifie, les facultés inventives du génie humain vont toujours plus loin, dépassent de beaucoup le cercle étroit qui paraissait les limiter, et apportent chaque jour des auxiliaires nouveaux et puissants au progrès et à la richesse des nations.

C'est ainsi que l'Amérique, en un siècle, a dépassé l'Europe; ce sera ainsi qu'un jour l'Afrique, à son tour, dépassera l'Amérique.

Dans le Griqualand occidental, où il n'y avait en 1867 que des huttes dispersées, qu'habitait une population barbare, nous trouvons en 1870 une cité européenne. J'avoue qu'elle est encore plongée dans le chaos des populations naissantes; mais elle se sent déjà tous les éléments d'un développement rapide. Dans ces conditions, il est facile de comprendre qu'elle se soit refusée à subir la domination de gens aussi peu civilisés encore que les Boers et les Gricouas.

Trop occupée d'elle-même pour pouvoir s'occuper des voisins importuns, elle fit appel à l'Angleterre.

Le diamant et l'or ont le pouvoir surnaturel de fasciner le roi et le prolétaire. Si les Boers et les Gricouas étaient éblouis par les feux que jetaient les diamants de l'Afrique, l'Angleterre se laissa toucher par les scintillements de ces cailloux précieux; aussi ne tarda-t-elle pas à conclure, dans sa cervelle aussi cupide qu'intelligente, que le Griqualand lui appartenait et ne pouvait être à personne autre.

La proclamation du président Brand fut suivie par celle du gouverneur du Cap. Ce fonctionnaire avait le plaisir d'y affirmer que le territoire convoité appartenait bien aux Gricouas, et que ceux-ci étaient les sujets de l'Angleterre.

Cette seconde proclamation pouvait passer pour annoncer la visite que, sans tarder, le gouverneur en personne fit aux terres en litige. Les mineurs le reçurent avec enthousiasme.

Quant aux Gricouas, déjà trop faibles en face des Boers, ils se rangèrent nécessairement du côté des Anglais.

Alors le gouverneur, fort du concours des mineurs et des

Gricouas, ouvrit des négociations avec les Boers des deux républiques. Pretorius se laissa aisément convaincre qu'il aurait raison de se désister de prétentions pour le moins problématiques, à vrai dire. Quant au président Brand, non seulement il se refusa à laisser soumettre la question à l'arbitrage du gouverneur du Natal, mais il demanda qu'elle fût portée devant un souverain européen qui en déciderait. En même temps, il assembla une force considérable de Boers afin de pouvoir recourir aux armes comme à l'argument suprême. La manifestation belliqueuse de l'État libre d'Orange aurait pu amener des complications, très sérieuses dans de telles régions ; elle fut contenue par la prudence et la fermeté du gouverneur.

Nonobstant, et sans attacher beaucoup d'importance à ce qui se passait là-bas, le gouvernement Britannique annexait tranquillement au Cap le pays des diamants.

Brand n'était pas de caractère, ayant affirmé ses droits, à y renoncer avec une facilité pareille à celle de Pretorius.

De fait, ces deux hommes n'étaient pas du même calibre. Pretorius était un Boer pur sang, et n'avait pas d'autre instruction que celle de ses semblables, qui est tirée de la Bible. Il vivait sur la réputation de son père plutôt que grâce à ses qualités personnelles. L'Angleterre pouvait donc traiter avec lui bien plus aisément qu'avec le président Brand. Celui-ci, né il est vrai, dans la colonie, avait pourtant acquis une instruction considérable ; doué d'une intelligence brillante, il connaissait à fond les détours et les chicanes de la légalité, étant avocat.

Effectivement, Brand avait fait son éducation en Europe. Après avoir pris le grade de docteur à l'Université de Leyde, il avait exercé quelque temps la profession d'avocat dans les cours anglaises et avait été professeur à l'École de droit du Cap. Un tel homme, naturellement doué, en outre, d'un caractère énergique et obstiné, n'était pas disposé à reculer même devant les annexions de l'Angleterre. Il persévéra donc à proclamer hautement que le pays des Gricouas lui appartenait et à en donner des preuves.

Pendant les six années suivantes, il protesta six cents fois. Enfin Lord Carnarvon, alors secrétaire d'État pour les colonies et qui, mieux que tout autre, comprenait les intérêts coloniaux de la Grande-Bretagne, invita Brand à venir à Londres traiter directement avec lui l'arrangement de ces réclamations interminables.

A Londres, Brand continua de défendre énergiquement les intérêts de son pays; mais il finit par céder les droits de la république de l'Orange sur le Griqualand pour une indemnité pécuniaire montant à £ 105,000 (2,625,000 fr.).

C'est ainsi que Lord Carnarvon coupa court, immédiatement et pour l'avenir, aux différends qui s'étaient élevés entre les Boers de l'État libre d'Orange et les colonies anglaises de l'Afrique australe.

L'argent qu'il avait à ce titre reçu du gouvernement Britannique, Brand l'employa à développer, autant qu'une aussi faible somme pouvait le permettre, les ressources de son petit État.

Mais laissons là les Boers de l'État libre de l'Orange. Je n'en ai parlé qu'accidentellement à cause des liens qui les rattachent au Transvaal. Revenons à ce pays-ci. La facilité avec laquelle Pretorius avait écouté le gouverneur du Cap, et renoncé, ainsi que je l'ai dit, à ses prétentions sur le pays des Gricouas, lui fit perdre une grande partie de sa popularité parmi ses concitoyens.

L'Assemblée nationale ou *Volksraad* censura par son vote la conduite du président. Sa déposition devint nécessaire et il fallut le remplacer.

On élut un Hollandais, François Burgers, qui fut le troisième président de la république transvaalienne.

Burgers était homme d'intelligence et de savoir, un ministre protestant de l'Église réformée.

En entrant en fonctions, il eut pour première idée de

hausser son État au niveau des nations avancées de l'Europe. Il n'avait que des intentions nobles et élevées ; mais il n'en commit pas moins de lourdes fautes comme administrateur. Burgers n'était point un homme pratique. Il ne connaissait pas assez les éléments auxquels il avait affaire, pour pouvoir réussir à leur donner la direction désirable.

C'est toujours une chose délicate que de parler d'un haut personnage encore vivant, lorsqu'on se propose d'examiner ses actes. Je ne puis pourtant pas éviter de parler du Dr Burgers, puisque son administration est mêlée à des faits de la plus haute importance. En tout cas, je me propose de ne pas exprimer, au sujet de l'administration du dernier président du Transvaal, une opinion que j'entende imposer à qui que ce soit.

Tout ce que je veux consigner ici, c'est l'expression franche de ce que je pense, laissant chacun se former à cet égard l'opinion qu'il jugera la plus convenable.

Pendant que j'étais dans le Transvaal, j'ai tout remué pour découvrir les actes de la dernière présidence des Boers; c'est sur ces titres que je fonderai les observations que je vais écrire.

Le président Burgers, en prenant les rênes du gouvernement, prétendit conduire son char avec une vitesse dangereuse sur le sol raboteux de ce pays. D'abord il donna toute son attention aux questions financières; on ne doit guère s'en étonner, car, si le Transvaal pouvait tirer vanité d'une chose, ce n'était certes pas de l'état de ses finances.

Les frais de son administration, si peu considérables, dépassaient pourtant les revenus généraux, qui de plus rentraient sans aucune régularité. La république avait du papier-monnaie en petite quantité, et un peu, mais fort peu, d'or anglais.

Burgers fit frapper quelque monnaie avec l'or extrait des mines de Lydenburg, et réussit, en un laps de temps assez court, à rétablir le crédit de son pays d'adoption, crédit tombé bien bas lors de son avènement. Pour y parvenir, il eut à soutenir contre son peuple des luttes aussi grandes que peu connues. Elles s'expliquent par le caractère indocile et par la dissémination des habitants, sur un territoire vaste, où les communications étaient, ce qu'elles sont encore, d'une excessive difficulté, et où l'on ne pouvait même pas dresser un recensement relativement exact.

Un autre sujet important vers lequel le président tourna son attention, ce fut la force publique. Il comprenait parfaitement que le système de défense jusqu'alors usité chez les Boers et appelé par eux le *commando*, c'est-à-dire la levée en masse, était extrêmement défectueux et ne pouvait plus subsister seul dans un État qui désirait se mettre au niveau des puissances européennes.

Mais la question d'enrôler une armée régulière était, chez les Boers, entourée de difficultés toutes particulières ; elle suscita une opposition redoutable.

Un troisième point, qui n'avait pas moins d'importance que les deux autres, et dont le président s'occupa tout de suite, ce fut la création des routes.

Burgers nomma aussi les premiers juges et ouvrit les premières écoles publiques au Transvaal.

L'ensemble de ces entreprises était considérable pour un peuple encore dans l'enfance et il fut effectué tout d'un coup.

Là, et seulement là, le président de cette république a commis une grande faute.

Une espèce de fièvre de progrès s'était emparée de lui. En 1875, il fit un voyage en Europe avec la double intention d'y lever de l'argent et de donner un port de mer au Transvaal.

Pour avoir de l'argent, il s'adressa aux banquiers d'Amsterdam ; et, quant au port de mer, il entra en négociation avec le gouvernement portugais.

Il fut écouté avec autant de patience à Amsterdam qu'à Lisbonne ; bien mieux, il obtint un crédit en Hollande et passa un traité avec le Portugal pour un chemin de fer; ce railway devait unir Prétoria au havre superbe de Lourenço Marquez.

Burgers revenait donc triomphant au Transvaal; il y trouva une avalanche d'ennuis et de déboires.

Pendant son absence, un vieux différend, qui ne s'était jamais complètement apaisé, s'était ravivé entre son peuple et le roi indigène Sécoucouni, de façon à ce que la guerre devînt inévitable.

Burgers n'hésita pas un instant devant cette perspective. Il fit publier un *commando*, auquel répondirent environ 2,000 Boers et un nombre à peu près égal d'indigènes. Ayant pris la direction de cette petite armée, il la conduisit bravement à l'attaque de l'ennemi.

Mais, soit que Burgers ne fût pas doué des facultés d'un général, soit pour une de ces causes difficiles à expliquer, mais qui ont plus d'une fois été fatales aux troupes régulières des Anglais en Afrique, la petite armée, à la suite de courtes hostilités où elle n'obtint, si elle en eut, que de maigres succès, fut obligée de battre en retraite.

C'est vers cette époque qu'eut lieu l'arrivée au Natal de sir Theophilus Shepstone. Il venait directement de Londres, où Lord Carnarvon, toujours préoccupé de l'idée de former une confédération des États de l'Afrique australe, avait convoqué une assemblée des délégués des diverses provinces afin d'y discuter son projet.

Sir Theophilus Shepstone paraît avoir été chargé par le gouvernement Britannique d'instructions relatives au Transvaal, car, à peine eut-il abordé à Durban, qu'il partit pour Prétoria.

Dans un livre tel que celui que j'écris, je n'ai pas le moins du monde l'intention de critiquer le fait ni la politique de l'annexion ; je ne veux que me borner à raconter ce qui s'est passé, avec plus de franchise peut-être qu'on ne l'a fait jusqu'ici en parlant de ce sujet.

Pour que les faits soient complètement intelligibles, je dois montrer ce qu'était le Transvaal quand sir Theophilus Shepstone arriva à Prétoria.

La population des Boers, dont le nombre est difficile à établir, mais que les calculs les plus approximatifs estiment avoir été de 21,000 âmes, était dispersée sur un territoire immense, égalant en superficie l'Angleterre et l'Écosse réunies.

Dans cette vaste région, l'on ne comptait que trois villes, où se fût assemblée une population assez dense ; plus quelques villages. Des distances énormes, augmentées encore par les difficultés de communication, séparaient ces petits groupes d'habitants.

Les trois villes, Potchefstroom, Prétoria et Lydenburg étaient peuplées d'individus qui n'avaient rien de commun avec les Boers.

A Lydenburg, les mines d'or avaient attiré les aventuriers de toutes races; mais l'élément anglais, venu d'Australie, y dominait les autres.

Prétoria était une cité en croissance, dont les habitants étaient surtout des Hollandais, nullement des Boers [1].

A Potchefstroom, il y avait sans doute plus de Boers que dans les deux autres villes ; cependant, comparés aux Hollandais et aux Anglais, ils n'y formaient encore qu'une minorité.

Même dans les villages, dont les plus considérables étaient Rustenburg, Marico et Heidelberg, les Boers étaient encore mélangés aux Anglais et aux Hollandais. En somme, la plupart des Boers étaient répartis dans des résidences et dans des fermes isolées, naturellement, puisqu'ils fuyaient également le séjour des villes et des villages, cherchant de l'espace pour faire pâturer leur gros et leur petit bétail.

Les chiffres de la population indigène dans le Transvaal sont encore plus incertains que ceux qu'on donne sur la population blanche. D'après certains calculs, ils iraient à 200,000 ;

1. Je n'entends pas confondre les fils de la Hollande proprement dite avec les Boers de l'une ou de l'autre république. — (*L'auteur.*)

d'après d'autres, à 900,000. L'écart est très considérable.

Quant aux missions, elles couvraient littéralement le pays. La majorité s'en composait de celles qui émanent des trois ou quatre associations différentes formées pour cet objet en Angleterre; quelques-unes étaient sorties d'Allemagne; d'autres étaient venues des Pays-Bas. Tous ces missionnaires exerçaient leur profession auprès des naturels, attendu que les Hollandais avaient, dans leurs paroisses, leurs propres pasteurs et que les Boers, connaissant la Bible autant que qui que ce fût, n'avaient pas besoin de leur ministère.

Le siège du gouvernement était à Prétoria, la plus petite mais aussi la mieux située des trois villes transvaaliennes.

La direction principale des affaires publiques demeurait entre les mains des Hollandais.

Voilà les éléments dont se composait la population hétérogène du Transvaal au commencement d'avril 1876.

Il nous reste à examiner rapidement quelle était, en apparence et en réalité, la situation morale des Boers.

Et d'abord, en quelle estime tenait-on, hors de l'Afrique, les Franco-Hollandais des républiques africaines? Évidemment on avait pour eux aussi peu de considération que possible.

On s'imaginait qu'ils étaient devenus des sauvages blancs, ayant les pires instincts de la vie sauvage. Enclins au pillage, ils brûlaient et saccageaient les villages des naturels, ces pauvres martyrs de leur violence et de leur rapacité.

Tel est le portrait qu'on faisait plus d'un missionnaire. Or c'était uniquement par l'intermédiaire de ces messieurs que nous avions su en Europe ce qu'étaient devenus les anciens émigrants du Cap.

Fort avec le faible, disait-on, le Boer était lâche et rampant à l'égard des puissants.

J'aurai bientôt l'occasion de dire le degré de véracité qu'on peut trouver dans de tels jugements.

Aux yeux de ceux qui ne savaient guère des Boers que ce

Cafres et Boers des environs de Prétoria.

qu'en rapportaient des témoins prévenus, ils étaient moralement perdus : les revers que venait de leur infliger Secoucouni leur avaient ôté le peu de prestige dont ils jouissaient, même aux yeux des naturels; déjà les Boers discutaient entre eux l'opportunité de déposer le président Burgers et d'élire à sa place un Boer renommé, P. Krüger, qui se montrait disposé à tirer vengeance du roi Secoucouni.

De telles circonstances facilitaient l'annexion et sir Theophilus Shepstone sut en profiter. Les villes, que n'habitaient pas les Boers, s'y montraient favorables. On y obtint donc aisément, en faveur de cette mesure, des pétitions qui furent dictées, il faut l'écrire, par des Anglais. En outre, les noirs, disait-on, désiraient tous devenir anglais. Conséquemment, sir Theophilus, par une proclamation datée du 12 avril 1876, déclara que le Transvaal était une province anglaise. Lorsqu'il lut cette proclamation, sir Theophilus Shepstone était escorté de vingt-cinq hommes à peine qui campaient dans un baraquement dressé sur le jardin de la maison qu'il habitait.

Ainsi l'annexion du Transvaal fut complètement pacifique : on n'y employa aucune force armée; du reste il n'y en avait pas de disponible, puisque le 80e régiment d'infanterie, qui, plus tard, sous les ordres du major Tyler, entra dans le Transvaal, était alors campé sur la limite du Natal, au delà du Drakensberg. L'annexion fut pacifique ; mais les Boers ne la connurent qu'après qu'elle eût été accomplie.

Sir Theophilus Shepstone, qui comprenait à fond le caractère du pays, savait parfaitement bien ce qu'il faisait, et le résultat lui prouva, jusqu'à un certain point, qu'il avait eu raison.

Les Boers, stupéfaits d'être devenus des Anglais d'un jour à l'autre, retombèrent dans leur coutume héréditaire, instinctive, et commencèrent, en nombre considérable, un nouvel exode.

J'ai déjà dit, dans le chapitre précédent, qu'une portion

d'entre eux, qui formait l'avant-garde de cette dernière émigration, mourut faute d'eau dans le désert.

L'effroyable catastrophe servit de leçon à ceux qui se préparaient à prendre le même chemin. D'ailleurs la tsé-tsé redoutable leur fermant la route au N.-E., ils n'eurent plus qu'à faire de nécessité vertu, et qu'à courber de nouveau la tête sous le joug de l'Angleterre.

L'histoire du Transvaal comme État indépendant se terminera-t-elle ici?

Qui peut le dire ?

Celui qui n'a pas vécu parmi les Boers ne peut pas se faire une idée de l'emportement avec lequel ils aiment la liberté ni de la haine profonde qu'ils portent à ceux qu'ils regardent comme leurs oppresseurs.

Avant de mettre fin à ce rapide sommaire de la courte histoire du Transvaal et de reprendre le récit de mon voyage, je veux écrire encore quelques lignes sur les Boers et sur les circonstances où ils se trouvent.

J'ai habité au milieu d'eux, j'ai été admis à l'intimité de leur existence journalière, j'ai pu sonder leurs passions. Je les ai vus au travail, j'ai chevauché près d'eux à travers les champs et les forêts; j'ai enfin apprécié leur habileté de tireurs et leur courage en face du péril.

Je les juge sans parti pris. Les Boers m'ont, je l'avoue, comblé des preuves de leur amitié ; mais aussi j'ai, plus d'une fois, dans ce livre, eu l'occasion d'exprimer ma vive et sincère gratitude pour les bienfaits que j'ai reçus des Anglais.

C'est donc en toute conscience que je parle. J'ai la conviction que mes paroles sont l'exacte expression de la vérité et qu'aucun penchant, pour l'une ou pour l'autre race, n'influe en la moindre façon sur mon jugement.

Si je m'exprime ainsi, c'est que, en m'occupant des Boers, il faut que de nouveau je m'explique au sujet des missions et des missionnaires, et que je ne veux pas qu'on aille s'imaginer que je sois animé d'aucune prévention à l'égard d'hommes et d'institutions qui ont une utilité telle que je serais des premiers à les approuver et à les soutenir. En réalité, ce que je condamne, ce sont les ulcères moraux de ce système, ulcères qui ont besoin d'être traités et cicatrisés une bonne fois par le scalpel de la critique et par l'ardente cautérisation d'une censure véridique.

On ne peut pas apprécier le Transvaal selon le type de l'Europe.

La raison bien simple en est qu'il n'existe là qu'une classe sociale, le peuple. Les distinctions sont inconnues entre les Boers ; leur égalité est absolue. N'ayant pas d'écoles, ils sont tous ignorants au même degré; ne comptant pas d'oisifs parmi eux, ils jouissent tous d'une aisance relative; imbus de la foi religieuse, ayant puisé les lois de la morale dans la Bible, le seul livre qu'ils connaissent, ils sont tous honnêtes.

Quant au principe qui a, en Europe et durant le moyen âge, établi des distinctions, je veux dire le courage personnel, les Boers ne peuvent guère en tenir compte, parce que tous sont courageux. Ainsi qu'il advient chez les peuples dont la vie est élémentaire, le don de l'éloquence est parmi eux le seul moyen de conquérir une influence.

Leur vie réglée par les préceptes de la Bible est vraiment celle des patriarches. Ils ignorent en vérité la fraude, le mensonge et l'adultère.

Le Boer se marie jeune. Il continue ensuite d'habiter la maison de ses grands parents ou de ceux de sa femme; parfois, faisant société avec un compatriote, il défriche de nouvelles terres et commence une vie nouvelle. Les Boers n'admettent entre eux qu'une distinction, celle de l'âge. Le plus jeune se laisse toujours guider par le plus âgé.

La femme travaille comme son mari, dans sa sphère, et se montre infatigable dans le ménage. Les besoins du Boer sont très limités et les moyens d'y pourvoir ne lui manquent point.

Les émigrés français qu'a dispersés la révocation de l'Édit de Nantes comptaient dans leur nombre beaucoup d'artisans, qui ont transmis jusqu'à la génération actuelle l'art de travailler le bois et le fer. Ordinairement, dans un coin d'une maison transvaalienne, on trouve un tour où un Boer est en train de fabriquer les pieds de ses meubles primitifs.

Au dehors, sous un appentis, dans une tannerie rudimentaire, il s'occupe à préparer les cuirs avec lesquels il fait ses bottes ou ses souliers.

Les autres nécessités de la vie sont aisément satisfaites pour des gens dont la seule ambition est cette liberté après laquelle ils aspirent, presque en vain, depuis plus d'un siècle.

Comment peut-il donc se faire que les Boers, étant tels que je viens de les décrire, se soient acquis un si mauvais renom ?

Pour ceux qui ont vécu avec eux au Transvaal, l'explication du fait est contenue dans une coquille de noix, à condition qu'ils soient dégagés de cette passion de race qui peut pervertir l'esprit le plus juste et le plus sensé. Les gens sur lesquels retombe le péché d'avoir calomnié les Boers, ce sont les missionnaires. Je le dis et je l'affirme.

A peine les Boers avaient-ils occupé le Transvaal, réussi à pacifier par la force les tribus belliqueuses qui leur en disputaient la possession, et donné au pays un certain degré de tranquillité, que des douzaines de missionnaires accoururent s'y établir. Parmi ces hommes, il y en avait de bons, il y en avait de mauvais. Le sens que j'attribue à ces épithètes doit être expliqué ici.

J'appelle bons, les missionnaires intelligents et éclairés, qui possèdent les qualités nécessaires aux ministres de Dieu et poursuivent leur mission en toute simplicité de cœur. Ils bâtissent patiemment. La patience leur fait supporter les revers du jour par l'espoir des succès du lendemain ; ils enseignent la morale par leur exemple autant que par leurs préceptes ; ils vont leur chemin sans se laisser émouvoir par la passion qui aveugle ; ils sont imbus de la responsabilité que leur impose leur auguste mission.

Les bons sont ceux qui, à l'intelligence et à l'instruction, joignent ces *fleurs de l'âme* que j'ai mentionnées plus haut.

Il y en a. Malheureusement le nombre de ces bons est petit.

J'appelle mauvais, les missionnaires qui, pourvus de peu d'intelligence et de peu d'instruction, croient que la science de la vie consiste à savoir imparfaitement et à mal interpréter quelques passages des saintes Écritures. Tous les moyens, plus ou moins honorables, leur sont bons pour atteindre à un but fictif. Rongés par le poison de la vanité ou poussés par l'intérêt personnel, ils désirent exhiber aux sociétés qui les ont envoyés des résultats extraordinaires, et ils les obtiennent par des moyens qui n'ont pas d'équivalents en Europe, et qui sont devenus la cause principale de la prolongation de cette lutte confuse qui se livre en Afrique entre la civilisation et la barbarie.

Ces messieurs, avant tout, cherchent à s'insinuer dans les bonnes graces des indigènes. Manquant des qualités qui leur montreraient le droit chemin, celui qu'ils devraient suivre, ils emploient, pour arriver au but, un expédient facile et qui manque rarement son effet.

Ils prêchent la révolte.

C'est toujours plaire aux sauvages que de les pousser à la révolte contre les blancs.

Ces missionnaires, pourvus de peu de savoir et doués d'un entendement étroit, commencent par verser, heure par heure, minute par minute, de cette chaire sacrée d'où ne devrait sortir qu'une source de justice et de vérité, dans l'esprit des naturels, l'idée qu'ils sont les égaux du blanc, qu'ils sont au niveau du civilisé ! Ils devraient leur dire le contraire. Ils devraient leur dire : « Entre toi et l'Européen, il y a un gouffre immense. Je viens t'apprendre à le combler. Régénère-toi, renonce à tes habitudes de fainéantise, travaille ; abandonne le crime et pratique la vertu que je t'enseignerai ; détruis l'ignorance par l'étude. Quand tu auras fait cela, alors, mais seulement alors, tu pourras espérer atteindre au niveau du blanc; tu pourras devenir son égal. »

C'est là ce que disent les bons missionnaires; et cette vérité est celle que les mauvais ne songent jamais à inculquer à leurs ouailles.

Dire au sauvage ignorant qu'il est l'égal du civilisé, c'est proférer un mensonge, c'est commettre un crime; c'est manquer à tous les devoirs qu'a imposés au pasteur ceux qui l'ont envoyé en Afrique; c'est trahir sa mission sacrée.

Dire au sauvage ignorant qu'il est l'égal du civilisé, c'est ouvrir à la bête féroce la porte de sa cage, dont une population insouciante se figurait avoir confié la clef à des mains dignes de confiance.

Non. L'indigène, tel que le missionnaire le rencontre en Afrique, n'est pas l'égal du civilisé; il s'en faut de beaucoup.

Ce qu'il a de bons instincts sommeille en lui; seuls les mauvais agissent.

La paresse, l'horreur du travail et l'ignorance absolue: voilà ce qui le caractérise et ce qui suffirait, sans les autres défauts, à creuser un abîme entre lui et le blanc.

Le système suivi par les missionnaires indignes du titre a pour résultat d'exciter le désordre et de former le plus grand obstacle qui s'oppose au progrès dans l'Afrique australe.

Quand les Boers eurent conquis le pays, ils s'aperçurent promptement que, parmi les missionnaires, les uns apportaient une aide efficace à l'établissement de leur domination, mais que les autres leur créaient des conflits et des difficultés.

Il s'ensuivit naturellement que la conduite des derniers leur causa un ressentiment, dont les calomnies répandues en Europe sur le compte des Boers furent le contre-coup.

Voilà quelle a été la source du mauvais renom qu'on leur a fait hors de l'Afrique. Cette vérité, je n'hésite pas à la proclamer, dans mon livre, bien que personne n'ait eu la franchise de le faire avant moi.

Lorsque je vivais avec les Boers, je les ai souvent entendus exprimer les plus grands éloges sur tel ou tel missionnaire, tandis qu'ils condamnaient aussi hautement les actes et les paroles des autres. A Prétoria et ailleurs, où je me trouvais dans un milieu bien supérieur, j'ai entendu des opinions semblables énoncées par les Hollandais et par les Anglais. Et lorsque, d'autre part, j'ai demeuré au milieu des missionnaires mêmes, j'ai pu me convaincre de la véracité des témoignages portés à leur égard.

Ce blâme ne rejaillit en aucune façon sur les sociétés bienveillantes qui les subventionnent, ni sur les autorités qui les soutiennent et qui, trop fréquemment, il faut bien le dire, sont les premières à souffrir de leurs faits et gestes.

Un missionnaire devrait se ranger parmi les fondateurs de la civilisation de l'avenir. Nous avons le droit d'attendre un grand résultat de ses travaux ; malheureusement, tels que sont beaucoup d'entre eux, ils donnent pour la plupart des résultats contraires à ceux qu'on en attendait.

Les mauvais missionnaires ont prêché la révolte, et les Boers ont été attaqués. Une guerre cruelle s'est allumée et l'Europe a retenti de l'indignation suscitée par l'horreur des actes qu'ont commis les Boers à l'égard de ces bons, de ces innocents, de ces paisibles indigènes !

Nous ne devrions certes point permettre à nos émotions sentimentales d'aveugler notre jugement au point de lui faire prendre des chimères pour les réalités, des phrases absurdes pour la vérité.

J'ai même lu quelque part, je me le rappelle, que le Boer était bien inférieur au nègre.

J'ai aussi entendu soutenir que le Boer était essentiellement réfractaire au progrès.

Que voulez-vous répondre à ces insanités, toutes issues de la même source ?

Non, ce n'est pas le missionnaire qui pourra aider les progrès du Boer, et la raison en est celle sur laquelle se fonde mon principal argument contre l'œuvre d'un grand nombre des missions et contre la fausse route qu'elles suivent en Afrique.

Déjà j'ai eu occasion de parler des missionnaires qui, malgré la bonté de leurs intentions, se trompent quand ils veulent enseigner aux noirs les abstractions de la théologie. Cette vérité est démontrée par l'absence totale de leur action sur les Boers.

Le Boer sait la théologie, autant sinon plus que le missionnaire qui prétend la lui enseigner; il l'a puisée dans sa Bible, le seul livre qu'il lise.

Ainsi les missionnaires qui se figurent que leur unique devoir est d'enseigner la Bible n'ont rien à apprendre au Boer et se bornent à le laisser tel qu'ils l'ont rencontré.

Ensuite ils crient que le Boer est réfractaire au progrès !

Oui ! il n'a point avancé d'un pas, parce qu'on n'a pas su le faire avancer. La faute en est, non à l'élève, mais au maître.

Quant à l'accusation de lâcheté, dont on voudrait flétrir leur front orgueilleux, c'est, de toutes, évidemment la plus absurde qu'on puisse intenter aux paysans du Transvaal.

Les occasions ne m'ont pas manqué pour constater l'étendue de leur bravoure ; mais, n'en eussé-je pas eu, que l'histoire de leurs guerres avec les Zoulous, les Cafres et les Basoutos, me suffirait pour les croire courageux.

Dieu veuille qu'ils n'aient jamais à montrer leur bravoure de façon à réduire au silence leurs calomniateurs.

Au moment où j'écris ces lignes le bruit se répand en Europe que les Boers se sont soulevés. Ce serait une vraie calamité pour l'Afrique australe, et l'Europe entière devrait s'en affliger. La rébellion serait écrasée incontestablement ; mais elle donnerait, sans nul doute aussi, un démenti formel à ceux qui appellent les Boers des lâches.

CHAPITRE VII

ENCORE AU TRANSVAAL.

Mr. Swart. — Difficultés. — Je deviens gastronome. — Le Dr Risseck. — Sir Bartle Frere et le consul portugais, M. Carvalho. — Mr. Osborn, secrétaire colonial. — Dîners et bals. — Le révérend Gruneberger. — Mr. Fred. Jeppe. — Dîner avec le 80e d'infanterie. — Le major Tyler et le capitaine Saunders. — Insubordination. — Mr. Selous. — Monseigneur Jolivet. — Quelques mots sur Prétoria. — Les négresses et la photographie. — Épisode burlesque de la guerre tragique des Zoulous.

Comme je l'ai dit au commencement du chapitre précédent, je me trouvais donc à Prétoria, déjà ville anglaise et capitale de la province du Transvaal. J'y étais entré dans la matinée du 12 février 1879.

Je me rendis tout d'abord chez le trésorier du Gouvernement, Mr. Swart. Il me reçut avec beaucoup de cordialité, mais il s'excusa de ne pas me garder pour son hôte, attendu qu'il n'avait pas, dans sa petite maison, une chambre à m'offrir.

Il fallait donc s'adresser aux hôtels. Je n'y trouvai pas une chambre, pas même un lit.

A ce moment, on organisait un corps de troupes. Des volontaires accouraient de tous les points de l'horizon à Prétoria, où les attirait la promesse d'une paie de 5 shilling (6 fr. 25) par jour. Ils avaient occupé tous les coins et me créaient un véritable embarras. Ainsi, après avoir presque toujours trouvé des logements pendant tout mon voyage depuis Benguêla, je me voyais sur le point de ne pas découvrir, dans la première cité civilisée où j'entrais, un seul coin où reposer ma tête.

Finalement, après avoir longtemps cherché, j'en arrivais à me demander si ce serait beaucoup choquer les convenances sociales (je les avais presque oubliées, ces convenances sociales), que de me coucher dans la place publique sur mes peaux de léopard, où je dormirais admirablement, lorsque je réussis à obtenir un coin au Café de l'Europe. On m'y promettait même une chambre qu'on me livrerait vide un ou deux jours plus tard. Ainsi j'étais casé, moi ; mais il me restait à installer mes gens quelque part, ce qui pouvait être plus difficile.

J'envoyai chercher le jeune Boer Low, dont il fallait soigner la main écrasée par le wagon, et, profitant de l'occasion, je fis dire à Vérissimo de rester campé hors de la ville jusqu'à nouvel ordre.

Mon messager me ramena Low, mais en compagnie de Vérissimo. Celui-ci venait me prévenir que mes gens avaient faim et qu'il avait besoin d'argent pour leur acheter à manger.

Cette nouvelle me sembla renversante. Le fait est que j'avais oublié qu'on doit avoir de l'argent dans les pays civilisés ; or ma bourse était à sec.

Pourtant, je convins qu'il en fallait avoir, et m'adressai à mon hôtelier, M. Turner, qui me l'avança immédiatement et fit conduire Low chez un médecin. Pour moi, je me préparai pour le dîner auquel j'avais été invité par Mr. Swart.

En effet, sachant que plusieurs personnes avaient aussi reçu des invitations, je me trouvais forcé de faire une grande toilette. Mon pantalon ressemblait fort peu à ce qu'il avait été dans sa nouveauté : il montrait trop les raccommodages que j'y avais opérés, moi qui ne brillais guère par le talent de couturier ; en outre, j'avais à le débarrasser de la poussière et des taches de boue qu'il avait rapportées de vingt contrées différentes. Il me restait encore une paire de bas qu'avait reprisée fort proprement madame Coillard et qui par conséquent était suffisante. Mes bottes à talons de fer, chef d'œuvre de Tissier de Paris, furent cirées pour la première fois et prirent vraiment une assez bonne tournure.

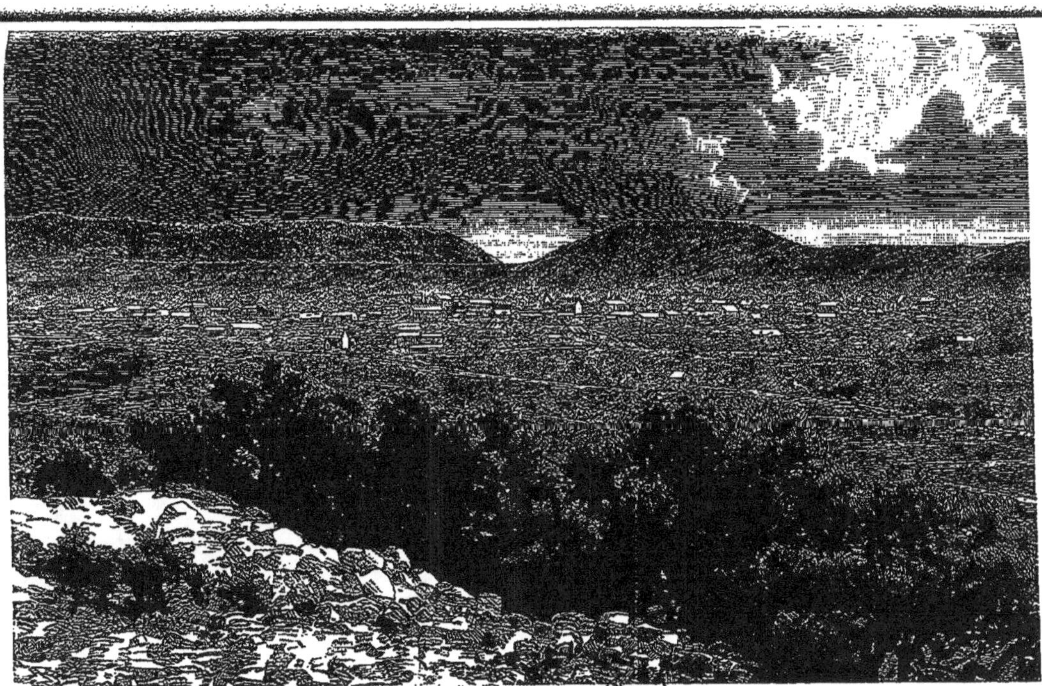

Vue de Prétoria.

Mais mon habit fut le vêtement qui me donna le plus de mal. On l'avait garni de poches de cuir, jadis noir, mais qui maintenant avait, hélas! une couleur extraordinaire. Heureusement je trouvai sous ma main l'encrier de M. Turner; en m'aidant d'une plume de poule, je me mis à les peindre, mais elles prirent la teinte d'un noir blafard, pire encore que la couleur qu'elles avaient auparavant.

Enfin, après avoir bien peigné et brossé ma longue barbe et ma chevelure encore plus longue, je me mis en route pour la demeure du trésorier du Transvaal.

Mais, à mon entrée dans le salon, je fus ébloui.

Les dames en grande toilette, les hommes en habits noirs bien taillés, les laquais en livrée, les couleurs brillantes et harmonieuses des sièges, les tapis, les glaces, en un mot tous ces objets dont j'avais perdu l'habitude pendant la rude vie de sauvage que je venais de mener, me produisirent d'abord un véritable effarement.

J'étais comme un aveugle tout à coup rendu à la lumière, grâce au bistouri d'un habile oculiste qui vient de lui enlever la cataracte, après avoir été retenu plusieurs mois dans les ténèbres.

Ce qui me gênait le plus, c'était que je ne savais que faire de mes mains; elles avaient toujours l'air de chercher à prendre quelque chose et, n'ayant plus à porter la carabine, embarrassaient toutes mes attitudes.

Enfin, on annonça le dîner. C'était moi qui conduisais la maîtresse de la maison. Une fois assis, je commençai à m'apercevoir que mes vêtements étaient terriblement usés et râpés.

La vue de la table parée réveilla en moi de nouvelles surprises. Les cristaux, la porcelaine, l'argenterie, les vins étincelants dans leurs carafes taillées attiraient tour à tour mes regards, et la vue du *menu*, écrit sur une carte élégante, eut un instant pour moi tout l'intérêt d'un manuscrit précieux.

J'ai fort vraisemblablement commis une foule d'absurdités, mais je ne m'en suis guère aperçu, car tout ce qui se passait me paraissait un rêve.

Après le dîner, on rentra au salon, où je continuai d'être confus jusqu'à ce qu'une dame se fût mise au piano.

Ses doigts légers couraient sur les touches, faisaient vibrer dans les cordes un harmonieux concert, un nocturne de Chopin.

Ce furent comme des sensations toutes nouvelles pour moi que d'écouter cette musique. L'harmonie me pénétrait jusqu'au cœur; l'émotion me faisait tourner la tête trop faible pour supporter tant de secousses. J'étais à peu près fou, quand je rentrai à mon café de l'Europe. On m'y avait dressé, dans un coin du salon, un lit complet avec draps, couverture et oreillers.

J'allais, suivant mon habitude, me coucher comme j'étais, quand je me rappelai à temps que la coutume des gens civilisés était de se déshabiller auparavant. Il est vrai que je ne pus pas dormir. Les impressions de cette journée m'agitaient vivement et les draps me tracassaient.

Au point du jour, je sautai à bas du lit et m'habillai, juste à temps, car, mon lit ayant été fait dans le salon commun, les gens de service devaient se mettre de bonne heure à le ranger. Mes premières préoccupations furent de penser à ce que j'allais faire de ma bande, chose assez embarrassante, et comment je me procurerais l'argent dont j'avais besoin.

J'étais enfoncé dans mes réflexions quand on m'appela pour déjeuner.

Je me mis à table. Un garçon indien, de ces coulies qui s'étaient déjà en grand nombre glissés jusqu'à Prétoria, me servit un plat d'épis de maïs, soigneusement rôtis, avec un rond de beurre. A peine eut-il enlevé le couvercle que je lançai au malheureux garçon un regard si féroce qu'il en recula d'effroi.

Du maïs! du maïs à moi, qui en avais mangé tant que

le voir suffisait à me soulever l'estomac ! J'aurais écrasé sur place, comme des punaises, ce coulie, le cuisinier, le maître et toute la boutique !

Mon geste fut si expressif et si impérieux que les épis de

Le major Serpa Pinto à son arrivée à Prétoria.

maïs disparurent à l'instant, avec le garçon, trop heureux de se mettre à l'écart.

M. Turner entra de suite me demander poliment ce que je voulais pour déjeuner.

Ce que je désirais ? En vérité ! Mais j'aurais voulu tout ce que la vie civilisée peut offrir de plus friand. Perdrix aux truffes, pâté de foie gras, gelées, les vins des grands crus de Bourgogne, tout; je voulais tout; mais c'est à peine si je savais moi-même ce que j'allais demander.

Le maître du café de l'Europe a dû s'imaginer qu'il avait maintenant pour hôte un de ces fameux gastronomes qui élèveraient une statue au célèbre Brillat-Savarin ; s'ils ne le font pas, c'est qu'ils cherchent encore la matière propre à un tel monument qui serait, à l'instar de la colonne Vendôme, construite avec le bronze des canons pris à l'ennemi, un souvenir perpétuel de celui qui a dit : « Tous les animaux mangent, l'homme seul sait manger. » Effectivement, et pour la première fois de ma vie, j'étais devenu gastronome.

Pour la première fois de ma vie, je me mettais à reconnaître que le palais a un sens qui lui est particulier et qui égale les autres. Mozart, Rossini, Meyerbeer, Verdi et Gounod, le chant des oiseaux et le murmure des ruisseaux, sont créés pour le ravissement de nos oreilles. Rubens, Raphael, Van-Dyck, Velasquez et Murillo, les beautés du paysage et toutes celles de la nature, ont été mis au monde pour le charme de nos yeux. Atkinson, Rimmel, Lubin et Piesse, tous les parfums des fleurs, ont pour objet la satisfaction de notre odorat. Il en est de même de Brillat-Savarin et de Vatel, des truffes et des champignons : ils ont été appelés à la vie pour y remplir une mission spéciale.

Toutes ces vérités se sont révélées à moi quand j'entrai dans Prétoria, après avoir, durant douze mois, vécu de maïs, de massango et de viande rôtie, sans assaisonnement. Il y a peu d'hommes dans l'univers, je me le figure, qui ne comprendront pas ma conversion soudaine à la gastronomie, en touchant aux limites de la civilisation ; peut-être faut-il que j'en excepte le vrai John-Bull, qui, par malheur pour lui, ignore complètement et ignorera toujours Brillat-Savarin.

Heureusement pour moi, tout en me trouvant sur un territoire anglais, l'annexion du Transvaal était encore trop récente pour que le *roast-beef* et le *plum-pudding* s'y fussent naturalisés de façon à prendre l'ascendant sur tous les mets de la cuisine méridionale.

M. Turner ne me servit pas, il est vrai, un déjeuner comme j'en aurais eu un à Lisbonne dans le Matta, le Central, le Silva ou l'Augusto, ou à Paris chez Ledoyen ou dans le café Riche; cependant il me procura un déjeuner tout à fait passable. Je n'irai pas jusqu'à dire qu'il était bon, car, déjà, je me faisais merveilleusement difficile en fait de délicatesses.

Quoi qu'il en soit, en causant ensuite et longtemps avec M. Turner, j'eus le regret de ne pouvoir tirer de lui que de bien faibles lueurs d'espoir concernant la possibilité de loger mes gens en ville. J'avais beau retourner ce sujet dans ma tête, je n'y trouvais aucun moyen de sortir d'embarras, et cependant je ne pouvais pas conserver indéfiniment le wagon qu'ils habitaient.

Mais je découvris que j'étais devenu un objet de curiosité, une espèce de bête sauvage sur laquelle chacun désirait jeter son coup d'œil. La foule des badauds qui faisaient cercle autour de moi devenait insupportable. Une des choses qui m'ennuyait le plus était l'étonnement qu'ils manifestaient généralement en voyant la petitesse de ma taille et l'état grêle de mon corps. J'avoue que l'expression de cette déception s'est renouvelée en Europe. A Lisbonne, à Paris et à Londres, j'ai entendu quelquefois exprimer le désappointement dont j'étais l'occasion. On s'y était sans doute attendu à voir en moi un Goliath quelconque, un tranche-montagnes, une espèce de géant.

Néanmoins, si les événements qui m'avaient conduit à Prétoria causaient autour de moi quelque importunité, une curiosité fatigante, j'ai rencontré, d'autre part, une foule de personnes qui s'empressaient de m'être utiles et agréables.

Parmi ces dernières, j'en comptai quatre ce jour-là : le major Tyler [1], le capitaine Saunders du 80e, Mr. Fred. Jeppe et le Dr Risseck. Je reçus aussi deux invitations, l'une à dîner, chez Mr. Osborn, secrétaire colonial et gouverneur intérimaire du Transvaal, et une au bal, chez le Dr Risseck.

1. Aujourd'hui colonel Tyler, demeurant à Lynstead Lodge, Sittingbourne, Kent. — (*L'auteur.*)

Elles n'avançaient pas d'une ligne la solution du problème de l'installation à donner à mes gens.

Comme je fouillais dans mon portefeuille afin d'y chercher le reste de mes cartes de visite, mes yeux tombèrent sur une lettre que m'avait remise M. Coillard pour un missionnaire hollandais de Prétoria, nommé Gruneberger. Cette trouvaille me servit de prétexte pour échapper à mes importuns et, fourrant la lettre dans ma poche, je fis seller Fly et partis en quête de mon missionnaire.

La maison de M. Gruneberger était située assez loin du centre de la ville. Je le trouvai chez lui. Ce révérend paraissait fort jeune ; il m'accueillit avec une grande politesse ; je lui remis la lettre de M. Coillard et, aussitôt après l'avoir lue, il se mit entièrement à ma disposition.

Dès que je lui eus expliqué l'embarras où j'étais pour loger mes gens, il m'offrit, avec la plus grande politesse, l'usage d'un petit jardin dépendant de sa maison et la salle d'école, pour en faire la nuit un dortoir à leur usage.

J'acceptai ses offres généreuses et revins au café de l'Europe pour faire passer à Vérissimo l'ordre de se rendre avec le wagon chez le missionnaire.

Cependant je n'avais consenti à la proposition de M. Gruneberger qu'après lui avoir donné quelques sérieux conseils sur la façon de se conduire avec mes nègres, lui demandant, par-dessus tout, de ne pas les traiter sur le pied de l'égalité. Vu qu'ils étaient encore un peu sauvages dans leurs habitudes, un tel traitement pourrait avoir des conséquences graves. Mes observations parurent l'amuser beaucoup, et il me répondit, d'un ton très modeste, que son ministère l'obligeait à avoir affaire avec les indigènes et qu'il croyait connaître son devoir.

Mes nègres arrivèrent au temps fixé et passèrent leur première nuit dans la salle d'école. Ils déchargèrent le wagon et le préparèrent à partir pour Marico, dès que la main blessée du jeune Low permettrait qu'il nous quittât.

J'allai dîner chez le secrétaire colonial et, plus tard, je me rendis au bal du Dr Risseck. Chez Mr. Osborne, j'eus une double satisfaction : d'abord le plaisir que me causèrent les attentions dont j'y fus l'objet, ensuite l'arrangement de mes difficultés les plus pressantes, celles qui concernaient la question d'argent. Le gouverneur par intérim du Transvaal mit à ma disposition, au nom du gouvernement britanique, les fonds dont je pouvais avoir besoin. Ma réception chez l'éminent médecin hollandais me laissa aussi les plus charmantes impressions, et j'y passai une des soirées les plus agréables que j'eusse rencontrées au monde.

Il est vrai que ce bon docteur pouvait présenter à ses hôtes un de ces joyaux que ne sauraient montrer ni les trésors d'un nabab ni la puissance d'un autocrate. Je veux dire sa fille, une délicieuse jeune personne, qui faisait son entrée dans le monde et dont la beauté sans égale, l'esprit et l'éducation charmaient tous ceux qui l'approchaient.

Le médecin hollandais insista fort gracieusement pour que je devinsse son hôte, et j'aurais été fort tenté d'accepter sa franche hospitalité, offerte avec une telle cordialité, si je n'avais pas été retenu par la promesse que m'avait faite Mr. Turner de me procurer le lendemain une chambre convenable.

Il y avait à peine trois jours que j'étais à Prétoria et déjà, le 14 février, je pouvais considérer toutes mes difficultés financières comme terminées.

Le télégraphe avait annoncé au loin la nouvelle de mon arrivée et m'avait, en retour, transmis des ordonnancements envoyés par sir Bartle Frere, par sir Theophilus Shepstone et par le consul du Portugal au Cap, M. Carvalho. Ainsi je recevais toute l'assistance nécessaire de la part du gouvernement britannique et de ma patrie, que son consul représentait fort dignement.

Ma bonne chance ne se borna point là. Mes gens vinrent m'assurer qu'ils se trouvaient parfaitement chez le révérend Gruneberger et Mr. Turner me donna une chambre.

Le mot chambre pourtant est loin d'exprimer l'étendue de mon logement : c'était toute une maison dont je disposais, indépendante du café de l'Europe, bien que se trouvant dans son voisinage immédiat.

Alors je commençai à respirer véritablement et à me sentir à mon aise. J'y aurais été sans restriction, sans un point noir, sans un cauchemar qui me poursuivait : je ne savais que faire de mes mains.

Elles étaient toujours à chercher ma carabine. La force de l'habitude était si grande que, plus d'une fois, j'ai emporté mon arme pour me promener dans la rue, étonnant, même effrayant, ceux qui passaient près de moi.

Je récompensai mon jeune conducteur Low et jusqu'à ce diablotin de Christophe ; bien que la main de l'aîné fût loin d'être guérie, les deux frères désiraient partir dès le lendemain pour retourner dans leur famille.

Je chargeai Low de mes petits cadeaux pour son grand-père et ses sœurs, les deux bonnes filles qui avaient le talent de faire cuire des oignons, et même pour la vieille sorcière du campement des Boërs.

Je congédiai aussi, en le récompensant, le Betjouana Farclan, qui m'avait rendu les meilleurs services depuis Soul's Port jusqu'à Prétoria ; et, par son entremise, j'envoyai une lettre à M. Gonin, le bon missionnaire français du Piland's Berg.

Je me transportai ensuite à la banque coloniale du Cap où je déposai la somme que je devais à Mr. Taylor de Chochon. Poursuivant son système de délicatesse à mon égard, il n'avait pas même fait présenter encore le billet à l'acceptation.

Après ces démarches, je rentrai chez moi pour écrire au gouverneur du Mozambique, l'informant de mon arrivée à Prétoria et lui demandant de faire partir, par la voie d'Aden, un télégramme que je désirais envoyer au gouvernement du Portugal.

Pendant ce temps, les principaux personnages de Prétoria continuaient leurs amabilités. Je recevais un si grand nombre d'invitations que je n'avais plus guère l'occasion de prendre mes repas au café de l'Europe.

Le 15 février, j'eus une longue conversation avec Mr. Fred. Jeppe, le savant géographe du Transvaal. Il me confirma l'avis que m'avait déjà donné Mr. Swart, le gouverneur provisoire, touchant les obstacles qui s'opposaient à ce que je continuasse mon voyage par suite de la guerre avec les Zoulous. Il m'était à peu près impossible d'aller à Lourenço Marquès, comme je le désirais, et même le voyage jusqu'au littoral anglais n'était pas sans péril. En effet, depuis leur victoire d'Isandhlouana, les Zoulous n'étaient contenus qu'avec difficulté par le brave colonel E. Wood [1], retranché dans Utrecht; et toutes les communications se faisaient à travers l'État libre de l'Orange, par la voie de Harrismith, ce qui simplement triplait la route et les fatigues.

Après y avoir mûrement réfléchi, je me résolus à envoyer, avec la première caravane qui partirait de Prétoria, mes gens et mon bagage au Natal, par Harrismith. Quant à moi, seul et conséquemment libre de mes mouvements, je me proposais de me rendre tout droit au théâtre de la guerre. Cela résolu, je n'avais plus qu'à attendre l'occasion avec tranquillité.

Le 16 fut entièrement consacré à Mr. Fred. Jeppe. C'est chez lui que je fis mes observations pour déterminer les coordonnées de Prétoria. A cette occasion, je m'étais fait construire par Mr. Turner un gros bloc de glace qui me servit à vérifier les zéros de mes thermomètres et de mes hypsomètres.

Il ne m'est resté de ces observations que les hypsométriques, parce que les autres se sont perdues, je ne sais comment. Ce qu'il y a de sûr, c'est que je ne les ai pas trouvées

1. Aujourd'hui le général sir Evelyn Wood, K. C. B. — (*L'auteur.*)

enregistrées quand j'ai voulu m'en servir à Pietermaritzburg; mais je me suis rappelé que, lorsque j'avais calculé la latitude chez Mr. Jeppe, je l'avais trouvée correspondante avec le chiffre inséré dans l'almanach de ce savant, celui de 1878, je crois, et tel que l'avait déterminé un officier de la marine anglaise.

J'ai reçu, ce jour-là, la visite d'un monsieur dont le nom doit être ajouté à la liste déjà longue des personnes qui m'ont, dans la capitale du Transvaal, témoigné l'attention la plus courtoise.

C'était M. Kish, membre de la Société royale de géographie de Londres.

Mrs. Kish, Mrs. Imink et la baronne Van Levetzow ont rivalisé entre elles de bienveillance et je ne pourrai jamais reconnaître toutes les obligations que je leur dois.

Le 19 je reçus une invitation à dîner avec les officiers du 80e régiment.

Il faut absolument que je rapporte un petit fait qui se passa pendant ce dîner et qui me toucha profondément.

Je continuais à porter les mêmes vêtements que j'ai décrits un peu plus haut. Je ne m'étais permis d'y faire q'une réforme fondamentale, celle de mon linge. Il faut bien se rappeler que je n'avais pas d'argent à moi. Les sommes que je tirais sur le gouvernement devaient servir, non à mon usage personnel, mais à payer les dépenses afférentes à l'expédition. Je n'avais donc pas acheté de vêtements parce que je n'avais pas de quoi les payer. Ce n'a été qu'à Durban, où j'ai rencontré quelqu'un qui m'a prêté de l'argent pour mon compte, que je l'ai pu faire. Il fallait donc que mes habits de voyage continuassent leur service, et j'avoue qu'ils détonnaient singulièrement au milieu des brillants uniformes des officiers et de la toilette des invités. Le dîner se passa avec toute la franche gaieté qui caractérise les militaires en campagne.

J'étais dans d'excellentes dispositions et je m'amusais fort des anecdotes épicées qui couraient parmi les convives, quand le bruit des bouchons qui sautaient en nombre annonça l'entrée du vin mousseux de Champagne. On remplit les verres, ces coupes de cristal que soutient un pied dont la perforation est un problème, d'où monte sans cesse une ébullition glacée aussi agréable à la vue que l'est au goût le liquide doré dans lequel elle se forme.

Alors le président de table, le major Tyler, se leva et, prenant son verre, prononça d'une voix forte et sonore cette parole qui, en Angleterre, au milieu des banquets les plus bruyants, ne manque pas de causer un silence immédiat :

« Messieurs ! »

Tous les yeux se tournèrent sur lui et il ajouta :

« Messieurs, à la santé de Sa Majesté le roi de Portugal ! »

Tous les convives se levèrent pour faire honneur à ce toast et la musique du régiment exécuta l'air de *El Rei Dom Luiz*, qui fut écouté avec un religieux silence.

Je ne saurais pas exprimer l'émotion que me causèrent cette musique, cet hymne patriotique joué dans une terre étrangère et lointaine ; gracieux hommage rendu à mon pays dans la personne de son souverain.

J'ai contracté envers le major Tyler une grosse dette de reconnaissance pour ses services et ses amabilités, mais il l'a bien accrue par la délicieuse surprise qu'il me fit alors.

La conformité de notre genre de vie m'attirait tous les jours au camp anglais. Tantôt j'y déjeunais et tantôt j'y dînais. Les officiers me témoignaient autant d'affabilité que de politesse, mais je m'y liai surtout avec l'un d'eux.

C'était le brave capitaine Allan Saunders. L'égalité d'âge et la ressemblance d'inclinations et de goûts nous avaient rendus à peu près inséparables. Le temps que je ne passais point avec Saunders, c'était Saunders qui le passait avec moi. Tous les après-midi, à quatre heures, nous nous trouvions chez la baronne Van Levetzow, souvent avec le major Tyler et toujours dans la société distinguée de dames aussi belles qu'élégantes.

La baronne nous faisait servir un café exquis par sa fille, une blonde espiègle, une ravissante enfant.

Mon intimité avec Saunders une fois connue, on ne nous invita plus l'un sans l'autre, ce qui nous permettait de passer ensemble de charmantes soirées chez Mrs. Kish, Mrs. Imink et dans d'autres salons.

Toutes les maisons m'étaient ouvertes, et, n'ayant plus rien à faire présentement que d'attendre les événements, il me semblait convenable de passer mon temps aussi agréablement que je le pourrais.

Mes fatigues et mes souffrances passées me donnaient bien droit à quelques semaines de repos et de plaisirs.

Je reçus l'avis qu'un convoi de wagons devait partir de Prétoria pour Durban, le 22 ; et je m'arrangeai avec les conducteurs afin qu'ils emmenassent jusqu'à ce port mes gens et mon bagage. La caravane devait être de trente-cinq à quarante jours en route ; cela me donnait amplement le loisir de passer encore quelques semaines à Prétoria, car je calculais qu'il me suffirait de six journées pour arriver à la mer.

Le 21 fut employé à empaqueter dans des caisses les quelques oiseaux que j'ai rapportés et que M. Turner avait arrangés avec soin ; j'y joignis les peaux des animaux que j'avais tués à la chasse, et les insectes qni s'étaient conservés. La plupart de ceux que j'avais attrapés au sud du Zambési n'étaient parvenus à Prétoria qu'en morceaux. Têtes, jambes et corps y étaient confondus dans une telle promiscuité que j'aurais défié le plus habile des entomologistes d'y reconnaître à quelles têtes appartenaient les corps et à quels corps se rapportaient les jambes. Au milieu de ces occupations, au moment même où je m'inquiétais du prix auquel me revenait chaque pincée du duvet de massette, l'objet le plus cher dans une ville où tout est hors de prix, on accourut en hâte m'avertir que tout s'en allait en poussière chez le révérend

Gruneberger, par la faute de mes gens, et qu'on comptait déjà plusieurs blessés et peut-être des morts ; enfin toutes sortes d'horreurs.

Je courus chez le missionnaire.

Là je trouvai mes noirs en révolte ouverte contre le maître de céans. J'en vins promptement à bout et j'eus le plaisir de constater qu'on ne voyait aucune trace de mort. Le seul sang versé avait coulé des mâchoires d'un serviteur du révérend, sur lesquelles Aogousto avait appliqué son poing.

J'avais toujours eu le pressentiment que quelque chose de pareil arriverait si on permettait à ces nègres de s'enhardir.

M. Gruneberger me remontra que la prolongation de leur séjour chez lui n'était pas convenable, et il avait parfaitement raison après les troubles qu'ils venaient d'y causer.

A mon point de vue, l'incident n'avait que peu d'importance, vu que toute la bande devait partir de Prétoria le lendemain même ; néanmoins je fus tout à fait contrarié de ce que l'excellent accueil que ce bon pasteur avait fait à mes nègres eût eu pour récompense une telle échauffourée.

Je les fis donc se transférer avec leurs sacs et leur bagage chez moi, où je les accommodai de mon mieux, sachant que leur départ devait avoir lieu le 26.

Le trésorier du Transvaal, Mr. Swart, m'avait donné l'entrée libre de sa maison ; et j'en profitais souvent car j'y prenais un grand plaisir à folâtrer avec ses deux charmantes fillettes.

Jusqu'ici la compagnie des enfants n'avait guère été de mon goût. Je trouvais leurs questions fatigantes et leur babil ennuyeux. Mais, depuis mon pénible voyage, je m'étais vraiment pris de passion pour les blondes et jolies fillettes ; aussi, à Prétoria, je passais des heures entières avec les enfants de Mr. Swart et de Mr. Kish.

Peut-être le souvenir de ma propre fille, dont j'étais séparé depuis si longtemps, entrait-il pour quelque chose dans cet amour de jouer avec ces innocentes créatures ;

peut-être aussi était-ce une antithèse naturelle à la grossièreté récente de mon existence que mon affection pour les caresses des enfants.

Ainsi ma vie se passait à Prétoria, lorsqu'un jour on m'annonça un visiteur qui était chargé d'une lettre à mon adresse.

Je le fis entrer et me trouvai vis à vis d'un inconnu qui avait tout l'air d'un Anglais arrivant de l'intérieur.

C'était un homme jeune, de taille moyenne, à la figure énergique et agréable ; il portait une chemise de grosse laine et un pantalon maintenu par une large ceinture de cuir.

Il me parlait en français, celui qu'on entend sur le boulevard des Italiens, et me présentait une lettre.

L'écriture de l'adresse m'apprit que la lettre était de M. Coillard ; c'était une recommandation en faveur du porteur.

Je dois dire qu'elle était peu nécessaire pour m'engager à traiter avec respect l'homme qui me faisait visite et à lui tendre la main. Il portait un nom fort bien connu dans les déserts de l'Afrique australe et qui, à lui seul, était une recommandation suffisante.

J'avais sous les yeux Mr. Selous, intrépide voyageur anglais et chasseur audacieux.

Il resta trois jours à Prétoria, et nous eûmes ensemble de longues conversations au sujet de l'Afrique. Il était entré au N. du Zambési, suivant une direction parallèle à la Cafoucoué, à l'E. de cette rivière. La description qu'il me fit de la région était des plus intéressantes.

Il y avait rencontré bon nombre de Portugais venus de Quilimané. Parmi eux, il me nomma Joaquim Mendonça, qui se faisait accompagner par trois anciens soldats du bataillon du Zambési ; on les nommait Manuel Diogo, Joaquim da Costa et Antonio Simões. D'après sa relation et la concordance des dates, j'acquis à peu près la certitude que ce groupe était la prétendue bande des *Mouzoungos*, dont on parlait tant au Barozé, lorsque je demeurais à Lialoui.

Mr. Selous me remit un croquis de son voyage au N. du Zambési. Pourtant je n'en ai pas fait usage pour dresser ma carte de l'Afrique tropicale du Sud, car je ne m'y suis pas cru autorisé, ayant oublié d'en demander la permission.

Je fournis à Mr. Selous tous les renseignements dont il avait besoin pour faire une nouvelle expédition de chasse dans les environs de Linianti, et je m'engageai à lui envoyer une esquisse de ce pays. Je la lui ai adressée effectivement plus tard, à Chochon.

Le 23, je déjeunai avec Mgr Jolivet, l'illustre évêque de Natal. Il séjournait alors à Prétoria pour y surveiller la construction des bâtiments dépendants du grand établissement d'instruction catholique qu'on avait entrepris d'élever dans cette ville depuis qu'elle appartenait aux Anglais. C'était certainement la plus grande maison d'éducation qui existât au Transvaal. Beaucoup de protestants, entre autres Mr. Swart, y envoyaient leurs filles. Mgr Jolivet était un homme instruit et du caractère le plus respectable. Il causa longuement avec moi, et je m'aperçus qu'il était assez mal disposé à l'égard des Portugais.

Suivant lui, nous ne sommes pas de fort bons catholiques. J'essayai de lui démontrer qu'il se trompait; mais je ne crois pas y avoir beaucoup réussi. Sans cesse, il en revenait à l'histoire d'un révérend père Bompart, qui, après s'être rendu à Lourenço Marquès, n'avait pas pu avoir la permission d'y remplir les fonctions de son ministère sacré, bien que lui, Monseigneur, eût fait toutes les instances nécessaires à cet effet.

J'essayai, bien en vain, de faire comprendre à Monseigneur que, si le révérend père s'était présenté sans autorisation légale, il était naturel qu'on l'eût empêché de remplir ses fonctions; et j'échouai également dans la tentative de persuader à mon hôte illustre que c'était à l'archevêque primat des Indes qu'était confié le gouvernement de l'Église d'Orient. Le bon évêque avait laissé pénétrer profondément dans son esprit les opinions défavorables, pour ne pas dire malveillantes, qu'il s'était formées de nous. Il y persévéra et répéta toujours que nous sommes les pires francs-maçons du monde. Cela me rappelle que j'ai eu une vieille tante qui a proféré le même jugement, après la suppression des corporations religieuses.

Cependant, à la vérité, le Portugal est un des pays les plus religieux que je connaisse, et des plus catholiques, mais il considère la religion et la politique comme deux choses parfaitement différentes. C'est une hérésie que lui a enseignée le marquis de Pombal; et, depuis son temps, si les révérends pères prétendent mêler la politique à la religion, ils sont assurés d'avoir à s'en repentir.

Mgr Jolivet doit m'excuser si je continue à affirmer qu'il faut nous compter parmi les meilleurs catholiques du monde, et cela, bien que nous fassions une opposition aussi forte qu'énergique à ceux des ministres de notre religion qui, trahissant les devoirs sacro-saints de leur noble mission, se dévouent à entreprendre à notre détriment, en faveur d'étrangers, une propagande politique dans les limites de la patrie. Or, la patrie est toute terre où flotte la bannière d'Ourique, quel que soit le point du globe où elle s'élève.

Il est temps que je dise quelques mots sur la ville de Prétoria, telle que je l'ai vue aux mois de février et de mars 1879. D'abord, j'en parlerai au point de vue matériel.

Cette place était en croissance et la domination anglaise n'y avait pas encore imprimé son cachet national.

Les rues, larges et spacieuses, donnaient accès à des maisons, qui, pour la plupart, n'avaient qu'un rez-de-chaussée, mais dont la construction était élégante et solide. Les jardins étaient nombreux et, dans quelques rues, entouraient les maisons.

La ville est assise sur un plan incliné. La partie supérieure possède d'abondantes sources qui fournissent l'eau nécessaire à la ville. Lors de mon séjour, cette eau parcourait les rues dans des rigoles latérales, découvertes et profondes, que l'obscurité de la nuit changeait en vrais précipices. J'ai un très vif souvenir du nombre de fois où elles m'ont fait tomber et rentrer chez moi tout à fait trempé.

Beaucoup de jardins possédaient de grands arbres bien touffus.

Les rues n'étaient pas encore des chaussées et la pluie en faisait des bourbiers.

La ville avait quelques églises convenables, un tribunal modeste et beaucoup de maisons de commerce où l'on pouvait aisément se procurer toutes les nécessités, voire la plupart des superfluités de la vie; car le luxe s'est ouvert le chemin de Prétoria.

Dans la partie haute, on construisait de grands quartiers pour les troupes. Celles-ci habitaient généralement alors des huttes autour de trois casernes, qui se trouvaient assez loin d'être achevées.

Il était fort désagréable de se rendre aux quartiers militaires par les rues dénuées encore de pavés. La nuit, c'était même dangereux, car la pluie creusait de profondes ornières et se ramassait dans d'énormes trous, où l'on s'enterrait et où, plus d'une fois, j'ai été bien près de me casser les jambes.

Cependant la ville possédait plusieurs endroits charmants. Tel était celui qu'on nommait *les Fontaines;* ou bien, une éminence ombragée par d'énormes saules pleureurs; ou encore un moulin à eau, d'un aspect très pittoresque.

Les environs sont dénués d'arbres et un peu monotones; les lignes n'en sont animées que par les fermes et les demeures des Boers, disséminées çà et là.

Prétoria deviendra certainement une des plus belles cités de l'Afrique australe et, même déjà, à ne regarder que l'ensemble, elle est généralement agréable et vivante.

Comme il arrive à toutes les places récemment occupées

par l'Angleterre, Prétoria s'était remplie d'aventuriers accourus pour y chercher la fortune ; ne réussissant pas à la rencontrer, ils avaient pris le parti de s'enrôler dans les régiments de volontaires; au moins, étant devenus soldats, ils avaient une solde de 5 shillings (6 fr. 25) par jour.

Mon ami Allan Saunders, qui était le chef du secrétariat des corps de volontaires, passait la plus grande partie de son temps à rédiger les enrôlements.

Les principaux négociants sont des Hollandais ou des Anglais. Comme la ville a déjà des besoins particuliers à satisfaire, le commerce avec l'intérieur et les indigènes n'y est pas le seul aliment des affaires. Le dernier surtout donne lieu ici à un mouvement important.

Quant au climat, d'après le Dr. Risseck, il est ordinairement sain ; cependant, à de certaines époques de l'année, il n'est pas exempt de fièvres d'un caractère bénin. Les environs de la petite capitale abondent en fourrage, ce qui facilite l'élevage du cheval, en sorte que presque tous les habitants ont un break ou une victoria pour les affaires ou pour la promenade.

Telle était Prétoria, lors du séjour que je fis dans cette ville en 1879.

Je ne veux pas oublier une particularité qui me parut assez remarquable. C'était le nombre de femmes indigènes, qui venaient par troupes, de la banlieue en ville, vendre leurs denrées. Elles portaient toutes les habillements qui appartiennent à leur classe, c'est-à-dire qu'elles étaient à peu près nues; ainsi qu'elles sont représentées dans une gravure de cet ouvrage. A propos de cette vignette, je vais raconter une anecdote qui fera savoir à nos amis de l'Europe combien il est moins aisé qu'ils ne se le figurent de faire en Afrique des choses qui, dans le vieux monde, ne sont sujettes à aucune espèce de difficultés.

Il y avait à Prétoria un Suisse nommé Gross, photographe de premier ordre, dont j'avais fait la connaissance et

Femmes Betjuanas.

avec lequel j'avais fini par vivre sur le pied de l'intimité.

Un jour que je voyais un groupe de marchandes indigènes, venues pour vendre de la capata, je m'approchai pour leur offrir d'acheter toute leur provision à condition qu'elles se laisseraient photographier. Elles hésitèrent. J'augmentai mes offres, et je leur fis les plus belles promesses.

Tentées par mes propositions, elle se levèrent et me suivirent jusque chez M. Gross, où j'entrai en les laissant à la porte.

Quand j'expliquai mon projet au photographe, il se passa les mains dans les cheveux et branla la tête en m'assurant que je n'avais aucune chance de réussir, car il avait cent fois fait le même essai inutilement. Cependant, voyant combien j'y tenais, il consentit à recommencer la tentative et fit ses préparatifs.

J'introduisis les femmes dans l'atelier, après une bonne demi-heure de supplications, car j'avais eu la plus grande peine à leur faire passer le seuil de la porte.

Une fois que nous les eûmes toutes rassemblées dans la chambre, nos peines ne furent pas terminées. D'abord il fallut les mettre en position devant l'appareil, ce qui fut malaisé ; puis, quand nous en fûmes venus à bout, et que le photographe était près de glisser sa plaque sensibilisée dans le tiroir, deux ou trois d'entre elles s'effrayèrent et cherchèrent à s'échapper, tandis que les autres cachaient leur figure contre terre. Il fallut faire, pendant une autre demi-heure, une dépense incroyable de patience et de persuasion pour les amener à se remettre devant le foyer, mais avec le même insuccès qu'auparavant. Cependant nous finîmes par obtenir une image négative; mais, en l'examinant, nous vîmes qu'elle représentait plutôt de montrueuses guenons que des femmes, car ces malheureuses avaient toutes fait quelque grimace durant l'opération. D'autres essais eurent le même résultat; la journée fut perdue ainsi que nos dépenses de patience; et nos modèles partirent.

Cependant je voulais faire tout le possible pour avoir une photographie des négresses. Je retournai donc deux ou trois jours après notre premier échec vers les marchandes et je leur fis des offres si brillantes qu'elles finirent par céder, si bien qu'elles se réunirent de nouveau devant ma porte.

Je les menai de suite chez M. Gross. A notre vue, le pauvre homme devint tout pâle ; mais il se remit à la besogne. Cette fois, je pris soin de me tenir debout à côté de l'appareil en disant aux femmes de ne pas cesser de me regarder. Elles le firent et je fixai sur elles un regard si sévère et si ferme qu'elles en furent fascinées comme des enfants.

M. Gross profita de leur tranquillité momentanée pour découvrir son objectif et il obtint son groupe.

Nous aurions bien voulu en avoir une seconde épreuve ; mais le charme était rompu et tout fut inutile.

Ainsi, deux journées de travail, une somme d'argent relativement considérable, et une incalculable dépense de patience, voilà ce que nous avait coûté cette petite photographie.

Dans le groupe, les femmes qui portent une peau en guise de pagne sont mariées ; celles qui ont une frange, ne le sont pas.

Le 25 février, veille du jour où devait avoir lieu le départ de mes nègres et de mon bagage pour Durban, comme il était à peu près quatre heures du soir, je tournai mes pas vers la maison de la baronne Van Levetzow. J'allais y prendre une tasse de ce délicieux café qu'elle avait tant de plaisir à offrir à ses amis. En route, le mouvement extraordinaire des rues me surprit. Je demandai à un passant ce qu'il y avait de nouveau. Les Zoulous, me répondit-il, étaient aux portes de Prétoria, et, avant une heure, la ville allait être mise à sac par eux. Je courus de suite à la résidence du Gouvernement pour en apprendre davantage, auprès des sources les plus certaines.

Là, on me répéta, comme un fait, que les Zoulous, s'ils n'étaient pas encore arrivés, n'étaient pas loin : l'on s'attendait à ce qu'ils attaquassent la ville d'ici à quelques heures. La nouvelle, ajouta-t-on, était officielle et indiscutable. Je demandai l'endroit où les Zoulous étaient réunis, et je me hâtai de rentrer chez moi. Dès que j'y fus, j'envoyai Vérissimo, Aogousto et Camoutombo à la découverte ; puis, en attendant leur retour, je me mis à examiner les diverses faces de cette question et, par suite de la connaissance que j'avais de l'Afrique et de ses habitants, j'en vins à conclure que le tout n'était qu'une absurde billevesée.

Cependant, je m'en allai voir différentes personnes. Quelques-unes partageaient l'effroi général ; d'autres, bien plus calmes, croyaient avec moi que le bruit de l'attaque des Zoulous était faux ; néanmoins plusieurs dames avaient été demander asile au camp militaire.

Je passai aussi chez Mgr Jolivet le prévenir de ce qu'on m'avait dit, sans que j'y crusse ; mais parfois les choses les plus absurdes pouvaient arriver, et conséquemment il était bon d'être averti afin de pourvoir à la sûreté des Sœurs de charité.

Rentré à la maison, j'y vis arriver, dans la nuit et à de courts intervalles l'un de l'autre, mes trois éclaireurs. Ils m'affirmèrent qu'il n'y avait pas un seul Zoulou dans l'endroit indiqué comme celui de leur rassemblement, et que, dans les environs, ils n'avaient absolument rien pu apprendre à leur sujet. J'avais plus de confiance dans les informations de mes trois hommes que dans tous les rapports officiels. Alors, laissant mes gens au logis, je partis pour tâcher d'apprendre ce que faisaient mes amis, le major Tyler et le capitaine Saunders.

Quand je fus près du campement, un « Qui vive ! » sonore autant qu'inaccoutumé, lancé par une sentinelle, me prouva que la place était sur le pied de guerre. Je répondis « Ami ! » et l'on me permit de passer outre. Le camp était sens dessus dessous ; on fortifiait les endroits faibles, on rangeait les wagons en lignes de défense.

J'eus bientôt fait de découvrir le commandant de la place de Prétoria, le major Tyler. Il s'était habillé avec tout le soin et la propreté qui le caractérisaient : il portait des gants d'une blancheur irréprochable et des bottes vernies. De fait, paré de la même toilette que lorsqu'il se présentait dans les salons où l'attendait le meilleur accueil, le brave chef du 80e donnait avec le plus grand sang-froid ses ordres pour mettre le camp dans un état de défense formidable. J'allai vers lui et lui dis tout bas que la rumeur de l'attaque prétendue n'était ni plus ni moins qu'une panique sans cause. Il me répondit qu'il s'en était douté tout d'abord ; mais il avait reçu des ordres officiels qui ne lui laissaient pas deux partis à prendre ; et, après tout, il était bien aise de se servir d'une occasion qui lui permettait de tâter ses hommes et d'apprendre ce qu'il en pourrait obtenir dans le cas où il s'agirait véritablement de se mettre en défense.

Ses remarques me paraissaient fondées, et je le quittai pour aller à la recherche de son second en commandement, mon ami Saunders. Je trouvai celui-ci dans un autre quartier, fort occupé à diriger des manœuvres, mais, comme toujours riant et satisfait. Saunders m'eut l'air assez porté à croire au bruit concernant les Zoulous ; mais il n'en était pas moins de bonne humeur. Il me conduisit voir deux mitrailleuses que contemplait un jeune enseigne, à la garde duquel elles avaient été confiées. Ensuite il m'apprit qu'il y avait beaucoup de dames réfugiées au camp et m'engagea à leur faire une visite avec lui.

Nous nous y rendîmes immédiatement. Le major Tyler, dont les relations avec le beau sexe étaient excellentes, avait cédé son appartement à une douzaine et demie de dames qui s'y étaient logées. Le logement de Saunders en était plein aussi. Eux deux étaient d'ailleurs les seuls qui eussent une habitation au camp ; les autres officiers vivaient dans les baraquements.

Mon ami m'ayant fait souvenir qu'un verre de boisson

n'était pas à dédaigner en temps de guerre, nous allâmes ensemble à la chambre du mess.

Nous n'y trouvâmes qu'un officier, en uniforme, tout armé, confortablement assis dans une bergère et ayant devant lui, sur la table, un verre d'eau-de-vie mêlée à de l'eau de Seltz.

C'était le lieutenant Cameron, du même régiment que Saunders. Il nous salua quand nous entrâmes en l'observant : « Mon capitaine, j'attends ici les Zoulous et, pendant ce temps-là, je bois. »

Ces braves officiers anglais sont vraiment dignes d'admiration : engagés dans une guerre qui n'a rien de glorieux, ils ont l'air d'aller au-devant de la mort le sourire sur les lèvres. L'approche des plus grands dangers les laisse aussi calmes et aussi placides que s'ils allaient se rendre à une invitation de dîner ou à quelque autre partie de plaisir.

Quand le lieutenant Cameron nous entendit affirmer que, pour cette fois, la prétendue invasion des Zoulous n'était qu'une fable, il en eut l'air tout consterné. Peut-être venions-nous de lui détruire un rêve où, avec la confiance du jeune âge, il apercevait le grade de capitaine.

Le major Tyler ne tarda pas à nous rejoindre ; il allait, nous dit-il, voir comment se comportaient les volontaires.

Nous le suivîmes, Saunders et moi. Minuit venait de sonner; la nuit était très sombre. La pluie tombait à torrents, et, comme j'étais insuffisamment vêtu, je ne fus pas fâché de partager le mackintosh de Saunders, qui ne garda que le capuchon et me donna le reste.

Tout en trébuchant comme des gens ivres sur un sol inégal, nous finîmes par atteindre la place et l'église paroissiale, lieu de rendez-vous général. Il fourmillait de volontaires et de soldats.

Quand le major eut donné ses ordres, nous revînmes tous les trois chez moi.

Nous étions trempés, et ma première pensée fut celle de servir une bouteille de vieux vin.

Nous passâmes à boire et à causer une partie de la nuit. Je riais avec Saunders bien ouvertement de la mine sérieuse du major. Celui-ci était trop galant pour se plaindre de ce que sa demeure eût été envahie par les dames : mais il s'indignait d'y voir tant d'enfants, qui ne faisaient que pleurnicher.

Au point du jour, mes amis me quittèrent. Quant à moi, je me couchai, songeant à ce comique épisode d'une guerre si tragique d'ailleurs. Personne peut-être ne s'en souviendrait, si je ne m'étais pas trouvé là pour le publier.

Le lendemain fut encore une journée de mouvement et d'agitation ; mais pour un autre motif. J'eus à prendre congé de mes gens et à les voir s'éloigner avec mes bagages dans la direction de Durban, par la voie paisible qui traverse Harrismith.

CHAPITRE VIII

FIN DU VOYAGE.

Arrivée de sir Owen Lanyon. — Je quitte Prétoria. — Heidelberg. — Un dog-cart. — Le lieutenant Barker. — Dupuis. — Accidents de voyage au Transvaal. — Newcastle. — La diligence. — Épisodes burlesques. — Pietermaritzburg. — Durban. — Retour à Maritzburg. — Didi Saunders — Aventures à Durban. — M. Snell, consul de Portugal. — Le *Danubio*. — Le capitaine Draper. — Retour en Europe.

Toute la ville était en l'air. Jamais à Prétoria on n'avait fait de tels frais de toilette; jamais les boutiquiers n'avaient vendu tant de rubans ni de dentelles.

Les hommes brossaient leurs uniformes et astiquaient leur fourniment. Quel était à Prétoria l'homme qui ne possédait point un uniforme quelconque? Si on en manquait, on en inventait. Tout le monde était militaire.

Les chevaux et les voitures étaient tirés au dehors. On les étrillait et on les nettoyait extraordinairement. Tout brillait et reluisait. L'enthousiasme était si général que les Hollandais eux-mêmes s'y laissaient gagner.

Les dames travaillaient avec emportement. Elles se fouillaient la cervelle dans leurs jolies têtes blondes, enchanteresses, pour mieux tourner un nœud élégant, pour parvenir à réaliser la distinction de la beauté.

Les hommes se disaient l'un à l'autre: « C'est un K. C. B.[1]; il a eu la croix Victoria; — il est le héros de la guerre contre

1. K. C. B. *Knight Commander of the Bath*, Chevalier commandeur du Bain. Ordre anglais de chevalerie, fondé en 1399 par le roi d'Angleterre Henry IV; converti en 1815 en un ordre pour le mérite militaire, il comprend 72 grands-croix, 180 commandeurs et un nombre illimité de chevaliers. — Quant à la croix de Victoria, c'est une décoration instituée par la reine qui, depuis 1837, gouverne avec succès les États de la couronne britannique; elle est la récompense versée aux plus hauts faits de guerre. — (J. B.)

les Achantis ; — c'est un homme d'une terrible énergie ; — un des officiers les plus remarquables de l'armée anglaise. »

Quant aux femmes, elles murmuraient : « Il n'a que trente-six ans et est colonel ; on le dit grand, noble et charmant. »

Quel enthousiasme ! Je n'en avais jamais vu de pareil. Déjà mon cheval était promis à une dame dont le vif désir était de faire ressortir son élégance comme amazone. Parmi ses compagnes, d'autres, moins heureuses, cherchaient en vain quelque moyen de transport.

J'étais, je crois, le seul individu resté de sang-froid au milieu de ce délire effervescent.

Je n'avais pas l'intention d'aller au-devant du gouverneur, et je me contenterais de lui faire une visite à son arrivée.

Mais quel est l'homme qui peut répondre de maîtriser ses sentiments ou de rester immobile quand tous s'agitent autour de lui ?

Le 2 mars, je m'aperçus que la fièvre excitée par le nouveau gouverneur commençait à me prendre, quand je m'élançai enthousiasmé dans la rue pour aller acheter un chapeau neuf. Un chapeau neuf ! C'était, dans ma tenue, une réforme importante !

Ainsi l'homme qui causait toutes ces commotions excitait à la fin ma curiosité ! La portion masculine des habitants avait l'air d'en avoir un peu peur ; et la partie féminine, de l'adorer. N'est-ce pas, pour un homme, atteindre au comble de la félicité que d'être adoré par les femmes et redouté par les hommes ?

Il devait arriver le 3 et on allait l'attendre à 15 kilomètres de la cité.

En me levant le matin, je n'avais aucune idée de faire une pareille course, et, si je l'eusse voulu, je ne le pouvais plus, ayant prêté mon cheval.

A neuf heures, je sortis : les rues étaient vides. J'allai déjeuner : le café était vide. Je voulus faire visite à quelques amis : tous étaient sortis. Il y avait de quoi envoyer au diable ce nouveau gouverneur. Depuis que j'étais à Prétoria, j'avais perdu l'habitude de vivre seul. Il me fallait de la société.

Je revins au café de l'Europe et j'appelai Mr. Turner. Quand il entra, je lui dis à brûle-pourpoint que je voulais un cheval. Mr. Turner me crut pris d'un accès de folie. Quoi ! Un cheval ! à pareil jour ! à pareille heure ! Il fallait avoir perdu la tête.

Cependant j'insistai. Et même, plus la chose semblait malaisée, et plus je la voulais.

Mr. Turner y réfléchit longtemps, puis il eut une idée.

Il possédait un jeune cheval, non dressé, plein d'ardeur, un vrai diable. Si je me décidais à le monter, rien ne m'empêchait de l'essayer. Nous nous rendîmes à l'écurie.

Je ne sais pas le temps que nous mîmes à harnacher l'animal, mais ce fut long ; d'ailleurs il m'en fallut à peu près autant pour me mettre en selle.

Après des évolutions dignes d'être reproduites dans un cirque, je réussis à faire sortir l'animal dans la rue ; ce qui m'avait aidé à l'y persuader, c'était une paire d'éperons énormes, que M. Clark m'avait donnée à Chochon. Une fois dehors, je lui fis prendre la route du camp. Par habitude, je voulais voir le major Tyler et le capitaine Saunders avant d'aller au-devant du gouverneur.

Cette fantaisie ne prit pas une tournure des plus agréables.

Le 80e régiment était passé en revue. Il me parut opportun d'attendre la fin de la manœuvre pour chercher mes amis. Tout à coup la musique joua. A ce bruit, mon animal, effrayé par la grosse caisse, se prit à exécuter une série de gambades et de mouvements giratoires tels que je crus devoir le faire s'éloigner en toute hâte; mais trop tard pour l'empêcher de crever par ses ruades des tentes dans le camp et de chasser de l'une d'elles son possesseur. Enfin je mis ma bête en pleins champs, où je lui fis payer cher ses impertinences précédentes.

Vers deux heures, nos différends paraissant calmés, je me

hasardai à venir rejoindre mes amis; mais j'étais déjà assez rompu de fatigue.

Peu après, arriva en sens opposé une voiture découverte qu'escortait une troupe de volontaires à cheval; et le nouveau gouverneur du Transvaal mit pied à terre.

Le colonel sir William Owen Lanyon, K. C. B., était à la hauteur de l'attente générale.

C'était un beau jeune homme, portant sur le surtout, à la poitrine, la croix de Victoria.

La satisfaction était donc générale et l'énergie des hourrahs qui s'élevèrent en fournit une preuve suffisante. Le cortège se mit en marche vers la ville. C'est alors que mes ennuis recommencèrent. Au milieu des autres chevaux, parmi les vivats, mon poulain devint insupportable et j'avais grand' peine à le maintenir.

Une voiture lui ayant touché le flanc, il se cabra comme un fou, puis s'emporta. Et mon chapeau tomba par terre. Hélas! mon chapeau tout neuf, que j'avais acheté la veille! tandis que j'étais emporté à toute vitesse dans une course échevelée!

Bientôt j'eus dépassé et perdu de vue les cavaliers et les voitures.

Par bonheur, la route était belle. Je lâchai donc la bride, croyant à juste titre que nous ne courrions pas toujours ainsi et que le cheval finirait bien par s'arrêter quelque part.

Malgré le train dont nous allions depuis que j'avais involontairement pris congé de la compagnie du gouverneur, il me semblait entendre derrière moi le bruit du galop d'un autre cheval. Je tournai la tête; j'aperçus que j'étais poursuivi et qu'on allait bientôt m'atteindre.

Une belle écuyère, beaucoup mieux montée que je ne l'étais, car elle montait mon cheval Fly, fut en quelques minutes à mes côtés. Elle riait de tout son cœur au sujet de mes infortunes. Avec la merveilleuse adresse qui distingue les blondes cavalières des colonies de l'Afrique australe (ce

Le major et la belle écuyère.

sont peut-être les meilleures écuyères du monde), elle avait en chemin ramassé mon pauvre chapeau. Elle me le présenta, en plaisantant d'un cavalier qui perdait sa coiffure et la laissait ramasser par une dame.

J'étais assez humilié. Oubliant qu'il était impossible d'échapper à la poursuite des jambes vigoureuses et légères de Fly, j'essayai d'exciter mon cheval à la fuite. Il s'y refusa, tant il était fatigué.

Je rentrai à Prétoria, toujours poursuivi par les sarcasmes de la joviale amazone et, quand j'eus rendu le poulain à son maître, j'allai à pied au palais, attendre la joyeuse compagnie.

Le cortège arriva donnant toujours des témoignages de son enthousiaste satisfaction.

Sir Owen Lanyon fut dûment installé dans ses fonctions, et, après avoir pris sa part d'un lunch excellent, la société se dispersa.

Le brave et beau colonel avait conquis tous les cœurs. Son arrivée effaçait absolument le souvenir de la prétendue invasion des Zoulous, panique racontée dans le chapitre précédent. On ne parlait plus que du gouverneur.

Les journées qui suivirent se passèrent en réceptions, en bals, en matinées dansantes. J'en entendis parler, mais je n'y allai point. Je m'occupais alors uniquement des préparatifs de mon départ pour Durban.

Le 5, j'allai à environ cinq kilomètres de Prétoria voir une curiosité naturelle, dont parlaient beaucoup les habitants anglais et même les Hollandais.

Il s'agissait du *wanderboom* ou de *l'arbre merveilleux*, qui vraiment méritait une visite. Je ne trouvai plus surprenante l'admiration qu'il excitait chez les Boers. De ses branches élancées en descendaient d'autres qui, en touchant le sol, prenaient racine et devenaient elles-mêmes des arbres robustes. Au bout d'un certain nombre d'années, il en était résulté un bois considérable, où tous les troncs étaient le produit d'un seul.

Enfin je pris congé des nombreux amis qui m'avaient accueilli avec tant de cordialité à Prétoria, et, le 8, je partis pour Heidelberg, où j'arrivai assez tard dans la soirée du même jour.

Je me déterminai à passer quelque temps dans cette jolie petite ville, afin d'y compléter mes travaux et d'y faire mes dernières observations.

Un jour que je dînais chez Mrs. Kish, j'y avais rencontré un monsieur nommé Goodliffe. Je savais qu'il n'habitait pas Prétoria, mais j'ignorais qu'il demeurât à Heidelberg.

Je le retrouvai dans cette ville et il eut la bonté de m'inviter chez lui et d'avoir pour moi beaucoup d'attentions.

Le lendemain de mon arrivée, après avoir enregistré mes observations habituelles dans la matinée, j'allai faire une promenade solitaire dans les champs, du côté des montagnes. J'en gravis plus d'une à la suite, jusqu'à ce que je me trouvai au sommet de celle qu'on appelle le Pic de Jeannette et d'où je dominais enfin tous les environs. Évidemment elle était très élevée puisqu'elle dépassait toutes les cimes de la chaîne du Zuikerbosch ; mais je fus bien étonné, en examinant mon baromètre anéroïde de poche, de trouver qu'il marquait 2,000 mètres.

J'y revins le lendemain prendre des observations plus étudiées, dont le résultat fut identique. C'était l'altitude la plus considérable que j'eusse rencontrée dans mon voyage, et je n'eus garde d'oublier d'en faire une mention spéciale.

Le 11 mars, tout mon travail étant achevé, je dis adieu à Heidelberg, d'où je partis à huit heures du matin, dans un *dog-cart*, voiture assez originale pour mériter une courte description.

C'était un de ces véhicules de construction américaine, robustes autant que légers, montés sur deux roues très hautes, et qui, au lieu de brancards, ont un fort timon, où l'on attelle quatre chevaux au moyen de liens libres.

Il a deux sièges dos à dos et peut contenir quatre personnes, sans bagages, autres que ceux qu'admet la caisse exiguë de la voiture.

J'y avais pour compagnons le lieutenant Barker du 5e régiment de West York et son attaché, nommé Dupuis. Le véhicule était conduit par un mulâtre, un Gricoua, je pense, qui s'appelait Joaquim Eliazar.

En quittant Heidelberg, il nous fallait traverser la petite rivière qui coupe la route et dont les berges à pic rendent le passage difficile pour les voitures. Nous arrivâmes au bas de celle de droite assez aisément ; mais, pour remonter l'autre, il advint, je ne sais pas comment, que la voiture se renversa. Le lieutenant Barker culbuta sur Dupuis, et moi sur Barker.

Comme on ne s'était pas fait grand mal, on put encore rire de ce désastre. Dupuis pétillait d'esprit. Malgré son nom français, on ne pouvait guère savoir à quelle nationalité il appartenait, car il parlait plusieurs langues aussi facilement l'une que l'autre et servait indifféremment tous les pays. Il possédait une collection d'anecdotes et d'aventures qu'il aimait à débiter au sujet des chances merveilleuses qui lui avaient permis de sortir sain et sauf des accidents en France, en Russie, en Amérique ou en Chine.

Dupuis pouvait bien être âgé de cinquante à soixante ans. Il était petit, large et trapu. Ayant servi dans l'armée française en Crimée, il ne parlait qu'avec enthousiasme de la charge de Balaclava. En Chine, il s'était battu du côté des Anglais ; en Amérique, il avait pris part aux guerres de la Sécession, du côté des Fédéraux ; et il avait combattu en France pour les Allemands, en 1870. Il avait connu le major Cavagnari aux Indes et il était passé en Afrique afin de se battre avec les Zoulous.

Ce qu'il désirait surtout, c'était d'être attaché à l'état-major de l'ambulance anglaise ; mais, en attendant que ce vœu pût être réalisé, il s'était attaché au lieutenant Barker.

Celui-ci était un de ces jeunes Anglais, blonds aux yeux bleus, qu'on rencontre si souvent et qu'on reconnaît du premier coup d'œil dans toutes les parties du monde. Il s'était mis en route, plein d'enthousiasme, pour rejoindre la colonne de sir Evelyn Wood et combattre les nègres de Catejouaïo.

Nous fûmes bien une heure à remettre en état notre véhicule après sa chute ; mais ce temps perdu fut rattrapé en volant sur le terrain plat, où nous entraînaient quatre forts et rapides coursiers du pays.

Il tombait une assez bonne quantité de pluie durant cette journée. A deux heures, nous étions au bord de la rivière Waterfalls, qu'il fallait passer d'une ou d'autre façon.

Plusieurs wagons de Boers étaient arrêtés là, n'osant pas traverser le courant, dont la plus grande profondeur était à peine de deux mètres.

L'un d'eux était chargé de bois à brûler dont le sommet s'élevait au moins à trois mètres.

J'offris au propriétaire 5 shillings (6 fr. 25), s'il voulait faire passer la rivière à son wagon en nous permettant de nous jucher en haut.

Il y consentit assez aisément. Barker, Dupuis et moi, munis de nos armes et de nos légères valises, nous grimpâmes au sommet de la charretée de bois. On attela au wagon huit paires de bœufs vigoureux, et, en quelques minutes, nous fumes transportés à l'autre bord.

Quant au dog-cart, Joaquim Eliazar, debout sur les sièges, ayant de l'eau jusqu'à la ceinture et guidant ses chevaux avec toute l'adresse d'un cocher expérimenté, le fit passer aussi sans accident.

Peu après, nous changions de chevaux pour la quatrième fois, et nous continuions notre course vertigineuse dans la direction du gué de Standerton, où nous devions traverser le Vaal supérieur.

Nous entrions au village vers huit heures du soir, à moitié mourants de faim. L'hôtellerie, des plus simples, où il fallut s'arrêter, faute de meilleure, ne put cependant nous fournir qu'un souper misérable et un lit qui ne valait guère mieux.

Dans les défilés du Drakonsberg.

Entre Heidelberg et Standerton, le pays ne consiste guère qu'en une plaine qui s'étend à perte de vue, où presque rien ne repose les yeux, car on n'y trouve pas un seul arbre. L'herbe qui est peu haute sert de pâturage à des milliers d'antilopes, qui, pour la plupart, sont des springboks. J'en ai vu des quantités, principalement aux bords de la rivière Waterfalls, mais ils étaient extrêmement sauvages.

Le lendemain, nous sortions de Standerton à sept heures du matin, après un déjeuner qui servait seulement à nous rappeler que nous aurions pu faire ce repas, s'il y avait eu de quoi le faire.

Dans l'après-midi, la disette de chevaux commença à se faire sentir; car presque tous les relais de poste avaient été pillés ou abandonnés par suite de la guerre. A ce moment même, commençaient aussi les difficultés de la route, parce que nous entrions dans les défilés du Drakensberg.

On ne peut guère se faire une idée de ce que c'est que de voyager dans cette partie du monde, par monts et par vaux, sans route, presque sans sentier, dans un dog-cart, attelé de quatre chevaux à demi sauvages.

A peine étions-nous entrés dans le défilé qu'une grosse tempête fondait sur nous. Les torrents de pluie nous trempaient jusqu'aux os et tous les trous de la route étaient devenus des mares. Bientôt la nuit nous couvrit de ténèbres épaisses. Les éclairs, qui les sillonnaient, ne les rendaient ensuite que plus intenses. Sans la longue expérience de notre cocher, il n'aurait jamais pu rester maître de son attelage dans sa course effrénée au milieu des précipices.

De temps en temps, il avait plus à deviner qu'à voir, pour l'éviter, le voisinage de quelques fondrières, d'un roc, d'un précipice, signalés par l'éclair. Alors Joaquim nous criait de sa voix sonore: « Tenez-vous bien ! » pour nous mettre sur nos gardes.

Pendant ce temps, la pluie tombait, le tonnerre grondait, l'éclair jaillissait, et les chevaux volaient sur les flancs orientaux de la haute chaîne des montagnes. Notre quadruple attelage avait une apparence fantastique, et je ne doute pas que, si quelque autre que nous eût pu l'apercevoir, la vue ne lui en eût laissé une impression profonde.

Dupuis avait toujours une histoire prête, concernant chaque cahot de la voiture. La scène se passait tantôt en Chine, en Russie ou en Amérique, suivant le souvenir qui se présentait le premier.

Ou bien il chantait, tandis que les roues criaient et que l'écho renvoyait cent fois les roulements du tonnerre, les chansons de l'Amérique, de la France, de la Chine ou de la Hongrie.

Vers huit heures du soir, on aperçut une lueur éloignée, immobile : on s'en approcha avec précaution. L'état du pays réclamait de la prudence; mais il pouvait être préférable de rencontrer les Zoulous que de continuer à voyager dans ces conditions.

La lueur était produite par un feu. Nous nous arrêtâmes à distance et je m'offris pour aller reconnaître. J'avançai : j'aperçus des wagons; dans l'intervalle, était un abri improvisé avec des morceaux de toile à voile, et trois officiers anglais se chauffaient au feu. J'entrai rapidement dans le cercle de lumière pour éviter qu'on ne me tirât un coup de fusil. Mon apparition précipitée ne fit aucune surprise aux officiers, qui me dirent avec une tranquille politesse : « Good evening, sir. »

Ces messieurs buvaient du thé. J'appelai mes compagnons et, sans autre cérémonie, nous nous assîmes à leur côté.

« Prenez-vous une tasse de thé? dit l'un.

— Très volontiers, répondîmes-nous; mais nous aimerions bien autant manger quelque chose, car nous sommes affamés.

— Manger! reprit le premier; mais nous, non plus, n'avons rien à manger et ne possédons que du thé avec un peu de sucre. »

Nous bûmes donc du thé ; puis, trempé comme je l'étais, je m'étendis le long du feu et m'endormis pour toute la nuit.

Au point du jour, nous nous séparâmes de nos connaissances momentanées, mais il nous fallut passer toute la journée sans pouvoir calmer les tiraillements de notre estomac. Le soir seulement, dans la ferme d'un Boer, nous reçûmes un souper qui comptait ; mais il nous fallut l'acheter par l'audition de trois pages de la Bible.

Le reste du voyage jusqu'à Newcastle, dans le Natal, se passa sans incident remarquable, si ce n'est qu'en arrivant à la rivière qui précède la ville et qui en a pris son nom, nous la trouvâmes débordée ; nous fûmes donc forcés de la franchir à la nage et de mouiller tout ce que nous portions.

En entrant dans la petite ville, notre premier soin fut d'essayer de nous procurer quelque nourriture, car nous venions de passer encore vingt-quatre heures sans manger.

Mon séjour à Prétoria m'avait complètement fait oublier l'art de supporter la faim ; elle m'impatientait quand elle se faisait sentir.

Je me logeai dans un hôtel qui n'était ni bon ni mauvais, et je me mis de suite à sécher mes papiers et à m'assurer d'une place dans la diligence qui faisait le service entre Newcastle et Pietermaritzbourg.

C'est ici que ceux qui avaient été mes compagnons de route depuis Prétoria se séparèrent de moi. Ils se rendaient sur le théâtre de la guerre ; quant à moi, j'allai au bureau de la diligence qui devait me porter à ma nouvelle destination.

Je trouvai là neuf voyageurs : huit hommes et une dame. Il n'y avait que les deux places situées près du conducteur qui fussent supportables.

L'une était arrêtée par la dame et je voulais avoir l'autre. Elle m'était disputée par un lieutenant des volontaires, splendidement vêtu d'un uniforme tout neuf et orné d'une formidable paire d'éperons. L'un et l'autre nous exposions nos prétentions contraires au cocher, qui était, après tout, l'arbitre suprême de notre contestation.

Je glissai subrepticement dans la main du mulâtre un demi-souverain (12 fr. 50) ; il l'emporta tout à fait sur les shillings qu'offrait ouvertement mon lieutenant. Le cocher le prit très haut, et s'écria qu'il n'était pas homme à se laisser corrompre. Rendant à l'officier la monnaie, qu'il lui avait fait l'injure de lui offrir, il me dit d'occuper la place disputée. Mon adversaire battu monta à l'intérieur dans un paroxysme de fureur, et le conducteur incorruptible, me lançant un coup d'œil goguenard, ramassa ses rênes et fit claquer son fouet.

Si le lieutenant était furieux, la dame ne l'était guère moins. Au lieu d'être assise à côté d'un officier aux habits éclatants, elle n'avait pour compagnon qu'un homme à l'extérieur assez déguenillé.

Elle ramassa ses jupes bien serrées autour d'elle afin de leur éviter tout contact avec mes culottes déchirées. Le conducteur pouvait ne pas lui plaire beaucoup plus : mais, pour échapper à tout rapport avec moi, elle se rapprocha de lui autant qu'elle le pouvait.

Au relai, je voulus faire une tentative pour rompre la glace, et appliquer un peu de dictame sur la blessure de la dame. J'apercevais des flacons de dragées ; j'en achetai un, et, par suite de mon peu d'expérience touchant les passions féminines, je me figurais qu'une jeune et jolie femme doit nécessairement aimer les bonbons.

J'étais si bien le jouet de mon illusion qu'en regrimpant à ma place, je me figurai que le froncement de ses sourcils s'allait aplanir et que la contraction de ses lèvres irritées ferait place à un engageant sourire, auquel allait succéder une conversation capable d'alléger l'ennui du chemin. Sous le charme de mes espérances, j'osai présenter mon talisman et offrir mon flacon de bonbons. La jeune dame, même sans

Lecture de la Bible dans la ferme d'un Boer.

daigner me regarder, me dit sèchement : « Je n'ai pas l'honneur de vous connaître[1]. » Alors, cédant à un mouvement de dépit, je lançai en dehors mon flacon ; il alla tomber sur un fragment de rocher, où il se brisa en mille pièces, tandis que son contenu colorié roulait dans toutes les directions.

Ainsi furent ouvertes les hostilités entre nous.

A l'heure du dîner, on s'arrêta à la rivière du Dimanche (Sunday's River). Là j'eus un excellent repas pour une demi-couronne (3 fr. 50).

Quant à la dame et au lieutenant de cavalerie, ils s'étaient assis l'un près de l'autre et me lançaient des regards furieux. Je suis bien sûr qu'ils appelaient sur ma tête toutes les plaies qui jadis ont visité l'Égypte durant les jours de ses calamités.

En se levant pour reprendre nos places, la jeune Anglaise, ne me jugeant que sur l'apparence de mes vêtements et de ma barbe inculte, disait au fils de Mars, de façon à être entendue : « Et dire que ces gens du commun se donnent de pareils airs ! n'est-ce pas intolérable ? » La mesure se trouvait comble et je me promis bien de me venger à la première occasion.

Elle ne tarda pas à se présenter. A sept heures, nous entrions à Ladysmith, où nous devions passer la nuit. La petite ville était plus que pleine, parce qu'elle avait reçu les blessés et les malades apportés du champ de bataille. Avoir un lit, un logement, c'était hors de question.

Dans une petite auberge, nous découvrîmes un salon de visite qui était à peu près vide. Je dis à peu près vide. En effet, il ne contenait qu'un sofa et une ou deux chaises ; mais, dans le sofa se déployaient les formes vigoureuses d'un sous-officier sur lequel l'aspect du lieutenant des volontaires ne parut faire qu'un assez mince effet.

1. En Angleterre, l'homme qui n'a pas été *présenté* ne doit point s'attendre à voir accueillir ses politesses ou ses meilleures attentions par une dame qu *se respecte*. — J. B.

La dame prit une des chaises et le lieutenant sortit.

Quant à moi, pour nouer conversation avec le sous-officier, je l'invitai à faire sauter un bouchon en ma compagnie. La perspective d'une bonne bouteille de vin fit plus d'impression sur le jeune guerrier que n'en avait produit sur la blonde Anglaise mon offre des bonbons. Il me fit place et se mit à causer avec moi.

Je m'assis à ses côtés sur le sofa en me promettant bien de n'en plus sortir. Ensuite je proposai à mon homme, en lui remettant un demi-souverain (12 fr. 50), d'aller lui-même chercher la bouteille.

Il sortit et je m'étendis sur le meuble convoité.

Peu après, il rentrait apportant la bouteille, deux verres et cinq shillings de reste. Il me tendait cette monnaie; mais moi, faisant un geste de souverain mépris, je me refusai à la recevoir, et il l'engloutit dans sa poche profonde.

J'avalai un verre, il en but sept. Aussi, lorsque je fis mine de désirer lui rendre son siège, il se refusa absolument à le reprendre. L'étranger avait été si généreux! En conséquence, je m'étendis tout à mon aise, me couvris les pieds de ma couverture pelucheuse et me préparai à dormir.

Dès que mon ivrogne eut vidé toute la bouteille, il s'éclipsa pour ne plus reparaître.

Le lieutenant ne tarda pas à revenir informer la dame qu'elle devait renoncer à tout espoir de se procurer cette nuit une installation plus commode que celle qu'elle pourrait trouver dans la salle.

Alors il me regarda et je le regardai. Son regard pouvait se traduire par ces paroles: « Donnez donc le sofa à la dame, » et le mien: « Les gens du commun ne comprennent pas les délicatesses de ce genre. »

En désespoir de cause, ils apportèrent leurs chaises l'une près de l'autre et se prirent à parler tout bas. Quant à moi, qu'intéressait fort peu en ce moment le roucoulement des tourtereaux, vu que j'étais très fatigué, je fermai les yeux et

Vue prise à Durban.

dormis profondément jusqu'à trois heures. A ce moment, on nous appela pour continuer le voyage.

A six heures, nous arrivions à Colenso où l'on passa la rivière Tuguéla sur un beau bac. A trois heures du soir, nous étions au joli village de Howick. Un arrêt de deux heures m'y permit d'aller visiter la belle cataracte qui a valu à l'endroit une véritable renommée. Elle la mérite incontestablement et le paysage est un des plus beaux que j'aie contemplés.

Nous nous remîmes en route, mais à peine roulions-nous que j'arrêtai la diligence afin de parler à mes gens. Je les rencontrais sur les wagons avec lesquels ils avaient quitté Prétoria et suivant leur chemin sur Durban.

Après avoir appris que tout allait bien et qu'ils avaient des vivres en abondance, je leur donnai rendez-vous à Pietermaritzbourg et priai le conducteur de repartir.

On n'arriva pas avant dix heures du soir à la capitale du Natal. J'y pus obtenir une chambre passable au Royal Hôtel, le meilleur de la ville.

Le lendemain j'assistai au défilé de mes bagages et de mes nègres, auxquels je promis de les rejoindre à Durban.

Ce devoir rempli, j'allai me présenter chez Mrs. Saunders, la femme de mon ami le capitaine de Prétoria, afin de lui remettre la correspondance et les commissions de son mari.

Là je fus ensorcelé par une charmante enfant, sa fille, dont il m'avait fréquemment entretenu, et qui était une véritable enchanteresse. J'employai mon temps si bien qu'avant que je quittasse la maison, nous étions devenus une paire de bons amis, au point que je m'engageai envers mademoiselle Didi à revenir à Pietermaritzbourg si je ne trouvais pas à Durban un vaisseau prêt à partir pour l'Europe!

Le 19 mars, après une traite de 42 kilomètres dans un dog-cart léger, j'arrivais à la gare provisoire d'un chemin de fer et prenais une place pour Durban.

Faut-il dire la profonde impression que me firent la vue du train et le sifflet de la locomotive ?

Les poteaux télégraphiques et leurs fils conducteurs, qui se voient dès lors sur presque chaque maison, sur presque tous les bâtiments, réveillaient chez moi de la façon la plus frappante le souvenir de l'Europe civilisée, des progrès dus à notre siècle et des pas gigantesques qu'y a faits le genre humain. Mille idées les plus confuses se heurtaient dans ma tête, et je ne m'aperçus du temps qui s'était passé que lorsque je fus débarqué à Durban vers six heures du soir.

Avant tout, je courus voir la mer. Mes yeux se remplirent de larmes en contemplant la masse immense des flots bleus, qui à l'horizon de l'est se confondaient avec l'azur des cieux ! Qu'on me le pardonne ! Mais, à ce moment, mon cœur était gonflé d'orgueil pendant que je murmurais : « J'ai été à travers l'Afrique d'un océan à l'autre. J'étais parti de l'Atlantique et voici l'océan Indien ! »

Après quelques minutes données à mes émotions, je songeai à des intérêts plus pressants, et me mis en quête d'un hôtel.

J'avais déjà remarqué que, dans toutes les villes des Anglais en Afrique, on trouve un « *Royal Hôtel* ». Je demandai donc où était l'Hôtel royal, parfaitement sûr qu'il y en avait un.

J'y arrivai ; après plusieurs conciliabules entre le maître d'hôtel et sa femme, on se décida à me donner une chambre située au fond d'une cour. J'y étais à peine installé et je faisais ma toilette pour le dîner, quand on vint me dire que le Général me cherchait.

Déjà j'avais entendu plus d'une fois mentionner « le Général », quand il s'était agi de me loger ; je savais qu'il occupait la majeure partie de l'hôtel et que c'était à cause de lui qu'on n'avait pas pu me donner une meilleure installation.

Je reçus donc en visite « le Général ». C'était un homme

encore jeune et affable. Ayant appris mon arrivée, me dit-il, il venait m'inviter à dîner.

Il était le général Strickland, commissaire en chef de l'armée anglaise.

Je rencontrai à sa table toute une légion de *rapporteurs*, envoyés par les journaux d'Angleterre, de France et d'Amérique, pour faire la chronique de la guerre. Parmi ces hommes, qui, en leur qualité de simples correspondants de journaux, ont su acquérir une renommée universelle, je fis la connaissance de MM. Forbes, Francis-Francis et d'autres, dont la réputation est bien fondée. Ils sont les émules de leur collègue Stanley, qui, avant de prendre place au premier rang des explorateurs de l'Afrique, s'était fait la plus grande réputation parmi les *rapporteurs* américains.

Le général Strickland me combla d'attentions et me fit promettre d'être son hôte pendant tout mon séjour à Durban.

Le lendemain, je me présentai chez M. Snell, le consul de Portugal, qui m'accueillit fort cordialement. Il pourvut, avec la plus aimable obligeance, au logement de mes gens et de mes bagages dans son propre domicile. Cependant, lorsque je le quittai, j'étais assez ennuyé, car il venait de m'apprendre que le paquebot pour l'Europe était parti ce jour même.

J'avais donc un mois entier à passer dans une ville qui ne m'offrait aucune espèce d'intérêt ; un mois encore reculant sans utilité l'instant où je retrouverais les êtres chéris que je brûlais du désir d'embrasser, et ma patrie, le Portugal bien-aimé, que je désirais revoir.

Le mal était sans remède. Les soins à donner à l'installation de mes gens, de mon perroquet et de ma chèvre, tous parvenus heureusement, ainsi que mes bagages, à Durban, m'occupèrent la journée suivante.

Je les installai chez le consul portugais, Mr. Snell, dont les dispositions n'avaient pas changé.

C'était bon ; mais cela n'avait pris qu'une journée des trente qu'il me fallait demeurer.

Mes notes, mes journaux, mes calculs, étaient à jour et ne me laissaient pas même la ressource du travail.

Dans les premières journées, l'hôtel même, sans quitter la maison, me procurait une source de distractions pour la matinée.

Les bains qui dépendaient de l'Hôtel Royal étaient de l'autre côté de la rue. Il fallait que les voyageurs, pour s'y rendre, traversassent la rue ; or la maison était pleine d'officiers, récemment arrivés d'Angleterre. Ainsi chaque matin, il s'établissait, entre l'hôtel et les bains, un mouvement de va-et-vient. C'était une vraie procession dont les acteurs, hommes de tout âge et de toute figure, en costumes fort légers, passaient portant chacun sa serviette et son énorme éponge. Pendant une paire de jours, la scène burlesque m'amusa fort ; malheureusement elle ne pouvait pas durer plus d'une heure dans la matinée, et après, je ne savais plus que faire.

D'abord je m'ennuyai horriblement : ensuite je m'irritai, enfin j'eus de la mélancolie et ma santé s'altéra.

Quel vide j'éprouvais ! après des mois de fatigues, de travail énorme ; après une vie d'activité extraordinaire, une perpétuelle tension d'esprit, l'idée fixe d'arriver à un but ! J'y touchais ; mais aussi l'oisiveté retombait sur moi. J'avais un besoin d'action qui était vague, indéfini et qui me rongeait.

Bref, je tombai tout à fait malade ; et, pour la première fois de ma vie, j'eus peur de mourir.

Personne ne pensait à autre chose qu'à la guerre. Au milieu de tous ces gens, je n'avais pas une seule amitié.

Enfin, un jour j'étais au lit, où la maladie me retenait, sans un ami venu à mes côtés pour me dire une parole de consolation, et je ne pensais qu'à mon épouse adorée, qu'à ma fille aimée à l'excès, lorsque je me rappelai cette douce fillette de Pietermaritzbourg, l'enfant de mon ami le capitaine Allan Saunders, et l'impression qu'elle avait faite sur moi.

Tout malade, je me levai, sortis de l'hôtel et pris immédiatement le chemin de fer de Pietermaritzbourg.

Dès que je m'y fus installé dans le logement que j'y avais occupé naguère, j'allai frapper à la porte de Mrs. Saunders.

En recevant la cordiale bienvenue de la maîtresse de la maison et en sentant sur mes joues les baisers de la chère petite Didi, j'emportai l'enfant dîner avec moi à mon hôtel Royal !

Maintenant j'avais de l'argent à moi, qu'on m'avait prêté contre ma signature, et j'avais pu m'habiller d'une façon convenable.

Je donnai à Didi une poupée et une boîte de bonbons qui firent de nous des amis intimes ; mais ce qui porta jusqu'à la passion notre liaison, ce fut le présent d'une énorme tortue dont on m'avait fait cadeau à l'hôtel.

Un autre motif n'était certainement pas étranger à l'amour qu'avait pour moi cette enfant.

Voulant m'être agréable, Mrs. Saunders avait la bonté de ne plus me priver de sa société. Chez sa mère ou à l'hôtel, Didi me tenait compagnie. Elle se servit de cette liberté pour oublier les heures où elle écrivait et apprenait ses leçons. C'était une considération qui pouvait bien, autant que la tortue et la poupée, avoir sa part dans l'affection qu'elle me témoignait.

Je fis de plus quelques bonnes relations : Mr. et Mrs. Furzer, les colonels Mitchell et Baker, le capitaine Walley, et d'autres ; mais Didi, la ravissante fillette de neuf ans, suffisait seule, par son babil et ses caresses, voire par ses bouderies et ses taquineries, à combler le vide dont j'avais tant souffert.

Pietermaritzbourg est une jolie ville, qui a de fort belles maisons et de splendides églises. Dans une de celles-ci, j'ai plus d'une fois entendu le savant évêque Colenso prêcher avec autant de verve que d'éloquence.

La ville est aussi renommée pour la beauté de ses jardins et l'abondance de ses fleurs. Les dames du Natal ont beaucoup de goût pour l'horticulture et aiment à envoyer leurs produits dans les expositions locales qui sont très fréquentes. Enfin Pietermaritzbourg a un parc magnifique, où j'ai vu, en de certaines soirées, un nombre vraiment extraordinaire de brillants équipages.

A l'époque de mon séjour, la ville n'était pourtant pas dans son beau. Elle avait un mouvement considérable, en conséquence de cette guerre des Zoulous. Les officiers remplissaient les hôtels, et les soldats étaient logés partout chez l'habitant ou campaient en plein air. Au Royal-Hôtel même, le meilleur de la ville, disait-on, le service se négligeait. Comment en aurait-il été différemment avec la pression qu'il subissait de la part de cette foule extraordinaire de clients ? Mais le pire, c'est que les prix y étaient fort supérieurs à ce qu'on vous y fournissait, parce que le Gouvernement faisait la folie de payer ce qu'on lui demandait sans jamais marchander.

Pietermaritzbourg possède un établissement catholique d'instruction, fort important, parfaitement tenu et qui jouit d'une excellente réputation dans la colonie.

Un jour, M. Snell, consul du Portugal, me fit informer que le paquebot *Danubio*, de la compagnie à vapeur l'Union, était arrivé à Durban, d'où il devait partir, le 19 avril, pour Moçambique et Zanzibar.

Il fallut donc le 14 quitter Pietermaritzbourg après avoir affectueusement pris congé de toutes les aimables personnes qui avaient contribué à m'en rendre le séjour agréable.

A Durban, je trouvai l'hôtel plein, comble, et je n'aurais pas pu avoir une chambre quelque part, sans M. Snell, qui réussit à me faire donner au club de Durban une chambre de bain, où l'on me dressait un lit par terre.

Les officiers, dont le nombre s'augmentait chaque jour, ne trouvaient plus un toit où s'abriter et en étaient réduits à se

Vue de Pietermaritzbourg.

dresser des tentes dans les cours, ou même dans les rues voisines des hôtels et du club.

Le même paquebot qui allait m'emporter vers le nord avait amené l'infortuné prince Napoléon, dont la destinée était de payer si cher son courage et sa témérité. Je fis sa connaissance, et durant nos courtes relations je tombai sous le charme qu'exerçaient son caractère sympathique, son intelligence et son instruction. J'ai déploré sincèrement la mort stupide et sans gloire qui a subitement terminé ses brillantes espérances.

Bien souvent je m'étais efforcé de lui inculquer le principe fondamental qui doit guider ceux qui vivent en Afrique : « il faut s'y méfier de tous et de toute chose, tant qu'on manque d'une preuve irréfutable qui permette de donner sa confiance à quelqu'un ou à quelque chose. »

L'ardeur de sa nature, l'inexpérience de sa jeunesse, un courage de lion, l'abandon propre à son âge où l'on est plein d'illusion et d'assurance en soi : tout s'est réuni pour le mener à la mort. Ceux qui l'ont connu l'ont pleuré.

Il avait en lui les germes d'un grand homme et il possédait la qualité inappréciable chez un prince : la puissance indéfinissable de s'attirer tous les cœurs.

En écrivant ces quelques lignes, j'entends ne pas me mêler de la politique française. Je les ai tracées uniquement en témoignage du respect que m'inspire le souvenir du jeune banni qui fut mon ami, sans m'occuper de sa qualité de prince, représentant d'un principe. Je le fais avec d'autant plus d'assurance que j'ai entendu ses propres adversaires exprimer le regret et la compassion que leur laissait cette grande catastrophe.

La veille même de mon départ, on me présenta à M. et madame du Val, qui me comblèrent de témoignages affectueux. Le 19 avril, je pris, avec mes bagages et mes nègres, passage sur un petit vapeur qui devait nous transborder au *Danubio*. Celui-ci était mouillé sur rade, parce que le havre de Durban n'a pas une profondeur qui lui permette de recevoir des navires de fort tonnage.

La mer était assez agitée pour que la traversée ne fût pas facile.

M. et madame du Val partaient en même temps que moi. M. du Val allait faire l'inspection, dans le Moçambique, des factories de la Compagnie Hollandaise de l'Afrique orientale, dont il était le chef.

Le transbordement des bagages, du petit vapeur dans le *Danubio*, fut une rude tâche, car les vagues étaient fortes. Une de mes caisses fit une chute des plus malheureuses et fut écrasée entre les deux bâtiments.

Tout ce qu'elle contenait tomba dans l'eau. Le capitaine Draper fit descendre une barque qui sauva quelques articles surnageants, mais tout le reste s'en alla au fond et fut perdu définitivement.

Enfin nous partîmes. Je ressentis un plaisir infini à me retrouver flottant au milieu des eaux, sous la puissante propulsion de l'hélice. Chacune de ses rotations me rapprochait de la patrie.

A Lourenço Marquès, le temps dont je disposais pour recevoir les politesses qu'on me faisait fut bien court, et j'en passai la plus grande partie avec mon vieil ami Augusto de Castillo, et mes amis Machado, Maia et Fonceca.

A bord, le capitaine Draper était la bienveillance personnifiée.

On parvint à Moçambique au temps fixé. J'y fis mes visites aux autorités, et les trouvai toutes alitées. Le gouverneur Cunha, son secrétaire et ses attachés, tous à la fois étaient au lit avec la fièvre.

Il faut que j'exprime ici le respect que le Gouverneur m'inspira. Malgré sa grave maladie, malgré les graves inquiétudes que lui causait sa femme frappée du même mal, il eut la présence d'esprit de donner les ordres les plus précis pour faciliter mon rapatriement avec les gens qui me suivaient.

Après ma visite à Son Excellence, je cherchai un vieux compagnon d'armes dans la guerre du Zambési, le colonel Torrezão. Il me donna l'hospitalité chez lui, ainsi qu'à mes nouveaux amis M. et madame du Val.

Deux jours après, nous voguions vers Zanzibar. J'avais espéré y rencontrer Stanley ; mais j'eus le désappointement d'apprendre qu'il était parti la veille de mon arrivée.

Le consul d'Angleterre à Zanzibar, le docteur Kirk, me fit dans sa résidence et à dîner un accueil que je n'oublierai pas aisément. Lui et sa femme rivalisèrent d'attentions à mon égard. Du reste, je dois dire qu'il en fut de même de tous les Européens que je rencontrai ici et particulièrement des officiers qui se trouvaient sur le *London*.

Le capitaine Draper, ayant su que le vapeur qui dessert Aden ne partirait pas avant une semaine, ne voulut pas consentir à me laisser quitter son bord, sous le prétexte, fondé, il est vrai, que je ne trouverais à terre que les auberges les plus détestables. Je demeurai donc sur le *Danubio*, mais j'y avais toujours une barque à ma disposition.

Je me liai intimement à Zanzibar avec un jeune Suisse, nommé T. Widmar, qui fut mon compagnon durant mon voyage de retour jusqu'en Europe.

La semaine se passa fort agréablement dans la société des du Val et du capitaine Draper. Quand elle fut finie, je partis de Zanzibar sur un petit vapeur, la *British India*, dont le capitaine Allen se montra aussi plein de bontés et de courtoisie.

La *British India* devait rester huit journées à Aden ; par conséquent, nous nous embarquâmes, Widmar et moi, sur l'un des vapeurs du Lloyd Autrichien, qui nous transporta à Suez, où nous prîmes le premier train pour le Caire.

Dans cette ville, je retombai malade, et Widmar me soigna avec tout le dévouement qu'aurait inspiré une amitié de longue date.

Malgré la faiblesse que me laissait cette maladie, j'allai avec lui visiter les Pyramides. J'avais vu le Zaïre et le Zambési, et je ne voulais pas rentrer en Europe sans avoir salué le vieux Nil. C'est du sommet du sarcophage du roi Chéops, cette tombe monstrueuse élevée il y a quatre mille ans par l'orgueil des Pharaons, que j'ai aperçu le vieux fleuve. Plein de calme et de sérénité, il baignait les ruines de Memphis, jadis la superbe.

En quittant le Caire, la ville ardente et magnifique, la cité de la fortune et de la misère, je me rendis à Alexandrie. Là je trouvai de nouveaux amis et je reçus des faveurs nouvelles.

Plus que tous les autres, le comte et la comtesse de Caprara me montrèrent des attentions si pressantes qu'ils avaient l'air d'être mes amis depuis de longues années plutôt que des relations remontant seulement à quelques jours.

A la veille de mon départ, le comte de Zogueb, consul général du Portugal, vint me faire des offres d'assistance qui heureusement ne m'étaient plus nécessaires. Le Crédit Lyonnais de Paris m'avait ouvert un compte en Égypte, sur l'argent qui m'appartenait et qu'avait envoyé de Lisbonne mon ami Luciano Cordeiro.

En effet, j'avais oublié de dire que, par suite d'un malentendu touchant les ordres du Gouvernement portugais, je m'étais réellement trouvé sans argent en Égypte. Widmar et le comte de Caprara m'avaient ouvert leurs bourses où j'avais puisé. J'aurais, il est vrai, obtenu aisément des fonds de plusieurs autres étrangers qui m'avaient offert toutes les sommes dont je pourrais avoir besoin et sans penser que je fusse un chevalier d'industrie. Effectivement ils n'ignoraient pas que le Portugal avait envoyé en Afrique l'expédition de 1877, et que c'était un membre de cette expédition, le major Serpa Pinto, qui retournait en Europe par l'océan Indien.

D'Alexandrie, je me rendis à Naples. Là je pris le chemin de fer jusqu'à Bordeaux, où notre consul, le baron de Mendonça, me fit un accueil chaleureux.

LE MAJOR SERPA PINTO. CATRAÏO. VÉRISSIMO.
CAMOUTOMBO. AOGOUSTO.
MARIANA. PÉPÈCA. MOÉRO.

Les survivants de la mission.

SERPA PINTO

HACHETTE et Cie, à PARIS

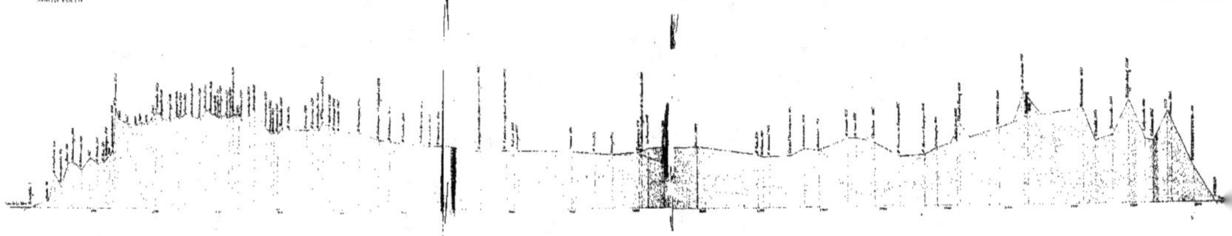

SECTION DU CHEMIN SUIVI PAR LE MAJOR SERPA PINTO DE BENGUÉLA À DURBAN.

Le 5 juin, je partais de Pauillac, et, le 9, j'arrivais à Lisbonne. Sur le sol portugais, je me retrouvais au milieu de tous ces amis les plus chéris que, plus d'une fois, j'avais désespéré de revoir jamais.

Mes nègres étaient arrivés la veille, ainsi que mon perroquet.

Les travaux et les restes d'une des branches de l'Expédition portugaise de 1877 dans l'intérieur de l'Afrique australe étaient donc rentrés à bon port.

CONCLUSION

Je n'ajouterai que quelques mots à ce livre pour présenter mes dernières observations astronomiques et météorologiques; j'y joindrai aussi un vocabulaire de trois langues africaines.

Les observations astronomiques, que j'avais calculées en Afrique durant mon voyage, l'ont été de nouveau à Londres par Mr. S. S. Sugden. Elles restent toujours ouvertes à la rectification puisque je donne les observations initiales.

Dans chaque endroit où je me suis arrêté plus d'une journée, j'ai apporté la plus grande attention à étudier la marche des chronomètres, qui, de plus, m'était révélée par les comparaisons quotidiennes et par les observations des éclipses et des réapparitions du premier satellite de Jupiter.

Dans cette portion de mon voyage, j'ai éprouvé une surprise qui m'a fait passer plus d'une nuit sans sommeil. C'était la grande différence que j'ai constatée dans la position de Chochon, non seulement en longitude, mais même en latitude.

Cependant des hommes éminents ont passé par là, notamment et surtout Ed. Mohr, et ils ont calculé la position de cette ville. Aussi quel n'a pas été mon étonnement en voyant que mes observations accusaient une différence de plus de 110 kilomètres (60 milles géographiques).

Quand je séjournais à Chochon, j'ai noté soigneusement

les marches des chronomètres, mais sans pouvoir y découvrir la moindre altération. En continuant ma route, j'ai surtout désiré parvenir à un lieu où je pusse vérifier les chronomètres au moyen d'une longitude bien établie.

C'est ce que j'ai fait. Les secondes observations que je rapporte dans la table ont été calculées d'après l'état des chronomètres vérifiés à Soul's Port et à Heidelberg.

La dernière réapparition que j'ai observée du premier satellite de Jupiter, pendant la nuit du 13 décembre, et la vérification que j'en ai faite à Heidelberg me permettent d'affirmer que ma position a été prise d'une façon presque absolument correcte, quant à la longitude; pour la latitude, je ne crains pas de déclarer que l'écart avec la vérité ne peut point dépasser 30″.

Ici, comme précédemment, je publie les observations hypsométriques initiales, concernant la détermination du *relief* de ma route.

J'employais pour les calculer la température constante de 23 degrés comme marque du niveau de la mer, parce que c'est la moyenne des températures sous la pression de 760 millimètres dans ces latitudes.

Je pensais effectivement que, comme il n'y avait là aucun moyen de prendre des observations simultanées, cette température était celle dont je devais me servir dans les calculs.

La formule que j'employais pour calculer les altitudes était la suivante, qui est tout à fait empirique :

$$A = (100 - H)\left(284{\cdot}93 + 3{\cdot}1\,\frac{A}{1000}\right).$$

Cette formule n'est autre que l'ancienne formule de Laplace, où l'on ne tient pas compte du constant 18,382 $= 18{,}336\,(1 + \frac{1}{400})$, qui résulte de la diminution du mercure dans la verticale par suite du poids, d'autant plus que, dans les hypsomètres, cette particularité ne se présente point.

Par conséquent, les tables que j'employais ont été fondées sur la formule :

$$A = 18,382 \log. \frac{760}{B} + \frac{1}{6,366,200}\left(18,382 \log. \frac{760}{B}\right),$$

dont les nombres obtenus sont réduits par $\frac{1}{400}$, et d'après la table des forces élastiques de la vapeur d'eau, construite par M. Regnault.

Quiconque accordera quelque attention aux observations météorologiques que je publie, verra que, dans cette partie de l'Afrique, les changements de l'atmosphère n'ont que peu ou point d'influence sur la pression, qui demeure la même au milieu des variations les plus subites.

Il en résulte évidemment que les observations hypsométriques présentent une garantie certaine d'approximation.

Les lieux auxquels les observations météorologiques se rapportent ne sont pas indiqués, mais il est facile de les connaître; le journal et la table d'observations astronomiques fournissant le moyen de savoir où j'étais, le jour étant donné.

Il m'a semblé intéressant de joindre à mon livre une collection de mots pris dans les idiomes hamboundo et ganguéla, tels qu'on les parle de Benguêla au Zambési. J'y ai même ajouté, en me servant de l'ouvrage de Gamito, les termes correspondants d'un autre langage parlé sous les mêmes latitudes à la côte orientale. Cela permet de faire une comparaison entre eux et de constater que plusieurs des mots sont communs aux trois langages.

A partir du Zambési, mon récit n'offre plus aux géographes le même intérêt que la portion du voyage comprise entre Benguêla et le fleuve, parce qu'il traite d'une contrée qui, à l'exception de la route de Deica à Chochon, est connue plus ou moins bien. Je n'ajouterais donc rien à ce que j'en ai déjà rapporté, si je n'avais pas quelque observation à faire sur ce passage de Deica à Chochon et principalement sur la région des lacs salés. Effectivement j'ai lu qu'un explorateur éminent assurait que le Grand Macaricari se déversait vers la côte orientale d'Afrique au moyen des rivières Choua et Nata.

Je ne peux ni ne dois admettre une hypothèse pareille.

Il suffit d'une distance de quelques kilomètres pour établir entre les niveaux de la Choua et de la Nata une différence de vingt-quatre mètres. Or, si jamais le Macaricari enflait ses eaux à la moitié de cette élévation, la surface du désert en serait inondée.

De plus, j'ai constaté que le terrain monte considérablement dans l'est du Macaricari et que tous les cours d'eau qui débouchent dans le lac descendent d'un pays beaucoup plus élevé.

La première eau que j'ai rencontrée coulant vers l'est avait sa source dans les hautes terres de Linocanim, dont les pentes occidentales envoient leurs eaux à l'ouest dans le désert.

Par conséquent, avec les instruments en mains et les calculs sous les yeux, je repousse l'idée que le Grand Macaricari aille décharger ses eaux dans l'océan Indien, et je prie mon illustre collègue de me pardonner si je le contredis et si je suis obligé de maintenir mon opinion, qui a pour base des observations et des calculs dont je ne puis pas méconnaître l'exactitude.

Qu'il me pardonne : s'il existe en ceci quelque opiniâtreté, c'est celle des mathématiques qui ont parfois leurs brutalités.

J'ai ajouté à ce livre trois fac-similé des pages de mon journal, de mes registres de calcul et de mon album de cartes; pour montrer comment ont été prises et conduites mes études sur l'Afrique. C'est par ces pièces que se ferme le rapport que je devais sur mon voyage, au Portugal d'abord, puis au public en général.

Observations astronomiques faites depuis le confluent de la Couando jusqu'à Heidelberg (Transvaal).

ANNÉES 1878 et 1879.	LIEUX DES OBSERVATIONS.	HEURES des CHRONOMÈTRES.	DIFFÉRENCE avec l'heure de GREENWICH.	NATURE DE L'OBSERVATION.	DOUBLE HAUTEUR DE L'ASTRE.	LATITUDE SUD.	LONGITUDE EN TEMPS.	ERREUR de L'INSTRUMENT.	NOMBRE DES OBSERVATIONS.	RÉSULTATS.
1878		H. M. S.	H. M. S.		° ′ ″	° ′ ″	H. M. S.	′ ″		°
Octobre 22	Embarira	0 7 0	+4 3 49	Amplitude Magn. 2° 5′	..	17 49 0	..	..	..	Variation .. 20 39 O.
— »	—	3 16 36	+4 3 49	Chron. ☉	99 45 10	17 49 0	..	—0 50	1	Long...... 25 23 E.
— »	—	..	..	H. mér. *Markal (α de Pégase)	115 17 0	..	..	—1 0	1	Lat....... 17 49 S.
— 25	Lechouma	9 2 36	+4 4 19	Chron. ☉	89 54 40	17 56 0	..	—0 30	3	Long...... 25 25 E.
— 28	—	9 27 26	+4 4 50	—	78 13 30	17 56 0	..	—	3	— ...... 25 25 E.
— »	—	5 37 18	..	Réap. du 1er sat. de Jupiter	..	..	..	..	..	Diff. p. le lieu 4h 9m 50s.
Novemb. 5	—	..	..	Haut. mér. ☽	140 22 0	..	1 45 0	—1 0	1	Lat....... 17° 56′ S.
— »	—	9 34 40	+4 6 11	Chron. ☉	75 7 23	17 56 0	..	—0 40	3	Long...... 25 24 E.
— 7	—	..	..	Haut. mér. ☉	118 55 0	..	1 45 0	+1 0	1	Lat....... 17 57 S.
Décemb. 6	Tamafoupa	9 25 0	—1 45 0	—	101 0 2	..	1 45 0	+6 0	1	— ...... 19 19 S.
— 13	Le Désert	6 5 50	..	Réap. du 1er sat. de Jup.	..	..	..	..	..	Diff. p. le lieu 4h 9m 40s.
— 14	Rive de la Nata	4 0 34	+4 9 46	Chron. ☉	125 7 10	20 10 0	..	+1 30	3	Long...... 27° 0′ E.
— 15	—	17 8 0	—1 48 0	Haut. mér. ☽	..	..	..	+2 30	1	Lat....... 20 10 S.
— 16	—	6 28 0	—1 48 0	Amplitude Magn. 3° 45′	..	20 10 0	..	..	1	Variation .. 21 14 O
1879										
Janvier 1	Chochon	6 30 0	—1 48 0	Haut. mér. ☽	105 55 30	..	..	—0 45	1	Lat....... 23 1 S.
— 2	— (1*)	3 54 37	+4 13 0	Chron. ☉	121 2 53	23 1 0	..	..	3	Long...... 27 24 E.
— »	—	3 54 44	+4 13 0	—	121 33 40	23 1 0	..	..	3	— ...... 27 20 E.
— »	—	7 16 0	—1 48 0	Haut. mér. ☽	96 49 30	..	..	..	1	Lat ...... 23 1 S.
— 7	— (2*)	3 48 45	+4 12 18	Chron. ☉	117 31 26	..	..	..	3	Long...... 27 19 E.
— »	—	3 50 10	+4 12 18	—	118 30 33	..	..	..	3	— ...... 27 20 E.
— 23	Confluent de la Ntouani et du Limpopo	9 10 58	+4 16 15	—	91 33 33	23 42 6	..	—0 30	3	— ...... 27 39 E.
— »	— —	9 15 35	+4 16 15	—	90 58 13	23 42 0	..	..	3	— ...... 27 39 E
— »	— —	9 14 25	+4 16 15	—	91 30 40	23 42 0	..	..	1	— ...... 27 39 E
— »	— —	..	..	H. mér. *Canopus (α d'A go.	122 10 0	..	1 50 0	..	1	Lat....... 23 42 S.
— 26	Limpopo (Adicul)	..	..	Haut. mér *Canopus	122 59 40	..	1 50 0	—0 50	1	— ...... 24 6 S
— »	— —	4 7 59	+4 16 41	*Aldébaran (α du Taureau)	77 42 10	24 6 0	..	..	1	Long...... 27 32 E.
— »	— —	4 11 19	+4 16 41	*Aldébaran	76 40 50	24 6 0	..	..	1	— ...... 27 32 E.
Février 1	Cornocopia	0 25 46	+4 17 37	Chron. ☽	74 22 40	24 38 0	..	..	1	— ...... 27 38 E.
— »	—	0 22 32	+4 17 37	—	73 57 33	24 38 0	..	..	3	— ...... 27 37 E.
— 4	Soul's Port	..	..	Haut. mér. ☽	80 4 10	..	1 51 0	—0 40	1	Lat....... 25 10 S.
— 5	—	9 1 32	..	Chron. ☉	95 6 10	..	1 51 12	..	3	Diff. p. le lieu 4h 18m 14s.
— »	—	9 2 17	..	—	94 45 17	.	1 51 12	.	3	— 4 18 14
Mars 10	Heidelberg	..	..	Haut. mér. ☉	131 47 30	..	1 56 0	+1 65	1	Lat....... 26° 20′ S
— »	—	3 57 49	..	Chron. ☉	109 13 20	..	1 56 0	+2 30	3	Diff. p. le lieu 4h 23m 16s.

(1*) L'établissement de cette longitude a été calculé d'après les

Tableau des observations hypsométriques faites de Lechouma à Heidelberg (Transvaal) pour déterminer le relief du chemin suivi par le major Serpa Pinto.

NOMS DES LIEUX.	BAROMÈTRE.	THERMOMÈTRE	TEMPÉRATURE au niveau de la mer.	HYPSOMÈTRE.	ALTITUDE en mètres.
Lechouma................	674·6	32·2	23	96·70	1,053
Deica.....................	••	27·0	—	96·55	1,092
Nata (point déterminé).....	684·3	31·0	—	97·08	920
Choua (cours infér. de la Nata)	685·5	26 0	—	97·14	905
Linocanim................	674·5	22·0	—	96·70	1,034
Morrolana	678·5	27·0	—	96·86	993
Rivière Loualó............	664·5	25·0	—	96·20	1,171
Rivière Canó......	664·4	25·5	—	96·29	1,171
Chochon...........	669·7	24·7	—	96·50	1,107
Confluent de la Ntouaul... .	691·0	26·2	—	97·38	837
Cornocopia	678·5	27·0	—	96.86	993
Soul's Port.......	671·5	26·8	—	96.57	1,092
Hauteur du Piland's berg...	Différence de pression à Soul's Port 26 millimètres ou 285 mètres.				1,378
Prétoria...........	654·5	26·0	—	95·87	1,310
Heidelberg................	639·0	18·6	—	95·22	1,495
Pic do Jeannette....... ...	608 0	16·0	—	93·80	1,911

Bulletin météorologique dressé à 0h 48m de Greenwich, du Zambési au Limpopo.

MOIS.	JOUR.	BAROMÈTRE	THERMOMÈTRE centigrade. sec.	THERMOMÈTRE centigrade. mouillé.	DIRECTION DU VENT.	ÉTAT DE L'ATMOSPHÈRE.
Oct. 1878.	24	663·4	38·5	27·4	E.S.E........	Nuageux.
—	25	663·0	39·1	27·6	—	— (cumulus).
—	26	664·1	33·4	28·3	E. fort.......	—
—	27	664·4	34·0	28·1	Calme........	—
—	28	662·3	39·4	27·3	E.S.E. fort..	—
Novembre.	2	664·4	31·1	22·7	E. faible.....	—
—	3	664.9	33·2	24·3	Calme........	—
—	4	665·1	30·5	24·1	E. faible.....	—
—	5	664·9	30·1	24·7	E.S.E	—
—	6	666·2	27·0	20·7	—	Quelques nuages.
—	7	663·5	35·4	21·4	—	— —
—	8	664·0	34·6	21·3	—	— —
—	9	663·8	30·1	25·2	E. fort......	Nimbus, pluie et tonnerre.
—	10	663·7	30·4	27·3	—	— — —
—	11	664·1	31·5	26·7	E. faible.....	Nuageux.
—	12	664·3	33·1	25·4	E. fort......	—
—	13	663·8	31·7	26·3	—	Pluie modérée.
—	20	681·1	27·5	27·0	E.N.E......	Grosse pluie.
—	21	682·0	27·0	25·3	E. fort... ...	Nuageux.
—	28	666·3	30·4	23·7	E.N.E.......	Pluie modérée.
—	29	664·5	29·7	24·6	E. fort.......	— —
—	30	664·9	29·5	24·7	—	— —
Décembre.	1	663·5	29·8	24·3	E. faible.....	Nuageux.
—	2	663·2	31·4	26·2	Calme........	—
—	3	663·7	31·1	22·3	E. faible.....	Ciel clair.
—	4	664·8	33·2	23·7	— ...	—
—	5	667·9	27·9	21·4	E.S E.......	Quelques nuages.
—	6	667·1	31·4	22·7	Calme.......	— —
—	7	668·9	33·5	24·2	E. faible.....	— —
—	8	669·3	32·4	25·7	—	— —
—	10	670·4	31·9	27·4	E. fort.......	Ciel pur.
—	11	670·2	33·7	27·8	—	—
—	12	672·7	31·4	26·7	—	Des nuages..
—	13	677·1	30·7	26·4	—	— (cumulus).
—	14	677·3	30·4	24·3	—	—
—	15	677·4	30·7	23·5	—	—
—	16	677·0	33·9	26·4	—	—
—	17	677·2	31·1	27·2	—	—
—	18	677·0	30·4	22·3	—	—
—	19	675·7	27·9	23·2	—	—
—	20	676·5	24·3	21·1	—	Pluie torrent.; grande tempête et tonnerre.
—	21	..	..	..	..	Pluie torrentielle.
—	22	665·5	22·0	22·0	E. faible.....	— —
—	23	664.3	21·0	20·7	—	— —
—	24	664.1	20·4	20·4	E. fort......	— —
—	25	670.4	30·5	28 3	—	Nuageux.
—	26	658·0	27·8	24·3	—	Ciel pur.
—	27	657·3	28·5	24·9	E. faible.....	Nuageux.
—	28	657·2	28·8	25·8	Calme.......	—
—	29	656·0	29·3	26·5	E.S.E... ...	—
—	30	657·1	27·4	24·3	—	—
Janv. 1879.	1	657·3	26·7	24·3	N.E	—
—	2	658·7	25·4	23·1	N.E. fort....	—
—	6	664·5	24·3	22·7	—	—
—	7	663·0	26·0	19·8	—	— (cirrus).
—	8	659·0	28·5	20·6	Calme.......	— (cumulus)
—	9	660·8	22·3	19·0	S.S.E. fort..	Pluie torrentielle.

Étude des oscillations diurnes du baromètre et de l'état hygrométrique de l'atmosphère, faite de 3 en 3 heures, à Lechouma (haut Zambési), en novembre 1878.

JOURS.	6 HEURES.			9 HEURES.			MIDI.			3 HEURES.			6 HEURES.			ÉTAT DE L'ATMOSPHÈRE.
	BAROMÈTRE.	THERMOMÈTRE		BAROMÈTRE.	THERMOMÈTRE.		BAROMÈTRE.	THERMOMÈTRE.		BAROMÈTRE.	THERMOMÈTRE.		BAROMÈTRE.	THERMOMÈTRE.		
		sec.	mouillé.		sec.	mouillé.		sec.	mouillé.		sec.	mouillé.		sec.	mouillé.	
6	666·0	24·2	22·9	670·0	24·1	21·7	668·0	28·0	20·3	666·6	27·0	19·7	666·3	24·2	19·1	Vent E.S.E., nuages.
7	666·5	20·6	19·4	668 0	24·7	21·4	666·2	32·1	21·7	663·0	37·8	23·1	665.0	27·0	22 0	— —
8	667·0	20·4	17·4	667·5	27·6	19·6	666·0	31·7	21·6	664·2	36 9	24·2	666·1	26·3	22·2	

Étude des oscillations diurnes du baromètre et de l'état hygrométrique de l'atmosphère, faite de 3 en 3 heures, à Chochon (Calahari), en janvier 1879.

JOURS.	6 HEURES.			9 HEURES.			MIDI.			3 HEURES.			6 HEURES.			ÉTAT DE L'ATMOSPHÈRE.
	BAROMÈTRE.	THERMOMÈTRE.		BAROMÈTRE.	THERMOMÈTRE.		BAROMÈTRE.	THERMOMÈTRE.		BAROMÈTRE.	THERMOMÈTRE.		BAROMÈTRE.	THERMOMÈTRE.		
		sec.	mouillé.		sec.	mouillé.		sec.	mouillé.		sec.	mouillé.		sec.	mouillé.	
7	665·0	20·0	18·6	665·0	22·1	18·9	664·0	24·7	20·3	662·0	27·6	19·8	660·0	25·4	19·2	Nuageux (cirrus), N.E. fort.
8	662·0	19·7	17·3	662·0	25·0	19·8	660·5	27·6	20·8	658·5	28·7	20·1	659·0	27·1	24·0	Nuageux (cumulus), calme.
9	662·0	20·1	19·3	663·0	19·0	17·6	662·0	23·8	21·7	660·0	23·0	19·3	661·3	23·0	19·8	Vent S.S.E., pluie torrentielle.

Bulletin météorologique dressé à 6 heures du matin (heure moyenne du lieu).

ANNÉES 1878 et 1879.

MOIS.	JOUR.	BAROMÈTRE.	THERMOMÈTRE	MOIS.	JOUR.	BAROMÈTRE.	THERMOMÈTRE
Octobre....	19	676·0	21·7	Décembre..	25	672·0	17·4
—	20	676·0	19·7	—	26	658·0	18·4
—	21	675·0	24·3	—	27	658·0	18·6
—	23	678·0	18·8	—	28	657·5	21·1
—	24	665·5	20·8	—	29	658·0	21·8
—	25	666·0	28·1	—	30	658·0	18·3
—	26	666·8	22·5	—	31	658·0	21·8
—	27	667·0	16·5	Janvier.....	1	659·0	24·0
—	28	665·3	21·7	—	2	661·5	20·8
Novembre..	2	670·0	17·9	—	3	660·0	20·6
—	4	668·4	21·8	—	6	667·0	19·8
—	5	668·0	22·7	—	7	665·0	20·0
—	6	666·0	24·2	—	8	662·0	19·7
—	7	666·5	20·6	—	9	662·0	20·1
—	8	667·0	20·4	—	10	661·2	19·1
—	9	667·0	22·1	—	11	661·5	18·6
—	10	666·0	20·2	—	12	661·5	20·4
—	11	666·0	19·9	—	13	662·0	20·2
—	12	670·0	19·8	—	14	664·0	20·7
—	13	671·5	20·8	—	15	668·0	18·9
—	14	668·0	28·1	—	16	667·0	21·1
—	15	664·0	21·4	—	17	680·1	20·4
—	16	667·2	21·9	—	18	680·0	21·2
—	17	667·0	20·0	—	19	681·6	20·7
—	18	667·5	19·4	—	20	684·0	22·2
—	19	676·5	21·1	—	21	687·0	17·2
—	20	684·0	19.4	—	22	688·0	14·2
—	21	682·0	22·2	—	23	688·0	15·2
—	22	680·8	22·8	—	24	686·0	18·9
—	23	674·5	20·8	—	25	685·7	19·2
—	24	668·5	21·3	—	26	683·0	17·7
—	25	666·6	19·1	—	27	683·0	18·6
—	26	668·8	22·8	—	28	682·0	18·4
—	27	668·0	21·2	—	29	682·0	17·7
—	28	669·0	18·2	—	30	679·0	18·4
—	29	667·0	21·8	—	31	679·0	19·1
—	30	666·5	20·1	Février.....	1	676·0	19·4
Décembre..	1	666·5	20·1	—	2	672·0	19·5
—	2	666·5	20·0	—	3	664·0	16·7
—	5	667·7	21·7	—	4	678·5	18·0
—	6	671·3	18·6	—	5	665·0	17·8
—	7	673·0	20·8	—	6	665·0	17·6
—	8	672·0	21·4	—	7	662·0	18·4
—	9	672·5	21·7	—	8	672·0	20·7
—	10	672·0	21·6	—	9	672·0	19·3
—	11	678·0	21·8	—	10	671·0	22·1
—	12	672·0	21·9	—	11	666·0	17·2
—	13	675·0	20·5	—	12	652·7	16·0
—	14	679·6	18·9	—	13	648·5	18·6
—	15	680·0	17·0	—	14	649·0	20·5
—	16	678·0	14·3	—	15	648·0	18·0
—	17	679·0	18·5	—	16	645·0	17·8
—	18	679·0	12·6	—	17	647·0	17·8
—	19	676·6	21·7	—	18	648·0	16·1
—	20	676·0	23·1	—	19	647·0	16·4
—	21	679·8	21·8	—	20	647·0	18·4
—	22	668·3	19·9	—	21	646·0	20·0
—	23	667·0	22·2	—	22	645·0	19·2
—	24	654·8	18·5	—	23	645·0	20·3

encontrado muitas povoações abandonadas, aqui mesmo
ha vestigios de ter sido o paiz muito povoado.
Ha dois dias que luctamos com grande falta de
mantimentos. das povoações raras que temos encontrado nada vem e caça não apparece. Na povoação de
Bembe nada me quizerão vender, e em toda a comiti-
va não ha um só rancho que tenha que comer para
amanhã. Eu mesmo hoje dicto-me com fome.
Reuni os Bambeiros e mostrei-lhes a necessidade de
alongarmos a marcha de amanhã até ás primeiras
povoações que devem ficar longe, elles convierão apesar
de virem muito carregados. Não soffri uma recri-
minação por os ter tirado do caminho combinado, apesar de elles terem previsto o que nos está acontecendo.
mas elles sabem que se tem fome eu a tenho tambem.
Não andarei um só passo do caminho que pensei e
amanhã seguirei a S.S.E seja o que Deus quizer.
2 de Julho - Rio Bembe - Bar - 642,5 - therm. 5°.8 [illegible] o
ther. maracon + 2.5. Adoeceu-me um carregador que não
pode seguir com a carga. Isto causa-me um grande
transtorno porque não posso ficar aqui e tenho de
abandonar a carga, mas o cirurgião [illegible] offere-
ce para ficar n'ella e tudo ficou remediado.
Quando estava para partir appareceram uns porta-
dores do soba de Bembe a pedir-me da parte d'elle
que lhe mandasse alguma cousa. Mandei-os por
fora do acampamento, um tratante que prohibiu que
me vendessem mantimentos ainda se atreveu a man-
dar-me pedir alguma cousa. Segui as 6.40 a S.S.E.
foi difficil a passagem do paul da margem esquerda
do Bembe. Terminou a passagem as 9.45 e segui no
meu rumo. Logo que deixei o paul comecei subir uma
montanha levemente inclinada e coberta de vegetação, o
caminhar por ali foi difficil mas conservei o meu
rumo até as 10.30. A essa hora o terreno começou a
descer e vi diante de mim a uns 50 metros de differença de nivel, uma vasta planicie coberta de espessa
floresta. Desci no mesmo rumo até as 10.40 hora a
que tinha atingido a orla da floresta, pensei tive
logo de o alterar, porque a floresta era impassa-
vel. Aproveitei um difficil trilho que me levava

Livro da viagem da expedição portugueza á Africa central e meridional (Lei de 12 de Abril de 1877) — trimestre
Volume contendo folhas. Religião dos exploradores
Anno de — Mez de — Dia do mez — Dia da semana — Dia de viagem — Pagina

FAC-SIMILE D'UNE PAGE DU JOURNAL DU MAJOR SERPA PINTO.

a L. ora a N.E e depois a S.E até que o terreno faltou de repente. No meio da floresta uma ribeira cavou o seu leito a 100 metros de fundo e as margens são quasi a prumo. O panorama é surprehendente. A difficuldade do caminho o peso das cargas e a fraqueza dos meus famintos carregadores tudo me impede de ir mais avante, acampo aqui.

Já se faz sentir a fome com todos os seus horrores. Acampo aqui mas não tenho nada, nada que mandar cosinhar. Ao meio dia tomei altura do sol para a latitude. Matou-se no acampamento uma cobra que, diz o cirurgião Chacaiombe ser muito venenosa, mas saber o contraveneno para a sua mordedura. Tinha 1m de comprido e era cor de telha por cima tendo o ventre um pouco mais claro. Olhos verdes muito brilhantes e lingua bipartida. Os dentes muito finos e dispostos como as presas de um cão, e tinha a [illegible] bipartida. Logo que fiz as observações do costume, fui caçar e mandei o meu Augusto para um lado e o Miguel para outro. Encontrei perto do meu campo um grande rasto fresco de bufalos e segui-o.

Não se faz idêa na Europa do que seja caçar para comer. É um prazer horrivel. Ao passo que o caçador por prazer segue uma pista descuidoso pensando nas commoções que sente ao saltar-lhe a caça, que caminha descansadamente sabendo que no rendevous ajustado um cosinheiro prepara optimo jantar, que para aqui e além para contemplar uma flor mimosa, uma paisagem agradavel, o caçador por necessidade só pensa na caça e saborea de antemão uma perna do animal mal cosida nas brasas. Ao passo que um caminha curvado para chegar ao alcance de tiro sem ser pressentido o outro deita-se de rastos, não sente as espinhas que lhe rasgão as carnes, e por umas palhas que faz tremer treme tão bem elle não dá um alarme, a caminhar devagar devagar reduzindo reduzindo a distancia para que o tiro não falhe, não com o coração a palpitar mas c...

Livro de viagem da expedição portugueza á Africa central e meridional (de 14 de abril de 1877) trimestre — pag.

45

Dia 19 de setembro de 1878
1 milha a N'O de Catonge (Alto Zambeze)
Calculo de Longitude pelo reapparecimento do 1º satelite de Jupiter

Hora do Chronometro S	$3^h.04^m.09^s$
Estado para o lugar	5. 31. 36
Hora do lugar	8. 35. 45
Hora de Greenwich	7. 02. 45
Longitude =	1. 33. 00
	46. 30
Longitude =	23°. 15'.

Esta longitude muito pouco differe da verdade, e qualquer differença que tenha é para menos, por que observando o reapparecimento podia vel-o alguns segundos mais tarde e nunca mais cedo. Assim pois estando em 14' a Leste do Liambai elle corre n'este parallelo por 23° de longitude e nada mais a Leste

Dia 20 de setembro de 1878 (horarios)

⊙ = 91°.53'.50" — 9h.06m.15s
⊙ = 91.37.10 — 9.06.50
⊙ = 91.16.10 — 9.07.36
-50 — 3.58.42
91.15.20 — 1.06.18
45.37.40
+15.58
45.53.38
-49
45.52.49
91.01.41 — 0.000070
15.17.00 — 0.015637
152.11.30
76.05.45 — 9.380752
30.12.56 — 9.701585
202
2.45.54 = 9.098246
6.38. — 789
2.39.16 — 35
9.07.36
5.31.40
5.31.30

Vou em 48 = 30s :: 30,5 = 6s

305|48
0170|6

6.37.17
6.58.18
21.01 = 0576
1.3388
58^s = 1.3964
(R_gt = $6^m.38^s.15^s$)

91.37.10
50
91.36.20
45.48.10
15.58
46.04.08
49
46.03.19
91.01.41 — 0.000070
15.17.00 — 0.015637
152.22.00
76.11.00 — 9.378063
30.07.41 — 9.700498
2.45.08.30 — 9.094268
6.22 — 148
2.38.36 — 9.094416
9.06.50 — 412
5.31.40 — 29

5.31.40
-4
5.31.36

0.000070
381132 — 45
382 — 850
380752 — 2250
362 — 360
56 — 382
2172
1812 — 363
260 — 41
363
145
118

FAC-SIMILE D'UNE PAGE DU JOURNAL DU MAJOR SERPA PINTO

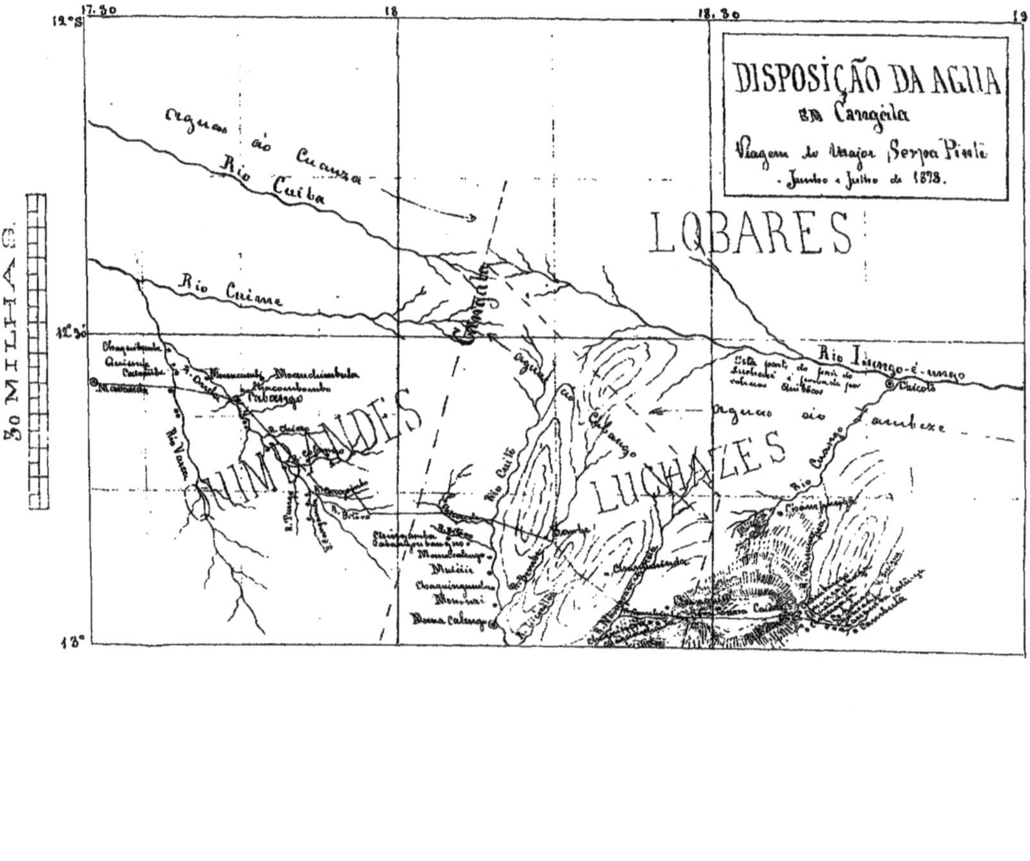

COURT VOCABULAIRE

des quatre principaux idiomes parlés entre les parallèles 12 et 18 du sud, d'un océan à l'autre, avec la traduction française.

Le Cafre de Tété a été emprunté au livre de MONTEIRO et GAMITO.

PORTUGAIS.	HAMBOUNDO.	GANGUÉLA	CAFRE DE TÉTÉ.	FRANÇAIS.
A				
Abelha	Ologni	Vapoúca	Arounné	Abeille
Abobora	Omoutou	Quinpoutou	Matanga	Courge
Abrir	Ocouicoula	Quezouvoula	Foungoura	Ouvrir
Acabar	Ocou-apoua	Cou-não	Da-péra	Finir
Accender	Ocou-chana	Cou-ecca	Gaça	Allumer
Achar	Ocou-sanga	Cou-anna	Ouónéca	Trouver
Adevinhar	Ocou-siacata	Cou-tangja	Ombóza	Deviner
Adevinhador	Couacotangja	Mocouachimpa	Ganga	Devin
Agua	Obaba	Mema	Mazi	Eau
Ahi	Pápa	Han-a	Icòco	Là
Almadia	Oátou	Ouatou	Garáoua	Canot
Alizar			Couranga	Polir, lisser
Amanhã	Héra	Meni	Mangouana	Demain
Amarrar	Ocou-couta	Cou-zitica	Manga	Amarrer, lier
Amigo	Cambariangui	Moussamba	Chicovera, ou Chaoumar	Ami
Amiga	Choparanga	Pangara		Amie
Anojar	Ocou-lépica	Cou-era	Nóca	Ennuyer, chagriner
Andar	Ocou-enda	Cou-enda	Famba	Aller
Andar de vagar	Eoudavando	Dicoúia-vando		Marcher lentement
Andar de pressa	Indaco lombiri	Tounta có		Marcher vite
Andar coxo	Tinguena	Cou-vendouira		Boiter
Andar tolo	Ouindouveque	Oulévé		Marcher mal
Animal	Oquignama	Uchito	Chirombo	Animal
Anno (tem 6 luas)	Ougnãmo, ou Oulima	Mouaca	Goulori	Année (de 6 lunes)
Ante-hontem	Érégna	Zaoña lize	Zaoua	Avant-hier
Apagar	Ocoúi ma	Cou-zima	Toúna	Éteindre, apaiser
Apalpar	Ocou-papata	Cou-papata	Pata	Tâter
Apanhar (cousa q. foje)	Ocou-ata	Cou-ata	Loucota	Empoigner
Apanhar do chão	Nora, ou Outhagoura	Tentoura		Ramasser
Arco de frecha	Ongi	Outa oualoucoussa		Arc à flèche
Arco (curva)	Kiapinga	Quiaenga	Outa	Arcade, arceau
Arrancar	Ocou toucouna	Cou toucouna	Zouria	Arracher
Arroz	Oloossou		Ounpounga	Riz
Assentar-se	Ocou-tomar	Cou-toubamma	Cara	S'asseoir

PORTUGAIS.	HAMBOUNDO.	GANGUÉLA.	CAFRE DE TÊTÉ.	FRANÇAIS.
Assim mesmo	Doto môere, ou Omo moere	Mómovene	Dimômo	De même manière
Assoprar	Ocou-pepêrêra	Cou-ozerera		Souffler
Atirar	Ocou-imba	Cou-iassa	Pogna	Viser à, tirer
Atirar tiros	Ocou-roia	Cou-roza		Tirer des coups de fusil
Atirar frechas	Ocou-iassa	Cou-iassa		Tirer à coups de flèche
Atraz	Cognima	Coouima	Coumbáió	En arrière
Adiante	Cováasssa	Corntoué		En avant.
Aves	Orogira, ou Ó-roougira	Touzirá	Barámi	Oiseaux
Avô ou avó	Coúco, ou Mai-couro	Coúço	Táta	Grand-père
Azagaia	Ongeria, ou Ounga	Licounga	Toungo, ou Dipa	Assagaie
B				
Bala	Oloussolou	Loússolou	Chipólo-pólo	Balle
Barba	Olongéri	Mouezi	Devo	Barbe
Barriga	I'mo	Zim mou	Mimba	Ventre
Bater (em alguma cousa)	Toutoúra	Touta	Megna, ou Quapoura	Battre quelque chose
Bater (em pessôa)	Ôcou-véta, ou Ôcou-fina	Cou-véta		Battre une personne
Bebado	Ôó loua	Coulaque oúa	Darêzôra	Ivre
Beber	Ôcou-noua	Cou-noua	Ou-anma	Boire
Bem	Quiouoûa	Bia ounpáo	Abouhino	Bien
Boca	Ométa	Camia	Mourômo	Bouche
Bocado	Naito, ou Calito	Candandé	Chipandé	Bouchée, morceau
Bofes	Apôvi	Vicaouia	Maçápi	Poumons, cœur
Boi	Ôngômbe	Gombe	Gombi	Bœuf
Bom	Quiapoussôca	Via viouca	Adíde	Bon
Bonito	Qui-oûa	Via ounpáo	Ouâma	Joli
Braços	Óbócô	Mavoco	Zarya	Bras
Branco	I'era	Outira	Mozoungo	Blanc
Brincar	Ocou-pa-pára, ou Ocou-mangara	Cou-e-a	Ourounga, ou Sinzéca	Enjoliver, badiner
Búfalo	Ognani	Pacassa	Gnatim	Buffle
C				
Cabêça	Oú toué	Moutoué	Moussôro	Tête
Cabello	Oquissami, ou Quigogna	Zincambou	Cici	Cheveu
Cabra	Óhômbo	Pembe	Bouzi	Chèvre
Cahir	Ocoú-a, ou Ou-acoupoúca	Ounao	Agoua	Tomber
Calabouço	Óqui emba	Naon causta	Caboco	Cachot
Calar	Ocou ounáco	Ó lá	Iouhamála	Taire, se taire
Calcanhar	Oquissendó mai	Sinçino	Chicocouègno	Talon
Calor	Oouia	Toui ma	Caloúma	Chaleur
Caminho	Mongira	Moouzira	Gira	Chemin, route
Cançar	Ocou-davaca, ou da-pouiza	Cou-dina catara	Anôta	Lasser, fatiguer
Cantar	Ócou-imba	Cou-imba	Imba	Chanter

PORTUGAIS.	HAMBOUNDO.	GANGUÉLA.	CAFRE DE TÉTÉ.	FRANÇAIS.
Cão	Omboua	Catari	Imboua	Chien
Caracol	Eó tio	Chicoró	Cono	Escargot
Carne	Ochito	Iou cito	Gnama	Chair, viande
Carneiro	Onque, ou Omeme	Panga	Bira	Mouton
Casa	Onjo	Zounvo	Gnoumba	Maison, logis
Casar	Ocou-couera, coussocana	Ocouambata	Revorar	Marier, unir
Cavallo-marinho	Ongueve	Gounvo	Vouo	Hippopotame
Cavar	Ocou-fena	Cou-inda	Coumba	Fouir, creuser
Cedo	Ocoulimeréa, coutoungoula	Coume-ou-eca	Machibési	Bientôt, de bonne heure
Cemiterio	Cócáloundo, cocárounga	Coubi ilo	Tengi	Cimetière
Chamar	Ocou-cavenga	Cou-sana	Ouchamóra	Appeler, convoquer
Chave	Ossapi	Sapi	Foungouro	Clé
Chegar	Ocou-pitira, ou ocou-sica	Cou-eta	Cáfica	Arriver, approcher
Cheio	Ocoui oúca	Quinácoulo	Azára	Plein
Cheirar	Ocou-quinéa	Cou-nica	Ounca	Flairer, pressentir
Chorar	Ocoú-rira	Cou-rira	Vhira	Pleurer
Chover	Ocou-lóca	Cou-noca	Voumba-Voula	Pleuvoir
Chupar	Ocou-sipa	Cou-sipa	Ouaama	Sucer, pomper
Chuva	Ombera	Mema	Voura, ou Voula	Pluie
Cobra	Ognoa	Lounocá	Gnoca	Serpent, cobra
Cobre	Oougoúra	Ounengo	Safouro	Cuivre
Coçar	Ocou-cáia, ou Ocou-soúia	Cou-licoura	Cacózi	Gratter, cuire
Comer	Ocoú-ria	Coú-ria	Adia	Manger
Como se chama?	Eri ou?	Sobé-ela?	Zina-ráco?	Comment nomme-t-on?
Comprar	Ocou-randa	Coú-landa	Ougoúra	Acheter
Comprido	Oussoouvi, ou Oarépa	Oua la há	Outarimpa	Long
Comprimentar	Óararipo, ou touapásoula	Naindoucá	Dáo, dan Chicovera	Complimenter
Conhecer	Ocou-coúrina		Ounéziva, ou Dezindequira	Connaître
Contar (números)	Ocoú-tenda	Coubarourá	Vérenga	Compter
Coração	Outima	Meotimá	Métima	Cœur
Corda	Oucóro	Moúcóro	Cambála	Corde
Corpo	É timba	Mouvilá	Mamingo	Corps
Correr	Ocou-iooróca, ocouroúpoúca	Coú-tounta	Ihouvino	Courir
Cortar	Téta, ou Ocou-téta	Cou-teta	Tima, ou Goua-ta	Couper, tailler
Coser	Ocou-tounga	Cou-tounga	Saua	Coudre
Cosinhar	Ocou-teréca	Cou-teréca	Pica	Cuisiner
Costas	Aubima, ou audounda	Conimmá	Bouió	Côtes
Cotovello	Ovicotocóto	Manenga	Counondo	Coude
Cousa	Onbandoa	Chicanda		Chose
Criança	Omaren, ou ómóra	Canique	Mouana	Petit enfant
Crocodilo	Ogando	Gando	Touhacóco	Crocodile

PORTUGAIS.	HAMBOUNDO.	GANGUÉLAS.	CAFRE DE TÉTÉ.	FRANÇAIS.
Cunhado	Nána	Gnari	Mourámo	Beau-frère
Curto	Oumboumbouro	Mouiki	Ourrecama	Court
Cuspo	Ocoussiá	Couzecoura	Echegni	Salive, crachat
Custar (a fazer qualquer cousa)	Ocou-sipondóra	Quiassere		Coûter du temps, de la peine
Custar (preço)	Ocou-chingame	Vingahi	Anónóssa	Coûter de l'argent
D				
Dar	Ocou-angja, ou Ocou-ava	Cou-avana	Ouanina, ou Dipacó	Donner
Dar pancadas	Ocou-veta	Cou-veta	Couapoura	Donner des coups
Dar tiros	Ocou-loia	Cou-loia	Eriza-fouti	Fusiller
Debaixo	Momboučro, ou memi	Couvanda	Pansi	Sous, en bas
Dedos	Omouine	Mignó	Minne	Doigts
Deixar	Ocou-êcha	Hécha	Dacia	Laisser, quitter
Deixe-ver	Nenan di varyó	Nóa couno ditare	Tiouôna	Laisse voir
Dentes	Ovalo	Mazo	Manou	Dents
Depois de manhã	Hêra igna	Mene aouzé	Mecoucha	Après-demain
Depressa	Lombiré	Tambouca	Floumira, ou Couloumiza	Vite, à la hâte
Desamarrar	Ocoutouroura, ou Coutroura	Cou-sitoura	Sizoura	Démarrer
Descançar	Ocoúpoûroûioûca	Cou-gnoca	Tipouma	Aider, se reposer
Descer	Ocou-toúloúca	Cou-sicounca	Sica	Descendre
Desmanchar	Ocou-sangounouna	Cou-tongouona	Goûroûra	Défaire, démonter
Despejar	Ocou-piçêra	Cou-tira	Coutoura	Vider
Destapar	Ocou-touvoûra	Cou oûenra	Gouanoura	Déboucher
Deos	Soûcou	Calounga	Moumougo	Dieu
Devagar	Linganeto	Ringa oudende	Famba Aboûhino	Lentement
Dever (verbo)	Ocou-levára	Cou-vára	Mangáva	Devoir (verbe)
Dia	É teque	Ménó	Ouachena	Jour
Doente	Ocouvêra	Couvera	Andouália	Malade
Dormir	Ocoupequêra	Coucossa	Dagama	Dormir
Duro	Quitine	Chicars	Ouma	Dur
Direito	Chassoungama	Chinablouca		Droit
E				
Elephante	Ojamba	Jamba	Zoou	Éléphant
Embigo	Oopa	Timbi	Chombo	Nombril
Em-cima	Qui-iro	Couiro	Pazouro	Sur, en haut
Emprestar	Ocoundica	Cou-oundira	Bouéréca	Prêter
Encarnado	Quicoussouca	Litira	Cafouhira	Rouge
Enchada	Etemo	Litemo	Páza	Bêche
Encher	Ocou-ioquiça	Coucoulissa	Zouza	Emplir
Encontrar	Ocou-noaneda, Ocou-toquóca	Tou-nalinana	Sangana	Rencontrer

PORTUGAIS.	HAMBOUNDO.	GANGUÉLA.	CAFRE DE TÊTÉ.	FRANÇAIS.
Enganar	Ocou-quemba, Ocou-rianga	Cou-ouanzi	Anamiza	Tromper
Ensinar	Ocou-longuissa	Cou-leca	Nerouzi	Enseigner
Entrar	Ocou-inguina	Cou-cobora	Pita	Entrer
Escolher	Ocou-mora, O-cou-soló bóra	Cou-nona	Sancoura	Choisir
Esconder	Ocou-so rama, Ocou-vounda	Cou-vanda	Oubíssa	Cacher
Escravo	Oupica	Doungo	Mouzacázi	Esclave
Escrever	Ocou-so négjá	Cou-sonéca	Nemba	Écrire
Escuro	Ocou-técanva	Coulava	Medimna	Obscur
Esfolar	Ocou-inva, ou Ocou-touia	Cou-va	Cafende	Écorcher
Esfregar	Ocou-ciequeta	Cou-coulta	Pecoussa	Frotter
Espelho	Olomouô-no	Loumiro	Chiringuériro	Miroir
Esperar	Ocou-qué-véra	Cou-manó	Vetéra, ou Ché-vé	Espérer, attendre
Esperto	Ocoumoungouca	Couroungouca	Ouáchengéra	Gai, éveillé
Espingarda	Outa	Outa	Fouti	Fusil
Espinho	Ossongo, ou equite	Caouzantoua	Minga	Épine
Esquecer	Oucouivára, ocou-rimba	Cou-souva	Odouára	Oublier
Esquerdo	Epini	Epini	Mazore	Gauche
Estar acordado	Ovanja, ou otara	Ali mó messo	Adapeouca	Être accordé
Esteira	Essissa	Quiaro	Loupássa	Natte
Estender	Ocouiára	Cou-ára	Pamboura, ou Eanique	Étendre
Espalhar	Ocou-sandoura	Cou-sandora	» » »	Répandre, éparpiller
Estrella	Omboun gourouro	Ton gonossi	Gnézé	Étoile
F				
Faca	Omóco	Póco	Cisso	Couteau
Falar	Ocou-pópia	Cou-andéca	Réva	Parler
Farinha	Farigna	Farigna	Oufa	Farine
Fazer	Ocou-ringa	Cou-ringa	Chita	Faire
Fechadura	Fechadoura	Sapi	Foungouro	Serrure
Fechar	Ocoui-ica	Soca	Founga	Fermer
Feder	Quí-nea	Cou-nióa	Nounca	Puer
Feijão	Oqui-poque	Vipoque	Gnemba	Haricot
Feio (pessôa)	Auvin	Moupi	Oualpa	Laid (homme)
Feio (bicho)	Quinve	Qui pi		Laid (animal)
Ferir	Oavaroucoua, quiatoua	Cou-ritouva	Lássa	Blessé
Ferro	Oquiquite, quivera	Boutaré	Outári	Fer
Figado	Omouma	Souri	Chirôpa	Foie
Filho	Omóra	Mouana	Mouana	Fils
Fio	Erigna	Erigna	Oussálo	Fil
Fôgo	Ondaro	Toucha	Môto	Feu
Fome	Onjára	Zanza	Jára	Faim
Formiga	Oloungiuge	Vazinzi	Gnérenzé	Fourmi
Frecha	Oussongo	Moucouri	Misséve	Flèche
Frio	Ombambi, ou coutárara	Massicà	Acouzizira, ou Pépo	Froid

PORTUGAIS.	HAMBOUNDO.	GANGUÉLA.	CAFRE DE TÉTÉ.	FRANÇAIS.
Fugir	Ocou-tirar, ou ocou-soutouca	Cou-teoua	Tána	Fuir
Fumo	Ooussi	Oussi	Oussi	Fumée
Furtar	Ocouignana, ou Ocouiba	Couiba	Couba, ou ouába	Voler, dérober
G				
Gallinha	Ossanje	Quiari	Couco	Poule
Gallo	Écondombóro	Domba	Zongue	Coq
Gamela	Gamella		Diro	Jatte, gamelle
Garganta	Engouri	Mirivo	Cóci	Gorge, gosier
Gordo	Oconnéta	Coumina	Ouanónópa	Gras
Gordura	Ocópo, ou ovirenga	Mazi	Fouta	Graisse
Grande	Qui-nê-ne	Chacama	Moucouro, Pouro	Grand
Gritar	Ocou-roúra, ou ocou-coua	Gounda	Goúa	Crier
Grosso	Chine-ne	Chaca ma	Ouacoúra	Gros
Guardar	Ocou-soreca	Cou-soucca	Vica	Garder
Guerra	Ovita	Zinta	Condo	Guerre
H				
Hôje	Hé-taró, ou lôro	Lèro	Ihêro	Aujourd'hui
Hombros	Oqui tem, ou oqui pépe	Quincinze	Mapè-oua	Épaules
Homem	Oloume	Iala	Mamouna	Homme
Homem branco	Ochindóre qui èra	Ochindoro-chivenga	Mozoungo	Homme blanc
Hontem	Hô-ra	Izao	Zouró	Hier
I				
Ilha	Ochicolo, ou Oqui fouca	Quicolo	Soua	Ile
Inveja	Oqui-pourouro, qui pegnó	Sanda	Véja	Jalousie, envie
Inverno	Audombo	Louinza	Mainza	Hiver
Ir	Ocou ende	Amaio	Ouaéoda	Aller
Irmão	Manjangue	Mouana èto	Bare	Frère
J				
Joelho	Ongóro	Libouré	Mabôudo	Genou
Jogo	Ochi éra	Chióra	Jouga	Train de voiture
L				
Ladrão	Oqui-moúno	Mouizi	Báva	Voleur
Lamber	Ocou-lessa	Cou-liassa	Angouta	Lécher
Largar	Ocou-echa	Cou-ana	Ihéca	Lâcher
Leão	Oochi, onguéama	Doumba	Pondóro	Lion
Lebre	Ondimba	Caloumba	Souro	Lièvre
Leite	Avêré, ou assengéré	Mavéré	Mocáca	Lait

PORTUGAIS.	HAMBOUNDO.	GANGUÉLA.	CAFRE DE TÉTÉ.	FRANÇAIS.
Leito	Oúra	Mouera	Catado (mot indien)	Lit
Lembrar	Ocouivarouca, Ocousócórora	Couezouooura	Dinála, ou Coumbouca	Rappeler, se rappeler
Levar	Touara	Touara	Tacoúra	Transporter, emporter
Leve	Quiréra	Chiròro	Daroúra	Léger
Limpar	Ocou-comba	Cou-comba	Pécouta	Nettoyer
Lingua	Eráca, ou órimo	Rimi	Lélimé	Langue
Livre	Omá máro	Mouana abara	Fourro	Libre
Longe	Coúpana	Coulagjaco	Patávi	Loin
Lua	Ossalu	Gonde	Mouézé	Lune
M				
Macaco	É-poundo	Poundo acima	Coro	Singe
Machado	Ondiavite	Gimbo	Bázo	Hache
Madrugada	Qui-té-quó té-quó	Qui mó nó mó nó	Ciracchéna	Point du jour
Mãe	Maó	Nana	Mama	Mère
Magro	Ouácopa	Naocama	Ouonda	Maigre
Maior	Qui-nó-no	Qui nó nó	Moucouro, Pouro	Plus grand
Mais	Chiaroua, ou ópo	Vingui	Temiza	Plus
Mal	Chin-in, cachiouáco	Cátimoco	Ouadalpa	Mal
Mama	E vôre	Vore	Mabeli	Mamelle, téton
Mandar	Ocou-touma	Cou-touma	Ouatinna	Ordonner
Mão	Ocouóco	Livoco	Manja	Main
Marfim	Ombinga	Binga	Mignanga	Ivoire
Massa	Etóte		Sima	Pâte de farine
Matar	Ocou-ipa	Cou-tigja	Coupa, ou Báia	Tuer
Mato	Dipa	Dicoutigja	Métoungo	Bois, forêt
Meán	Oua-tema	Ouacassa	Oudaipa	Oiseau d'eau
Medir	Ocou-longa	Cou-coté ca	Pima	Mesurer
Medo	Ossoumba	Ouoma	Gópa	Peur
Meia noute	Mecondombóro	Mocatican tiqui	Pacatópar oussizo	Minuit
Meio dia	Mocati quiro	Mocati quiero		Midi
Mel	Ouiqui	Ouqui	Oúchó	Miel
Menor	Omboutí	Canique	Pangono	Moindre
Menos	Chitito	Chidéndo	Pangoura	Moins
Mentira	Oaquemba	Sanda	Coúnama	Mensonge
Mentiroso	Oembi	Ouanzi	Magounca, ou Bóza	Menteur
Meter	Ignissa	Cou-cobera	Paquira	Mettre
Meu	Chiangue	Viangue	Ango	Mon
Milho	Époungo	Li poungo	Mapira	Maïs
Misturar	Ocou-tenga	Cou-singa	Sequetiza	Mélanger
Moer	Ocou-para	Cou-ara	Póla	Moudre
Mole	Quiáren-gnéra, ou Oui are freteca	Chi bo ba	Feva	Volume, grosse chose
Molhar	Qui arira, ou chaioúra	Cou-zoura	Tota	Mouiller
Morrer	Ouá fa	Nazir	Ouafa	Mourir
Mosca	Orougni	Zinzi	Chengé	Mouche

PORTUGAIS.	HAMBOUNDO.	GANGUÉLA.	CAFRE DE TÉTÉ.	FRANÇAIS.
Mosquito	Oroua oumé	Tou gué nó gué nó	Bouibidoué	Cousin, moustique
Mostrar	Ocou-requissa vanja	Giléquessé	Lenga	Montrer
Muito	Chároua	Vingui	Bseningé	Beaucoup
Mulhér	Oucai	Bouébo	Moucázi	Femme
— amigada	Oucaï ocoussocana	Coussomboca	Rancáia	Concubine
— branca	Oucai-Ouléra	Obouca	Daua	Blanche
— mulata	Oucai-Ouomoraóssi	Outira	Ségnara	Mulâtresse
N				
Não	Datti	Aué	Ahl-ahl	Non, ne pas
Não conhecer	Sichí	Cangibizi	Senaziva	Ne pas connaître
— poder	Cachitaba	Cabité	Daoúmariza-naï	Ne pas pouvoir
— querer	Catoui longóra	Cabité	Dacana, ou Dignógno	Ne pas vouloir
— saber	Catouchi	Cangibizé	Senaziva	Ne pas savoir
— ter	Chicouete-cachirípo	Biagji	Apâna	Ne pas avoir
Nariz	Éohoúro	Zouro	Pouno	Nez
Nascer	Ocou-chita	Cou-sema	Ouaméra	Naître
— do sol	Ocoumbi riatounda	Pangoua rilo-boca	Choca-Zoua	Se lever (le soleil)
Negar	Ouaricara	Naribiana	Aconda	Nier
Noite	Outéqué	Boutzqui	Oussico	Nuit
— clara	Coúomboura	Guezi	Couchena	— claire
— escura	Ouéré ma	Mirima		— obscure
Nosso	Chieto	Chieto		Notre
Nôvo	Chacarie	Biarero		Nouveau
Nuvem	Érende	Sé roua		Nuage
O				
Offender		Cou-banca	Daparamoura	Offenser
P				
Pelle	Ochipa	Quilambo	Párâmé	Peau
Pendurar	Ocou-tourica	Cou-tourica	Manica	Pendre, accrocher
Penna	Egna	Zigon ná	Mantenga	Plume
Pequeno	Catito	Cadende	Pangauo	Petit
Perçovejo	Olóisso	Vançagna	Sequize	Punaise
Perder	Ocou-dagnerissa	Cou-zimbiessa	Outáia	Perdre
Perdiz	Ougoúari	Coucoúé	Chicouáre	Perdrix
Perguntar	Ocou-poura	Cou-oúla	Vounza	Demander
Pernas	O bólou	Mahindi	Moúendo	Jambes
Perto	Ochipepi	Mochechi	Foupi	Près
Pés	O lomaln	Billato	Mignendo	Pieds
Pescôço	Ossingo	Singo	Cóssi	Col, gorge
Pisar	Ocou-soura	Coútoua		Piler, broyer

PORTUGAIS.	HAMBOUNDO.	GANGUÉLA.	CAFRE DE TÉTÉ.	FRANÇAIS.
Pilão	Ochine	Chini	Banda	Pilon
Pintar	Pintar	Cou-coronga	Nounba, ou Namavára	Dessiner, peindre
Piolho	Olooua	I'na	Savàva	Pou
Polvora	Toundanga	Foúndanga	Oungá	Poudre à canon
Pombe (bebida)	Chibombo	Oualoua	Bádoua	Pombé (boisson)
Pombos	Olopombo	Pomba	Gangaiva	Pigeon
Pôr	Capa	Haca	Tira	Poser
Pôr ao sol	Ongorossi	Guézi		Mettre au soleil
Porco	Ongoúro	Goúro	Incoumba	Porc
Porta	Epito	Pito	Messoua	Porte
Pouco	Catito	Chidende	Pangôno	Peu
Povoação	Oambo	Limbo	Mouzi	Village
Pronhe	Oe mina	Oué mita	Adacouta, ou Anamimba	Femme grosse
Prêto (cor)	Otecamea	Oulava	Ocoupeipa	Noir, nègre
Principiar	Ocou-fetica	Coubareca	Atôma	Commencer
Pulga	Poulga	Pourouqua	Ouvavani	Puce
Q				
Quebrar	Ocou-nepa	Cou-ana tigji	Tiora	Briser, rompre
Queimar	Ocou-atemia	Cou-è méca	Dápsa	Brûler
Queixar	Ocou - cassapouré	Cou - cánbourouré	Qouaquira	Se plaindre
Quente	Chassagna	Toul ma	Datenta	Chaud
Querer	Ocou-diongola	Cou - ginachangue	Founa	Désirer
Quizumba (fera)	Qui malanca	Lissoumbo	Tica	Quizoumba (animal)
R				
Raiz	Obi		Mizi	Racine
Rapaz	Oumarem	Mouqueze	Bixo	Garçon
Rapar	Ocou-pouta	Cou-teoura		Rácler, raser
Rapariga	Oucaīn	Poúebo		Jeune fille
Rasgar	Ocou-tóra	Cou-taora	Paoúra	Déchirer
Rato	Omouco	Toumbi	Macóso	Rat
Rebentar	Ocou-tocóra	Cou-batourá	Dapouquira	Fendre
Receber	Pamboula	Ouá	Tambira	Recevoir
Rede	Auanda	Ouanda	Oucondo	Rets, filet
Remar	Ocou-tapoura	Cou-cassa	Chápa	Ramer
Remos	Obipando	Zingassi	Gombo	Rames
Repartir	Teta pocati	Batourá acati	Pamboura, ou Gáva	Partager
Responder	Ocou-datáva	Cou-ginatava	Tavira	Répondre
Rijo	Chacooura	Chinacóro	Ouaouma	Raide, dur
Rir	Ocou-iora	Cou-zora	Séca	Rire
Rôla	Onende	Catéré	Giva	Tourterelle
Rosto	Ochipara	Lougjio	Cópe	Visage
Rio	Oloui	Donga		Rivière, fleuve

PORTUGAIS.	HAMBOUNDO.	GANGUÉLA.	CAFRE DE TÉTÉ.	FRANÇAIS.
S				
Saber	Dachicourigja	Nangue Gichizi	Daziva	Savoir
Sacudir	Ocou-ritou tou moura	Licoucoú moú-na	Coucoumoura	Secouer
Sahir	Ocou-tounda	Loboca	Chóca	Sortir
Sal	Omougoua	Mengua	Mougno	Sel
Sangue	Sonde	Maou ninga	Mourôpa	Sang
Sanguesuga	Atouri	Maçoumzou	Soungounou	Sangsue
Saúde	Omouegno	Cangounca	Móio	Santé
Sede	Egnoua	Pouila	Gnota	Soif
Segurar	Ocou-ata	Cou-ata	Sounga	Assurer
Semear	Ocou-cou na	Cou-couna	Cábzára	Semer
Serviço	Oupangou	Bicaracara	Bássa	Service
Seu	Iro	Iove	Anoum	Son, sa
Sim	Sim	Caloungá	Ioudó	Oui
Só	América	I'angue rica	Eca	Seul
Sogra	Datembo	Notomoeno	Mábzála	Belle-mère
Sogro	Datembo	Tero-moeno	Tátábzála	Beau-père
Sol	Outagna	Moutagna	Zoua	Soleil
Somno	Otoulo	Touló	Touro	Sommeil
Sonho	Onjôi	Zauzi	Vhóta	Songe
Subir	Ocou-londa	Cou-londa	Quira	Monter
Suspender	Ocou-tourica	Cou-touria	Sangica	Suspendre
T				
Tabaco	Acáo	Macagna	Fódea	Tabac
Tapar	Ocou-chitica	Cou-chitica	Gouanira	Boucher, fermer
Ter	Diquete	Ginri nabio	Eripó	Avoir
Terra	Póssi	Ma vo	Mataca	Terre
Testa	Opolo	Louólo	Coúma	Front
Teta	Oloussoca	Zincoca	Sombreiro	Téton, tétin
Tigre	Ongiré	Ióugúé	Gnarngoué	Tigre
Tirar	Ignaoura	Tentoura	Chóssa	Tirer
Tocar (música)	Ocou-chica	Cou-chica	Reiza	Toucher (musique)
Tolo	Oua tópa	Oua-topa	Ouapoussa	Sot, imbécile
Tomar	Pamboula	Tamboula	Tambira	Prendre
Torcer	Ocou-passira	Cou-ossa	Riza	Tordre
Tossir	Ocou-cossora	Cou-coola	Chifoúa	Tousser
Travesseiro	Opeto	Sátero	Samiro	Traversin
Trazer	Ouéna	Néa	Zana-aou	Apporter
Tripas	Ovanra	Mira	Bouló	Tripes, intestins
Trocar	Ocou-procar	Cou-landancana	Linta	Troquer, échanger
Trovão	Quiremiro	Mouchato	Mouroungo	Tonnerre
U				
Unha	Olonjanra	Viala	Chára	Ongle, griffe

PORTUGAIS.	HAMBOUNDO.	GANGUÉLA.	CAFRE DE TÉTÉ.	FRANÇAIS.
V				
Vao	Couendó	Ámaïé	Limouca	Il va
Varrer	Ocou-comba	Cou-comba	Chipsaira	Balayer
Vasar	Ocou-pécéra	Cou-zoucoura	Coutoura	Vider
Veio ?	Ouèla ?	Nóza?	Bouéré?	Vient-il ?
Velho (homem)	Econgo	Nacoulo, ou quibenzi	Caramba	Vieil (homme)
Velho (cousa)	Iacouca	Chinacoulo		Vieille (chose)
Vender	Ocou-landa	Cou-landa	Ougourissa	Vendre
Venha	Eoujou	Touála	Bouéra	Viens
Verão	Ombambi	Massicá	Chérimo	Été
Verde			Massambadimo	Vert
Vergonha	Ossoin	Saui	Magnazo	Vergogne, honte
Vestir	Ocou-rica	Cou-zara	Válla	Vêtir, revêtir
Vida	Omoegno	Mouóno	Penia	Vie
Voar	Ocou-panranra	Nacatoucái	Brouca	Voler
Voltar	Tinca	I'louca	Bouhéróra	Tourner, retourner
Z				
Zebra	Oingólo	Góló	Bizó	Zèbre
PRONOMS.				
Eu	Ámo	Ianguó	Inó	Je
Tu	Obó	I'obó	Iouó	Tu
Elle	Ió	Guó lobó	Ió	Il
Nós	Ét ou	Ió tou	Ifó	Nous
Vós	Vóbo	Tá vovo	Imouó	Vous
Elles	Vobana	Tavavazó	Il	Ils
Meu	Changuó	Changuó		Mon
Teu	Chóbó	Chobé		Ton
Delle	Chan-e	Cho-ou		Son
Nosso	Chôtou	Cheto		Notre
Vosso	Chobo	Chabo		Votre
Delles	Chabobo	Chavazó		Leur

PORTUGAIS.	HAMBOUNDO.	GANGUÉLA	CAFRE DE TÉTÉ.	FRANÇAIS.
Númeres				Nombres
1	Moché	Cossi	Possé	1
2	Vari	Cari	Piré	2
3	Táto	Cáto	Tato	3
4	Qouana	Ouá na	Nái	4
5	Tano	Tano	Cháno	5
6	Epando	Sambano	Tantáto	6
7	— vari	Sambari	Chinómouo	7
8	Echéna	Naqué	Séré	8
9	Echérana	Ioua	Femba	9
10	Ecouin	Licoumi	Coume	10
11	— na mochi		— na mozó	11
12	— na vari		— na ziviré	12
13	— na táto		— na táto	13
14	— na qouana		— zinái	14
15	— na tano		— zicháno	15
20	Acouin avari	Ma coumi avari	Macoumo a viré	20
21	— — la mochi		— na mozó	21
22	— — la vari		— na ziviró	22
23	— — la táto		— na zitáto	23
24	— — la qouana		— na zinái	24
25	— — la tano		— na zichano	25
30	Acouin atáto	Macou mi atáto	Macoume a táto	30
40	Acouim aqouana	— aoúana	— a nái	40
50	— tano	— atano	— a cháno	50
60	— epando	— assambano	— a tantáto	60
70	— epando vari	— assambari	— a nómoué	70
80	— echena	— naque	— a séré	80
90	— echerana	— ioua	— a femba	90
100	Ochita	Chita	Zana	100
1000	Ocan roucáe	— ioua	— ma coumó	1000

FIN DU TOME SECOND.

TABLE DES GRAVURES

FIN DE LA TABLE DES GRAVURES DU SECOND VOLUME.

TABLE DES CARTES

FAC-SIMILE

TABLE DES MATIÈRES

SECONDE PARTIE

LA FAMILLE COILLARD

CHAPITRE PREMIER

A LECHOUMA.

CHAPITRE II

MOSI-OA-TOUNIA.

CHAPITRE III

TRENTE JOURS DANS LE DÉSERT.

CHAPITRE IV

AU MANGOUATO.

CHAPITRE V

DE CHOCHON A PRÉTORIA.

CHAPITRE VI

AU TRANSVAAL.

CHAPITRE VII

ENCORE AU TRANSVAAL

CHAPITRE VIII

FIN DU VOYAGE.

FIN DE LA TABLE DES MATIÈRES DU SECOND VOLUME

3290-81. — Corbeil, typ. et stér. CRÉTÉ.

www.ingramcontent.com/pod-product-compliance
Lightning Source LLC
Chambersburg PA
CBHW072106220426
43664CB00013B/2021
* 9 7 8 2 0 1 2 1 5 8 0 2 3 *